A Rorschach Workbook For
The Comprehensive System

罗夏测验系列丛书

罗夏测验综合系统

工作手册

（第五版）

【美】约翰·埃克森纳 著
孟宪璋 唐迎婵 译

暨南大學出版社
JINAN UNIVERSITY PRESS
中国·广州

图书在版编目（CIP）数据

罗夏测验综合系统工作手册（第五版）／［美］约翰·埃克森纳著；孟宪璋，唐迎婵译．—广州：暨南大学出版社，2013．6（2023．1 重印）
（罗夏测验系列丛书）
书名原文：*A Rorschach Workbook For The Comprehensive System*（*Fifth Edition*）
ISBN 978－7－5668－0549－2

Ⅰ．①罗…　Ⅱ．①约…②孟…③唐…　Ⅲ．①心理测验—研究　Ⅳ．①B841．7

中国版本图书馆 CIP 数据核字(2013)第 086893 号

John E. Exner，Jr.
A Rorschach Workbook For The Comprehensive System（*Fifth Edition*）
English language edition published by Rorschach Workshops. Asheville，North Carolina.
本书中文简体字翻译版由 Rorschach Workshops 授权暨南大学出版社在中国独家出版发行。

广东省版权局著作权合同登记号　图字 19－2013－122 号

罗夏测验综合系统工作手册（第五版）
LUOXIA CEYAN ZONGHE XITONG GONGZUO SHOUCE（DI-WU BAN）
主　编：约翰·埃克森纳著　译　者：孟宪璋　唐迎婵

出 版 人：张晋升
责任编辑：张仲玲　毛毛绮
责任校对：蔡复萌
责任印制：周一丹　郑玉婷

出版发行：暨南大学出版社（511443）
电　　话：总编室（8620）37332601
营销部（8620）37332680　37332681　37332682　37332683
传　　真：（8620）37332660（办公室）　37332684（营销部）
网　　址：http：//www. jnupress. com
排　　版：广州市天河星辰文化发展部照排中心
印　　刷：广州方迪数字印刷有限公司
开　　本：787mm×1092mm　1/16
印　　张：22
字　　数：486 千
版　　次：2013 年 6 月第 1 版
印　　次：2023 年 1 月第 2 次
定　　价：74. 00 元

（暨大版图书如有印装质量问题，请与出版社总编室联系调换）

译者序

罗夏测验(Rorschach Test)是国际上著名的人格测验之一。它与人格问卷或量表不同,使用的材料是十张随意形成的墨渍图形。施测时让被试顺序自由地观看每一张图并讲出所看到的东西以及如何看出的,然后使用符号对被试的回答进行分类编码,再经过对编码的分析和综合,进而获得人格的信息。由于测验使用的材料没有明确结构和固定意义,对反应的限定较少,要求完成的任务与目的没有直接联系,如此便可减少掩饰和伪装,令所获得的人格信息更为真实,特别对揭示隐蔽的、潜在的和无意识的人格特征更为有效。罗夏测验可以对人格的多个维度进行测量,能够对人格作出整体性分析,提供的人格印象更为全面完整。故而被广泛用于临床评估、司法鉴定、人员选拔以及跨文化人格研究。

罗夏测验是瑞士精神病学家赫尔曼·罗夏(Hermann Rorschach)在1921年首创的,当时设计的目的是用来诊断精神分裂症。几年后,Levy将测验图卡的复制品带回美国,到20世纪40—50年代,罗夏测验的发展进入到一个空前的繁盛期,在美国陆续出现了五种记分系统。由于各种系统在理论导向和记分体系上存在差异,结果导致使用和解释上的混乱。在这种情况下,各种批评意见日渐增多,甚至有这样的极端观点:学生学习罗夏测验是浪费时间。在这些批评中,突出的有几点:罗夏测验的解释缺乏实验基础;记分和施测缺乏标准化的程序;测量学指标缺乏实证基础;缺乏理论基础等。罗夏测验面临空前挑战。20世纪70年代初,美国的Exner决定改变这种情况,重新恢复罗夏测验的地位和荣誉。他将五个系统中经得起实证检验的指标综合在一起,对施测、言语的指导、反应的记录以及对被试的提问作出了明确的操作性规范,对信度和效度进行了广泛的研究,建立了包括非病人和病人的常模系统,形成了罗夏测验综合系统(the Rorschach Comprehensive System,CS),不仅兼顾了各种理论流派,也牢牢地将罗夏测验建立在实证和心理测量学的基础上。时至今日,综合系统已成为罗夏测验主流的记分和解释系统。在美国,80%的心理学家称在工作中使用过综合系统。由美国心理学会核准的临床心理学课程,其中80%包括罗夏测验的学习和实习。选择临床心理学课程的学生,有75%选修了综合系统。在美国所有使用的心理测验中,罗夏测验排名第四。在西班牙、葡萄牙和拉美国家最常用的心理测验中,罗夏测验排第三。

罗夏测验引入我国可追溯到湘雅医学院的凌敏猷、龚耀先和华中师范大学(华中师大)的罗传方。1946年凌敏猷访问美国,当时罗夏测验非常盛行,便将其带回国。1950年龚耀先刚从华中师大毕业来湘雅医学院工作,凌敏猷便让他开展这项工作。龚耀先那时对罗夏测验不甚了解,但在华中师大读书时听罗传方介绍过罗夏测验,所以即刻回母校求教。罗传方是47或48年从美国回国的,当时也带回了罗夏测验。龚耀先从华中师大学习半年后,回湘雅便开展了罗夏测验的工作,当时学的是Beck系统。那时在南京也有人使用,60年代初,哈尔滨医科大学有人也想开展罗夏测验,要求湖南印刷些图片,并计划合作建立全国常模,但因“文革”而停止了。直到20世纪80年代，罗夏测验的研究才重新开始。1985年，龚耀先再次开始进行常模建立的工作，此时选用的是综合系统，到1987年共收集了514例正常人样本，来自湖南和江苏等地。当时将此样本数据进行整理，形成了一个初步的常模，编制了手册，并计划在完成全国采样后，推出正式的全国正常人常模。可惜后来龚耀先没有将此工作延续下去，计划中的全国常模就此夭折，那个初步的常模也被束之高阁，鲜有人使用。在此期间还有其他人介绍了罗夏测验。暨南大学的凌文辁80年代在日本留学时，曾与日本罗夏测验的专家滨治世学习罗夏测验，在与滨治世合著的《心理测量法》中，对Klopfer系统作了比较全面的介绍。1997年袁军将罗夏的《心理诊断法》翻译出版。2005年本人在《实用心理测量》中介绍了Lerner的精神分析导向的记分系统，在教材《心理评估》中介绍了综合系统。此外，在过去的20多年里，也有一些罗夏测验的研究报道，文献中可查到的不过十几篇，真正在临床中的应用几乎没有。究其原因，可能有如下几点：首先，龚耀先的兴趣更多在研究方面，在编制和修订测验。他的研究领域非常广泛，从人格问卷、智力测验、神经心理测验，到罗夏测验，不下几十种，因此也没有精力顾及罗夏测验的临床应用。第二，罗夏测验的施测、编码和解释相对难度较高，并非像其他人格问卷，易于推广使用。第三，罗夏测验技术复杂，对使用者要求很高，仅作为精神科“贴标签”式诊断之用，实属大材小用，不能体现其价值，况且又缺乏效益。更能体现其价值的领域是心理治疗，如为选择恰当的心理治疗类型、确定核心的治疗目标和制定治疗计划等提供指导。随着心理治疗在国内的不断发展，罗夏测验在国内似有重新兴起之迹象，如2011年清华大学邀请了美国著名罗夏测验专家来华讲学，举办培训班，至今已有三届。而在今年，国内学者也开始举办类似的培训班。这预示着罗夏测验在中国的发展将进入一个新的时期。

20世纪90年代初，本人在龚耀先教授门下攻读博士，曾接触过罗夏测验，但未深入。2000年开始，因教学的需要以及对精神分析的兴趣，再度投入到罗夏测验的研究中。从一开始，我们的重点便没有放在常模的制定，而是在临床的应用上。我们以为，对罗夏测验而言，不能突破临床应用的技术难关，即便制定出常模，也是不可靠的，更是无用武之地的。《罗夏测验综合系统工作手册》和《罗夏测验解释入门》的翻译，便是在这个过程中积累而成的。

Exner建立综合系统后，在1973年出版了《罗夏测验综合系统：基本原理和解释原则》，之后差不多每10年便再版一次，到2003年出了第四版。鉴于此书内容繁杂，不仅包括了施测、编码、记分和解释原则，也涉及大量的相关研究内容。Exner为初学者学习和临床使用中查阅方便，去除了原书中的研究内容，将其核心内容精炼，形成了《罗夏测验综合系统工作手册》和《罗夏测验解释入门》。

《罗夏测验综合系统工作手册》主要涉及测验的施测、编码和记分，其中有不少案例示范，并配以练习和参考答案。另一项内容是常模，非常细致和全面，包括成年人和儿童，涉及非病人和病人样本。就我们的经验而言，虽说这是美国人的常模，不一定适用于中国人，但有一定参考价值。《罗夏测验解释入门》是《罗夏测验综合系统工作手册》的姊妹篇，按照Exner的说法，通过学习和实践，正确掌握罗夏测验的施测、编码和记分并非难事，真正的挑战是罗夏测验的解释。《罗夏测验解释入门》将人格划分为八个单元，详细介绍了每个单元的解释原则和程序，以及如何将将八个单元的数据整合并结合被试的背景资料，形成最终的报告。同样，在书中也提供了大量的案例示范、练习和参考答案。总之，这两本书注重实用性和操作性，对学习、掌握和使用罗夏测验必不可少。

罗夏测验在中国的发展实属不易，在此让我对那些为此付出艰辛努力并作出贡献的前辈表示敬意，特别是我的导师龚耀先先生，他是该项工作的开拓者，为罗夏测验在中国的发展奠定了基础。此外，我要感谢我的历届学生，由于人数众多，不便一一列出，他们为此书的翻译也付出了辛勤劳动。

孟宪璋

2013 年 6 月于广州

序

任何使用这本工作手册的人,都必须谨记两个基本要点。第一个要点是学习施测的基本程序。这绝非在夸大施测的重要性。正确施测要求施测者熟练、敏感并具良好的判断力。通常,人们在接受任何一种心理测验时都会感到不安,罗夏测验也不例外。

罗夏测验面世至今已有80多年,有关罗夏测验的知识得到广泛的传播和详细的阐述,因此,大部分受测者都听说过一些关于罗夏测验的情况。然而,他们对这个测验的看法多半是基于想象而非事实,这些看法屡屡引起他们对测验和测验情境的不安。那些没有听说过罗夏测验的人,甚至会因为它看上去好像没什么意义而觉得很紧张。

冷漠或缺乏情感的施测者,不但不能让受测者做好思想准备,反而容易增加他们对测验的恐惧。一些施测者通过介绍测验或回答受测者提问的方式,不经意地强化了这种氛围,或造成误导。这类不利于测试的情境会影响被试对测验的反应,有时会令依据测验数据获得的个人描述变得模糊。在一些案例中,由于施测程序的不规范或错误,施测者对所获得的测验分数,无法进行有效的解释。最终的结论是:对罗夏测验而言,错误的施测,比不测更糟。

使用本书的第二个要点是熟悉并熟练地使用罗夏测验语言或术语。罗夏测验语言由各种代码和分数组成,其中代码用来对各种反应进行分类,分数是由代码形成的数据子集。对于大部分使用罗夏测验的人来说,这是一种通用的语言或术语。例如,假设对一个反应的编码是:

W +　FMa. FCo　2　A,Ls　4.5　COP

一个熟谙罗夏测验语言或术语的人很容易就知道,给出这个反应的人使用了墨迹图的整体(W),给出了多个对象(+);这个回答包括了动物运动(FMa),并且使用了墨迹图的色彩特征(FC);这个反应对形状使用的水平达到普通(o);该反应明显包括了两个动物(2),它们处于某种景观性的环境中(A,Ls);这个反应中的对象之间存在有意义的联系(4.5);反应中动物的活动是合作性的(COP)。

学习罗夏测验术语需要时间和实践。本手册的大部分内容都与各种编码的标准有关,是它们构成了罗夏测验语言的核心。除非施测者熟悉各种编码和记分标准,否则就无法正确施测。对罗夏测验分数解释的有效性依赖于罗夏测验编码的准确性,而编码的准确性又依赖于施测的正确性。

如同学习任何一门语言一样,精通的关键是实践。为了达到这个目标,本手册提供了大量反应作为练习。它们被挑选出来帮助初学者发展编码技能,或用来对更有经验的罗夏测验专业人士所获得的技能进行全面的检验。

这些练习分为8个部分,每个部分所包含的反应都比前一部分更为复杂。任何力求学会罗夏测验语言或术语的人，或者说，任何力求学会正确运用罗夏测验编码的人，通过对各部分的逐一学习，并对照附录中提供的参考答案对其编码进行检验，在完成全部练习之后，应该能够达到相当熟练的水平。

某些罗夏测验的初学者有这样的印象：施测和对反应进行编码的原则及程序极其复杂且耗费时间。事实上，这是一种错觉，经验丰富的罗夏测验专家不会有这样的看法。不过，开头几个案例的施测和编码可能会相当费时，往往使初学者感到沮丧。但愿本手册中的资料有助于缓解初学者的紧张。

本手册也包括了许多表格。有一些在反应的编码中会被频繁使用。其他的包括许多参考案例的数据，无论是初学者还是经验丰富者，都会发现它们在解释测验结果时很有用。

这些参考表格反映了自罗夏测验基金会——通常称之为“罗夏测验工作室”——建立以来30多年间积累起来的资料。综合系统很早就被提出来了，现在仍在持续发展中。在过去的30年中，尽管综合系统的发展时常会有间断，但还是有相当多的增补和改变。

现在，综合系统看似比较完整，但未来的研究很可能会发展出新的途径来编码某些反应类型，或者发展出新的变量和策略来拓展罗夏测验的解释领域。换句话说，如果认为综合系统已经发展到了顶峰，那未免也太愚蠢了。

虽然罗夏测验本身还存在许多谜团，也面临着许多挑战，但是就目前的状况来看，如果这个测验能够被适当地施测与正确地编码，并且对根据已有原则建立的合理数据进行明智的解释，那么综合系统能够给知识渊博的使用者提供一系列令人惊叹的信息，从而对受测者的心理组织和功能作出描述。但愿本手册能给那些致力于达到精通水平的人们带来帮助。

本书代表了一千多位施测者、研究者、助理、课题负责人和自罗夏测验工作室成立以来就参与这项工作的同事的成果。他们屡屡忍受钻进死胡同和假设失败所带来的挫败，凭着坚韧不拔、认认真真的态度，战胜了种种挑战。综合系统是他们共同努力的成果。虽然由于他们人数众多而无法在此一一提及，但我还是希望能让他们知道我衷心的感激。

BJE. E.
Asheville，NC
2001 年 1 月

目　录

第一部分

施测和记分

1. 施测程序

罗夏测验的施测相当简单，但是，那些没有做好准备、不自信或抱有随便态度的施测者，会把它变得困难重重。施测程序要求施测者做好准备、深思熟虑、具备某种书写技能和细心倾听。

▲准备。熟练的施测者总会事先考虑周全，为受测者着想。他们的施测用具摆放得井井有条，座位安排得当，施测时间选择恰当。这些听起来好像是过分谨慎了，不过随随便便的施测者也并不少见。他们或者手边没有足够的纸张，或者把图卡Ⅷ倒转过来夹在图卡Ⅱ和图卡Ⅲ之间，或者座位安排不当而让受测者一眼看到窗外繁忙的操场，或者在受测者已经安排好去吃午饭前的 1 分钟开始测验。下述事项是每个施测者在开始实施罗夏测验前必须仔细考虑的。

▲图卡。将图卡正面朝下，按正确的顺序整理好，叠放妥当，放在方便的位置，不要让受测者伸手可及，这样当图卡递给受测者时图案将处在垂直的位置。一定要确保图卡是干净的，没有任何铅笔斑痕、指甲刮痕或者污斑。

▲其他用具。准备几支钢笔和铅笔，放在手边。备好大量的纸张，以便无论受测者说什么都可以随时记下来。这些东西未必用得上，但是知道它们在那里会让人心安。在询问过程中，至少要准备两份部位表。

▲座位。座位的安排尤为关键，绝对不应使用面对面的方式，因为无意的非语言线索可以产生误导性氛围。某些误导性情境可能引发受测者抑制一些在正常情境下会给出的反应，另一些则可误导受测者相信某种类型的反应是更好的。有一些施测者可能会选择和受测者紧挨着坐在桌子前，也有施测者更喜欢安排两张舒服的椅子与受测者并排坐，手拿带夹的记录板，其他材料则放在一张靠近施测者而远离受测者的小桌上。无论选择哪种安排，都不应选择面对面的方式，这可能是任何心理测验都不应当选择的方式。

▲介绍测验。有些施测者有一种错误的看法，以为在做测验之前向受测者详细解释罗夏测验是很重要的。其实，这是没必要的，啰唆的解释可能会引起受测者过度的焦虑或阻抗。**如果受测者已经对全部的评估过程有适当的了解，就没必要特别详细地介绍罗夏测验的特征。**大多数情况下，施测者会与受测者进行简短的面谈，以确保受测者对评估的目的有适当的了解，之后将会就罗夏测验做一简单介绍。

对于许多受测者来说，转介者未对其将要接受的评估做适当说明，因此，施测者必须花时间与受测者沟通，以确保受测者对评估过程没有消极的或者错误的认识。这就要求施测者与受测者进行一次介绍性访谈，向受测者介绍整个评估程序，包括罗夏测验，这一点非常重要。

大多数人都听说过罗夏测验或者墨迹图测验，施测者向受测者提及此点是适当的。在介绍性访谈中，施测者应向受测者说：

“在我们将要进行的测验中，有一个是墨迹图测验，即罗夏测验。你听说过吗？或者你曾经做过这个测验吗？”

如果受测者没有听说过这个测验，施测者就应该做一个简短的介绍，像这样说：**“就是一系列墨迹图片。你看后要告诉我，对你来说它们像什么。”**

如果受测者说对此测验有所了解，施测者就应该询问他们知道些什么。罗夏测验及其摹本在各种媒体上出现过，通常出现在漫画、电影或电视上。以这种方式使用或者讨论罗夏测验，常常会导致受测者对本测验产生错误的印象。因此，当受测者表示自己对本测验有所了解时，可能有必要去纠正他们错误的看法。

通常，简短、诚实地向受测者解释他（她）做本测验的目的，就可以轻而易举地做到这一点。例如，**“这个测验可以向我们提供一些有关人格的信息，借助这些信息我们就可以……”；说明做这个测验的理由（更容易制订你的治疗方案，更好地理解你的问题，回答你提出的有关你的一些问题，给你的医生一些他想要的建议，对你的治疗进展情况有所了解等等）**，介绍就完成了。对那些询问测验用途的受测者也可使用同样的方式。

有些受测者可能会坚持不懈地追问测验的数据是如何使用的（例如，**“你是如何从这个测验中得到某些东西的？”**）。如果发生这样的情况，就告诉受测者所有这些问题待整个测验完成后再回答他，同时向受测者保证他的所有问题都会在测验结束后得到回答。有时，受测者会一再追问这类问题，例如“每个反应都意味着什么吗？”对这类问题，恰当的回答是：“不，不是这样的。”

如果一个受测者说以前曾经做过这个测验，就要询问受测者何时、何地、基于何原因做的，以及对本测验还记得些什么，这一点很重要。有时，施测者在询问阶段问得太多，从而影响了受测者对罗夏测验的天然质朴性；或者施测者使用了其他一些后测程序，这些程序可能在临床上是有用的，但它们并非罗夏测验的一部分，例如要求受测者把他的反应联系起来。这些因素对受测者再测时的反应有很大的影响。

同样重要的是不要误导受测者，以为本测验是在测想象力。如果产生了这样的误解，受测者便倾向于对图形产生联想，而不是报告他们所看到的。**罗夏测验的反应是由受测者看到并报告出的东西构成的。**同样重要的是：在描述罗夏测验的图形时，要避免使用“模棱两可”或“无结构”这样的术语。它们就是来自墨渍，应当清晰地界定为墨迹图，必要时可以描述一下墨迹图是怎样制作出来的。

▲儿童受测者。上述的程序几乎适用于所有受测者，包括年幼儿童。对于过度活跃的儿童，施测程序有时需要做些改变。儿童常模（来自1390个非病人儿童，包括170个5～6岁的儿童）收集的经验表明，标准施测程序是合适的。但是，在临床中常遇到一些过度亢奋或对抗的儿童，对他们使用常规程序施测非常不容易。

对于许多这样的儿童，罗夏测验可能并非合适，但如果认为罗夏测验的资料非常重要，则有必要更改指导语和/或座位。年龄非常小的儿童往往更喜欢站着或坐在地板上来做测验。他们注意力集中的时间相对较短，往往喜欢尽快转入下一项活动。在这样的案例中，施测者应该敏捷地判断是否要更改标准程序，同时也要深刻地意识到更改程序是不常见的。

与受测者建立和谐的工作关系是一个无条件的要求，尤其是给儿童做测验时。对年幼儿童来说，即使建立了良好的关系，让他们忍受长达几个小时的测验往往还是很困难的。如果要求完成几个测验，测验时间的安排要现实、灵活。有时，在测验之间点缀非测验性活动，或测验分在两个或者三个时段进行。**千万不要让儿童经受过度的测试！**

世界上并不存在一种能够给我们提供所需的全部信息的魔法般的测验系列。有时，明智地选择单一测验，或者在童年的关键期选取一段时期来观察，就能够提供所需的全部或者绝大部分的信息。

成年人完成整个测验所需时间平均是 40 ~60 分钟。儿童通常花费更少的时间，10 岁以下的儿童所用时间平均为 30 ~45 分钟。年纪较大的儿童所用时间通常和成年人一样。

▲**指导语**。在给受测者恰当地介绍罗夏测验后，指导语就相当简单了。施测者把第一张图卡递给受测者，然后说：

"这可能是什么？"

除此之外，施测者不用再说任何其他话语。这六个字非常重要，不能做任何更改或者增减。这句指导语，即"这可能是什么？"会引发一系列复杂的认知操作，涉及扫描、编码、分类、比较、舍弃和选择。许多决策发生在对每个图形作出反应的过程中。对施测者来说，理解这个反应过程很重要，因为这些知识对评估受测者接受罗夏测验的合作或放松程度非常有用。或许最好将反应过程概括为三个阶段，如表 1 所显示。

表 1　反应阶段和操作

阶段 1	阶段 2	阶段 3
1. 编码刺激域	3. 重新扫描刺激域，对潜在的反应进行完善	5. 从剩余的潜在回答中作出最终选择
2. 对编码的图像和其部分进行归类，形成潜在的回答	4. 通过成对的比较排序或审查，筛除没用的或者不想要的回答	6. 清楚地表达所选的回答

几乎所有人都会觉得，对每一个图形形成几个潜在的反应是很容易的。事实上，反应过程的阶段 1 进行得很快，大概在 2 ~4 秒内便可完成，所需时间的长短取决于刺激域是完整的还是破碎的。这样看来，所要完成的任务并不在于发现潜在的反应，而在于决定选哪些潜在反应作为最终反应。在测验的反应阶段所花费的大部分时间都用于解决这个问题。那些在这种情境下感到不安的人，常常举棋不定，表现出阻抗，不断通过询问问题试图将这种情境变得更加结构化。而另一些人则可能申辩自己确实无能为力，从而回避作出相关的决策。

偶尔，初学者会变动指导语中的词，例如"这应该是什么？"或者"这让你想起什么？"后者错得更加离谱，这尤其危险，因为它暗示了一种联想而非知觉过程，很容易会诱发想象。如果一个受测者误解了指导语，并且询问和臆测这个任务就是对墨迹图进行联想："哦，我猜想这个艺术家是想表达……"或者说："我可以使用我的想象力吗？"这时施测者就应该回答："只告诉我你在那里看到了什么，对你来说它看起来像什么。"

▲**回答问题**。如果受测者在测验开始后提出问题，施测者的回答应该是简短、诚实和

非指导性的，例如"我可以旋转它吗?"或者"我要使用图的所有部分吗?"。对这类问题，施测者的回答应该是：**"随你。"**如果受测者在测验一开始就问："我应该看出多少个?"施测者应该回答：**"几乎每个人都可看出1个以上。"**如果受测者的问题是："大部分人在这看到什么?"最好的回答就是：**"人们可看到各种各样的东西。"**如果受测者问："他们是怎样看到的?"恰当的答复是：**"依据墨迹图的结构。"**有些问题可能需要很长一段话来回答，例如："你是如何从这些回答中获得信息的?"对于这类问题，最好是等到测验全部完成后再跟受测者解释。

▲鼓励。有些受测者对图卡Ⅰ只给出了1个反应。在这种情况下，施测者应该这样鼓励受测者：**"多花点时间，多看一下。我相信你会看出别的东西的。"**如果受测者已经对图卡Ⅰ给出了两个以上的反应并且问："我应该看出多少个?"标准的回答是：**"随你。"**

▲试图拒绝。有时，受测者可能会报告他们从墨迹图中看不出任何东西。如果这种试图拒绝的情况是在看图卡Ⅰ或图卡Ⅱ的时候发生的，则很可能是施测者没能和受测者建立适当的工作关系，或者是受测者没有正确地理解测验的目的。如果出现上述两种情况的任一种，施测者应该停止测验，重新和受测者讨论出现的问题。在大多数情况下，这样做都可以解决问题，然后测验继续进行，重新从图卡Ⅰ开始。

有一些人就是不想接受测验，无论施测者如何解释和鼓励，他们都坚持说自己在图卡Ⅰ中看不出任何东西。发生这种情况时，施测者最好告知受测者，他显然不想接受测验，并且执着于此。

有时，受测者会对几张图卡给出反应，然后开始拒绝。这种情况大部分发生在图卡Ⅵ、Ⅶ或者Ⅸ。如果发生了这种情况，施测者就应该坚持，不接受受测者的拒绝。通常，施测者可以这样说来解决这个问题：**"多花点时间，我们不急，每个人都会看出来的。"**少数情况下，等待的时间可能要长一点，但是大部分受测者在听到新的指导语后，会在1分钟内给出反应。

▲过短的测验记录。施测的标准程序规定：在图卡Ⅰ之后，施测者不应提供任何进一步的鼓励或指示，直到受测者对图卡Ⅹ给出最后一个反应。但这个程序不一定能保证受测者给出一份足够长的测验记录（至少14个反应），这样就无法进行有效的解释。例如，受测者可能对图卡Ⅰ给出一个反应，在鼓励之后又给出第二个反应，但接下来对剩下的9张图卡都只给出一个反应。结果得到只有11个反应的测验记录，这样的测验记录缺乏可信度，其结构化数据不可以解释。

过短的测验记录经常让施测者左右为难，尤其是当过短的记录看起来似乎是不可避免时。大多数经验丰富的施测者在测验开头就知道可能会出现过短记录，并且经常能猜对，同时对可能出现过短记录的原因猜得相当准确。有许多原因会导致过短记录，主要有两个：①阻抗或防御；②严重受损。第一个是形成大多数记录过短的原因。

如果是阻抗或者防御，线索会逐渐变得明显。许多在测验一开始就有某种程度防御的受测者会提问题，不是在测验开始之前，就是在呈现图卡Ⅰ之后。类似的例子和适当的回答如下："每个人看到的图卡都是一样的吗?"（"是的，这是一套标准的图卡。"）"这些图卡是你自己做的吗?"（"不是，每个人都使用相同的图卡。"）"我一定要看出什么东西吗?"（"是的，每个人都可以在每张图卡上看出来的。"）

在测验开始就提出问题的人，大部分可能没有为测验做好准备，如果施测者在实践中碰到这种情况，就应该认真考虑和他们建立工作关系时使用的程序。

许多在测验前处于防御状态的受测者，随着测验的开始，通过与施测者短暂的互动，就会变得更为放松，给出可进行有效解释的测验记录。但是，也有一些人会保持他们的阻抗或者防御状态，他们最有可能给出一份过于简短的测验记录。他们的第一个反应往往是这样说的："对我来说，它看起来就像墨渍。"对此合适的回答是：**"你说得对，它就是墨渍，但它可能是什么，它看起来像别的什么？"**

当阻抗或者防御持续存在，受测者对图卡Ⅰ可能只给出1个反应并且试图把图卡给回施测者。当施测者给予鼓励时，受测者还是要花很多时间才能给出第二个反应。关键的问题是，阻抗或防御是否会在测验中持续到底，最终导致过短的测验记录。一般而言，对这个问题的回答，要看受测者对紧接在后面的三张图卡的反应方式。高度阻抗或防御的受测者，在施测者鼓励之后，经常会勉强对图卡Ⅰ给出第二个回答，然后继续对接下来三张图卡的每一张只给出1个相当简短的反应。

严重受损的人，通常不会在测验的开头提问题。这些受测者经常会给出过短的记录，因为他们会被罗夏测验复杂的任务难倒。他们往往是神经受损或者患有慢性精神病的病人。他们经常感觉到自己的控制能力遭到测验的挑战，对此，施测者在测验的早期就能认识到，并且能意识到受测者在挑战面前的那种挣扎。

这类受测者会遵照指导语来做，常常不能对施测者在图卡Ⅰ给予的鼓励进行推演。事实上，他们对图卡Ⅰ给的鼓励常感到厌烦或迷惑。甚至当他们在鼓励下对图卡Ⅰ给出第二个反应后，对后面三张图卡的反应很快就恢复原来只给出1个回答的习惯。他们从出示图卡到对图卡进行反应之间存在长时间的停顿，给出的反应也只有少数几个字，有时甚至只有一个字。有时，受测者会说"我不知道"，或者说"它看起来什么也不像"，并且试图把图卡还给施测者（**多花时间看，慢慢来，我们不急**）。

如果对图卡Ⅱ、Ⅲ和Ⅳ都只给出一个反应，施测者就有理由相信测验记录很可能会过短，此时如果在图卡Ⅰ已经给予了鼓励，则可以考虑选用另一种形式的鼓励。如果被试试图把图卡Ⅳ还给施测者，施测者不应该接受，而是要说：

"等一等，别急着结束，我们不用着急，多花点时间。"

这种鼓励形式不像在图卡Ⅰ中使用的那么直白。它仅仅是鼓励受测者多花点时间。虽然这种陈述并没有像在图卡Ⅰ中使用的鼓励那样明确地要求给出更多的反应，但它有类似的含义。

这种形式的鼓励**不能**作为常规使用，而且**一定不能**仅仅因为受测者对前四张图卡只给出5个反应就使用它。因为那些在整个测验中给出了多于20个反应的被试，也经常对前四张图卡只给出5个反应。这种鼓励形式**只能**在下述情况使用：施测者已经发现若干线索，依据这些线索有理由相信，如果不干预的话，形成一份过短的记录就不可避免。这种形式的鼓励，对那些想尽快做完测验的年幼儿童常常是有用的，因为他们匆忙作答很可能导致测验记录过短。

不管在图卡Ⅳ是否使用了鼓励，只要受测者在测验的反应阶段给出的反应少于14个，施测就不能继续进入到下一个阶段——询问阶段。在这种情况下，施测者应该中断标准的常规程序并对被试解释：

"现在你知道怎么做了。但还有一个问题。由于你没有给出足够的反应，这样我们就无法从测验中获取信息。所以，你要再做一次，这一次我希望你能给出更多的反应。如果你愿意的话，可以使用刚才给过的反应，但这一次一定要给出更多的反应。"

在这种新的情况下，许多人会寻求指示，他们会问："我要给出多少个反应呢?"对此的反应主要视施测者是否认为被试已经尽力合作而定。如果被试看起来是合作的，适当的回答是：**"哦，真的随你便。但你只是给了××个回答，我确实需要比那更多的反应才能从测验中获得信息。"**另一方面，有些被试显然是更加阻抗或者谨慎，有时甚至对施测者要求对图卡Ⅰ给出1个以上反应的鼓励置之不理。如果一个高度阻抗的被试给出的反应少于14个，那么当此被试问及要求多少个反应时，施测者的回答应该更加直接，例如可以说：**"哦，随便你，但我真的需要比你刚才给出的要多几个。"**

尽管重新对反应阶段施测一遍并非很耗时，但还是会让施测者和被试双方都感到沮丧。然而，如果施测者认为罗夏测验对评估的目的很重要，那这就是唯一的选择。

▲冗长的记录。尽管在罗夏测验施测中最常遇到的麻烦是测验记录过短，但是也存在这样的情况：被试对任务过分关心，只要施测者允许，他们就能给出无穷多的反应。对冗长记录的相关研究显示，只选取每张图卡的前五个反应，由此构成的测验记录与使用全部反应的测验记录相比，其解释效益没有本质上的差异。这个发现表明，在某种情况下，可以对反应的数量进行限制。

因此，如果被试对图卡Ⅰ给出5个反应后还拿着图卡试图给出更多的反应，此时施测者就应该进行干预——拿回图卡并对被试说：**"好了，让我们做下一张。"**如果被试对图卡Ⅱ也给出了5个反应，施测者可以使用同样的干预程序。

对于后续的每张图卡，如果被试**在给出5个反应之后还拿着图卡不放手**，则可继续使用这个干预措施。但是，只要被试有一次对后续图卡给出的反应少于5个，**这项干预程序就不再启动**。在剩余部分的测试中，即便再给出5个以上的反应，也不进行干预。

如果5个反应后的干预程序贯穿测验始终，那最后可得到一份包含50个反应的测验记录。反之，如果在测验期间干预程序停止了，那可能得到的测验记录会更长。例如，对前三张图卡使用了干预程序，但在图卡Ⅳ，干预程序停止了，因为此时被试只给出3个反应。此时，一共有18个反应。但是，被试很可能接着对图卡Ⅴ给出3个反应，对图卡Ⅵ给出5个反应，对图卡Ⅶ给出7个反应，对图卡Ⅷ和图卡Ⅸ各给出9个反应，对图卡Ⅹ给出14个反应，因而产生了一份有65个反应的测验记录。

有一种很罕见的情况，可能在500次施测中难有一次：被试对前几张图卡的每一张只给出2个或3个反应，或者对前几张图卡中的每一张给出少于5个反应，但是接下来对随后的图卡给出很多反应，有时是10个或更多。这样就会得到一份非常长的测验记录，有时超过了70个反应，这就像失控的列车，给施测者带来许多痛苦。对于怎样处理这种情况并没有硬性的规定。如果遵照标准程序，最终的测验记录就应该包括所有的反应，但是从逻辑和经验方面看，都不接受极其冗长的测验记录。

当施测者发现自己处于这种困境时，就应该善于运用自己的判断力。例如，假设被试对前三张图卡的每一张给出的反应都少于5个，可奇怪的是对图卡Ⅳ却给出了8个或10

个反应。从逻辑上说，此时不应该进行干预，因为这些对图卡Ⅳ突如其来的大量反应可能是“一次性”事件，其中可能包括了一些对解释具有重要意义的反应。可是，如果被试继续对图卡Ⅴ给出的反应超过5个，施测者或许就应该在第六或者第七个反应之后拿走图卡，并且在测验剩余部分的进行中继续这项干预程序，直到被试不再对一张图卡给出5个以上的回答。

在实际运用中，这类模式的干预有多种变形，选择使用哪一种，一定要小心谨慎且合乎逻辑。只能在施测者认为如果不进行干预就会出现过度冗长的记录时，才可以使用这种干预形式。防止冗长记录的干预存在一定危险。它会明显地影响情绪比（Affective Ratio）的完整性和/或 W: D: Dd 的关系，也可能会影响自我中心指数（Egocentricity Index）。这是一种权衡，既要将施测时间限定在合理范围内，又要能得到一份具有解释价值的测验记录。

记录反应

每一个反应都**必须逐字逐句地记录下来**。在初学者看来，这好像是不可能完成的任务，但经验表明并非如此！要经过练习才能学会速记，但书写速度不应是首要问题。反应记录要字迹清楚，以便其他人也可以读懂，也可以准确地知道被试说了什么，这非常重要。

在施测时，设定怎样的施测速度主要以施测者的轻松施测为准。**在施测时，不应该把时间看得过分重要。**施测者设定的速度要能确保所有的数据都可用一种简单易行的方式准确地收集到，这比时间更为重要。

有些被试说话很快，几乎是在考验施测者的速度。虽然打断被试的话是不合适的，但是在某些情况下，有必要请被试重复他的部分反应，或者请他说得慢一些。例如，施测者可以这样说：**“等一等，我有点跟不上你，请说慢一些。”**

如果有必要请被试重复反应的某一部分，施测者应该使用记录中的最后几个词来组成问题，例如说：**“对不起，我没有记全，你说的是两个戴帽子的人和……”**这个策略增加了被试重复同一个反应的可能性，但是一定要准确地重复被试说过的话。

在逐字记录被试的反应时，使用一些很容易识别和转译的缩写，这对记录有很大帮助。大多数罗夏测验的使用者常用的缩写有很多。有一些是语音的缩写，例如用 b 表示 be，用 c 代表 see。另一些则是由逻辑推理得来的，例如用 ll 表示 looks like，用 st 表示 something，用 ss 表示 some sort，用 cb 表示 could be。第三类是使用内容代码，例如用 H 代表人，A 代表动物，Fi 代表火等等。

有些初学者，对自己在施测时能否以所需的速度进行记录感到不自信，于是他们常常让别人口述书本或者报纸，以此来帮助提高记录速度，并让自己惯于使用各种常见的缩写，这是很有用的方法。表2列出了在记录罗夏测验反应时常见的缩写。

表2　记录反应时常用的缩写

来源于语音		来源于逻辑		来源于记分	
b	be	abt	about	H	human
c	see	arnd	around	A	animal
g	gee	at	anything	bl	blood
o	oh	bec	because	cg	clothing
r	are	bf	butterfly	cl	cloud
u	you	bk	back	ex	explosion
y	why	cb	could be	fd	food
		dk	don't know	fi	fire
		et	everything	ge	geography
		frt	front	ls	landscape
		j	just	na	nature
		ko	kind of	sc	science
		lik	like	xy	x-ray
		ll	looks like		
		mayb	maybe		
		rite	right		
		scfic	science fiction		
		ss	some sort		
		st	something		
		wm	woman		
		wng	wing		
		-g	-ing		

▲**提问和评论。**被试在测验期间提出的任何问题，施测者都应该把它们作为反应记录下来。同样，被试所作出的任何评论，例如**"这很难看"**或者**"嘿，看这些颜色"**，都应该记录下来。在大多数案例中，这些提问和评论对解释没有什么用处，但在某些案例中，它们能够显著增加解释的效益。

▲**记录的安排。**施测中最重要的一个方面是如何安排记录。应该用易于使用的方式来记录反应。也就是说，每一个反应不但要字迹清楚和逐字逐句地记录下来，还应该便于复查。

例如，将反应阶段的记录，与后来询问阶段有关该反应的询问并排记录在一起，这对记分和解释都很重要。一般来说，询问阶段所记录的词句远多于反应阶段，因此，在记录反应时，要在各个反应之间留下较大间距，以便记录后面询问阶段的内容。实用的方法是：在一张纸上记录2~3个反应，并且对每张图卡均以一张新纸来记录。

大部分施测者都喜欢使用这样一种格式来记录反应：纸张上是横格而非竖格；纸张的左边预留一列来记录图卡序号和反应序号；顺序过来的下一列用来记录反应阶段内容；剩下的最后一列是最宽的，一直到记录纸的右边，用于记录询问阶段的内容。有些施测者还会在右边的页边空白处留一列用以记录编码，不过这种选择的吸引力不大，因为编码可能包括几个特殊分数，需要的空间不只是这样一个小区域。因此，大多数施测者喜欢把记录纸的右边全部用来记录询问阶段的内容，并且通常把编码或记分记录在左边反应阶段那一列的底下。图 1 显示了记录纸的布局，编码就记录在反应阶段的下面。

如图 1 所示，整个测验从头到尾应该用连贯的次序来给反应编号。图 1 也注明了方向标记（ >v< ），当图卡没有摆在垂直位置时这些符号被标记在墨迹图的顶部位置。在询问阶段，把被试的名字或身份证号码填写在所使用的每张记录纸和部位表上。

图卡 I	反应阶段和记分	询问阶段
1.	对我来说，这看起来像一只蝙蝠，但我不是很肯定，是，我猜是一只蝙蝠，我开始以为是只鸟，但我想蝙蝠更合适，是蝙蝠 。	主试：（重复被试的反应） 被试：是，它有翅膀、身体，并且我猜这可能是触角。我不知道蝙蝠是否有触角，但我猜有，是的，它使我想到一只展开翅膀的蝙蝠在飞翔。 主试：给我指一下，你是从哪看到它的。 被试：整个都是，看这里是翅膀（指着），向外伸展着，就像在飞，中间是身体，它的颜色看起来就像蝙蝠。
	Wo FMa. FC'o A P 1.0	主试：颜色像蝙蝠？
	（被试想交回图卡）	被试：是，它们是黑的，就像这个。
	主试：我想如果你多花点时间，多看看，你将会发现一些其他东西。	
2.	我猜中间的部分可能是一个女人，站在这里，举着她的手。	主试：（重复被试的反应） 被试：是，看这里（勾勒），对我来说，这看起来像个女人的形状，她的衣服有一点透明，至少我看起来像。 主试：透明？
	D + Ma. FVo H，Cg 4.0 GHR	被试：噢，这是妇女的腿和腰，这是弯的，像一个妇女，你看不清她的头。看，她的手在这里，像正在挥手或什么，你可以透过她的衣服看到她的身体，就像是透明的，或者也许是她背后有光线照射。
	（被试：我可以翻转吗？） 主试：可以，随你怎么转。 （ <v> ）	
3.	不，最好这样，它像一个面具，有一点像万圣节的面具。	主试：（重复被试的反应） 被试：是，像一个面具，白色的是眼睛，嘴巴，这个伸出来的就像你系在头上的带子，对我来说，看起来就像一个猫的面具。
	WSo Fo（Ad）3.5	主试：你从哪里看出来的？ 被试：整个都是。

图 1　罗夏测验反应记录纸

询 问

遗憾的是，询问是罗夏测验中最容易被人误解和滥用的阶段。当使用正确时，它可以起到丰富测验数据的作用。但是如果使用不正确，它就会毁了一份记录，产生的数据可能在临床上是有趣的，但它代表的东西绝不是罗夏测验的数据所代表的。

▲目标。询问的整体目标就是确保反应的编码尽可能准确。编码是用来描述被试在给出反应时所看到的东西。所以，询问的直接目的就是让施测者知道被试看到了什么，或者，至少了解被试看到的事物在墨迹图的哪个部位，以及墨迹图的什么特征导致被试把它看成那种东西。

询问是被试和施测者分享自己的反应的一个阶段。它不是一种新的测试，也不用来产生新的信息，而只是对旧信息的回顾和澄清。它是一个微妙的阶段，在这个阶段，被试的误解或者施测者的错误操作都会给反应的编码或测验数据的解释造成许多问题。

▲速度。上文提到施测者在施测时应该调整他自己的速度，这一点在询问阶段更加重要。罗夏测验反应阶段的平均用时一般少于20分钟，而询问阶段所需的平均时间不少于30分钟。

询问阶段所需的实际时间，很大程度上根据被试的配合程度和表达能力而定。如果被试已经为询问阶段做好了准备，那么询问就会进行得又快又容易。反之，如果被试没有做好充分的准备，施测者的问题和指导语就很容易激起被试的焦虑、恼怒和防御。

▲介绍询问阶段。正确介绍询问阶段的重要性无论怎么强调都不过分。关键是被试要理解为什么要进行询问，以及询问希望得到什么。就像上文提到的，施测者的目的就是要看到被试所报告的事物，即像被试一样看到其所看到的东西。如果施测者能够看到被试所报告的东西，反应的编码就会容易和准确。

介绍询问阶段的标准表述：

“现在我们要重新看一遍全部的图卡。这不需要很长的时间。我想看到你刚才所看到的东西，要确保我会像你那样看到它们。我们将逐个进行。首先我会将你刚才所说过的读一遍，然后你在图卡上指给我看，告诉我它在哪里，是什么让你把它看成那样的。这样我也会像你一样看到它。明白了吗?”

有些被试会就此提出问题：“我们为什么要这样做?”（**这样我才能看到你所看到的东西。**）“你想让我告诉你什么?”（**只是帮助我看到它。给我指出你从哪里看到它的，是什么使它看上去像那样子。**）“我是不是也要看出其他东西?”（**不，我只对你刚才看到的东西感兴趣。**）对这些问题的回答应该直接而坦诚，并且一直围绕着询问阶段所关注的目标。

一旦被试理解任务，就可以开始询问，但不可在此之前开始。如果被试似乎还没有把握，或者对此程序存在阻抗，就应该把任务的内容重述一遍或者另外解释程序，聪明的说法是：**“记住，我需要像你那样看到它。我要知道它在哪里，是什么使它看上去像那样子。”**

▲程序。一旦施测者知道被试已经做好开始的准备，就把第一张图卡拿给被试，并且说：**“好的，让我们来看第一张图卡。”**随后将图卡一张接一张地拿给被试，并且说**“这里你说……”**或者**“然后你说……”**然后逐字逐句地读出被试所给出的反应。如果被试

确实理解上述的指导语，他就会清晰地表达或者指出反应所包括的部位，并确认所报告对象的一些主要特征。

有些被试看似理解了任务，但在开始时会显得慌乱，不知所措。例如，在施测者逐字逐句地读出反应后，被试可能会说："对，没错。"如果发生了这种情况，施测者就必须重述任务和程序，例如说：**"记住我们现在为什么要这样做。我也要看到它，所以你要帮助我。给我指出它在哪里，是什么使它看上去像那样子。"**

有时，一些被试，尤其是儿童，可能会轻而易举地指出所看到的对象在哪里，但是指出特征时就吞吞吐吐：**"我不知道为什么，它看起来就是这样子。"**如果发生了这种情况，施测者应该鼓励和强调说：**"我知道在你看来它就是那样子，但记住我也需要看到它。所以你要帮帮我。告诉我关于它的一些情况，是什么使它看起来像××?"**

在一些罕见的案例中，可能需要和年幼儿童做一些练习。如果要做练习，就必须要准备一个轮廓清晰，容易确认的物体（玩具消防车就很合适）。把这个消防车放在儿童面前，然后问：**"这是什么?"**儿童回答之后，施测者说：**"对，但你怎么知道它是消防车呢?"**鼓励儿童清楚地说出能够区分物体的特征，例如梯子、车轮、颜色等等。在儿童确认一些特征后，施测者给予鼓励，然后回到测验的询问阶段：**"看，你做得很好，现在让我们做这些。"**

▲决定询问。对每一个反应的询问，都要从逐字读出被试的回答开始。合作的被试会很快地理解任务，通常都会为编码提供很多信息。最佳情况是施测者在整个询问阶段都不用问任何问题，但是，这种情况并不常见，大多数情况是施测者都要提问，以澄清在哪里看到物体以及如何看出的。

施测者必须对编码非常熟悉。这些知识是询问的基础，它决定是否提问。反应的基本要素包括三个部分：①部位（它在哪里）；②决定因子（什么让它看上去像那样）；③内容（它是什么）。如果被试给出了这三个特征的相关信息，反应就可以正确编码。

第三部分（内容）通常是最容易界定的，反应本身就表明了对象是什么。同样，对大部分反应来说，第一部分（部位）也几乎都是被试勾画出来的。当被试指出部位后，施测者应该用以下两种方法之一在部位图上注明：①使用符号 W 连同反应序号，例如，如果使用了整个墨迹图，就记为 3 = W；如果只使用了墨迹图的一个区域，就在部位图上仔细勾画出区域的轮廓，并在轮廓附近写上反应的序号。②一些有经验的施测者经常在冗长的询问过程中用一个圆括号来记录区域，例如（W）、（D4）、（Dd21），等等。如果能做到的话，这也是一个好办法。记录部位的目的就是让任何人都能够回顾测验记录，并能够很容易地确定反应使用的区域。

编码者必须知道被试反应所使用的确切部位，否则就不可能判断反应的形状质量。如果反应让其他人难以确定，或者反应包括了罕见的特征，就要在部位图上注明对象的具体特征。

如果被试没有指出反应的部位，或者部位不清晰，施测者就要提问。可以这样提问：**"你从哪里看到它的?"**或者问：**"我还没看到，你用手指沿轮廓指给我看?"**在一些特殊的例子中还可以这样说：**"我不确定它在哪里，把你的手指放在××（鼻子、头、翅膀、轮子等）上。"**这些动作要在图卡的墨迹图上做，而非在部位记录纸上。

大部分询问的问题集中在第二个基本要素（决定因子）上。尽管反应本身通常都表明了内容，大多数人也容易确定部位，但是“为什么它看上去像那样子”会成为另一个麻烦的问题。对象看起来像那样子，是因为形状、颜色、阴影，在一些案例中是明显的运动。应当假设被试没有充分地意识到这一点，而且施测者也没有提供这种可能性。因此，被试的言语报告（非指向性或倾向性的）构成了编码的材料。不幸的是，一些被试的报告是模糊的，或者其反应没有能暗示特征的线索。

▲基本的询问问题。向被试提出的任何问题，都应该是非指向性的或非暗示性的，以免形成定势。被试对问题的回答越精确越好，但不要超出反应最初的范围。对大多数被试来说，常规的询问或鼓励就足够。不过，也有不少被试，施测者对他们的询问，需要根据被试先前在反应阶段和询问阶段使用的言语材料来形成问题。基本的询问是：

“我不确定我看到的是否就是你看到的，请帮助我。”

这句话提醒被试注意手头的任务。遗憾的是，如果重复使用这句话，听起来会显得单调乏味或愚蠢。所以通常可以把它变为：**“你要帮帮我，我还没看到。”**在某些情况下，聚焦于决定因子的问题，这样问可能更合适：

“我不确定是什么使它看起来像那样子。”

这可能是最好的询问，因为它直接要求澄清。如果被试有阻抗，表达模糊，则可把基本询问与聚焦于决定因子的询问结合起来：

“我知道对你来说它看上去像那个东西，但要记住，我也要看到它。所以，你要帮我，告诉我为什么它看起来像那东西。”

▲对关键词的提问。尽管基本鼓励和询问通常能应付大部分表述不够清晰的反应，但是对另一类反应，即使被试很合作，施测者也必须提问。在这类反应中，被试在反应阶段或询问阶段的早期，自发地使用了关键词。

关键词是指那些被试没有清楚表达但又可能暗示了决定因子的词。一些关键词是形容词，例如漂亮的、美丽的、精致的、崎岖的、阴暗的、凶猛的、受伤的、明亮的等等。施测者必须注意这些词，因为它们暗示了决定因子的存在，一旦发现这样的词，就应适当提问。例如：

反应阶段	询问阶段
一朵非常漂亮的花。	主试：（重复被试的反应） 被试：是的，这是茎，这是花瓣。

此时，被试已经确认了部位，并且暗示决定因子是形状，但是，关键词**“漂亮的”**可能暗示使用了色彩，所以要进一步追问：

主试：你说它很漂亮？

如果被试没有使用“漂亮的”这个关键词，施测者在询问中就不要对这个反应提任何问题，**即使反应是对墨迹图的彩色区域给出的。**

有时，提问用来澄清已经确定的决定因子的性质。例如：

反应阶段	询问阶段
看起来像两个人在夜晚做什么。	主试：（重复被试的反应） 被试：是的，看，人在这里（指），看，这是头、腿、手臂。

在这个反应中，“人在做什么”已经确定存在运动决定因子。但运动是主动的还是被动的，还有，关键词**“夜晚”**可能使用了墨迹图的非色彩特征。施测者可分别澄清这两个问题，但最好用一个提问：

主试：你说他们在夜晚做什么？

如果被试只回答两个问题中的一个，施测者就必须提出第二个问题：

被试：看起来他们好像在抬什么东西。
主试：是在夜晚？

在一些反应中，关键词直到询问阶段才出现。这就提出一个问题：在反应刚给出时，是否就存在这个特征？首要原则是：对于在询问阶段第一次出现的关键词就应该追问，**即在询问阶段的首次言语描述中出现的，或对施测者提问的首次回答中出现的。**

这个原则也有例外。是否对关键词进行询问，关键在于施测者在多大程度上相信所询问的特征在反应阶段就已经存在了。

下面列出两个被试的反应 S1 和 S2，以说明这个问题：

反应阶段	询问阶段
S1：看起来像两只熊。	主试：（重复被试的反应） 被试：是的，看，一只在这里，这里，头，腿，它们站着，它们的爪子在一起，好像合在一起，至少有一只是受伤的。 主试：你说它们是受伤的？ 被试：那些红色的应该是血，它们好像受伤了。

在对 S1 的询问中，涉及主动运动和一个关键词**“受伤的”**。因为这个关键词可能暗示使用了色彩，所以对它进行了提问，被试的回答也证实了这一点。

反应阶段	询问阶段
S2：我说是两只熊。	主试：（重复被试的反应） 被试：一边一只。 主试：我不知是什么让它看起来像熊。 被试：形状，这应该是头，腿，这是它们的前爪，好像在触碰。 主试：触碰？ 被试：是的，像是合在一起，好像它们站在那里，爪子放在一起。我猜你甚至会想到它们可能受伤了。

在对 S2 的询问中，"触碰"一词可能涉及运动。对这个词的提问是恰当的，且被试的回答一开始就证实存在被动运动。接着，被试开始考虑色彩并使用了"受伤的"这个词。这里可能就不应该进一步追问了，因为它似乎是后来新增加的想法（"我猜你可能会认为它大概是受伤了"），是由施测者的第二个问题所引起的。如果被试更加明确地说："它们看起来像是受伤了"，而不是用"可能"这样不确定的词（我猜你可能），施测者就应该明确追问这个关键词。

最终的挑战是从被试那里得到对事物的描述，这种描述代表了被试在给出反应时所感觉到的。时常有一些反应，尽管其关键词或短语在询问的后期才出现，但有充分的理由对其作进一步追问。

下面的反应可为此提供示范：

反应阶段	询问阶段
看起来像两个人。	主试：（重复被试的反应） 被试：是的，一边一个。 主试：我不确定是什么让它们看起来像人。 被试：哦，它们的头、腿、手臂，他们看起来好像在弯腰搬东西，他们像是要准备做饭。

关键词是"准备做饭"，加上"他们在搬东西"这个事实，就清楚地表示应该进一步提问。

主试：准备做饭？
被试：是的，他们好像把一个锅或什么东西搬到这后面的火旁。
主试：火？
被试：是的，背景中红色的。
主试：什么让它看起来像火？
被试：它是红色的，像火。

反应阶段最初的表述只隐含有形状决定因子，接着承认有运动，然后是维度，最后是色彩。虽然施测者问了四个问题，但被试的一系列回应并没有显示反应在询问阶段被重新建构的迹象。

再一次强调，是否对一个关键词进行提问，依赖于此关键词是否由被试自发给出，以及施测者在多大程度上相信，关键词所隐含的特征在反应给出时就存在了。

上述例子，很好地说明了被试在小心翼翼地接受测验时经常发生的情况。他们在罗夏测验的反应阶段趋向于谨慎，反应简短而非详尽。在后来的询问阶段，他们的操作是在更加结构化的指导语下进行的，因而使他们更加放松，更愿意对先前所看到的东西加以详尽说明。

罗夏测验的初学者，经常发现很难作出是否提问的决定。但是，随着初学者对编码标准越来越熟悉，这种困难会越来越少。可是，不论熟练程度如何，一定要记住基本规则：**询问阶段不能仓促**。花点时间仔细考虑询问过程中产生的信息，以及回顾反应阶段最初的回答，目的就是准确地给反应编码。

在细心考虑被试的表述后，如果对要不要提问还犹豫不决，**那就提问**！大部分的罗夏测验使用者发现，由过度提问不经意产生的材料更容易被忽略，而因对一重要问题没有询问所引发的事后恼怒则更难对付。

▲不恰当的提问。在询问阶段，有几类问题是绝不能问的，即直接的或具有引导性的问题，或者引出的材料与编码没有直接联系的问题。直接的问题如“色彩起作用了吗?”或者“他们在干什么?”或者“你是按透视法则看的吗?”，这样的提问只会给被试带来多余的引导，对测验造成影响。同样，引导性的问题如“毛皮的哪一边高些?”或“如果颜色不同，看起来还会像那样吗?”或“就它而言，你还能告诉我些别的东西吗?”这些问题同样会造成不期望的导向，破坏测验记录的有效性。

当施测者被一种强烈的感觉所笼罩，觉得还隐藏着一个决定因子，此时常会出现这样的提问。不过，这类问题绝不该提出。对于那些因为错过追问而沮丧的施测者来说，唯一的安慰是：单是一个决定因子的有无，并不能使测验的解释发生重要的改变。

另一类不该询问的问题涉及那些与编码（记分）没关系的材料，即便这些材料在临床上令人很感兴趣。了解被试报告的人物是男人还是女人，或者想知道被描述为“悲伤的”猫为什么会有那样的感受，这些可能是很有趣的事情。这样的信息可能在临床上很令人感兴趣，**但它不是罗夏测验所感兴趣的**。如果它是一种被激发出来的或被创造出来的有关测验的全新的倾向，那么根据解释的原则，这个结果不再可用，必须被抛到九霄云外。

▲询问中的阻抗。有一些被试，尤其是那些把本测验视为负担或者被逼无奈的被试，会被询问搞得恼怒。说句公道话，他们并没有在测验一开始就被告知要解释那么多，而是在千辛万苦地对十张图卡给出反应后才听到这一点，所以这肯定会激起他们的防御。有些人可能会否认已经给出的反应（“我没有那样说过”），其他人可能会放弃反应（“我不知道，我现在看不出来了”）。

大多数有阻抗的被试，在询问阶段使用一种更加巧妙的含糊其辞的非合作形式（“我不知道，对我来说，它看起来就像那样”）。无论遇到什么样的阻抗，施测者都必须坚定不移地继续询问，但是要机智。例如，对于那些宣称没有给出过反应的被试，施测者可以说：“来，现在振作起来。看，我把它记下来了。你可以找到它的，花点时间。”或者，对于那些宣称找不到反应的被试，施测者可以说：“花点时间，我们不着急。你曾经看到过它。我相信你会再次找到它的。”在询问阶段，施测者有时会受到沉默的挑战。对此不要通过提问引出拙劣的想法，也不要过早地放弃询问。

▲对年幼儿童的询问。那些经常与幼儿接触的人知道，要让幼儿持续注意单一的任务，有时是挺困难的。由此，有人认为，与其在幼儿对十张图卡全部给出反应之后开始询问，不如在他们对每张图卡给出反应后就马上询问，这样可能会更容易完成任务。对给难以应付的幼儿进行测验的施测者来说，这种方法听起来有明显的优点，但也存在一些严重的缺点。那些参加罗夏测验基金会研究的合作者，他们有丰富的经验，曾为大量的病人和非病人儿童施测，他们认为标准程序在超过95%的案例中实施得很好。

反之，值得注意的是，有一小群年龄在6～9岁、多动的儿童，明显地表现出无法长时间专注目标的特点，在罗夏测验中接受30～40分钟的询问，对他们来说是困难的。多数情况下，合理做法应该是推迟施测或者弃之不做。如果认为罗夏测验是必不可少的，则可在每张图卡之后便开始询问程序。

如果使用这种程序，原先的指导语就要更改。施测者把“这可能是什么?”替换为：**“我想要你看这个，告诉我它可能是什么，把它指给我看，让我也能像你一样看到。”**

在这种程序中，询问的问题应受到严格的限制。通常，像“我不能确定我看到的也是你所看到的，请帮助我”，或者“我不能确定它为什么看起来像那样，你要帮助我，让我也看到它”，便是询问的极限。对反应阶段给出的关键词可以适当追问，但要谨慎。在询问阶段经过鼓励给出的关键词，就不要追问。这个修改的程序难以令人满意，只能在那些非做罗夏测验不可的案例中使用。

▲极限测试。有时，需要确定一个人能否很容易地看出通常大部分人报告而他却没有报告的东西。当一个人没有给出任何常见反应或者只给出1～2个常见反应时，就会成为一个问题。在严重的精神病人中这种现象很普遍，但也可能是被试在选择反应时为了表现出过度的创造力而拒绝常见反应。极限测试的方法很简单：

在询问阶段结束后，施测者选择2～3张被试没有给出常见反应的图卡（通常是图卡Ⅷ和图卡Ⅲ，也可能是图卡Ⅴ）。施测者说：“我们刚做完测验，不过（把图卡递给被试）再把这张看一次。有时人们会在这张图卡上看到××（说出常见反应）。你看到像那样的东西吗?”不要给被试指出常见反应的部位。通常在选择反应时过度创造的被试很快就会注意到常见反应，而严重的精神病人则可能对人们能够看出的东西表现出惊讶。由于这个程序会影响将来的重测，所以施测者应该在确信这方面的信息非常重要的情况下，才进行极限测试。

▲**总结**。应当清楚地意识到，罗夏测验的正确施测包括对测验恰当的介绍、忠实的逐字记录和深思熟虑的询问。后者显然依赖于施测者对被试给出的反应的可能编码有清醒的意识。一旦编码对施测者来说是件容易的事，询问就会很容易完成，事半功倍。

2. 部位和发展质量

编码的第一步，也可能是最简单的一步，就是对反应部位的编码，即反应指向墨迹图的哪个部位。罗夏测验的开放性允许人们用两种方法作出反应：既可以使用墨迹图的整体，也可以只选择它的一部分。

如果反应使用了整张墨迹图，就是一个**整体**反应，其编码简单而直接，用符号 W 来表示。除此之外都是**部分**反应，对此反应的编码取决于被试所使用的部分是否为常见部分。如果是，则使用符号 D 来表示；如果不是，则记为 Dd。如果被试在反应中使用了空白，就将符号 S 加在部位编码的后面。

在一些案例中，被试给出的反应中就包括了部位编码的信息，例如“哦，整个东西看起来像……”或“如果我只使用上面部分，它可能是……”。在这种情况下，询问只需简短地核实相关区域便可。但在多数情况下，被试在反应阶段没有指定所使用的墨迹图区域，这样在询问阶段就要把它当成重要的目标。

通常，有关部位的信息很容易得到，尤其是当被试为询问做好了充分准备的时候。但是，有一些人对部位的表达还是不明确。在这种情况下，施测者应该坚持使用指导语，例如“用你的手指沿着轮廓慢慢地移动，或者指出它的几个特点，以便我也能看到”。表 3 展示了部位编码的四个符号及其标准。

表 3　反应的部位编码符号

符号	定义	标准
W	整体部位	反应中使用了墨迹图的整体，必须包括所有的部分
D	常见部位	使用了墨迹图的常见区域
Dd	不常见部位	使用了墨迹图的不常见区域
S	空白部位	使用了墨迹图的空白区域（只能和其他部位一起编码，例如 WS、DS、DdS）

前文提到，可使用部位表（Location Sheet）对编码部位进行永久性记录，即在部位表上清晰地勾画出被试指定的区域，并且要注明对象的一些相关的具体特征，例如眼睛、帽子、脚等，尤其是不常见的特征。

任何人都可以在部位表上轻而易举地将原反应建构起来。聪明的施测者常在反应编号后面简单地填写部位编号，用来表示部位，例如“1 = D4”。但是，如果反应的部位是一个没有编号的区域，就应该在部位表上仔细勾出其轮廓。

[W]　编码为 W 是依据全或无的法则，被试要么依据整体，要么依据部分。只有前者才能被编码为 W。主试确定反应是利用了整体，这一点非常重要。有时会发生这种情况：

被试给出的反应，与通常给出整体的反应是一样的，但实际上该反应的形成并没有使用墨迹图的整体。例如，“蝙蝠”是图卡Ⅰ与图卡Ⅴ最常出现的反应，大约有97%的被试是依据整体给出反应的，但也有一小部分被试为了反应更精确而排除了墨迹图的一些部分。这种反应将不能被记为W，尽管只是省略了很少的部分。

D　如果反应不是W，那么它就肯定是D或者Dd。D区域是依据大量被试的反应频率界定出来的。综合系统的部位编码包括了82个D区域。大部分是墨迹图中的大块区域，但也有例外，有时仅仅是墨迹图中非常小的部分。各张图卡的D区域都被编号，列于工作手册的表A中。如果反应不是W，主试可在表A的常见部位中寻找，以确定是否为编码D。

Dd　只要反应不是W或者D，则一定被编码为Dd。部位的大小不是编码Dd的原因，因为一些Dd区域很小，而另一些则非常大。表A中列出了一些Dd区域并编了号。有相当多被试报告的反应发生在这些区域，罗夏测验研究基金会的频率统计数据库中包括了这些区域。此外，一些关于这些区域恰当形状使用的信息也被包括其中。如果被试所使用的区域在表A中没有找到，那其编码就是Dd，编号是99，即Dd99。

S　如果反应包括了图卡中的任何空白区域，编码中就要加上符号S。空白部分的使用有两种情况，一种是被试将空白区域与其他的墨迹图区域整合在一起，另一种是仅使用空白区域。不论是哪一种情况，S都不能作为一个单独的部位编码。实际上，它总是与其他三种主要的部位编码联合使用，如WS、DS或DdS。

▲多个D区域的编码。一些反应使用了两个或两个以上的D区域。对于这种情况，有时编码为D是正确的，有时编码为Dd才正确。实际上，某些D区域是由其他的D区域组合而成。例如，图卡III的D1区域，它实际上是由D9与D7组合而成。相似的，图卡IX的D1与D3组成D12。因此，任何指向D区域的反应都将被编码为D。

然而，有些时候，被试把不同的D区域组合在一起，形成一个新的不常见区域。如果这个组合只包括一个对象，就应该被编码为Dd。相反的，如果组合中的每一个D区域分别表示不同的对象，则即使组合包括了多个常见区域，编码也为D。这些是综合的反应，在发展质量的编码中也要注意。

例如，对图卡Ⅲ，有人会报告“一个人（D9）在制作陶器（D7）”。在这个回答中，每个D区域的整体性还维持着，分别为不同对象，一个是人，一个为陶器。另一些人可能会将同样的两个区域整合成人（D9）和他奇怪的手（D7）。在这个反应中，被试将两个D区域组合为单一的区域，这是一种少见的情况，应编码为Dd。

发展质量

有关部位的解释价值，在第二种编码加入之后将会增加起来。第二种编码被用来区分形成反应的加工过程的特征或者质量。所有的反应均是以不同的方法形成的。

有些反应是具体的且组织欠佳的。它们不需要具体的特征，例如云、污迹、血等。这类未分化的反应，反映了被试在使用刺激区域时存在着某种程度的漠不关心，这让被试以一种不需要注意墨迹图具体特征的方式来辨认它。这类反应所包括的对象，其形状可以是各式各样的，没有任何固定的形状要求。

有些反应水平稍高，但仍然是简单的和经济的，墨迹区域被辨认为具有具体特征的单个物体，例如一只蝙蝠、一个人、一棵树、一个花瓶、一张椅子等。在这些反应中，认知活动以一种有意义的方式将一些刺激特征组织起来。

组合反应就需要更高水平的认知活动，也就是说，在这些反应中，两个或两个以上的具体对象以一种有意义的方式联系在一起。比如“两个人在搬什么东西”，“月光中，一棵树把影子投在水面上”，“一个戴帽子的人”。

W、D 和 Dd 这些部位编码不能提供可区分反应质量和特征的信息。所以，要求有第二种编码来描述这种特征。这就是四个发展质量（DQ）的编码。表 4 列出了发展质量的符号和使用标准。

表 4 发展质量的符号和使用的标准

符号	定义	标准
+	组合反应	两个或两个以上的物体被分开描述，但它们之间是有联系的。至少有一个物体或对象有特殊的形状要求，或在对其描述中创造出一种特殊的形状要求（例如“一只在灌木丛行走的狗”，“一个戴着滑稽帽子的男人”，“一架飞机正在穿过云层”，“一个小姑娘的头，她有一条发带”）
o	普通反应	墨迹图的一个区域被确定或描述为一个物体或对象，这个对象具有自然的形状要求，或者对物体或对象的描述赋予了它某种特殊形状要求（例如“一棵杉树”，“一辆汽车”、“一根图腾柱”、“一片枫叶”、“一只蝙蝠”、“一面旗子”、“一个男人的头”）
v/+	模糊组合反应	两个或多个物体被分开描述，并是相互联系的，只是它们均没有特定的形状要求，且在描述中也没有给出形状要求（例如“很多云彩正飘过来”，“某种海湾，岸上有植物”，“一块岩石，周围有些脏东西”）
v	模糊反应	只有一个物体或对象且没有形状要求，或在描述中没有赋予对象或物体特别的形状要求（例如“云”、“天空”、“晚霞”、“一些冰”）

▲组合反应。对于 + 与 v/ + 这两种组合反应，其标准的描述均包括“……分开但有联系”，描述中必须包括一个以上的物体或对象，并且报告它们之间存在有意义的联系。例如“在栅栏上有两只鸟”，编码为 + 。因为在反应中有三个物体且均有联系：两只鸟在同一个栅栏上。如果反应是“两只鸟”，暗示墨迹图中的对称部分，则 DQ 编码为 o（普通），因为它们之间不存在有意义的联系。

例如“两朵云彩正在聚集”这样的反应，将会被编码为 v/ + ，因为“聚集”这个词创造了所要求的关系，但是两个对象（云彩）却没有包括特定的形状。反之，“两朵云彩正在堆积，像在膨胀一样，正在聚集”，将被编码为 + ，因为被试加入了形状的描述——“堆积，像在膨胀一样”。

如果反应的对象是人和衣服，此时若作组合反应（ + ）编码，那么衣服必须以一种改变了对象自然轮廓的方式描述，或者衣服本身是一块单独的墨迹区域。例如，对于图卡Ⅲ，被试经常报告有一个或两个人物形象。偶尔，人物会被描述为穿着一件晚礼服，之所以这样描述是因为人物从颜色上看是黑的。这个反应应该记为 o 而不是 +，因为人物形象和衣服都使用了同一块墨迹区域，并且衣服也没有改变对象的自然轮廓。

另外，如果这个人物对象（D9）被描述为穿着一件夹克衫，夹克的翻领（Dd27，是 D9 的一部分）向外伸出来，那么恰当的编码是 +。在这个例子中，首先是“翻领”改变了人物形象的自然轮廓，其次是使用了两个单独的区域。类似地，如果对象（D9）被描述为穿着鞋子（Dd33，是 D9 的一部分），恰当的编码是 +。

▲形状要求的问题。在 DQ 编码为 + 与 o 的标准中，包括了对特殊形状的要求。这意味着所报告的物体或对象，一般有一个稳定不变的形状，这就是说，当使用名词来辨认对象时，名词本身就暗含了某种特殊的形状。例如“人”、“鸟”、“蝴蝶”、“蜘蛛”、“狮子”、“椅子”、“轮船”、“房子”等，其中每一个名词都定义了一类具有某种特殊形状的物体或对象，尽管在每一类中还存在着某些不同。人有高有矮，有胖有瘦等，类似的，椅子也有很多形状，但它们都有一些共同特征或形状要求。

任何有特定形状要求的对象必须编码为 o（普通反应），如果这个对象与另一个物体存在有意义的联系，就要编码为 +（组合反应），即便这第二个物体没有形状要求。

其他的对象，如“云彩”、“湖泊”、“岛”、“树叶”、“油画”、“抽象艺术”等，它们所代表的对象，可以有任何一种形状。这类对象没有特定的形状要求。如果报告的对象没有特定的形状要求，DQ 编码是 v（模糊反应）；如果这个对象和另一个也没有固定的形状要求的对象存在有意义的联系，则编码为 v/+（模糊组合反应）。

但是，有时被试报告了一个没有特定形状要求的对象，但在详细描述时**可能会加上一些形状要求**。例如“云彩”一般会编码为 v，但是，被试也许会这样描述：“堆积起来像积云。”这就加进了一个形状要求，此时的编码为 o，而不是 v。类似的，“树叶”、“灌木”，或者“血液”，一般编码为 v，但这些对象也可以加进某类形状要求。例如，“有三个尖的树叶”，或者“树叶，这里是茎，这里是尖的顶端”。在这两个反应中，被试都加进了形状要求，DQ 就应该编码为 o。同样，“正在流淌的血”包括了形状要求，“树枝全部竖起来的灌木”也同样有形状要求，这两个反应的 DQ 均应被编码为 o。

▲小结。每一个反应的部位编码总是包括了两类符号：第一类说明了所使用的区域（W、D 或者 Dd，S 可能是第二个编码）；第二类说明了发展质量（DQ：+，o，v/+或者 v）。施测者应该对下述情况保持警觉：被试对一个本来应该编码为 v 的对象加进了形状要求。

3. 决定因子

对于罗夏测验的初学者来说，决定因子似乎是编码中最复杂的部分。究其原因，可能与施测者必须全盘考虑被试将墨迹图视为某物的所有可能性有关。环境是复杂的，当我们对其中的事物作出辨认时，常常会受到多种因素的影响，例如形状、颜色、阴影和显著运动等。这一点同样适用于罗夏测验的墨迹图，它以一种微缩的形式，将环境中存在的众多视觉刺激包含其中。

墨迹图的刺激区域只是一系列随意的形状和色彩，不过它确实具有许多显著的刺激特征或末梢细节（distal bits），这些特征与被试做测验时看到或想象的物体或对象的特征是相似的，却不尽相同。这种在形状、色彩等刺激特征基础上形成的相似性允许对其进行基本的分类加工。如前所述，这种对墨迹图的分类加工，可形成比实际所需多得多的潜在反应。因此，被试必须放弃一些反应。

被试放弃几个潜在反应之后，剩下的反应通常还是比任务所要求的多，此时便启动另外一种选择过程。这最后一个选择过程，显著地受个人习惯或人格特征的影响，同样也受被试接受测验时的心理状态的影响。需要、态度、定势、冲突以及反应风格都会影响被试最终选择给出的反应。

遗憾的是，我们没有办法对呈现图卡和报告第一个反应之间几秒内发生的复杂的内部心理过程进行准确的测量。但作为这个心理过程的结果，反应本身往往包含了一些能够反映这个心理过程特征的因素。如果能够对这些因素正确编码，那这编码就能体现被试的一些心理操作过程。

单个反应的编码所能提供的有关个人心理特征的有用信息很少，但是各种不同编码的频率数据，尤其是决定因子的频率数据，则可提供许多有关个人心理的信息。

被试的言词话语就是编码的材料。遗憾的是，个体经常变换他们的词汇和表达方式。因此，与通常容易获得的部位信息相比，决定因子信息的获得就需要使用多种方式。

在最顺利的情况下，被试会直接给出决定因子，例如**“它有那种大致的形状”**，或者**“它的颜色像它们”**，或者**“这里不同的阴影让我产生这种印象”**。对那些理解和领会询问阶段任务的合作型被试来说，这种顺利的情况并非罕见，但是，有时即使合作型被试也不能准确地表达关键性信息。

相反，被试的措辞很少是那么直接的，它们往往只包含了可能存在决定因子的线索。这些线索通常以关键词或者短语的形式出现，如第一章所描述的。在询问阶段，你必须努力去寻找决定因子，但是不能用直接的方式，只能通过聚焦于**“是什么让它看起来像那样”**这样的问题来捕捉。

如果施测者非常熟悉各类决定因子，在寻找可能存在的决定因子的线索和形成准确捕捉决定因子的提问时，可能就不会有什么困难。经验表明，施测者通过练习可以达到熟练程度，在本书的附录中，我们提供了大量的不同类别的反应用以练习编码。

▲决定因子的种类。决定因子有 7 类，每一类各代表着个体对刺激区域转换的一种方式。在这种情况下，每一类都反映了参与形成反应的认知活动的某些方面。某些类别还分有不同的子类，用以记录反应中一个要素被使用的不同方式。许多反应包括一个以上的类别，除了一个类别可能是单独存在的，其他种类可以同时存在。这 7 个种类分别是：

（1）**形状**。形状决定因子是所有反应中最常见的，既可以独立编码，也可以和其他决定因子一起编码。

（2）**运动**。运动决定因子有三个子类：①人类运动；②动物运动；③非生物运动。所有的运动反应都分为主动运动和被动运动。

（3）**色彩**。色彩决定因子包括了三个子类，根据反应中涉及形状的程度来确定编码为哪个子类。

（4）**非色彩**。非色彩决定因子包括了三个子类，根据反应中涉及形状的程度来确定编码为哪个子类。

（5）**阴影**。阴影决定因子有三个子类，分别用三个符号来说明对阴影的不同使用方式：①纹理反应；②深度或维度反应；③弥漫反应。

（6）**形状维度**。使用一个符号，对那种依据大小或形状形成的三维印象的反应进行编码。

（7）**成对和镜像**。反应使用形状和墨迹图的对称性。

这 7 种决定因子的编码，共包括 24 个符号。表 5 列出了这些符号及其应用标准。

表 5　决定因子编码的符号和标准

类别	符号	标准
形状（Form）	F	**形状反应（Form answers）**。用于仅依据墨迹图形状特征做出的反应。
运动（Movement）	M	**人类运动反应（Human movement response）**。用于包含有人的肌肉活动的反应，或动物的拟人活动反应，或虚构的拟人活动反应。
	FM	**动物运动反应（Animal movement response）**。用于包括动物肌肉活动的反应。所看到的运动必须与该动物种属的运动一致。如果所报告的运动是该动物种属不常见的运动，则要记为 M。
	m	**非生物运动反应（Inaimal movement response）**。用于记录非动物、非生物的运动反应，或没有感觉的物体的运动反应。
色彩反应（Chromatic Color）	C	**纯色彩反应（Pure color response）**。反应是单纯使用墨迹图的颜色特征做出的，没有涉及形状特征。
	CF	**色彩形状反应（Color-form response）**。反应主要是依据墨迹图的色彩特征做出的，也使用了形状特征，但形状特征处在次要地位。
	FC	**形状色彩反应（Color-form response）**。反应主要是依据墨迹图的形状特征做出的，但也使用了色彩，不过色彩占次要地位。
	Cn	**色彩命名反应（Color naming response）**。通过命名墨迹图颜色给出反应。

（续上表）

类别	符号	标准
非色彩 (Achromatic Color)	C′	**纯非色彩反应**（Pure achromatic color response）。反应只使用了墨迹图的灰色、黑色或者白色特征，明确地把它们作为色彩使用，没有涉及形状。
	C′F	**非色彩形状反应**（Achromatic color-form response）。反应主要使用了墨迹图的灰色、黑色或者白色特征，明确地把它们作为色彩使用，也使用了形状特征，但形状是次要的。
	FC′	**形状非色彩反应**（Form-achromatic color response）。反应主要使用了形状特征，也明确使用了非色彩特征，把它们作为色彩使用，但非色彩是次要的。
阴影纹理 (Shading-Texture)	T	**纯纹理反应**（Pure texture response）。反应仅使用墨迹图的阴影部分来表示一种纹理现象，没有包括形状特征。
	TF	**纹理形状反应**（Texture-form response）。反应使用了墨迹图的阴影特征来表示一种纹理，为了详尽表述或澄清，形状也作为次要的特征使用了。
	FT	**形状纹理反应**（Form -texture response）。反应主要使用了墨迹图的形状特征，也使用了墨迹图的阴影特征来表示一种纹理，但阴影特征是次要的。
阴影维度 (Shading-Dimension)	V	**纯阴影维度反应**（Pure vista response）。反应只使用了阴影特征来说明深度或者维度，没有使用形状。
	VF	**阴影形状维度反应**（Vista-form response）。反应使用了阴影特征来说明深度或者维度。也使用形状特征，但形状是次要的。
	FV	**形状阴影维度反应**（Form-vista response）。反应主要使用了墨迹图的形状特征，也使用了阴影特征来记录深度或者维度，但阴影是次要的。
阴影弥漫 (Shading-Diffuse)	Y	**纯阴影弥漫反应**（Pure shading response）。单纯使用墨迹图的浓淡特征，完全没有使用形状，也没有涉及纹理或者维度。
	YF	**弥漫形状反应**（Shading form response）。主要使用了墨迹图的浓淡特征，没有涉及纹理或者维度，也使用了形状特征，但形状是次要的。
	FY	**形状弥漫反应**（Form-shading response）。主要使用了墨迹图的形状特征。为了详尽表述或澄清，也使用了墨迹图的浓淡特征作为次要的特征，但没有清楚地表达为纹理或者维度，有形状参与且占主要地位，如“一张很脏的脸”。
形状维度 (Form Dimension)	FD	**形状维度反应**（Form based dimensional response）。使用墨迹图的形状，如大小或轮廓线的形状，产生一种深度、距离或者维度印象，没有使用阴影 。
成对和镜像 (Pairs & Reflection)	(2)	**成对反应**（Pair response）。反应依据墨迹图的对称性，报告两个相同的对象。对象必须在所有方面都相同，但不能是倒影或者镜像。
	rF	**镜像形状反应**（Reflection-form response）。反应基于墨迹图的对称性，把墨迹图或者墨迹图的某些区域作为倒影或者镜像。所报告的对象或者内容没有确定的形状要求，例如云、风景、倒影等。

（续上表）

类别	符号	标准
	Fr	**形状镜像反应**（Form-reflection response）。反应基于墨迹图的对称性，把墨迹图或者墨迹图的某些区域作为倒影或者镜像。反应是以形状特征为基础的，同时反应对象具有特定的形状。

说明

▲**形状**F。被试可通过多种方式表明他们使用了形状，其中最不常见的可能就是使用“形状”这个词。相反，人们常使用“样子”这个词来表示使用了形状，或更为常见的是暗示对象的不同形状特征。

假如被试提到的形状特征非常明显，如“这是翅膀，这是身体，这是尾巴”，或者“这是头，这是它的腿”，“这是树干”，那主试就不必在意他是否使用了“形状”、“样子”等词。

缺乏特殊形状要求的对象，并不一定意味着它没有形状。例如反应“雨云”，可能没有使用任何特殊形状。像反应“这几乎都是黑的，像雨云”，只使用了非彩色决定因子，可编码为C′。相反，被试可能会说“它完全是不规则的，顶部更窄，像雨云”，这时编码为F。

F编码常与其他决定因子编码一起使用，只有人类运动M或非生物运动m，才不使用F。编码M和m中已经包括了形状。

当反应中不包括其他决定因子时，作出F编码的决定是非常容易的。但是，当一个反应涉及其他决定因子时，编码者常会就形状因子是主要的还是次要的而争议不休。这种情况也常发生在色彩决定因子。

比如反应“一朵很美丽的花”。在询问阶段，被试是这样说明的：“哦，这红的像一朵玫瑰花，这可能是它的花瓣，这是它的茎。”这个反应就包含了形状和色彩决定因子，但问题是形状在反应形成中究竟是主要的，还是次要的。编码者常根据被试在反应阶段和询问阶段首次解释中的文字使用情况，决定使用FC还是CF。

施测者通常通过提问来解决此类问题。比如，主试可以说：“我不能确定我是否像你那样看到了它，请帮助我。”如果被试对提问的反应是：“它看上去就像一朵玫瑰，看它的枝叶和茎。”这时由于新的信息强调了形状，所以编码为FC是最恰当的。相反，如果对提问的反应是：“这很漂亮，像一朵鲜红的玫瑰，这里是它的花瓣。”这时使用CF编码便是正确的，因为被试再次强调了颜色而不是形状。

遗憾的是，一些被试面对询问时，只是简单地复述之前回答的话，如“哦，它像一朵玫瑰花，它是红的，有花瓣和茎”。当这种情况发生时，如何判断形状因子是主要的还是次要的，就只能任由施测者自己决定了。

在上述的例子中，一些施测者可能决定编码为CF，他们认为形状是次要的，因为原来的反应中涉及了“漂亮”这个词，而且被试在辨认对象的特征时首先想到的是“红色”这个词。但是，也会有人认为这个反应中的形状是主要的，因为被试在询问时没有再次使用

“漂亮”这个词，而且询问时对色彩也没有任何特别的强调。在这种情况下，如果编码为 FC 更为谨慎，对于这个例子来说也可能更为恰当。但是，这种判断还是有一定的冒险性。

辨别形状是主要还是次要的问题，在本章的其他几个部分会再次阐述。

▲**运动** M FM m。这三种运动编码相当独立，通常很容易区分。

◆M：人类运动用来编码所有类型的人类活动，范围可以从打架、跳、举起、锯开等非常主动的运动，到想象、思考、睡、听、看等非常被动的运动。

M 不仅用来编码人类运动，也可以编码类似人的形象，或者是动物与非生物对象的拟人活动。例如，“两只熊在**打牌**”、“两只甲虫在**争论**”，或者“一棵非常**快乐**的树”都要编码为 M。

M 也可以编码涉及人类感觉经验的反应，甚至会以抽象的形式展现，比如：“它让我想到忧郁”或“它像是对我的爱”，或者“当我看它时，我听到了一声巨响”。

机敏的罗夏测验使用者能够识别出这类可能没有形状的反应，它们代表了一种罕见的情况：编码为 M，但没有形状质量。

◆FM：动物运动编码所有的动物活动反应。但是，这种运动应是该种属动物常见的。如果所给出的动物活动不是该种属常见的，例如“熊在玩牌”，“两只昆虫在推独轮车”，“一条鱼站在一棵树旁边”，或者“一只青蛙在飞”，这些都要编码为 M。

◆m：非生物运动所涉及的范围非常宽泛。如果反应中包括非生物对象，例如“云在上升”，“瀑布”，“旗帜在微风中飘扬”，“子弹击穿某物”，或者“火苗跳动”，则很容易判断为 m。

在某些情况下，非生物运动是静态的，比如“一件衣服悬挂在柱子上”，或者“撑开皮子让它干了”，这两个反应都要记为 m，因为这是一种非自然的张力状态。如果没有非自然的张力状态，例如“一块地毯放在地板上”，就不可以编码为 m；同样，“一个被绞死的人，吊在绳子上悬晃”要记为 m，而“一个死去的人躺在地上”则不记为 m；另外，如“一个死人躺在地上，头向上翘起”，则可记为 m。对静止物体编码 m 时，最重要的是判断有无非自然张力状态存在，如果反应中的措辞**不支持这个判断，就不可以编码为 m**。

◆**主动——被动**。所有运动反应还要加上一个**次要**编码，即用一个上标来表示该运动是主动的，还是被动的（a 表示主动的，p 表示被动的）。

在综合系统的发展中，一个令人感到非常困扰的问题是怎样为 a 和 p 确定一个精确的标准。虽然这个问题一直都没有解决，但多数人同意在运动反应中使用主动和被动这两个术语。

如果每个人都使用同一个“基准”或者参照点，信度就特别高。动词**“谈话”**可能就是一个最好的基准。“谈话”应该编码为被动运动。当出现一些值得商榷的反应时，“谈话”成了一个很好的参照。例如，与基准比较，“私语”、“注视”、“站立”、“无精打采”、“弯腰”、“叹息”等很容易被判断为被动运动，而“争论”、“叫喊”、“怒目而视”、“伸手”、“举起”这些动词则被认定为是主动的。

一些运动反应常被认定为被动运动，这主要是指被试给出静止运动的反应。反应的静止特征通常会体现为反应中存在一种限定性条件，即将对象或者景象描绘为一幅抽象派画、一幅漫画、一幅油画，或者一张图片。所有这些都被编码为 p，而不必考虑回答中运动的描述是怎样的，例如"一幅烟花的抽象画"，"两只狗在打架的油画"，或者"一张两个人举起某物的图片"。

当然，重要的是要弄清楚被试对其反应作了限定而不仅是使用了**限定性**的词语，例如，儿童经常在反应中使用"图片"、"图画"等词语，他们指的是墨迹图而非反应本身。有时，主试不能确定被试是**限定**了一个反应还是出于一种表达习惯。后者常出现在几个反应中（如这看起来像一幅蝙蝠的图画），这种情况非常典型。一旦对反应怀疑，应在询问阶段进行**澄清**。

◆**同一个反应中的主动和被动**。有一些反应，一个运动决定因子同时标为主动和被动。这些反应会描述两个或两个以上的运动对象，其中至少有一个是主动的，而其他是被动的。

例如，"两个人在跳舞（主动），中间站着（被动）一个人"就编码为 M^{a-p}。在频率记录表格上，M 这个决定因子只记录一次并且只计算一次，但在记录主动运动和被动运动反应的数目时，这两个上标都会被计算进去。

只有在运动中包括一个以上对象时，才会给单个的运动决定因子指派两个上标。有些反应描述的是同一个对象处于主动和被动运动中，例如"一只狗坐（被动）在那里对着月亮吠叫（主动）"。在这种情况下只能编码为主动运动，记为 FM^a。

▲**色彩决定因子** FC CF C Cn。前文已提过，编码色彩反应时最常碰到的难题是区分 FC 和 CF，或者区分 C 和 CF。这些问题的关键可能取决于能否正确地鉴别 CF 反应。

◆CF：鉴定 CF 反应没有一个绝对的标准。大部分 CF 反应能够识别是因为其明确地强调了颜色，而形状特征明显是次要的。但强调的程度却有一个相当大的范围。例如：

反应阶段	询问阶段
一朵美丽的花。	被试：这是一朵漂亮的、衬着绿色叶子的橙色花，这里是它的茎。
这是一片森林。	被试：这是各种各样的彩色植物。
一只非常奇异的蝴蝶。	被试：这种红色很漂亮，少见，这里是翅膀。
在黄油里煎的蛋。	被试：它们是黄色的，像在油里煎的，看中间的蛋黄。

这些反应每个都应记为 CF，因为每个反应中都强调了色彩，形状只是适度提及。色彩都是在询问阶段才提及。实际上，上述任何一个反应都可以发展为 FC 反应，甚至是纯 F 反应，就像以下阐述的例子：

反应阶段	询问阶段
一朵美丽的花。	被试：这里是它的茎，那里是它的叶子，这是花，它在一个花罐中。
	主试：你说它很美丽？
	被试：是的，这是一朵美丽的橙色花。
这是一片森林。	被试：你可以看到一些树的形状，这个也许是通往森林的路。

一只非常奇异的蝴蝶。	**被试：它有不寻常的翅膀，我想很少有蝴蝶的翅膀形状像这样，有些蝴蝶是红色的，像这个。**
在黄油里煎的蛋。	**被试：它们有不规则的形状，像把鸡蛋打碎煎熟一样，这是蛋黄。**
	主试：你说是在黄油里煎的蛋。
	被试：对，它是黄色的，因此我想可能是在油里煎的。

这里三个反应（花、蝴蝶、蛋）都应被记为 FC，因为虽然使用了颜色，但重点强调的是形状。第二个反应（森林）应记为 F，因为只提到了形状，而且没有其他的关键词或者短语能引发主试再深入提问下去。

另外有些反应第一眼看上去明显是纯 C 反应，但是被试加入了适度的形状要求，所以必须编码为 CF。例如，“那种红色看起来像血，***正在流淌下来***”，或者“哦，看这些颜色，像烟花***向外爆炸开来***”，或者“这种粉色让我想起草莓冰淇淋，***两勺***”。斜体字让这些例子都要编码为 CF，即使所用到的形状很少。

没有明确形状要求的对象经常会编码为 CF，但这不是一条硬性规定。例如，被试可能会说：“这绿色的，它的颜色像叶子，像你在灌木中看到的叶子。”如果没有对形状进行详尽的说明，这个反应应该编码为 CF。但是，如果反应被精细化，就像“这绿色的，它的颜色像叶子，灌木的叶子，像是浆果灌木的，看这里，像是形成了一个尖顶，它们是什么呢？我想，它们的形状像那样”，这些更为详细的形状说明要求编码 FC。

◆FC：FC 反应的主要特征是对形状的强调。色彩的使用常常是作为顺带的评论，就像这个例子：“有两个人靠在一起，可能是在私语，他们戴着红色的帽子。”在另外的例子中，颜色的使用会更加明显，但比起形状还是次要的。例如：“这是两只粉色的小老鼠，它们是粉色的，因为它们是刚出生的，看它们的小腿、头和一条尾巴。”

FC 也可用于编码没有形状的对象。思考下面三个反应：

反应阶段	**询问阶段**
那儿橙色的可能是火。	**被试：当你看火时，你会看到这橙色的火焰。**
那橙色的让我想到火。	**被试：橙色的看起来像火焰，那种突然升腾起来的火焰。**
橙色的看上去像火。	**被试：它们是突然升腾起来的，就像你可能从野营的火堆中看到的那样，木头平静地燃烧，产生一种对称的感觉，一边的燃烧跟另一边的燃烧几乎完全一样。**

这三个反应，第一个应该记为 C，因为没有使用到形状。第二个应该编码为 CF，因为“突然升腾起来”这个词语已经注入了形状要求。第三个反应明显是 FC 反应。虽然反应中首先提到的是色彩，但反应总体上强调的是形状。

区分 CF 和 FC 最主要的困难来自匆忙的施测者没花时间在这个争论点上多提一个问

题。所选择的提问应该是含糊的，例如说："我想我没有像你一样看出来，你能帮帮我吗?"或者"我想我大概是看出来了，但我不是非常确定是什么让它看起来像那样"。这些额外的提问不可以常规使用，也不要期望它们能够解决 CF 和 FC 之间的所有难题。但是如果能聪明地使用这些问题，就能解决许多在检查记录时产生的问题。

◆**让位原则**。C 和 CF 的区分通常相对容易，纯 C 反应往往是很明显的。例如，**"这红色，它像血，所有红色的都像血"**，或者**"它是蓝色的，所以它可能是水"**，或者**"这只是一幅有着很多不同颜色的画"**，或者**"它是蓝色的，像冰有时是蓝色的"**。这些例子都明显是 C，但有时一个通常记为 C 的对象应该记为 CF，因为它和一个有形状要求的对象直接接触了。

举例来说，**"这红色的一定是血，它在两只厮打的熊身上"**。尽管红色的血普遍记为 C，编码却要让位于 CF，因为血与有形状的对象能直接接触。如果反应是**"两只熊在厮打，也许它们受伤了，因为背景中的红色看起来像血"**，编码就应该记为 C，因为血并未在熊的身上，即使与熊是有联系的。

◆**确认颜色的使用**。有两种情况可能会给是否使用了色彩的判断造成困难。第一，许多人会通过明确地说出色彩来指出对象的位置，例如**"这红色的看起来像一只蝴蝶"**，或者**"这蓝色的像一只蜘蛛"**。这些表述都不能成为判断编码为色彩的依据，因为例子中的色彩只是简单地表明位置。也许这两个例子或者其中一个例子最终包括了色彩决定因子，但如果真是这样，那色彩作为一个决定因子的存在必须从被试的其他言语中得到证实。

第二种情况对于主试来说通常更困难。一个被试将一块有色彩的部位报告成一物体或对象，主试似乎可以肯定颜色在反应形成中起了作用，但被试却没有直接或间接地提到颜色。

前面提到的一个适当的例子是：**"这看起来像一朵很漂亮的花。"**主试通过使用被试反应中的关键词来询问，**"你说它很漂亮?"****"是的，它看上去很细，而且很精致"**。对这个回答不进行色彩编码，尽管被试使用的整个区域是彩色的。编码必须依据被试的言语表述。

◆**直接的不含糊的色彩使用**。一个被试可以用很多方式在回答中清晰表明色彩是一个决定因子。以下是颜色和内容直接混合在一起的例子：

对我来说，那些红色的看起来像血。
那个橙色的看起来像森林大火。
蓝色的是水。
绿色的是树叶。

在这些反应中，色彩的使用看起来毫不含糊，应该对其编码。但是，大多数的色彩使用并不是如此明显，即使在许多颜色和内容混在一起的反应中也是如此。例如：

那红色的也许是血。
那橙色的可能是大火或者别的东西。

这蓝色部分或许是水。

这绿色部分可能是一片森林。

在这些反应中，被试的态度是不确定的或含糊的（**也许是，或许是，可能是**）。因此，主试应进一步询问，以确定是否有色彩使用：**“我不是很清楚是什么让它看起来像……”** 或 **“到底是什么使它看起来像……”**。

▲非色彩决定因子 C' C'F FC'。那些涉及区分色彩编码的问题也适合非色彩决定因子。非色彩反应出现的频率比色彩反应低，并且大部分是FC'反应。

就像色彩反应一样，使用墨迹图非色彩特征的判断标准是：**必须是清楚明确的而非含糊的**。幸运的是，多数非色彩反应总是包括“黑”、“白”或“灰”这样的字词，这种使用方式能快速解决争议。例如，“它是黑的，像大多数蝙蝠一样”，或“它像雪一样白”，或“它一定是影子，因为都是灰色的”。在这些反应中，非色彩的使用是非常清楚的。

另外，常使用的两个表示使用非色彩的关键词是“明亮、浅（light）”和“黑暗、深（dark）”。它们都可能表示颜色，同样也可能表示阴影。

例如，“像在晚上一样全是黑的”，这个例子表明灰—黑特征是作为色彩使用的；但是，“它全是黑的，像这里更深一点”，这个例子则表明使用了阴影，从而导致一种深度的印象，其编码是阴影维度；“这里浅一些，像是在云的顶端”，这个例子表明使用了**弥漫阴影**。

烟和X光片反应也常常涉及非色彩或弥漫阴影特征的使用，但也可能编码为形状反应F，因为被试没有清楚地说出灰—黑特征，即使主试已经通过询问来引导被试考虑这个问题。不过大部分的烟和X光片反应包括C'或者Y的编码。大部分的被试在表达烟或者X光片反应时会使用这样的言语：“它是黑的，像那个。”这些反应就应该编码为非色彩。

被试偶尔会说“从这些颜色看”，这可能暗示了非色彩，也可能没有。在这样的例子中，主试应该进一步追问，例如重复被试的言语，或者努力去判断反应是编码弥漫阴影还是非色彩。

如果反应中包含了词语“明亮”或“黑暗”，或短语“从这些颜色看”，且在表明非色彩特征方面的意图并不清晰明确，编码可使用弥漫阴影。

有时用来传递非色彩的字词“黑”、“白”、“灰”、“亮的”或“暗的”，只是用来表示位置而非表示决定因子，例如，“这白色的部分看上去像……”，或“这黑色的区域可能是……”。在这些非色彩回答的例子中，是否决定编码非色彩取决于被试的意图是清楚的还是模糊的。

▲阴影—纹理决定因子 T TF FT。对于初学者来说，编码阴影决定因子要比编码哪一种阴影决定因子容易。这种区分其实并不复杂，可以用排除法来判断。

纹理符号用来编码那些使用阴影特征从而产生“触觉”印象的反应，例如：柔软的、粗糙的、光滑的、潮湿的等等。关键是被试必须表达自己以某种方式使用了阴影特征。

大多数被试没有使用“阴影”这个词，更多的是听到他们使用“颜色”这个词，如“从这里的颜色看”，或“不同的颜色就像那样”。在其他情况下，一个人可能会说，“从那边的线条看”，这听起来像是在使用形状，但事实上涉及不同的饱和度水平。有些人，特别是儿童，经常会触摸那些墨迹图来传达出触觉的印象，假如其措辞中传达了对象的某种触觉特征，出现触摸这个动作，**那就为纹理编码提供了充足的证据。**

在理想条件下，被试会直接指出触觉印象：“看起来**像**是柔软的”，或者“看起来是热的，如果你摸一摸它”。然而，重要的是避免仅仅因为反应包含了**“一块毛皮”**或者使用了诸如“粗糙的”或“寒冷的”可能暗示触觉印象的关键词，就臆断反应**应该**编码为纹理。

被试把对象描述为像一块毛皮，是因为**“它的边缘是不规则的”**，这就只是一个F反应。同样，一个区域被描述为粗糙的是因为**“这些线条让它看起来好像凹进去了，好像崎岖不平”**，这表示反应使用阴影，传达一种维度的印象。在相同的情况下，一个区域会被描述为看起来是冷的，因为**“有各式各样的蓝色阴影，像天气很冷时结的冰”**。这个例子使用了阴影，但它是弥漫阴影，没有包括触觉印象。相反，下面的反应就应该编码为纹理：**“各式各样的蓝色阴影，给我一种很冷的冰的感觉”**，或者被试在说**“像天气很冷时结的冰”**时触摸了图卡。

纹理和弥漫阴影，或者纹理和维度之间微妙的差别，经常使人困惑，这就强调了恰当询问的重要性。

▲阴影—维度 V VF FV。维度用于编码使用阴影特征来表示深度或者维度印象，例如“它深入到里面”、“它在后面”、“它的边缘是圆的”、“它比……高”、“它是折叠起来的”、“它是……的鸟瞰图”，等等。

一般情况下，如果明显存在深度或维度印象，主试的任务就是去判断它是以阴影为基础的，还是仅仅由墨迹图的大小或轮廓特征引起的。如果是后者，其编码是FD而非阴影维度。

当反应也包含了纹理的可能性时，区分阴影维度就最为麻烦。比如，将起伏的山脉（维度）与粗糙的砂纸（纹理）区分开来是相对容易的，但有时像“崎岖不平的”，“锯齿状的”或“粗糙的”等词语则既可意味着维度，也可意味着纹理。

例如“这看起来像大脑，那些线条给人一种盘旋的印象，看起来**很不平”**，这是一种阴影维度反应，因为使用了阴影（**那些线条的样子看起来**）且无触觉印象的含义（**看起来**很不平）。如果反应是“它看起来好像是不平的，如果你触摸它”，那就要编码为纹理而不是阴影维度。

有些时候，反应的维度特征是很微妙的，因此，主试应当敏感地注意到需要询问。比如，图卡IV的一个反应**“一个将头放在两腿之间的怪兽”**。这一反应可能传达了维度的信息，而不论它是基于形状还是阴影。无论是何种情况，主试都必须问一些问题以穷究之，如：**“你说它的头放在两腿之间？”**

▲弥漫阴影 Y YF FY。任何既不是纹理又不是维度的阴影反应就编码为弥漫阴影。这些反应大部分都相当简单，虽然在某些案例中，如前面提到的，被试会使用如“明亮的”、“黑暗的”、“黑色”等词语，以一种含糊的方式暗示既可能是非色彩又可能是弥漫阴影。在那些例子中，有关非色彩的原则能够促进主试的判断，也就是说，除非主试能确

定明暗属性是作为非色彩使用的，否则应记为弥漫阴影。

有时，人们通过提及色彩对比来传达弥漫阴影的使用。例如**“不同的粉色使得它看上去像腐烂的”**，**“它里面有不同的灰色，像在暴风雨中”**，再比如**“这颜色混在一起使人感觉这是干了的血迹”**，以及**“这里的颜色混在一起，像是手指画中的”**。

▲形状维度FD。当反应涉及深度、距离或维度印象而并非基于阴影特征时，就编码为FD。通常，区分大小是确认编码为FD的一个基本因素，例如“脚比头**大多了**，他肯定在躺着”，或者“它这么小，一定很远”，又或者“看起来像**远景**，就像我在仰视他”。

有时候，被试通过描述对象某些特征的缺失传递深度或维度感，例如：“我只能看见腿和胳膊的一部分，所以它肯定是在这后面……”这些回答也编码为FD。

一些FD反应会更为微妙，因此，主试经常不得不绞尽脑汁去决定它们是否真的应当编码为FD。例如，一个反应是“一个戴着头巾的站立着的人”。这里一个必须询问的问题是头巾是否覆盖了什么，如脸或脸的一部分，如果是这样，是什么导致了这样的印象。在有些情况下，头巾是二维特征，但在其他反应中，被试可能会说：“你只能看见脸的一部分。”这就是一种FD反应。

▲成对和镜像反应。这两个决定因子均代表了被试使用墨迹图的对称性，描述两个相同的物体。(2)反应常报告为：“有两个……”但在多数情况下，没有使用“两个”这个词，代之而来的是使用复数“bears”、“dogs”、“people”，或者使用“两个”的同义词“一对……”。有时，被试会仅仅暗示反应中一个对象“这看上去像狗”，然后在询问阶段再指出“每一边都有一个”。这种情况当然要编码成对反应。

在罕见的情况下，被试可能会报告有一对物体存在，如“这看上去像两个人”，但在后来的反应或询问阶段，被试将这一对物体区分为不一样的两个，如“看上去一个像男人，一个像女人”。如果对象以不同方式被区分成两个不同的物体（“这个大一点”、“这个肥一点”或“这个暗一点”等），便不能编码为成对反应。

(2)的编码放在其他决定因子的右边，并且在形状质量编码之后。这样会让它们在频率表中更容易辨别。

Fr rF 镜像编码与成对编码的要求一样，也就是说，一定要考虑到对称和物体的同一性，但被试也要把对象报告为反射的或者镜像。例如“某人在照镜子”、“一只动物在看它在湖中的倒影”，或者“这些都是水中的倒影”。

在这些例子中，镜像必须基于对称性，并且通过言语或暗示表明两个对象是相同的。成对反应单独地记在决定因子编码的右边，而镜像反应（包括Fr和rF）记在决定因子编码中。当反应编码为镜像反应时，就不再编码为成对反应。

多重决定因子——混合反应

在大部分测验记录中，至少会有一个反应包含一个以上的决定因子，这就是**混合反应**Blend。每一个决定因子都在编码中出现，彼此之间用一个圆点（.）或者**混合符号**隔开。例如，M^p. FC. Fr表明这个反应包含了被动人类运动、一个形状为主的色彩特征和一个镜像反应。

从理论上说，决定因子组合的数量是没有限制的。虽然许多混合反应可有三个决定因子，但是大多数混合反应包括两个决定因子，超过三个决定因子的反应是非常少见的。同时，作为一个普遍规则，应该重新检查记录中超过三个决定因子的反应，以确保编码的准确性。虽然如此，有些反应是非常复杂的，混合反应本身就代表了这种复杂性。例如 M^a. m^p. CF. FT. FD，意味着这个反应包含了主动的人类运动、被动的非生物运动、色彩形状反应、纹理和形状维度。

应该以决定因子在反应中出现的顺序来编码混合反应。例如，如果被试报告："有火（后来澄清是基于色彩），有一只蝴蝶在上面飞。"这个混合反应应该记为 C. FM^a；另一方面，如果反应是"有一只蝴蝶在火上飞"，就应该记为 FM^a . C。

在混合反应中，出现纯 F 是极其少见的，但也并非不可能。假如这样一个反应的编码是正确的，就表明其认知是非常具体的，因为这个编码指出反应中包含了一个以上的对象，**但没有指出它们之间的联系**。

例如，**"有两个人和一只蝴蝶，两个人正在抬东西"**。这个反应听起来几乎像是两个反应，一个是关于两个人的，一个是蝴蝶。主试必须小心谨慎以确保事实并非如此，对这个反应的询问可以提供最好的说明：

主试：（重复被试的反应）
被试：是的，这里是两个人，看他们的头和腿。
主试：你提到那里有只蝴蝶。
被试：是的，就在正中间。
主试：你提到有两个人正在抬东西。
被试：哦，这个在这里，它可能是一个锅。
主试：我想我没有像你那样看出蝴蝶。
被试：它就在这里，看它的翅膀。

这个询问的过程是按被试反应给出的每一个组成成分的顺序进行的。对于"蝴蝶"提问了两次。被试已经一再确认了"两个人"、"他们正在抬东西"和"蝴蝶"。但没有将"蝴蝶"和"两个人"或者"锅"整合在一起，因此，正确的编码是 M^a. F。

如果在原先的反应中蝴蝶是最后才提到：**"有两个人在抬东西，那里有一只蝴蝶。"**那么，主试应该在询问的开始，在逐字地重复反应之后问："你的意思是把它们作为不同的反应？"但是，如果被试是在一个反应的中间插入不相关的对象，这样的提问就不适当了。相反，主试必须尝试间接地表述这个提问。就像在上述的例子中，通过对反应中每个组成成分进行询问来确认。这种策略通常会引发被试表明：**"我的意思不是说它们是一起的。"**如果被试没有这样表明，那么在一个混合反应中记一个纯 F 是正确的。

包含一种以上阴影决定因子的混合反应也是非常罕见的，但并非不可能，例如 FV. FT 或者 FT. FY，主试对此要很谨慎。**同一个词语或者短语不能编码两次**。例如，**"这些暗色的波浪线让它看起来像毛皮"**，诱使主试将其既作为弥漫阴影（暗色的波浪线）又作为纹理（毛皮），但是，使人产生触觉印象的是"暗色的波浪线"。

一个混合反应**不可能**对一个相同的决定因子有两个或以上的编码，例如 FC. CF、FY. YF 或者 FC′. C′。这些编码都是错误的！一些反应确实包含了多个对象，因此可能需要为同一个决定因子记不同类别的编码。但是，无论什么时候，如果一个反应包含了要求记为同一个决定因子的不同类别，就应该使用那个涉及**最少**形状要求的编码。

例如这个反应：**“两只带着红帽子的熊，它们正在打架，这下面的红色是它们身上的血。”**通常**“红帽子”**应该编码为 FC，但是紧接在后面的是 CF 编码：**“这下面的红色是它们身上的血。”**因此，这个反应就应该编码为 FM^a. CF。

▲小结。显然，熟练掌握各决定因子的标准对罗夏测验的正确施测至关重要。这些知识构成了正确询问的基础，同时，正确询问引导正确编码，正确的编码最终提供最丰富、最可靠的解释数据。

4. 形状质量

在对罗夏测验的反应进行编码时，引入形状质量（Form Quality，FQ）是非常重要的。FQ 编码提供了有关反应“符合性”的信息，即所使用的墨迹图区域与所确定对象的形状要求是否符合。

这是一个重要的问题，因为遭遇严重压力或有严重精神障碍的人最常见的一个问题就是不能维持对现实良好的理解能力。这并不是说适应良好的人就不会歪曲现实，而是指在个体的适应能力没有受到显著损坏时，其知觉独特性或不准确性会达到什么程度，或者说，在个体的效能未受到明显限制时，其知觉的不准确性会达到怎样的程度。

形状质量的编码使用了四个代码，用以区分不同水平的形状适当性。有三个表示反应中的形状使用是适当的，其中的两个是常见的，第三个出现的频率较低。第四个表示反应中的形状使用是不准确的或歪曲的。表 6 列出了这些类别及其判断标准：

表 6 形状质量的符号及其标准

符号	定义	标准
+	普通—精细化（ordinary-elaborated）	对形状有非常详细的描述，因此不能被归类为普通的形状反应。这类反应的特征是细致的描述丰富了反应品质，却又没损坏形状使用的适当性。+反应不必全是原创的或具有独创性的，而在于其对细节的使用和详细说明。在第十章的表 B 中有案例供参考。
o	普通（ordinary）	这类反应是常见的，人们根据通常的形状特征很容易将其确定为某对象或物体。这些是很容易看到的反应，在有关 W 和 D 区域的形状质量常模中，至少有 2% 的人给出过这样的反应，而在 Dd 区域的形状质量常模中，至少有 50 个人给出了这样的反应。这类反应没有对形状特征进行精细化。
u	不寻常（unusual）	属于低频率反应，所涉及的基本形状轮廓对反应来说是适当的。这类反应是不常见的，观察者能很快且很容易地看到它们。
-	歪曲（minus）	在形成反应时，对形状的使用是歪曲的、主观武断的和非现实的。反应是强加在墨迹图上的，完全或几乎完全忽视了使用区域的轮廓。常常是十分主观武断地在实际不存在线条或轮廓的地方创造出线条或轮廓。

在决定因子编码后面应标记上合适的形状质量符号。仅包含形状的反应，其编码为 F+、Fo、Fu 或 F-。相似地，当反应的决定因子不止是纯形状时，或者反应由多重决定因子构成时，FQ 的位置依然保持不变，如：M^ao、TFu、FC. FD-、FM^p. FC. FC′+等等。

决定对一个反应给予何种形状质量编码要借助表A，它是第二部分第十章的工作表格之一。表A依据不同的图卡和不同区域，列出了反应清单。

表A被修改过很多次，最近的版本是依据9 500份测验记录中的205 701个反应作出的。它包括成年非病人（51 183个反应）、非精神分裂症门诊病人（92 951个反应）和非精神分裂症住院病人（61 567个反应）的记录。

表A总共列出5 018个项目或项目类别，每一个项目的形状质量被确定为普通（o）、不寻常（u）或歪曲（-）。

如果项目或项目类别的形状质量在表A中被指定为普通（o），而且是属于W或D部位，则表明：这个反应对象或物体，在9 500份记录中，至少在2%（190份或更多）的记录中出现过；这个反应对象所包括的墨迹图轮廓是存在的，并且与报告的物体或对象的形状是相当一致的。对W或D，共有865个项目或项目类别被指定为o。

如果列为o的项目属于Dd部位，表明这个区域至少被50个人使用过，这个对象或物体被使用该区域的不少于2/3的人报告过，而且墨迹图轮廓是存在的。表A包括属于Dd部位的形状质量为o的项目共146个。

▲区分普通反应（o）和+反应。如果在一个反应中，所报告的对象与表A中的普通反应项目或项目种类相匹配，则形状质量的编码一定是o或+。这类反应的大多数都被编码为o，因为在所有被试中+反应的频率是相当低的。不过，编码者对可能的+反应不应漠不关心和忽视。编码为+的反应通常很容易辨别，这是因为被试在描述对象时，要比给出类似反应的大多数被试，给出更多的形状细节描述。+反应之所以很突出，就是因为对形状特征的关注。

例如，当大多数被试给出人物形象的反应时，他们注意到头、身子和腿。精细化的描述则要包括三个或四个其他特征，如注意到一些面部特征，提到手臂和腰，以及常常对脚和鞋进行描述。相似地，当大多数人描述动物时，他们提及头和身子，有时也会提到腿。精细化的描述包括两个或三个额外的特征，如鼻子、耳朵、尾巴和脚等。

将形状质量编码为+还是o受编码者主观判断的影响，但随着经验的增加，这种影响会减少。在大多数受过良好教育的被试的测验记录中都会包含1个或2个+反应，但+反应也会出现在未受过良好教育的被试的记录中，主试应对这种可能性保持警惕。

编码者不应将冗长的或创造性的反应与合理的+反应相混淆。+反应仅比通常的反应包含更多的形状描述。它们可能也是冗长的或创造性的，但这些特征并不是本质的。+反应的例子被列在第十章的表B中。

▲编码不寻常反应（u）。就不寻常和普通反应而言，对形状使用恰当性方面的要求并没有区别。o和u反应的区别，只在于此反应是否发生在9 500份记录的2%之内。表A是依据这9 500份记录建立的。如果表A中一个项目被指定为不寻常（u），并且是属于W和D部位，则表明该项目的出现率少于用来指定o反应的2%的标准，且至少有3个相互独立工作的评判者一致认为该物体或对象能被迅速和容易地辨认出来，其轮廓的使用也是适当的。表A包含了1 611个这样的项目。

如果表A中Dd区域的一个项目被指派为u，则表明该项目被少于50个被试报告过，且至少有3个相互独立工作的评判者一致认为，该物体或对象是能被迅速和容易地辨认的，其轮廓的使用也是适当的。对于 Dd 区域，表 A 包含 565 个被指定为 u 的项目。

▲外推论法 FQ 编码。虽然表 A 包括了相当多的普通或不寻常的项目，但依然不可能包括所有的。在很多情况下，如果一个反应没有出现在表 A 中，它有可能被编码为不寻常或歪曲反应。但是，在作出关于 FQ 的结论前，主试应从表 A 的项目中进行保守推论，因为对于某些反应，推论法可能会将一个没有列入表 A 的对象编码为 o。推论法要求在表中仔细搜索非常接近被试报告的项目。

例如，**陀螺仪**（gyroscope）未列在图卡 II 的 DS5 区域，但搜寻表 A 时发现**陀螺**（top）编码为 o。陀螺和陀螺仪是非常相似的，因此，将其编为 o 并非不合理。同样的，如果将图卡 V 靠外边的区域 D10 去除不算，那图卡 V 剩下的区域就没有部位编码，但有时人们只使用不包括 D10 的区域给出蝙蝠、蝴蝶或鸟的反应。在这种情况下，编码者应从列出的 W 反应中进行推论并指派 o 编码是适宜的，因为 D10 这个区域是很小的。

推论法涉及搜索相似的形状。如果反应中的对象与表 A 中列出的歪曲反应一样差，它应该被编码为 - 。同样的，如果反应中的对象与在表 A 中列为不寻常 u 的反应相似，那么它应编码为 u。

但是要谨慎！推论法是一种判断，重要的是避免将它过分一般化。编码者应在逻辑上保守。有时，报告的对象与列在表 A 的项目仅有很小的相似性。在这种情况下，作出形状质量决定时最好放弃推论法，而采用不寻常与歪曲编码的原则。第十章的开始部分为推论法的程序提供了一些附加说明。

▲编码歪曲反应。在表 A 中，所列出歪曲反应的项目是有限的，包括 W 和 D 区域的 1 395 个项目和 Dd 部位的 436 个项目。这些被列为歪曲的项目，在9 500份测验记录中至少出现 4 次，其他更多的没有包括在表 A 中，以避免项目表太臃肿。

与前面指出的一样，如果遇到一个未包含在表 A 中的项目，此时就要求编码者作出判断，多数情况是将反应编码为 u 或 - ，具体情况取决于墨迹图轮廓是否被恰当利用。当试图使用推论法而未能成功时，所使用的区分 u 和 - 的标准必须简单、可靠。换言之，如果反应能被快速和容易地看出，并且没有明显地违背墨迹图轮廓，则应被编码为 u，否则便编码为歪曲。

需要着重指出，对大多数歪曲反应而言，其所使用的墨迹图区域的确有某些轮廓与所报告的对象或物体相符合。然而，对象或物体的整体“适合性”往往与轮廓明显相违。典型的情况是这些反应并不能被“迅速和容易地”看出来。很多歪曲反应需要被试捏造出并不存在的轮廓。如果这些不存在的轮廓在确定对象或物体时显得很关键，则反应将被编码为歪曲。

同样的，作为一个首要规则，最好将那些有疑问的反应编码为歪曲反应。原则上，1 个或者 2 个歪曲反应不会对测验记录的整体解释造成显著影响。有些编码者比较喜欢将反应编码为歪曲反应，原因是他们受到错误印象的影响，即认为歪曲反应必定具有重要的解释意义。事实并非如此！来自各类群体的大多数被试均给出 1 个或多个歪曲反应。只有当歪曲反应的频率升高，或者在某些情况下所有的歪曲反应都涉及单一内容时，歪曲反应才有重要的解释意义。

同样重要的是，在表 A 中列为歪曲的项目并非在各种群体中都是低频率的。例如，某些青少年（病人和非病人）对倒置的图卡 X 整体给出一个面孔的反应是常见的。这是一个尚不能解释的奇怪现象，可能是因为某些被试倾向于将残缺不全的图形知觉为闭合的和完整的。但由于被试必须在墨迹图中创造出不存在的轮廓，所以应编码为歪曲。

▲多对象或物体反应。一些反应可能会包含多个对象或物体，而这些对象或物体不一定都有同样的形状质量。作为一个原则，要把“较差的”FQ 编码指派给整个反应，o 比 u 更好，u 又比 - 更好。**当然，这个原则只适用于对整个反应具有重要价值的对象或物体。**

例如，被试对图卡 Ⅲ 报告：**“两个人（D9）正弓着身子拖着下面的肺（D7）”**。D9 作为一个人物形象在表 A 中列为 o，事实上它也是一个常见反应（P）。然而，D7 作为肺在表 A 中被列为**歪曲**，它在这个反应中很重要，因为它产生了一个特殊分数并且是活动的焦点，所以这个反应的形状质量应该是**歪曲**。

另一方面，如果一个对整个反应不是非常重要的对象，其在表 A 中所列的形状质量比其他对象差，那么要把较好的形状质量指派给这个反应。例如，对图卡 Ⅲ 的反应可能是“两个人（D9）围绕着这个中间的东西（D7）跳舞，可能是鼓”。同样，人在表 A 是列为 o，但 D7 作为鼓是列为 u。在这个反应中，重要的对象是两个人，而鼓在某种程度上是无意附加的：“可能是鼓。”所以，形状质量编码为 o 更为适宜。这就是为什么表 A 把对图卡Ⅲ的 D1 区域的反应“人，成对，同时 D7 作为独立的对象”列为普通反应 o。就是说，对 D1 的绝大多数的反应涉及两个人，并不经意地将 D7 也包括在内，且在整体上不会歪曲地使用这个区域的形状特征。

显然，编码者对独立对象要有良好的判断力。如果描述的对象没有明显违背 D7 的轮廓，例如像一个鼓或者一张桌子（它们其中的任何一个作为单独的反应，应该编码 u）编码为 o 更为适当。相反，如果 D7 被识别为一个对整个反应明显重要的对象，并且有**明显**的形状歪曲，例如“拉着肺”、“把头撕开”，或者“争夺一艘潜艇”，那么反应就要编码为**歪曲**。

另一个涉及图卡 II 的例子是：**“两条狗（D1）在杂技场中表演，红色给人一种杂技场的感觉，它们好像在鼻子（D4）上平衡什么东西，可能是一个小球。”**D1 作为狗是常见反应 P，但是 D4 作为球未列入表 A，并且看起来并不像球。这个反应该编码为 o、u 还是 - ？被试在给出回答时所传达的逻辑可能会对最后结论有帮助。最重要的因素似乎是狗和杂技场氛围。在这一点上，编码是 o。球有多重要？可能不是很重要。被试说“它们在表演……平衡什么东西”。“什么东西”，可能是球，这是合逻辑的。因此，即使 D4 并不很像一个球，逻辑也是一致的，并且形状扭曲得并不严重。因此，编码为 o 比 u 或 - 更合适。

这种情况常在图卡 X 中发生，当被试描述很多昆虫或水下生物时，这些昆虫或水下生物大多数是被列为普通 o，其中还可能包括一个被列为不寻常甚至是歪曲的对象。假设列为不寻常或者歪曲的物体对整个回答并不至关重要，那么正确的编码应该是普通 o。

▲小结。在编码形状质量时要尽可能准确，这种重要性无论怎样强调都不过分。有些罗夏测验使用者在编码形状质量时趋向于过分刻板或者过分随意。这两种方式都会造成对被试的不公正。Martin Mayman 是一位非常著名的罗夏测验专家，他曾经指出：在微观上，形状质量代表了被试的一种与客观世界保持紧密关系的态度。换句话说，形状质量和现实检验活动相关，有鉴于此，对其绝不可以轻视。

5. 内容和常见反应 P

在编码反应的所有特征中，对内容和常见反应的编码是最不复杂的。内容编码非常简单，由报告对象所属类别的缩写组成。表 7 中列出了内容编码的符号和标准。

表 7　用于内容编码的符号和标准

类别	符号	标准
完整人物	H	用于包括整个人物形状的反应。如果反应涉及一个真实的历史人物，如拿破仑、阿尔克的贞德等，则要加上次级编码 Ay（人类学）。
虚构或神话中的完整人物	(H)	用于涉及虚构或神话中的完整人物形状，如小丑、精灵、巨人、女巫、神话故事人物、天使、小矮人、恶魔、鬼、有人的特点的科学虚构生物、似人的怪物、人物形象的侧面影像。
人物部分	Hd	用于涉及人物形状部分的反应，如胳膊、头、腿、手指、脚、人体的下肢、无头的人等。
虚构或神话中的人物部分	(Hd)	用于涉及虚构或神话中的人物形象部分，如恶魔的头、女巫的胳膊、天使的眼睛、有人的特点的科学虚构生物的部分、鬼火（空心南瓜灯，jack - o' - lantern）、除动物面具外的所有面具。
人物经验	Hx	通常编码为反应的次要内容。在反应中，这些回答明显涉及将人类情绪或感觉经验赋予对象。如两个相爱的人互相看着对方；一只猫很忧伤；人们在互相生气；一个女人散发着恶心的味道；一个非常愉快的人；一个非常激动的人；一个在痛苦中的人。所赋予的情绪或感觉经验必须是清楚的、毫不含糊的。下述这些反应由于属性是含糊的，就不能编码为 Hx：人们在聚会中；生气样子的脸；吝啬样子的人；两个看起来疲惫的人。对涉及情绪或感觉经验如爱、恨、抑郁、高兴、良好的、味道、害怕等无形状的 M 反应，Hx 应被编码为首要内容。这类反应也要包括编码 AB 作为特殊分数。
完整动物	A	用于涉及完整的动物形状的反应。
虚构或神话中的完整动物	(A)	用于涉及虚构或神话中的整个动物的反应，如独角兽、龙、魔法蛙、飞马等。
动物部分	Ad	用于涉及动物部分的反应，如马的蹄、龙虾的爪子、狗的头、动物皮等。

（续上表）

类别	符号	标准
虚构或神话中的动物部分	(Ad)	用于涉及虚构或神话中的动物部分的反应，如飞马的翅膀、彼得兔的头、小维尼熊的腿和所有的动物面具。
解剖	An	用于涉及解剖器官、结构等的反应，其中有的是骨骼、肌肉或内部的解剖结构，如骨架、头骨、胸腔、心、肺、胃、肌纤维、椎骨、大脑。如果一个反应涉及组织的幻灯片，则艺术（Art）应被作为次要编码加入。
艺术	Art	用于以下内容的反应：抽象的或写实的油画、素描或插图；艺术品如雕塑、珠宝、装饰灯、顶饰、徽章、图章、装饰。羽毛作为穿戴装饰，经常出现在图卡 VII 中，也应编码为 Art。在很多反应中，Art 的内容也应编码，例如，“一幅两条狗的画”应编码为 Art，A；“两座女巫雕塑”应编码为 Art，(H)；“两个人弯腰的漫画”应为 Art，H。
人类学	Ay	用于具有特定文化或历史含义的反应，如图腾、罗马头盔、大宪章、圣母玛利亚、拿破仑的帽子、克利奥帕特拉的王冠、楔形符号、史前的斧、印第安人的战斗帽（an Indian war bonnet）等等。
血	Bl	用于动物或人的血的反应。
植物	Bt	用于涉及任何植物的反应，如灌木、花、海藻、树，或用于植物的部分的反应，如叶子、花瓣、树干、根、鸟巢等等。
衣服	Cg	用于涉及任何衣服物品的反应，如帽子、靴子、皮带、童装、领带、夹克、裤子和围巾。
云	Cl	特别用于云的内容。这个类别的变异，如雾或薄雾，编码为自然（Na）。
爆炸	Ex	用于涉及爆炸或爆破的反应，包括烟花爆竹。
火	Fi	用于火或烟的反应。
食物	Fd	用于任何人类普遍可食用的东西的反应，如炸鸡、冰淇淋、炸虾片、蔬菜、棉花糖、口香糖、牛排、鱼片，或用于动物吃的东西，对其种类而言是自然的东西，如鸟吃虫子或昆虫。
地理	Ge	用于特定的或非特定的地图反应。
家庭用品	Hh	用于包含家庭用品的反应，如床、雕刻刀、椅子、烹饪用具、杯子、花园用软水管、玻璃杯、灯、草坪椅、盘子、毯子（动物皮的毯子应编码为 Ad，Hh 作为次要内容）、银器。一些编码为 Hh 的项目，也要编码为 Art，如烛台、装饰灯，或艺术品如餐桌上的装饰碗。
风景	Ls	用于涉及风景的反应，如山、山脉、小山、岛屿、山洞、石头、沙漠、沼泽，或涉及海景的反应，如珊瑚礁或水中景色。

（续上表）

类别	符号	标准
自然	Na	用于自然界广泛多样的未能编码为 Bt 或 Ls 的内容，如太阳、月亮、星球、天空、水、海洋、湖泊、小河、冰、雪、雨、雾、彩虹、暴风雪、龙卷风、夜晚、雨点。
科学	Sc	用于与科学或科学幻想有联系的物体，或是科学或科学幻想的直接或间接的产物或产品。如飞机、桥、小汽车、灯泡、显微镜、摩托车、汽车、乐器、雷达站、道路、宇宙飞船、轮船、火车、望远镜、电视天线、武器等。
性	Sx	用于涉及性器官或性本能的活动，如阴茎、阴道、屁股、乳房（当用于确认人物的性别时除外）、睾丸、月经、流产、性交。Sx 通常被编码为次要内容，首要内容典型的是 H，Hd，An。
X 光片	Xy	特别的用于 X 光片的内容，可能包括骨骼和器官。当编码为 Xy 时，An 不能作为次要编码。

多重内容的编码

很多反应都包含一个以上的内容，除自然、植物和风景类别之外的所有内容都应该编码。Na 总是优先于 Bt 或 Ls。如果一个反应包含 Na 和 Bt 或 Ls，只编码 Na。例如：“这是一只动物踩在水中的石头上，它试图到达那片灌木林。”这个反应包含 4 个内容：动物 A、石头 Ls、水 Na 和灌木 Bt，但正确的内容编码是 A、Na。

如果一个反应没有包含 Na，但同时包含了 Bt 和 Ls，只能编码其中一个。因此，如果反应是“一只动物踩着一些紧靠着灌木的石头”，正确的内容编码就应该是 A，Bt 或是 A，Ls。

制定这个关于自然、植物和风景的规则，是因为它们全都包含在孤独指数的计算中，这个规则的原意就是确保在计算时不会过分偏重了某一个内容。

当记录多重内容时要用逗号隔开，同时要用第一个来代表反应中最核心的内容。通常——但并非总是——主要内容会是反应中首先提到的项目。

例如，**“一幅有一个人戴着大帽子，站在一棵树旁边的油画”**，应编码为 Art，H，Cg，Bt。这里“一幅油画”是主要内容，油画中包括的物体是附加内容。如果反应是**“看，我想这应该是棵树，这是一个人站在这里，在树的旁边，她戴着大帽子”**，尽管树被首先提到，但主要部分是人物，因而编码应为 H，Bt，Cg。

▲**不常见内容**。一些反应包含的内容与任一标准的内容类别不相符。在这种情况下，应写出独特内容并记录在结构化表中的独特内容 Id 之下。但是在作出独特性编码前，要确保该项目不符合任一标准的内容类别，这一点很重要。

例如，**试管**是非常不常见的内容，乍一看来，似乎将它列为独特性内容是合适的。然而，试管完全符合 Sc，并且应该编码为 Sc。同样，**旋转木马**也是相当不常见的内容，严格来说，它应该编码为 Sc，使用的前提应该把它当作科学的产物，但是，把它编码为 Art，同时把 Sc 作为附加内容，这种编码可能更加合适。

同样，**回飞镖**由于属于武器而应该编码为 Sc，但这也会引起争议。一些人可能坚持认为它至少应该有一个附加编码 Art，因为它是一种雕刻品。这两种编码都合适，但将其编码为 Sc 比编码为 Id 要好。

常见反应

在大多数被试的测验记录中，有 13 个反应出现的频率非常高。它们被确认为常见反应（Popular Response，P），定义常见反应的标准是：在每 3 份测验记录中至少出现一次。

使用 P 作为常见反应的编码。常见反应出现时要单独编码，排在内容编码之后。

编码 P 是个全或无的问题。一个反应要么是常见反应，要么就不是。在某些例子中，一个反应与真正的常见反应非常类似，但并非完全相似。其中内容可能会有轻微的改变，或所用的部位与要求的不完全吻合。此种情况不能编码为 P。

这些“接近”P 的反应在图卡 V 中最常见，被试确认墨迹图为蝙蝠或蝴蝶，但是在确认部位时把 D10 排除在外。这类反应不能编码为 P。

在决定一个反应是否编码为 P 时也要特别注意墨迹图的方位。编码为 P 时，图卡并非一定是要直立的。但有几个 P 反应所涉及的人或动物的头，必须与图卡处于直立位时的部位相同。这个原则适用于图卡 I、II、III、IV、V、VII、VIII 和 IX。

例如，对图卡 I 和 V 的蝙蝠和蝴蝶的反应应该编码为 P，如果被试给出的是图卡倒立时的整体反应，只要被试指出蝙蝠和蝴蝶的头，其部位与图卡直立时头的部位相同，也可以编码为 P。对图卡 VIII 的 D1 区域给出的动物反应在图卡倒立时也是常见反应，但是动物头的部位也要与图卡直立时的部位相同。

表 8 列出了综合系统使用的每个常见反应的部位要求和标准。

表 8　用于综合系统的常见反应（P）

图卡	部位	标准
I	W	蝙蝠，摆正的墨迹图顶部被判定为蝙蝠的上半部分，并且总是包括整个墨迹图。
I	W	蝴蝶，摆正的墨迹图的顶部被判定为蝴蝶的上半部分，并且总是包括整个墨迹图。
II	D1	动物，明确认定为熊、狗、大象或羊。反应通常涉及头或身体的上半部，如果反应涉及整个动物，也被编码为 P。
III	D9	人物形象或画像，如洋娃娃、漫画等。如果 D1 用作两个人物形象，要编码 P 的话，D7 或 Dd13 便不可作为人物形象的部分。
IV	W 或 D7	人或似人的形象，如巨人、怪物、科学虚构生物等。动物形象不能编码为 P。
V	W	蝴蝶，真正的墨迹图顶部被判定为蝴蝶的上半部分，并且总是包括整个墨迹图。
V	W	蝙蝠，真正的墨迹图顶部被判定为蝙蝠的上半部分，并且总是包括整个墨迹图。
VI	W 或 D1	动物皮、兽皮、地毯或毛皮。通常皮、兽皮或毛皮以自然或非自然的方式包括在整个动物的描述中，如一只猫或狐狸。决定编码是否为 P，取决于被试的描述中是否切实提到或清楚地暗示皮或兽皮。

（续上表）

图卡	部位	标准
VII	D1 或 D9	人的头或脸，明确判定为女人、孩子、印第安人或性别不确定的。这个 P 通常嵌插在较大区域 D1、D2 和 Dd23 的反应中。如果使用了 D1，上面部分（D5）通常被确定为头发或羽毛。如果反应包括整个 D2 或 D23 区域，仅当头或脸被限制在 D9 区域时，才能编码 P。
VIII	D1	完整的动物，通常是犬科、猫科或啮齿类动物，反应中动物的头与 D4 邻近。
IX	D3	人或似人的形象，如女巫、巨人、怪物、科学虚构生物等。
X	D1	蜘蛛，所有的肢体均限制于 D1 区域。
X	D1	螃蟹，所有的肢体均限制于 D1 区域。

6. 组织活动

组织活动是另一种可能出现在反应中的特征。在一个反应中，如有组织活动出现，则要指派一个数值，即Z分数。单个的Z分数没有解释价值，但Z分数出现的频率（Zf）和其总和（ZSum）通常能够提供有关被试组织新刺激的能力以及努力是否有效的重要信息。

组织活动发生意味着在刺激域的要素之间已建立起关系。在大多数罗夏测图卡上，对一个常见部分D给出反应，要比给出一个整体反应W来得容易。这是由于多数的D区域很容易被辨认为一个或多个可能的物体。当被试选择给出W反应时，则要求对墨迹图的区域进行更为广泛的组织。

经济型的被试可能会选择报告单个的对象或物体，或使用墨迹图的对称性报告一对物体。这种类型的回答不要求在对象或物体之间建立关系或与墨迹图的其他部分建立联系。只有在被试组织墨迹图的材料并使其形成某种有意义的关系时，才能说有组织活动发生。例如：将图卡VIII的D1区域确认为动物，这是一个高频率的P反应。一些被试仅报告在图卡的边上有一只动物。其他被试注意到对称性，报告在墨迹的两边各有一只动物。以上都是简单反应，没有Z分数；另外，很多被试报告那些动物正在爬树或登山，或转动图卡报告动物正在跨过石头。这些都表明被试在更为复杂的水平上对刺激区域进行了组织，是一种较高水平的认知活动，因此，要赋予Z分数。

任何**包含形状**且至少符合下列标准之一的反应，即可获得Z分数：

①ZW　DQ编码为+、o或v/+的整体反应（DQ编码是v的反应不能给予Z分数）。

②ZA　指反应使用了**相邻的**墨迹图区域，报告有两个或多个独立的物体且它们之间存在有意义的联系。

③ZD　指反应使用了**不相邻的**墨迹图区域，报告有两个或多个独立的物体，且它们之间存在有意义的联系。

④ZS　指反应将墨迹图的空白区域与其他区域整合起来形成反应，这类反应赋予Z分数。仅用空白区域不能给予Z分数。

要注意这两个标准：标准①ZW和标准④ZS涉及墨迹图是怎样被使用的。任何非Wv的W反应和任何将空白区域作为反应的一部分**而非全部的反应**都需要给予Z分。

就其他标准而言，标准②ZA涉及相邻区域的反应，而标准③ZD涉及不相邻区域的反应，且均要求所报告的**独立对象或物体**之间存在**有意义的联系**。如果满足以上两个标准中的一个，则DQ编码将是+或v/+，表明有综合活动发生，例如：**两个人互相看着对方；动物跨过小溪；火箭冒出火花；一个怪物坐在树桩上，等等。**

只有使用**形状**的反应才能给 Z 分数。因此，类似**“一些颜料斑点”**这样的 DQv 反应，因为只有一个决定因子 C，所以不能给 Z 分数。同样的，**“一些烟雾，灰得像烟雾”**这样的反应，决定因子为 C′，也不能指派 Z 分数。不能给 Wv 反应指派 Z 分数，因为没有特定的形状要求。

如果使用空白区域的反应获得了 Z 分数，那**一定有**墨迹图的其他区域一同被使用。如图卡 I 的空白区域经常被报告为眼睛或嘴，例如：**“这整个东西看起来像是某种面具，像是万圣节面具，这里是眼睛。”**相似的，图卡Ⅱ的 DS5 区域时常被报告为“宇宙飞船”，同时将红色的 D3 区域确认为“排气装置”。所有这些回答均符合 Z 的标准。另一方面，如果 DS5 仅被报告为火箭而没有使用其他墨迹图区域，那就不符合 Z 的标准。

要作出整合空白区域和其他区域的假设需要谨慎。当被试在确定一个物体的部位时，他可能会勾勒出一个包括空白区域的墨迹图区域，但他**没有特别说明空白区域是被用作反应的一部分**。这种情况就不能编码为 ZS。

错误的 ZS 记分最常见于图卡Ⅲ和Ⅹ，这两张图卡的墨迹图区域更加分散。有时墨迹图的部分被集合起来确认为脸，D 或 Dd 区域被确定为眼睛、鼻子、嘴、耳、胡须等。当被试详细描述所使用的区域时会人为地构建出一些线条将不同的部分包括在内，同样也会将空白区域包含在内，编码者从而推断空白区域被整合在一起，**但事实并非如此**。在大多数这类反应中，被试仅表现出格式塔的闭合原则而忽略了空白背景，所以不能给予 Z 分数。

在对图卡Ⅲ和Ⅹ的一些面孔反应中，空白区域被整合了。这些回答包含了对空白区域的特定使用，如“它是一张小丑的脸，这是眼睛和鼻子，他脸上有白色的点”。自然地对这类回答编码为 ZS。

一旦确认反应至少符合 Z 的四个标准中之一，下一步就是选择恰当的数值。不同图卡和不同标准所对应的 Z 值各不相同。从表 9 中可以看到，Z 值的增幅与复杂性或所需的努力有关。

表 9 十张图卡的组织分数（Z）

图卡	组织活动的类型			
	W（DQ：+，v/+，o）	相邻的 D	远隔的 D	空白整合
Ⅰ	1.0	4.0	6.0	3.5
Ⅱ	4.5	3.0	5.5	4.5
Ⅲ	5.5	3.0	4.0	4.5
Ⅳ	2.0	4.0	3.5	5.0
Ⅴ	1.0	2.5	5.0	4.0
Ⅵ	2.5	2.5	6.0	6.5
Ⅶ	2.5	1.0	3.0	4.0
Ⅷ	4.5	3.0	3.0	4.0
Ⅸ	5.5	2.5	4.5	5.0
Ⅹ	5.5	4.0	4.5	6.0

如果反应不止符合一个 Z 标准，则**应选用数值较高的**标准。例如：对整张图卡 I 的反应是**“一个人在中间（D4），两个人围着他跳舞（D2）”**。ZW（整体）和 ZA（相邻）的标准都是符合的。图卡 I 的 ZW 值是 1.0，而 ZA 值是 4.0。因此，将较高的 Z 值 4.0 指派给反应。

Z 值记录在内容和 P 的编码之后，例如对图卡 VIII 的一个整体反应记录为：

W + FM^{a}. FCo（2）A，Ls P 4.5

7. 特殊分数

罗夏测验编码的最后一项任务，就是确定反应是否还有其他特征，是否需要增加一个或多个特殊分数（Special Scores）。与罗夏测验标记反应特征的其他多数编码一样，特殊分数也是真正的编码，而不是数值分数。它们用来标识反应中存在的一种不寻常特征。

特殊分数可使我们对许多反应特征从量的方面进行分析，而在过去对这些特征只能进行定性分析。目前综合系统中有15个特殊分数。其中6个用于异常的言语表达，1个用于持续言语，4个与特殊内容有关，2个用来区分包含人物形象的反应，1个用于个人化反应，最后1个用于特殊的色彩反应。

异常言语表达

异常言语表达（Unusual Verbalizations），在认知活动尤其是功能性障碍的研究中具有重要作用。当某种形式的认知错误发生时，不管是瞬间的还是持久的，通常都经由言语表达出来。认知错误或失误时常出现在成年人的夸夸其谈中，在儿童中则更为常见。很少有人时刻都能清楚和精确地表达，几乎每个人都能识别出自己在逻辑或判断上出现的短暂迟疑或支吾其词。

在进行罗夏测验时，被试认知活动中相似的错误有时也会发生，如能对其正确辨认，将会为评价被试的思维活动提供重要的信息。在罗夏测验的反应中，认知错误可表现为下述三种：①不恰当言语表达（Deviant Verbalizations）；②不恰当组合（Inappropriate Combinations）；③不恰当逻辑（Inappropriate Logic）。

有6个特殊分数用来记录罗夏测验反应中出现的认知错误。其中2个表示不恰当言语表达（DV和DR），3个用于不恰当组合（INCOM，FABCOM，CONTAM），另外1个用于不恰当逻辑（ALOG）。

此外，在6个特殊分数中，有4个又按照异常的程度划分为等级1和等级2。这4个特殊分数包括2个不恰当言语表达（DV和DR）和2个不恰当组合（INCOM和FABCOM）。这种区分很有必要，因为在每一类别中都存在功能障碍的等级程度。

▲等级1和等级2的区分。设计等级1和等级2是用来区分两种不同程度的认知错误：等级1表示反应中存在轻度的认知管理不善，等级2表示反应中存在严重的认知紊乱。虽然做这种区别受主观影响，但按照异常和不恰当程度这种标准进行区分，结果还是非常可靠的。

在做这种区分时，编码者应尝试评估被试在给出反应时对现实的忽视程度。换句话说，要评估被试在反应中表现出来的认知混乱只是偶然的认知疏忽，还是明显偏离现实的思维受损。

◆等级1反应。等级1指那些具有轻度或中度非逻辑的、易变的、怪异的或赘述性思维的反应。虽然等级 1 达到给予特殊分数的标准，但这些反应通常与偶然的失误或疏忽没有显著的不同，在人们没有密切注意自己的表达或判断时，常常会发生这类认知上的失误或疏忽。

换言之，虽然等级 1 反映了用词不当、偏离任务或错误判断，但是它们的性质并非真的异常。相反，它们倒像是用词草率、不成熟、教育水平低或非深思熟虑的产物。

◆**等级 2 反应**。等级 2 指那些包含更为严重的、偏离的、非逻辑的、易变的或赘述性思维的反应。等级 2 的反应表现出非常明显的判断错误，突出的偏离任务以及异常的表达方式。

由于等级 2 的反应呈现明显不恰当或怪异，因而显得非常醒目和突出，编码很少有疑问。当编码者对反应是否符合等级 2 的标准有疑虑时，应该采用保守原则，给反应指派等级 1。

在做等级 1 和等级 2 的区分时，**不应该考虑**如年龄、教育程度、文化背景这些无关因素。这些因素在解释特殊分数时可能会列入考虑，但不能人为地将其作为编码的指导原则。

▲**不恰当言语表达（Deviant Vervalizations）**。不恰当言语表达有两个特殊分数（DV 和 DR）。一个用于标识那些由认知疏忽导致的用词不当，另一个用以标记具有不恰当短语的反应。两种编码所涉及的都是表达方式的问题，它们往往影响人们清楚地交流。

◆**怪异言语（Deviant Verbalization，DV）**。DV 用来标识那些使用了不恰当的词或短语的反应。DV 有两种形式：词语新作（neologisms）和同义词重复（redundancy）。由于使用了这两种表达方式，结果给人造成奇怪的印象。由于在反应中使用了不适当的词或词语，因此，DV 反应总是能很容易地被识别出来。

A. **词语新作**：在反应中使用了不适当的词或新创的词，从而替代了与此人言语能力相当的适当的词或词语。以下是一些实例，有等级 1 和等级 2 的差别：

反应	记分
蜘蛛试图***压扁对方***。(Spiders trying to ***squish*** each other.)	DV1
一个女人，有一种***下贱的样子***。(A woman with a ***disrethal*** air about her.)	DV2
在***望远镜***下你可以看到一些细菌。(Some bacteria you might see under a ***telescope***.)	DV2
某人***公用的***椎弓。(The ***public*** arch of somebody.)	DV2
一只苍蝇***砰的一声掉下来***。(A fly ***plopping***.)	DV1
一个***盗用***的人，好像来自俄国。(A ***misappropriated*** person, like from Russia.)	DV1
这些花有一个***黄褐色的***中心。(These flowers have a ***butterscotchy*** center.)	DV1
这血很***黏糊***。(This blood is all ***smushy***.)	DV1
这些是圣经中的蛇，来自***邪恶***的花园。(These are snakes in the Bible, from the garden of ***evil***.)	DV2
这些人在这岩石上***呼喊***。(These people are ***cahooping*** on this rock.)	DV2

有时，在辨认物体的部分时，被试可能用错词，例如，在描述蝴蝶时用触手（tentacles）代替触角（antennae）。这些不能编码为 DV，应编码为 INCOM。

B. 同义词重复：在确认所报告对象或物体的特征时，重复两次使用怪异的词语。也有等级 1 和等级 2 之区分：

反应	编码
两个一对阴唇。（The ***two twin*** lips of a vagina.）	DV2
一只***微小的小***鸟。（A ***tiny little*** bird. 注：little tiny 不编码 DV。）	DV1
一个人的***死了的尸体***。（The ***dead corpse*** of a person.）	DV1
三个人的三重唱。（A ***trio of three*** people.）	DV2
一对成对的肺鸟。（A ***matched brace*** of lungs.）	DV2
这是空的，像一个***空的旷野***。（It's empty, like a ***hollow void***.）	DV1
像典当商招牌上的***一对两个***球。（Like the ***double two*** balls on a pawnbroker's sign.）	DV2

◆**偏离反应**（Deviant Response，DR）。DR 被指派给有怪异特征的反应，所谓怪异特征就是被试在反应中插入了某些措辞或语句，从而显现出偏离或歪曲当前任务的倾向。当被试插入与当前任务无关的语句时，就用 DR 进行编码。其他编码为 DR 的反应，其特征是不适当的赘述或过分的啰唆。DR 并非一定异常，但那些废话明显地不适合当前的任务。一些 DR 反应也包含了 DV。如果出现这种情况，只能编码为 DR。DR 表现为以下两种方式：

A. 不恰当短语（Inappropriate Phrases）。这是指在反应中包括了与任务或反应不适当或完全无关的短语。要注意与某些简短的附加说明进行区别，例如“这实在是很难描绘”，或“噢，我们改变一下颜色”，或“我想如果我再尝试的话，会发现更多的东西”，就不能编码为 DR。

不恰当短语的 DR 编码，只限于嵌入在反应中的短语，而且与反应是有关系的。不恰当短语所表达的见解使反应比实际情形更不寻常。虽然这些短语与目前任务是无关的，但因某种原因被试将其插入反应的冗长句子中。

大多数的 DR 都是没问题的，但那些编码为 DR2 的往往反映被试在维持控制方面存在问题。等级 1 和等级 2 的例子如下：

反应	编码
这应该是牡蛎，***但我猜它们都过了季节***。（It could be oysters ***but they're out of season***.）	DR1
可能是只猫，***但我的父亲总是很讨厌猫***。（It might be a cat, ***my father always hated cats***.）	DR1
是某种甲虫，***从来没人见过***。（It's some kind of bug that ***no one has ever seen***.）	DR2
这可能是克林顿的脸，***如果你是民主党的话***。（It could be the face of Clinton ***if you're a Democrat***.）	DR2
一只蝙蝠，***但我想见到一只蝴蝶***。（A bat, ***but I wanted to see a butterfly***.）	DR2
阴道，***不论是谁看都会先浮现出这些的***。（A vagina, ***whoever made these was preoccupied***.）	DR1

B. 赘述反应（Circumstantial Response）。涉及易变的或散漫的反应，被试由于不恰当的详细叙述，以至忽略或忘了自己的任务。大多数编码者发现鉴别赘述性 DR 反应很容易，因为许多赘语与反应关系甚小。它代表思维偏离任务，也表示很难清楚地说明对象或物体，或很难结束反应。

赘述反应的 DR 不一定是很长的叙述，要避免将赘述性 DR 与生硬的但仍与任务一致的或非常详细但仍合乎任务的反应相混淆。

一些被试尝试努力去说明，但其措辞却常不自然。例如，被试可能会说：**"在那里，不，等一下。对，在那里，看起来像头，可能是。对，是一个头，像是什么的头，我猜是狗的头。不，等一下，不是狗头，更像狐狸的头。"** 这是一种紧张反应，不是赘述反应。此人努力停留在目标上，所以不应该编码为 DR。

类似的情况是某些被试在给出反应时，或在询问阶段对许多细节作出详细的描述。假如被试在表述他的反应时依然停留在目标上，只是提供较多细节描述，则不能视为赘述反应。

赘述性 DR 反应表示被试离开了主题，在某些情况下，根本不可能再回到反应的对象上。等级 1 和等级 2 的例子如下：

反应	记分
我不能确定这是什么，像动物的鼻子，可能是马或牛的，***像在一出充满激情和心理冲突的戏剧中的一样。*** 我看了它两遍。是的，是马的鼻子。	DR2
它看起来像是鸡肉，与你从 Colonel Sanders 带回来的一样，***但我母亲做得更好吃，我想我一定是饿了。***	DR1
像爱尔兰的地图，可能不是爱尔兰的，可能是其他地方的，但它可能是爱尔兰的。***我对爱尔兰了解不多，但我了解墨西哥。***	DR2
可能是两条蛇，***我总是讨厌蛇，我的兄弟因此而取笑我，多可怕的事情。***	DR1
看起来像是树，绵延在山上，如此之宁静，***像一个你想去的地方，可以远离所有的尘事。***	DR1
看起来像油浮在水上，还有垃圾，不过是一大片令人作呕的污物，是那些肮脏的人扔到环境中的。***人真的很肮脏，他们应该立法除掉这些污染或强迫他们跳入自己的污物中。***	DR2

▲不恰当组合（Inappropriate Combinations）。用来标记不恰当组合反应的特殊分数有三个（INCOM，FABCOM 和 CONTAM），其中有报告某对象具有某种非真实的特征；也有报告或推断某些物体之间存在某种难以置信的关系；或将难以相信的活动归于某对象所为；或以非现实的方式将印象做不恰当的组合。三种不恰当组合编码中的两个（INCOM 和 FABCOM）有等级 1 和 2 之分。

◆不协调组合（Incongruous Combinations，INCOM）。INCOM 用于标识这类反应，即在这类反应中，其中一个或多个难以置信的或不可能的特征，或行为被归属于某一对象或物体。如果对象是卡通片中描绘的或卡通物体，则不能编码为 INCOM，因为卡通对象可以具有任何难以置信的形式或从事任何难以置信的活动。

同 DV 和 DR 反应一样，根据怪异性对 INCOM 做出等级 1 和 2 的区分。等级 1 的 INCOM 反应往往是偶然的和良好的，而等级 2 的则是怪异的和不现实的。等级 1 和 2 的例子如下：

反应	编码
有***四个睾丸***的青蛙。	INCOM2
一只蝙蝠，这是翅膀、躯体，这些是它的***爪***。	INCOM1
一个长着***鸡头***的妇女。	INCOM2
红色的熊。	INCOM1
长着***翅膀***的奇异的阴茎。	INCOM2
长着***黄眼睛***的男人。	INCOM1
一只狗在那里，它在***大声地笑***。	INCOM2
有***两个头***的男人。	INCOM2
一个蜘蛛，有很多***鹿角***伸出来。	INCOM1
一张猫脸，它正在***笑***。	INCOM1

◆**编造组合**（Fabulized Combination，FABCOM）。FABCOM 用于标记那些将难以置信或不可能的关系附加在两个或多个对象之间的反应。难以置信的幻灯片也编码为 FABCOM。除了幻灯片外，FABCOM 反应总是包括两个或多个对象。

用怪异性作为划分标准，FABCOM 反应可分为等级 1 和等级 2。如果等级 1 的 FABCOM 涉及的是卡通对象，则不给特殊分数。等级 2 的 FABCOM 反应，在违反现实方面更为突出或明显。难以置信的幻灯片通常编码为等级 2。等级 1 和 2 的例子如下：

反应	编码
两只鸡抱着***篮球***。	FABCOM1
两个妇女在袭击一艘***潜艇***。	FABCOM2
两只蚂蚁在***跳舞***。	FABCOM1
一个大男人坐在那里，你***可以看到他的心脏在跳动***。	FABCOM2
一些老鼠在乘坐***快乐旋转木马***。	FABCOM1
一只兔子的头，***烟正从它的眼睛里冒出***。	FABCOM2
那里是两只狗，它们正在***击掌庆祝***。	FABCOM1
看起来像很多昆虫在***聚会***。	FABCOM1
两只海狸在***装饰***一棵圣诞树。	FABCOM1

◆**融合**（Contamination，CONTAM）。这是最怪异的不恰当组合。CONTAM 表示将两个或多个印象以一种非常不现实的方式融合在一起，以形成单个反应。与将这些印象分开单独报告的情况相比，融合过程使得任何一个印象的完整性都受到破坏。

INCOM 是将来自墨迹图不同区域的印象组合成一个难以置信的物体，而 CONTAM 反应则仅使用墨迹图的一个区域。实际上，就像照片的双重曝光一样，一个反应在心理上与另一个重叠起来。

融合经常但并不总是使用新创造的词或其他特殊词语来描述对象。一个典型的使用新造词语的 CONTAM 例子是将一只虫子的正面图像和一头公牛的正面图像融合成**“虫子公牛的脸（The face of a bug - ox）”**。另一例子是对图卡Ⅲ的：被试先将其竖着看，再颠倒过来看，然后指出中间红色的 D3**“毫无疑问是只蝴蝶花（a butterflower）”**。显然，这是将一朵花与一只蝴蝶融合起来。

在其他例子中，CONTAM 反应在逻辑方面的牵强性更为明显，如**“它看起来像血，同时又像一座岛屿，肯定是一座血岛屿（bloody island）”**，或“它看起来像火，同时像座山，所以它肯定是某种火山”。

某些融合在反应阶段不太明显或不引人注目，仅在询问阶段才变得明显起来。下面这个对整个图卡 I 的反应，便是一个很好的例子：

反应阶段	询问阶段
它是一只蝴蝶。	主试：（重复被试的反应） 被试：这是它的翅膀（D2）和躯干（D4），这里是眼睛（Dds26）、嘴（Dds29）、耳朵（Dd28）。

在这个反应中，被试将常见反应的蝴蝶（P）和面部反应融合在一起。这两个反应的形状质量都是 o，因此整个反应的编码是：WSo Fo A P 3.5 CONTAM。

如果一个反应编码为 CONTAM，其他不恰当言语的特殊分数（DV、DR、INCOM、FABCOM 和 ALOG）都不能再包括在内，即使反应中的一些措辞或用词符合特殊分数的标准。

◆**不恰当逻辑**（Inappropriate Logic，ALOG）。当被试在未经提示的情况下，采用牵强的、非习惯性的推理去证明反应时，就编码为 ALOG。ALOG 代表一种松散的和简单化的思维形式，这种思维导致错误的判断。

被试经常会在反应中明确地使用“因为”这类理由来证明其结论，因此辨认 ALOG 是比较容易的。通常，这些理由以一种非常不合逻辑的方式提出来，通过强调某些特征如大小、空间、色彩或对象的其他特征而提出来的，以此证明所述对象的特征。有关 ALOG 的例子如下：

这肯定是北极，***因为它在图卡的上方。***

他肯定是个煤矿工人，***因为他完全是黑的。***

绿色的部分肯定是莴苣，***因为它在这只兔子的旁边。***

这一定是只巨鸟，**因为它占据了整张图卡。**

只有自发出现而没有受任何来自施测者提示影响的牵强附会的逻辑才能被编码为ALOG。通常，ALOG反应在反应阶段就很明显，但有时也会出现在询问阶段的开始，或者在回应主试对**反应阶段的**某个关键词的提问时才出现。下面是一些例子，*ALOG 显示为斜体*：

反应阶段	询问阶段
那一定是个巨人。	主试：（重复被试的反应） 被试：这里是他的头和手臂，他一定是个巨人，***因为他有大脚***。
那看上去像是个邪恶的人。	主试：（重复被试的反应） 被试：这里是他的头、帽子和腿。 主试：你说他是个邪恶的人。 被试：***他一定是，他戴着黑色的帽子。***
那看上去像是只猫。	主试：（重复被试的反应） 被试：这里是它的头和腿，它肯定是死的，***因为你看不见它的眼睛。***
那看上去像一张悲伤的男人的脸。	主试：（重复被试的反应） 被试：这里是他的眼睛和嘴，他有胡须。 主试：你说他是个悲伤的男人。 被试：他一定是，***他的胡须向下垂***。
龙在吃一个女人。	主试：（重复被试的反应） 被试：她在中间，它们在两边。 主试：我不确信我像你一样看到。 被试：她的头已不见了，这些东西如此之大，它们肯定是龙，***所以肯定是它们吃了女人。***

在上述的"邪恶的人"和"忧伤的男人"两个例子中，对反应中提到的关键词询问后，ALOG才出现。显然，这两个例子的ALOG都不是被引发的。在另外的三个反应中，有两个的ALOG是在询问阶段主试重复反应之后自发出现的；第三个则是在主试一般性的询问后给出的。

有时，在询问阶段，当被试回应主试特定的提问时，也会给出与提问关键词无关的包含错误逻辑的反应。但即使存在错误逻辑，这种情况也不应编码为ALOG，因为它可能是由提问引发的，或者是在被试解释反应的过程中由询问阶段任务的一般性质所引起的。例如：

反应阶段	询问阶段
它看上去像两个人在做什么，可能在跳舞。	主试：（重复被试的反应） 被试：对，共有两个人，一个在这边，一个在那边，看头和腿，他们弯着身子像在跳舞，可能是非洲人。 主试：非洲人？ 被试：他们的肤色是黑的，我猜这个东西（指着 *D*7）肯定是个鼓，因为那就是他们围着跳舞的东西，他们经常这样跳。

这个逻辑错误（**肯定是个鼓，因为那就是他们围着跳舞的东西**）相当明显，但问题在于它是否由主试引发的。是不是主试的提问（非洲人）引发了这个逻辑错误？也许是，也许不是。但是可以确定，如果主试不提这个问题，该逻辑错误就不会发生。因此，它不应编码为 ALOG。在这个例子中，恰当的编码应包括 DR，以表示不自然的推理和附加的具体说明（**他们经常这样跳**）。

持续言语

持续言语（Perseveration，PSV）用来表示以下三种反应：其一，对同一张图卡给出两个或多个几乎完全相同的反应；其二，当被试对另一张不同的图卡进行反应时，再一次提到前面已给出的反应；其三，被试对几张图卡给出相同的反应。这类反应表示有持续言语的存在，它可能由认知的固执性、认知功能障碍，或显著的心理专注引起。

虽然持续言语至少明显有三种类型，但所有类型的编码都使用相同的特殊分数 PSV。因为没有确切的资料表明不同类型的持续言语应该被单独分开编码，所以只采用一种编码。即使在逻辑上认为不同类型的认知功能障碍和先占心理反映的问题可能相当不同，持续言语的编码也不作区分。

▲卡内持续（Within Card Perseveration）。卡内持续指在同一张图卡中，连续给出两个或以上相同的反应。所谓相同的反应指的是在部位、DQ、决定因子、FQ、内容和 Z 分数方面都相同的反应。内容可能出现轻微变化，但内容类型应保持相同。在两个反应中，对特殊分数不要求一定相同。

最常见的卡内 PSV 出现在图卡 V 中，被试首先给出的反应为“蝙蝠”（Wo Fo A P 1.0），然后给出“鸟”（Wo Fo A 1.0）的反应，该反应除了常见反应（P）外，与前者编码完全一样。P 编码的重复，对卡内 PSV 并不重要，但所有其他编码（除特殊分数外）都必须相同，并且必须是连续的。

▲内容持续（Content Perseveration）。卡内持续指仅在同一张图卡内连续出现相同的反应，而内容持续则发生在不同的图卡上。内容持续指被试在反应中确认的对象或物体是先前看到的**同一个东西**。第二个反应的编码不一定与第一个相同，并且常常与前者有很大差异。

例如，被试可能报告在某图卡上看到有两个人在打架，然后在后面的一张图卡上又指出**“这里又是那两个人，但他们没打架”**。内容持续编码中的关键问题是被试确认新的对象与先前反应中的对象是同一个。

▲刻板持续（Mechanical Perseveration）。第三种持续反应经常在智力或神经受损的被试中发现。通常，这类持续言语出现在简短和简单化的记录中。被试**机械地一再报告**看到相同的物体。例如，对图卡Ⅰ的反应是“一只蝙蝠”，对图卡Ⅱ的反应依然是“一只蝙蝠”，对图卡Ⅲ一样也是“另外一只蝙蝠”等。

刻板持续的被试很可能给出的反应少于14个，如此便是一份无效记录。如果这种情况发生了，主试应仔细考虑是否进行重测。

特殊内容

有一些研究关注特殊内容的问题，尤其关注那些反映特殊认知或者自我投射的反应。这些反应的内容特征远远超出了简单的内容编码。因此，要求有特殊的编码来表示这些特征。为此，研究者设计了四种特殊分数，每一种都与某些思维特征或自我意象和人际关系问题有关。

▲抽象内容（Abstract Content，AB）。AB用于两类反应，每一类均涉及一种清晰的和特定的象征。第一类AB包括那些内容编码只有**人类经验（Hx）**的反应，这类内容通常涉及人类情绪或感觉经验，反应的发展质量是v，只包含一个无形状的M决定因子，例如，**“这整个物体象征抑郁，它完全是黑色和阴沉的样子（Wv Mp. C' Hx AB）”，“它很生气，强烈的色彩混合在一起（Wv Ma. C Y Hx AB）”，“它一团糟，就像一种很大的声音（Wv Ma Hx AB）”**。

第二类AB包括**使用了形状**的反应，同时被试在反应中表达了一种**清晰的和特定的象征**。有时，象征意义直接赋予对象，如**“这个雕像代表生命之爱”**（Do Fu Art AB）。在另一些反应中，某一独立的墨迹图特征被用作某种象征。如“他们两个人相爱，渴望对方。**中间红色的部分表示他们的爱和渴望**”（D + Ma. Co 2 H，Hx P 4.0 AB）。

抽象画**不能**编码为AB，除非它包含特定的象征。下面是一些AB反应的例子：

一座象征法西斯的雕像。
一面有象征森林和河流的国旗。
象征女性之美的现代舞。
一颗心，它是情人节的象征。
两只身上有血的动物，画这画的人将这红色涂在这下边，用来象征它们的疼痛。
一个象征邪恶的面具。
一幅抽象画，描绘了生活的痛苦。
一幅人类为纯洁而斗争的布莱克的画。
两座表达了孩子天真的雕像。
两个人手挽着手，他们是蓝色的，象征着他们的安宁平静。

▲攻击运动（Aggressive Movement，AG）。AG用于编码任何有明显攻击性活动的运动反应（M、FM或m），如打架、破坏、争论、非常愤怒等等。攻击**必须**是正在发生的。注

意不要把那些包含遭受过攻击的对象编码为 AG。如："一只被射中的熊"或"一艘被炸毁的船"。它们**不是 AG** 反应。同样的，爆炸本身不是 AG，但某种东西**正在**被爆炸摧毁记作 AG。下面是 AG 的例子：

一个男人的脸，他对什么东西很愤怒。 看起来像一颗子弹正在击穿某物。 看起来像块牛仔布，正在被撕碎。 两个人在争论什么。 两个昆虫正在设法击倒柱子。 好像一个男人，正在怒视着你。

▲合作运动（Cooperative Movement，COP）。COP 被指派给任何涉及两个或多个对象的运动反应（M、FM 或 m），其中对象之间的交互作用显然是积极的或合作的，这种相互作用的积极和合作的特点必须是明确的。因此，两个人看着某样东西或两个人在说话**不能**记为 COP。如果涉及两个或多个对象，那么跳舞**总是**被编码为 COP。当人或动物在攻击性活动中相互合作，这些反应将同时编码为 AG 和 COP。下面是 COP 的例子：

两个男人正在举起某物。 两只昆虫正在设法击倒这根柱子。 两个人相互靠着，在分享秘密。 三个人在一起跳舞。 一只鸟在喂它的孩子。 两个孩子在玩跷跷板。 两只狼在攻击其他动物。

▲病态内容（Morbid Content，MOR）。MOR 用于这样的反应，其中的对象具有下列两个特征之一：

（1）确认对象为死的、毁坏的、毁灭的、损坏的、破坏的、受伤或破碎的。例如：一个破碎的镜子、一条死狗、一双磨破的靴子、一只受伤的熊、一个伤口、一件撕破的外套、一片腐烂的叶子、一个变形虫的切片、一些从地里撕下来的树根、一张流血的脸、一座倒下的房子、一只破碎的蝴蝶等。

（2）赋予对象明显悲伤、痛苦、不安的情绪或特性。例如：一座阴暗的房子、一棵悲伤的树、一个不高兴的人、一个哭着的抑郁的人。

人物形象反应

几乎在所有的罗夏测验记录中，都有人物形象反应（Human Representational Responses）。这些反应在某些方面与被试感知他人或与他人相互作用的方式有关。人物形象反应首先使用其他编码予以确定，然后再指定两个特殊分数的一个：“好的人物形象”（Good Human Representation，GHR），或“坏的人物形象”（Pool Human Representaion，PHR）。

人物形象反应通常很容易辨认，因为它们包含一个或多个人物内容编码：H，（H），Hd，(Hd)，或 Hx。然而，在某些反应中，拟人的特征以其他方式表达出来。例如“一只兔子在跳芭蕾舞”，这个反应由于有拟人的动作，所以会有一个人类运动决定因子编码 M。相似的“两条狗在玩耍”，由于有积极互动，所以要指派给特殊分数 COP。

总而言之，只要符合以下三条标准之一，就可定义为人物形象反应：

（1）包含任何人物内容编码的反应［H，(H)，Hd，(Hd)，Hx］。

（2）包含人类运动决定因子 M 的反应。

（3）有 COP 或 AG 特殊分数的动物运动（FM）反应。

在加入其他编码前，要对每个反应进行检查，以确定其是否符合人物形象反应的标准。如果符合，编码者可按照表 10 的步骤，决定 GHR 和 PHR 哪一个更适合。

表 10　人物形象反应编码 GHR 和 PHR 的步骤

（1）内容为纯 H，且同时满足以下所有条件的反应编码为 GHR：

a. 形状质量为 FQ +、FQo 或 FQu。

b. 除 DV 外，没有其他认知特殊分数。

c. 无特殊分数 AG 或 MOR。

（2）符合以下条件之一者，编码为 PHR：

a. 形状质量为 FQ - 或 FQnone（无形状）。

b. 虽然形状质量为 +、o 或 u，但有 ALOG、CONTAM 或任何等级 2 的特殊认知分数。

（3）将所有其他剩余的有特殊分数 COP 而无特殊分数 AG 的人物形象反应编码为 GHR。

（4）将所有其他剩余的有以下二者之一的人物形象反应编码为 PHR：

a. 有特殊分数 FABCOM 或 MOR。

b. 内容为 An。

（5）将任何剩余的对图卡Ⅲ、Ⅳ、Ⅶ和Ⅸ的且编码为常见反应（P）的人物形象反应编码为 GHR：

（6）将所有剩余的且具有下述二者之一的人物形象反应编码为 PHR：

a. 有特殊分数 AG、INCOM 或 DR。

b. 内容编码为 Hd（不是（Hd））的反应。

（7）GHR 用于所有剩余的人物形象反应。

这些步骤必须按顺序进行，直到作出编码。例如，一个反应编码为 Do Fo H，它就符合步骤 1 中的 GHR 标准。因为它是一个纯 H 反应，形状质量是 o，没有特殊分数。相反，如果编码是 Do Fo Hd，则不能在步骤 1 中作出决定，因为这个反应的内容是 Hd，而不是纯 H。这个反应最终可以在步骤 6 编码为 PHR，因为它的内容是 Hd。下面的例子说明了在哪一个步骤作出编码：

图卡	反应编码	GHR/PHR 决定
Ⅲ	D + Ma. FYo 2 H, Cg P 3.0 FABCOM	在步骤 4 编码为 PHR
Ⅸ	DSo FC'o (Hd)	在步骤 7 编码为 GHR
Ⅷ	W + FMa. FCo 2 A, Bt 4.5 COP, ALOG	在步骤 2 编码为 PHR
Ⅶ	D + Ma. mpo 2 Hd, Art P 3.0 DV	在步骤 5 编码为 GHR

个人化反应

很多反应包含人称代词，如我、我的或我们。这些人称代词多半是在给出反应的过程中非常自然地使用。例如，“对我而言，它看起来像只蝙蝠”，或“我想它看起来像两个人”。但是，在某些情况下，这种形式的自我涉及却成了给出反应的理由。此时便要使用特殊编码，因为它表示一种防御形式。

▲**个人化**（Personal，PER）。在一些反应中，被试会提到个人知识或经验，以此来证实或澄清反应，这样的反应就要编码为 PER。通常，PER 反应包括人称代词“我”、“我的”或“我们”，但是在某些例子中，个人知识或经验的传达未带有人称代词。在这些例子中，主试**应确信**被试加入了个人的知识或经验以**证明**反应，而不仅仅是评论。例如像这样的评论就不能被编码为 PER：**“他们在很久之前就使用它们了”**或**“我从来就没有见过，但我想它们就像那样子”**或**“我不喜欢它们”**。一些 PER 的例子如下：

我们曾经有一个，就像那样的。
我总是在院子里看见它们。
我常常将它们弄成那样。
他们让你穿上它，就像在部队里穿的东西。
我的父亲曾经给我看过。
如果你过去学过生物学，你就知道他们看起来像那样。
我给我女儿买了一个像那样的东西。
我的祖父时常收集它们。
我在电视上看到过类似的。
你知道，像挂在门上的东西。
人们常用它们来装修。

特殊的色彩现象

多数情况下，被试能正确地辨认颜色，即确认红色是红的，绿色是绿的等。在罕见的例子中，一些被试会**错误识别**颜色。如果发生这种情况，主试应在询问阶段谨慎地追踪这个问题，以判断是否发生了口误。如果被试作出恰当的纠正，反应应该编码为 DV，以表明言语失误。相反，如果被试没有更正，应进行颜色视觉的检查。如果假定颜色视觉未受损伤，那么反应是 DV。

另外一个涉及颜色的特殊现象则要指派特殊分数。

▲色彩投射（Color Projection，CP）。如果被试将非彩色的墨迹图或墨迹图区域确认为彩色的，则编码为 CP。这类罕见的反应最常发生在图卡Ⅳ和 V 中。大多数情况下，被试在反应阶段暗示有彩色，但没有详述，如“多美的一只蝴蝶”。关键词“美丽”应该在询问阶段进行追问，一些被试会说墨迹图有**令人愉快的紫色**或**不同的黄色和蓝色**等。

没有资料表明这些反应与颜色视觉的缺陷有关，研究表明它们有特殊的解释意义。

只有当被试确认在非彩色墨迹图区域存在彩色时才能编码为 CP。大多给出 CP 反应的被试往往是用墨迹图的阴影特征来描绘彩色，因此要求给弥漫阴影（FY、YF 或 Y）编码。显然，在这些反应的编码中从未包括色彩决定因子（FC、CF 或 C），因为在这些墨迹图中没有色彩。

多重的特殊分数

一个反应符合一个以上的特殊分数标准并非罕见，当这种情况发生时，通常编码应该包括所有合适的特殊分数。然而，对这个准则有个例外。15 个特殊分数中的 9 个（PSV、AB、AG、COP、MOR、GHR、PHR、PER 和 CP）是相互独立的，当它们出现时都应给予编码。剩余 6 个经常被称为 6 个关键特殊分数（Critical Special Scores），它们可能有相互关系，在一个反应中编码多个这类特殊分数时必须要谨慎，这样的告诫已经在前面提到过。

如果编码为 CONTAM，其他 5 个关键特殊分数（DV、DR、INCOM、FABCOM 或 ALOG）就不能再包括其中。CONTAM 反映被试存在很严重的认知混乱，尽管它们通常包括 DV 或 DR，并总是清楚或含蓄地符合 ALOG 标准，但不可加入另外的第二个关键特殊分数，因为容易引起解释的混乱。

但对一个反应是否可以给予上述 5 个关键分数的多重编码？对此并没有严格的界定。判断的基础在于它们是否为分开独立出现的。如果符合某个关键分数标准的措辞完全独立于第二个关键分数标准，那么应给两个特殊分数编码。但是如果标准重叠，则只能选择较高权重的编码（WSum6）。

例如，“两只熊在一起击掌”包括 INCOM（掌）和 FABCOM（一起击掌），但只能编码为 FABCOM，因为 INCOM 被嵌入在确认为 FABCOM 的措辞中。相同的用词，或相同的认知混乱不应成为编码多个关键特殊分数的依据。如前文所述，DV 可能出现在 DR 的上下文中，当这种情况发生时，不应编码为 DV。

另一方面，如果一个包含分开独立措辞的反应符合一个以上关键分数的标准且标准之间没有重叠，那就应该全都编码。例如，“两只粉色的熊在爬圣代冰淇淋”包括 INCOM1（粉色的熊）和 FABCOM2（在爬圣代冰淇淋）。这些就是使用了分开独立措辞的例子，措辞并没有重复。熊是粉色的与它们爬圣代冰淇淋没有任何关系。因此，在这个反应中应该记录两个特殊分数。

8. 编码策略

有些罗夏测验的编码者，在编码时使用的方法可称作构成法。这种策略分别对分数的每一个主要成分给予关注。首先，编码者在反应阶段和询问阶段搜寻有关部位的信息，其次是决定因子，再次是内容，依此类推。编码记录表的格式也有利于这种策略，编码的每一个成分各占一列，按顺序列出。

这种构成策略可能比较适合较为谨慎的编码者，但其缺点是冗长拖沓。这种策略需要对相同的措辞重复检查几遍，也不注重从编码的整体性上考虑。这可能会产生错误，包括遗漏和记错。

▲连续编码策略。这种编码策略只阅读反应阶段内容，一旦读到可能编码的成分时便停下来。这种策略可确保反应阶段和询问阶段的每一个关键词都受到注意并恰当使用。

◆9 个问题。编码的目的就是获得一份用来代表被试给出反应时的某些心理活动，或影响给出反应的心理活动的符码。对编码者的挑战是要确保考虑到所有的可能性。因此，他必须通盘考虑 9 个问题。新手更喜欢在一张提示卡片上写下这些问题，以确保每一个问题都被考虑到。

1. 部位是什么？
2. 发展质量是什么？
3. 决定因子是什么？
4. 形状质量是什么？
5. 有成对反应吗？
6. 内容是什么？
7. 是常见反应 P 吗？
8. 有 Z 分数吗？
9. 有特殊分数吗？

◆指出关键词（Noting Key Words）。许多编码者发现一个有用的办法，就是在那些与编码有关的字词下划线或者打叉。如前文所指，编码记录表列出了编码的每个重要成分。因此，对关键词或词组的标记便形成记录编码的刺激信号。

◆从基本反应开始。首先要回顾基本反应或反应阶段的措辞，目的是尽可能对反应进行编码。有时，使用基本反应只能给出内容编码，但幸运的是，许多被试在反应阶段就给出全部或者绝大部分与编码有关且便捷有用的信息。对于这样的反应，询问阶段几乎就没什么用处，唯一的作用是对已知信息进行简单的证实。以下例子说明在对询问阶段内容复习之前，可从反应阶段或基本反应中收集什么材料：

图卡	反应阶段	询问阶段
Ⅲ	黑色区域看起来像两个男人在抬起某物。	

在绝大部分的反应中，最容易辨别出来的是与部位或内容有关的关键词。在这个例子中，最容易辨别的关键词就是内容（人）H，次要内容（某物）尚未明确。这里还有一个和决定因子有关的信息“两个男人在抬起某物”。这是 M^a，它也表示有特殊分数存在。两个男人在从事合作运动（COP）。

问题是部位还不清楚。被试说“黑色区域”，因为图卡Ⅲ也有彩色区域，所以可假定反应不是 W，但具体部位尚未知道。另一方面，发展质量是明确的。有多个独立但有联系的对象（两个男人和某物），其中至少有一个（男人）具有通常的形状特征。因此，DQ 编码是 +。

这个例子可能是成对反应（两个男人），但在澄清部位之前还不能确定这一点。同样，确定形状质量和常见反应 P 也须等到部位明确之后。这里应有 Z 分数，但是因为部位未知，所以不知道 Z 分数是选相邻的还是远隔的。

因此，通过使用基本反应的关键词，9 个关键问题就解决了 5 个，可将其填入表格：

部位	发展质量	决定因子	形状质量	成对	内容	常见反应	Z	特殊分数
?	+	M^a	?	2?	H,?	?	Z?	COP

现在可以回顾询问阶段的措辞，从而完成整个编码过程：

图卡	反应阶段	询问阶段
Ⅲ	黑色区域看起来像两个男人在抬起某物。	主试：（重复被试的反应） 被试：是的，一个在这里和这里（勾画 D9），看他们的头、手臂、腿，他们正在抬起某物（D7），我不知道它是什么。

询问阶段的信息澄清了部位。它是整个 D1 区域，D9 是男人，D7 是某物。现在部位编码 D 可以填进去了。成对反应也可以确定（每一个 D9 是一个男人）。从表 A 可以查出形状质量是普通（o），对形状质量也没有特别详细的描述（只是指出了头、手臂和腿）。表 A 也显示这是个常见反应 P。次要内容还是未知的，因为被试说“我不知道它是什么”，所以可以加上一个 Id。表 A 显示图卡Ⅲ的 D1 区域是连在一起的，所以 Z 分数选择相邻，是 3.0。到此为止，先前表格中的“?”都可以用编码代替了，9 个问题全部解决，最终的编码是：

部位	发展质量	决定因子	形状质量	成对	内容	常见反应	Z	特殊分数
D	+	M^a	o	(2)	H, Id	P	3.0	COP

前文指出，有些少见的例子，能够从基本反应中得到全部编码。例如：

图卡	反应阶段	询问阶段
I	整体看起来就是一只正在飞的蝙蝠，它是黑色的。翅膀伸出来像动物正在飞，这里（指），这里是身体。	

在反应阶段，部位 W 和内容 A 一开始就明确了，两个决定因子也包括在内：FC'（它是黑色的）和 FM^a（它正在飞）。有 Z 分数，因为它是一个使用了形状的整体反应。从表 A 查到，对整个墨迹图给出“蝙蝠”反应的形状质量是普通 o，而且是个常见反应 P。因此，这个例子的编码就是：

位置	发展质量	决定因子	形状质量	成对	内容	常见反应	Z	特殊分数
W	o	FC'. FM^a	o		A	P	1.0	

询问阶段经常会增加编码信息，不应该因在反应阶段完成了整个编码就简单地忽略这种可能性。例如，上文中被试给出的反应可能有附加的信息：

图卡	反应阶段	询问阶段
I	整体看起来就是一只正在飞的蝙蝠，它是黑色的。翅膀伸出来像正在飞，这里（指），这里是身体。	主试：（重复被试的反应） 被试：哦，全部，像蝙蝠全是黑的，看这翅膀和身体，这些像蝙蝠长的触角。

询问阶段大部分是在重申反应阶段给出的信息，但自发地加入了一个不协调的特征（触角）。这就要求在最后的编码中加入 INCOM。

遗憾的是，有些反应的决定编码的大部分关键词只是在询问阶段才出现，而在反应阶段没有什么有用的信息。例如：

图卡	反应阶段	询问阶段
Ⅵ	它是相当可怕的，我猜是子弹。	

这个反应只有内容 Sc（子弹）。“可怕的”这个词暗示可能有更多编码，可能有特殊分数 MOR，但此时能够确定的只有内容：

位置	发展质量	决定因子	形状质量	成对	内容	常见反应	Z	特殊分数
					Sc			

现在，询问阶段的内容成了所有其他编码的来源：

图卡	反应阶段	询问阶段
Ⅵ	它是相当可怕的，我猜是子弹。	主试：（重复被试的反应） 被试：哦，就在这里（指 D6）。 主试：我不确定是什么让它看起来像。 被试：它就像子弹，像是击穿了一只动物。 主试：我想我没有像你一样看出来，帮助我。 被试：看，它在上面这里，看这个弹头，就像击穿了下面的这只猫（D1）。看这些线条（Dd22），代表撞击。 主试：你说它是一只猫？ 被试：哦，可能是一只斑纹猫，它有那些深色的（dark）线条，像一只斑纹猫，腿伸出在这里，我猜头给炸没了，因为我没有看到它。

在这个例子中，询问阶段的内容比较复杂，因为被试不是很善于表达，所以主试不得不提了三个问题。虽然如此，但这个反应最终还是能够编码的。

部位最初看起来好像是 D，结果是 W，被试把 D6 当成子弹，把 D1 当成动物，把墨迹图剩余的部分，即 Dd22 当成撞击。在第一次询问后，被试清楚地表达出一个决定因子 m^a（击穿），次要内容 A 后来变成了 Ad（头给炸掉了，因为我没有看到它）。此时，反应还满足了两个特殊分数 AG 和 MOR 的标准。

第二次询问简单地重复了前面的决定因子，但是第三个问题显露了一个次要的决定因子 FY（那些深色的线条）。可能有人会认为 YF 比 FY 更合适，因为关于猫没有什么清晰的形状描述。但是这样说是不正确的，因为被试在询问阶段自始至终都关注形状，只是在最后的解释中才提到阴影。

独立的对象是有联系的，并且都有形状。因此，发展质量是 +，并且有 Z 分数。这个反应符合整体和相邻的 Z 分数标准。对于这张图卡来说，这两个 Z 分数的值是相同的，都是 2.5。

最后，在表 A 的 W 中，没有列出这个特定的反应，但在 D6 中把子弹列为普通 o，并且在 D1 中把动物皮列为普通 o。所以，这个反应的形状质量编码为 o 是合适的。动物皮也是个常见反应 P。因此，完整的记分是：

部位	发展质量	决定因子	形状质量	成对	内容	常见反应	Z	特殊分数
W	+	m^a.FY	o		Sc，Ad	P	2.5	AG，MOR

在大部分反应中，基本反应和询问阶段的反应都对编码有重要的作用。例如：

图卡	反应阶段	询问阶段
Ⅱ	那看起来像两个女巫拥抱在一起，她们有黑色的斗篷和红色的帽子。	

反应阶段给出了相当多的信息，几乎可以说明所有的编码。部位不清楚，但是已经显示了两个内容（H）（女巫）和 Cg（斗篷，帽子），已经清楚地表达了被动运动 M^p（拥抱在一起），并且给出了两个决定因子 FC'（黑色斗篷）和 FC（红色帽子）。发展质量是 +，并且要求有 Z 分数。可能是成对反应，但还不能作出决定，形状质量也要等到部位澄清之后才能决定。此时的编码是：

部位	发展质量	决定因子	形状质量	成对	内容	常见反应 P	Z	特殊分数
?	+	M^p. FC'. FC	?	?	(H)，Cg		?	

可以期待在询问阶段补足完成全部编码所需的缺失信息，并对已经给出的信息提供一些澄清。事实确实如此，实际在某种程度上编码比预先考虑的更加复杂。

图卡	反应阶段	询问阶段
Ⅱ	那个看起来像两个女巫拥抱在一起，她们有黑色的斗篷和红色的帽子。	主试：（重复被试的反应） 被试：好像她们正坐着或者跪在炉火的后面，可以说是彼此斜靠着，她们好像在互相耳语，看上面这里是帽子（D2），这里是她们的身体（D1）。 主试：你说她们在炉火的后面？ 被试：哦，下面这个红色的（D3）看起来像火焰上冲，像小的炉火，她们在它后面，取暖。 主试：我不确定是什么让它看起来像她们在它后面。 被试：它就在她们前面，它将她们脚部所在的地方遮住了。

询问阶段增加了两个决定因子 FD（**在后面，遮住了她们脚的地方**）和 m^a（**火焰上冲**），还有一个之前编码的决定因子需要更改。红色帽子记为 FC，但是**红色的火焰上冲**记为 CF，所以要取代之前的编码。相互作用要求特殊分数 COP（相互耳语），此外还增加第三个内容 Fi，而且也证实成对反应存在。部位澄清了，是 W。这是一个组合反应，所以 DQ 是 +，并符合两个 Z 分数标准，即整体（4.5）和相邻（3.0）。根据趋大原则，指派较高的 4.5。根据表 A，两个似人的形象形状质量为普通 o。因此，完整的记分是：

部位	发展质量	决定因子	形状质量	成对	内容	常见反应	Z	特殊分数
W	+	M^p. FC'. CF. m^a. FD	o	（2）	（H），Cg. Fi		4.5	COP

显然，连续编码策略要求编码者不断练习。第三部分包括了大量的反应，可以用作练习。

9. 结构化表

对每个反应进行准确编码的最终目的是为了完成结构化表（Structural Summary）。结构化涉及对编码的频率、许多比率、百分数以及导出分数的整理。许多有关心理特征和功能的解释性假设都源于这些结构化数据。

为了更便利地对测验记录进行系统性概括，综合系统整理出一套结构化表格（Structural Summary Blank）。表格的第一页用来记录人口学资料；第二页是编码序列，用来记录每一个反应的编码；第三页才是真正的结构化表；第四页是用于记录 6 个重要的指数；第五页是 Z 分数和估计 Z 分数（Estimated Z Scores），以及三个变量的年龄校正数据表；最后一页是罗夏测验部位表，在施测时用来确定部位。

结构化有三个步骤：①列出编码序列；②记录每个变量的频率；③通过必要计算获得变量的比率、百分数和导出分数。这些步骤最好是通过一个真实的测验记录的数据来说明。

▲编码序列。第一步，按反应出现的顺序，将每个反应的编码填入编码序列表中。按照反应的编号，一张图卡一张图卡地进行。这项工作在对反应编码时便要及时进行，但是大部分编码者喜欢在测验记录纸上的每个反应的下面记录编码，然后再把编码抄到编码序列表上。

通过编码序列表将编码整理起来，计算所需的频率就变得比较容易，而且序列本身通常就是重要解释的额外数据源。结构化表格中的编码序列表包括了图卡编号、反应编号和主要的编码类别。在部位编码之后有一列标为部位编号（Loc. No），用来记录反应中所使用的部位，例如 D3、DdS26 等。如果所使用的 Dd 区域在表 A 中没有部位编号，就编号为 99。编码序列表中的部位编号对个人记录的解释非常重要，对研究尤其有用。

下一页列出了一位 19 岁的女性被试的测验分数，可用来说明准备结构化表的工作是如何进行的。

编码序列

图卡	反应编号	部位	部位编号	决定因子	（2）	内容	P	Z	特殊分数
Ⅰ	1	Wo	1	Fo		A	P	1.0	
	2	D+	4	Mao	2	H，Id		4.0	GHR
	3	WSo	1	Mau		（Hd）		3.5	GHR
Ⅱ	4	WSo	1	Mp. CF-		Hd		4.5	MOR，AB，PHR
Ⅲ	5	D+	1	Mao	2	H，Hh	P	3.0	COP，GHR
	6	WSo	1	F-		Hd		5.5	PHR
Ⅳ	7	Wo	1	FDo		（A）		2.0	
Ⅴ	8	Wo	1	Fo		A	P	1.0	
	9	Do	7	Fu		（A）			
Ⅵ	10	Wo	1	Fo		（A）		2.5	MOR，DV
Ⅶ	11	D+	9	Ma. FYo	2	Hd	P	3.0	AG，GHR
Ⅷ	12	W+	1	FMa. Fr. FCo		A，Na	P	4.5	INC
	13	D/+	4	FC. FVo		Ls		3.0	
	14	DdSo	99	FC-		Ad		4.0	PER
Ⅸ	15	Wv	1	Ma. C		Hx			AB，PHR
Ⅹ	16	W+	1	Mpu		（H），Art		5.5	GHR
	17	DdS+	22	F-		Hd，Id		4.0	PHR

结构化表

部位特征		决定因子：混合反应		单一反应		内容		部位序列			
						H	=2	I	W. D. WS		
Zf	=15	M. CF		M	=4	(H)	=1	II	WS		
ZSum	=51.0	M. FY		FM	=	Hd	=4	III	D. WS		
ZEst	=49.0	FM. Fr. FC		m	=	(Hd)	=1	IV	W		
		FC. FV		FC	=1	Hx	=1	V	W. D		
W	=10	M. C		CF	=	A	=3	VI	W		
D	=5			C	=	(A)	=3	VII	D		
W + D	=15			Cn	=	Ad	=1	VIII	W. D. DdS		
Dd	=2			FC′	=	(Ad)	=	IX	W		
S	=5			C′F	=	An	=	X	W. DdS		
				C′	=	Art	=1	特殊分数			
				FT	=	Ay	=		Lv1	Lv2	
DQ				TF	=	Bl	=	DV	=1 ×1	×2	
+	=6			T	=	Bt	=	INC	=1 ×2	×4	
o	=9			FV	=	Cg	=	DR	= ×3	×6	
v/ +	=1			VF	=	Cl	=	FAB	= ×4	×7	
v	=1			V	=	Ex	=	ALOG	= ×5		
				FY	=	Fd	=	CON	= ×7		
				YF	=	Fi	=	Raw Sum6	=2		
形状质量				Y	=	Ge	=	Wgtd Sum6	=3		
	FQx	MQual	W+D	Fr	=	Hh	=1				
+	=	=	=	rF	=	Ls	=1				
o	=9	=3	=9	FD	=1	Na	=1	AB	=2	GHR	=5
u	=3	=2	=3	F	=6	Sc	=	AG	=1	PHR	=4
-	=4	=1	=2			Sx	=	COP	=1	MOR	=2
无	=1	=1	=1			Xy	=	CP	=	PER	=1
				(2)	=3	Id	=2			PSV	=

比率、百分率和导出分数

R	=17	L	=0.55			FC:CF + C	=3:2	COP =1	AG =1
EB	=7:4.0	EA	=11.0	EBPer	=1.8	Pure C	=1	GHR:PHR	=5:4
eb	=1:2	es	=3	D	= +3	SumC′:WSumC	=0:4.0	a:p	=6:2
		Adj es	=3	AdjD	= +3	Afr	=0.55	Food	=0
FM	=1	SumC′	=0	SumT	=0	S	=5	SumT	=0
m	=0	SumV	=1	SumY	=1	Blends:R	=5:17	Hum Cont	=8
						CP	=0	Pure H	=2
								PER	=1
								Isol Index	=0.18

a:p	=6:2	Sum6	=2	XA%	=0.71	Zf	=15	3r + (2)/R	=0.35
Ma:Mp	=5:2	Lv2	=0	WDA%	=0.80	W:D:Dd	=10:5:2	Fr + rF	=1
2AB + Art + Ay	=5	WSum6	=3	X - %	=0.24	W:M	=10:7	SumV	=1
MOR	=2	M -	=1	S -	=4	Zd	= +2.0	FD	=1
		Mnone	=1	P	=5	PSV	=0	An + Xy	=0
				X + %	=0.53	DQ +	=6	MOR	=2
				Xu%	=0.18	DQv	=1	H:(H) + Hd + (Hd)	=2:6

PTI = 0	DEPI = 5	CDI = 1	S - CON = 3	HVI = 阳性	OBS = 阴性

结构化表的上半部分

第二步就是准备结构化表，将每一个编码的频数登记在结构化表的上半部分，可参照上述案例结构化表的登记情况。

▲部位特征　此处要求登记与部位有关的三种因素：①组织活动；②部位编码；③发展质量。

a. **组织活动**。在结构化表上方的组织活动中，要求填入三项内容。第一是 Zf（Z 的频率），即 Z 在测验记录中出现的次数；第二是 ZSum，即加权 Z 分数的和；第三个是 Zest，即加权 Z 分数和的估计值（ZSum 的估计值），此分数可通过估计值表获得（见表 11）。Zest 的值与测验记录的 Zf 相对应，比如本案例的 Zf 是 15，查表 Zest 是 49.0。

表 11　与 Zf 相对应的加权 ZSum 的最佳估计值（Zest）

Zf	Zest	Zf	Zest	Zf	Zest	Zf	Zest
1	–	14	45.5	26	88.0	39	134.0
2	2.5	15	49.0	27	91.5	40	137.5
3	6.0	16	52.5	28	95.0	41	141.0
4	10.0	17	56.0	29	98.5	42	144.5
5	13.5	18	59.5	30	102.5	43	148.0
6	17.0	19	63.0	31	105.5	44	152.0
7	20.5	20	66.5	32	109.5	45	155.5
8	24.0	21	70.0	33	112.5	46	159.0
9	27.5	22	73.5	34	116.5	47	162.5
10	31.0	23	77.0	35	120.0	48	166.0
11	34.5	24	81.0	36	123.5	49	169.5
12	38.0	25	84.5	37	127.0	50	173.0
13	41.5			38	130.5		

b. **部位编码**。三种基本的部位编码均各自计分，此外也要计算 S 反应的频数。不需要从 W、D 或 Dd 三种基本部位编码的计数中扣除 S 反应。

c. **发展质量**。每个发展质量的频数都要计算，计算时不考虑所使用的部位。

▲决定因子。根据反应中所包含决定因子的数量，将反应分为单一反应和混合反应，前者只包含 1 个决定因子，后者包括 2 个或以上。在结构化表中，混合反应为一列，将每个混合反应的决定因子填入。单一反应为另一列，计算每个单一反应决定因子的频数，其中包括在混合反应中的决定因子不计。

▲形状质量。形状质量按三类计数。

第一类记入 FQx（形状质量扩展）一列中，包括记录中所有反应的形状质量。分别计算 4 种形状质量编码（+、o、u、–）的频数，此外再加上无形状质量编码的频数。

第二类记入 MQual（人类运动 FQ）一列中，包括计算测验记录中所有人类运动反应的形状质量编码的频数。

第三类记入 W + D（常见区域 FQ）一列中，包括计算测验记录中所有部位编码是 W 与 D 的反应的形状质量编码的频数。

▲内容。内容一列包括所有的 27 个种类。这里需要计算各类内容出现的频数，计算不考虑主要内容或次要内容之分。

▲部位序列。结构化表的右上角用来记录被试在反应时部位使用的序列。它涉及被试在对每张图卡作出反应时，选择部位的次序。例如，在本案例的记录中，被试对图卡 I 给出三个反应：第一个是整体反应（W），第二个是常见部位反应（D），第三个同样是整体反应并使用了空白部分（WS）。这样，对图卡 I 的记录就是 W、D、WS。

▲特殊分数。最后需要计算的是 15 个特殊分数的频数。此外还要计算两个导出分数：

第一个是前 6 个特殊分数原始分的总和（Raw Sum6），包括 DV、INCOM、DR 和 FABCOM 所有等级 1 和 2，再加上 ALOG 和 CONTAM。

第二个是 6 个特殊分数的加权总和（WSum6），具体计算方法如下：

WSum6 = (1) ×DV + (2) ×DV2 + (2) ×INCOM + (4) ×INCOM2 + (3) ×DR + (6) ×DR2 + (4) ×FABCOM + (7) ×FABCOM2 + (5) ×ALOG + (7) ×CONTAM

结构化表的下半部分

一旦各种编码的频数被整理出来，便可在此基础上进行各种计算，得出结构化表下半部分的分数，从而完成整个结构化表。结构化表的下半部分包括 7 个数据组块。其中某些分数在一个以上的组块出现，因为它们不仅与一种心理特征有关。下半部分的最下方有 6 个特殊指数，即 PTI、DEPI、CDI、S - CON、HVI 和 OBS。这部分是最后完成的，需要使用特殊指数工作表，本章将在结尾处通过我们一直使用的案例来展示这个过程。

▲核心部分。核心部分处于结构化表下半部分的左上角，包括 16 项内容，其中 7 项是频率数据，即 R（反应的总数）和每个决定因子（FM、m、SumC'、SumT、SumV 和 SumY）的总数。后 4 项包括所有的类型，如 SumC' 包括 FC'、C'F 和 C'，SumT 包括 FT、TF 和 T 等等。

另外的 9 项则为各种比率或导出分数，它们是：

◆1 Lambda（L）。第二项就是 Lambda（L），指纯 F 反应与其他所有反应的比率。这个分数与资源使用的经济性有关。计算方法如下：

$$L = \frac{F\text{（只包含纯 F 决定因子的反应数）}}{R - F\text{（所有反应 R 减去纯形状反应）}}$$

在本案例的测验记录中，总共 17 个反应，其中 6 个是纯 F 反应，11 个是其他决定因子反应，因此 L =（6/11）= 0.55。

◆2 **经验风格**（Erlebnistypus，EB）。此分数与两个重要变量有关：人类运动（M）和加权色彩反应总和。它的计算形式是 Sum M ：WSumC。加权色彩反应总和（WSumC）是通过对不同类型的色彩反应赋予不同权重然后相加而得。WSumC 不包括颜色命名 Cn。

WSumC = (0.5) ×FC + (1.0) ×CF + (1.5) ×C

在本案例的记录中，有7个M反应，3个FC反应，1个CF反应和1个C反应。因此，WSumC = (0.5) × (3) + (1.0) × (1) + (1.5) × (1) = 4.0，EB则为7：4.0。

◆3 **实际经验**（Experience Actual，EA）。这个导出分数与可利用的资源有关。它通过将EB两边的分数相加得来，即EA = SumM + WSumC。本案例的EA = 7 + 4.0 = 11.0。

◆4 **风格普遍性**（EB Pervasive，EBPer）。这个比率关系到EB风格在决策活动中的主导性。EBPer只在EB风格非常显著时才进行计算，即要符合三条标准：第一，EA必须大于或等于4.0；第二，Lambda必须小于1.0；第三，当EA的值在4.0到10.0区间时，EB其中一边的数值必须至少比另一边大2个点。如果EA的值大于10.0，则EB一边的数值必须至少比另一边大2.5。

如果这三个标准全部满足，用EB比值中较大的除以较小的，便可得到EBPer。在本案例中，EA是11.0，Lambda是0.55，并且EB两边值的差是3.0。因此，EB较大的值7除以较小的值4.0，得到的EBPer是1.8。

◆5 **基础经验**（Experience Base，eb）。此分数由所有非人类运动决定因子（FM和m）与阴影和非彩色决定因子之比构成。它提供了与被试体验到的刺激需求（stimulus demand）有关的信息，其计算公式是eb = SumFM + m：SumC' + SumT + SumY + SumV。

在本案例的记录中，有1个FM，没有m，另外有1个阴影维度决定因子（SumV）和1个阴影弥漫决定因子（SumY）。因此，eb为1：2。

◆6 **经验刺激**（Experienced Stimulation，es）。这个分数是通过eb导出的，它与当前的刺激需求有关。将eb两边的值相加便得到es，即es = Sum（FM + m） + SumC' + SumT + SumY + SumV。本案例的eb是1：2，所以es = 3。

◆7 **D分数（D）**。D分数提供了EA与es之间关系的信息。它与压力耐受和控制有关。计算此分数，首先计算这两个变量原始分数的差，即EA - es，标明正负号。然后将原始分数差值转化为标准差为2.5的量表分。

如果EA - es的差值落在+2.5与-2.5之间，则两变量之间没有显著性差别，D分数为0。如果差值大于+2.5，则每增加2.5，D分数就加1。如果差值小于-2.5，则每减少2.5，D分数就减1。表12是D分数的转换表。

在本例中，EA - es = 11.0 - 3 = +8，所以D分数为+3。

表 12 EA - es 和 D 分数转换表

EA - es 的值	D 分数
+13.0 ~ +15.0	+5
+10.5 ~ +12.5	+4
+8.0 ~ +10.0	+3
+5.5 ~ +7.5	+2
+3.0 ~ +5.0	+1
-2.5 ~ +2.5	0
-3.0 ~ -5.0	-1
-5.5 ~ -7.5	-2
-8.0 ~ -10.0	-3
-10.5 ~ -12.5	-4
-13.0 ~ -15.0	-5

◆8 **调整 es**（Adjusted es，Adj es）。尽管 D 分数提供了有关压力耐受与可用资源的有关信息，但是，判断 D 分数是否受情境因素的影响也是非常重要的。这就要求从 es 中将与情境有关的因素抽取出来。方法很简单，在 es 中只保留 1 个 m 和 1 个 Y，其他的 m 和 Y 都抽除，此时计算出的便是 Adj es。在本例中，没有 m 决定因子，只有 1 个 Y 决定因子。因此，不需抽取什么，Adj es 和 es 相等，都是 3。

◆9 **调整 D 分数**（Adjusted D，Adj D）。首先计算 EA - Adj es，然后再查 D 分数转换表，此时得到的便是调整 D 分数。在本例中，Adj D 和 D 相等，也就是说，EA - Adj es = 11.0 - 3 = +8.0，查 D 分数转换表为 3，所以 Adj D = +3。

▲**思维部分**。这一部分包括 9 项内容。其中 6 项是从结构化表的上半部分转录而来的频率数据：MOR、Sum6、等级 2 的特殊分数 Le2、M - 、Mnone 和 WSum6。剩下的三项包括两个比率与一个指数。它们是：

◆1 **主动与被动之比**（Active：Passive Ratio，a：p）。此比例关系到思维与态度的灵活性。计算方法是：左边是所有主动运动反应的总数（Ma + FMa + ma），右边是所有被动运动反应的总数（Mp + FMp + mp）。编码为 a - p 的运动决定因子同时加入两边。在本案例中，a：p 为 6：2。

◆2 **人类运动的主动与被动之比**（M Active：Passive Ratio，Ma：Mp）。这个分数与思维的某些特征有关。它仅包括人类运动反应，所有的主动运动反应在左边，所有的被动运动在右边，M^{a-p}同时加入两边。在本案例，Ma：Mp 为 5：2。

◆3 **理智化指数**（Intellectualization Index）。这个指数包括特殊分数 AB（Abstract）及内容编码中的艺术（Art）和人类学（Ay），计算公式为 2AB +（Art + Ay）。在本案例中，有 2 个 AB，1 个 Art，没有 Ay，所以理智化指数为 5。

▲**情绪部分**。这一部分包括 7 项内容。其中 3 项为频数，即纯 C、S 和 CP，均是从结构化表的上半部分直接转录的。剩余的 4 项均为比率，具体如下：

◆1 **形状色彩比**（FC：CF + C）。这一比率与情绪的调节有关。比率的左边是决定因子 FC 的总数，右边为决定因子 CF + C + Cn。与 EB 和 EA 中使用的 WSumC 相比，它包括了 Cn，这个比率的每个决定因子均给予相同的权重。在本案例中，FC 有 3 个，CF 为 1 个，纯 C 是 1 个，因此 FC：CF + C = 3：2。

◆2 **限制比**（Constriction Ratio，SumC'：WSumC）。这个比率与情绪的过分内化（internalization）有关。计算公式是所有的非彩色决定因子 C' 在左边，所有彩色决定因子的加权总和在右边。在本案例中，没有 C' 反应，WSumC 为 4.0。因此，SumC'：WSumC 为 0：4.0。

◆3 **情绪比**（Affective Ratio，Afr）。这个比率为最后三张图卡的反应数与前七张图卡的反应数之比，与对情绪刺激的兴趣有关，计算公式如下：

$$Afr = \frac{\text{图卡Ⅷ} + \text{Ⅸ} + \text{Ⅹ的反应数}}{\text{图卡Ⅰ} + \text{Ⅱ} + \text{Ⅲ} + \text{Ⅳ} + \text{Ⅴ} + \text{Ⅵ} + \text{Ⅶ的反应数}}$$

在本案例中，被试对最后三张图卡给出了 6 个反应，对前七张图卡给出了 11 个反应，因此 Afr = 6/11 = 0.55。

◆4 **复杂比**（Complexity Ratio，Blends：R）。此关系并没有简化为一个比率。左边是混合反应的总数，右边为所有的反应数 R。在本案例中，有 5 个混合反应，所以 Blends：R 为 5：17。

▲调节部分。这一部分包括了 7 个变量。有两个是直接从分数序列表计算得来：常见反应 P 和使用空白区域且发展质量为 - 的反应。剩下的 5 个是百分比。

◆1 **扩展的形状恰当比**（Form Appropriate Extended，XA%）。这个变量涉及恰当使用形状特征反应所占比例。计算公式如下：

$$XA\% = \frac{\text{形状质量为} +\text{、o 或者 u 的反应数目}}{R}$$

在本案例中，共有 17 个反应，没有 +，9 个为 o，3 个为 u，扩展的形状恰当比 XA% = 12/17 = 0.71。

◆2 **常见部位形状恰当比**（Form Appropriate - Common Areas，WDA%）。这个变量指在部位编码为 W 与 D 的反应中，形状质量使用恰当的反应所占的比例。计算公式如下：

$$WDA\% = \frac{\text{部位编码为 W 和 D 且形状质量为} +\text{、o 或者 u 的反应总数}}{\text{部位编码为 W 和 D 的反应总数}}$$

在本案例中，部位编码为 W 或 D 的反应总共有 15 个，其中 12 个的形状质量为 o 或 u。所以，WDA% = 12/15 = 0.80。

◆3 **形状使用歪曲比**（Distorted Form，X - %）。这个变量指在反应中形状使用与墨迹图特征不相符合的反应所占的比例。计算如下：

$$X-\%=\frac{SumFQx-}{R}$$

在本案例中，总共有17个反应，其中有4个形状质量为－，所以X－%＝4/17＝0.24。

◆4 **常见形状使用比**（Conventional Form Use，X＋%）。这个变量涉及在恰当使用形状特征的反应中，包含了多少常见对象或物体。计算如下：

$$X+\%=\frac{SumFQx+\text{和}o}{R}$$

在本案例中，没有＋反应，有9个o反应，所以X＋%＝0＋9/17＝0.53。

◆5 **不常见形状使用比**（Unusual Form Use，Xu%）。这个变量涉及在恰当使用形状特征的反应中，包含了多少不常见对象或物体。计算如下：

$$Xu\%=\frac{SumFQxu}{R}$$

在本案例中，有3个u，所以Xu%＝3/17＝0.18。

▲**加工部分**。这一部分包括7个变量，其中的4个（Zf、PSV、DQ＋与DQv）是频率数据，可直接从结构化表的上半部分获得。剩下的3个，有2个是比率，另一个是分数之差。

◆1 **经济指数**（Economy Index，W：D：Dd）。这个比率式的左边是W反应的总数，D反应的总数在中间，Dd反应的总数在右边。

◆2 **抱负指数**（Aspirational Ratio，W：M）。这个比率式的左边为W反应的总数，右边为M反应的总数。

◆3 **加工效率（Processing Efficiency，Zd）**。Zd是一个差值，使用公式ZSum－Zest计算，并要求标明正负号。在本案例中，ZSum＝51.0，Zest为49.0，所以Zd＝51.0－49.0＝＋2.0。

▲**人际交往部分**。这个部分包括10个变量。其中的5个是从结构化表的上半部分直接获得的频率数据（COP、AG、Fd、纯H和特殊分数PER）。

第6个是一个关系式（GHR：PHR），由结构化表上半部分中的频率数据构成，左边是GHR的总数，右边是PHR的总数。第7个变量是SumT，从核心部分获得。第8个为a：p，从思维部分得来。剩下的两个需要计算。

◆1 **人际兴趣**（Interpersonal Interest，Human Cont）。这个变量提供有关对人的兴趣的信息。计算如下：

Human Cont＝H＋（H）＋Hd＋（Hd）（注意：不包括Hx）

在本案例中，有2个H，1个（H），4个Hd与1个（Hd）。因此，Human Cont＝2＋1＋

4 +1 =8。

◆2 **孤独指数**（Isolation Index，Isolate/R）。这一变量与社会孤独有关。它包括五项内容编码（Bt、Cl、Ge、Ls、Na），其中 2 个（Cl 和 Na）需加权两倍。计算如下：

$$Isolate/R = \frac{Bt + 2Cl + Ge + Ls + 2Na}{R}$$

在本案例中，有 1 个 Ls 和 1 个 Na，加权总和是 3，Isolate/R = （0 +0 +0 +1 +2 × 1）/17 =3/17 =0. 18。

▲**自我知觉部分**。这部分包括 7 项内容。其中 4 个为频数或者频数的和，可从结构化表的上半部分获得。它们包括 Fr + rF、FD、特殊分数 MOR 和 An + Xy。第 5 项是 SumV，可从核心部分获得。

第 6 项是一个比率 H :(H) + Hd + (Hd)，其中纯 H 在左边，(H) + Hd + (Hd)的和在右边。在本案例中，有 2 个纯 H 反应和 6 个其他类型的人物内容反应。因此，H :(H) + Hd + (Hd) =2 ∶6。

第 7 项需要计算。

◆1 **自我中心指数**（Egocentricity Index，3r + （2）/R）。这个分数与自尊有关。它是镜像反应 r 和成对反应（2）在总反应中所占比率，其中 r 需加权 3 倍。计算公式如下：

$$3r + (2)/R = \frac{3 \times (Fr + rF) + Sum(2)}{R}$$

在本案例中，有 1 个镜像反应，3 个成对反应，所以自我中心指数3r + (2)/R = (3 × 1 +3)/17 =0. 35。

◆2 **特殊指数**（Special Index）。在结构化表的最下方有 6 个特殊指数，分别是知觉思维指数（Perceptual-Thinking Index，PTI）、抑郁指数（Depression Index，DEPI）、应对缺陷指数（Coping Deficit Index，CDI）、自杀指数（Suicide Constellation，S-CON）、高警觉指数（Hypervigilance Index，HVI）和强迫指数（Obsessive Style Index，OBS）。

各个指数所包含的变量显示在特殊指数工作表中，编码者通过对各项目进行对照，判断哪些是阳性的。最后，将各指数所包含的阳性项目数填入结构化表的最后一栏，HVI 和 OBS 则报告阳性或阴性。

当施测对象是青少年时，要注意对 3 个变量的划界值进行年龄校正：首先是 PTI 中的 WSum6，第二是 DEPI 中的 3r + （2）/R，第三个是 DEPI 和 CDI 中的 Afr。在特殊指数工作表中，每个特殊指数中需要校正的变量均以星号（ * ）注明，不同年龄组的划界值校正见下表。

自我中心指数的年龄校正

年龄	3r+(2)/R 显著小于	3r+(2)/R 显著大于
5	.55	.83
6	.52	.82
7	.52	.77
8	.48	.74
9	.47	.69
10	.47	.61
11	.46	.58
12	.46	.58
13	.41	.55
14	.37	.54
15	.33	.50
16	.33	.48

WSum6 的年龄校正

如果 R≥17：	
年龄 5～7 岁	WSum6>20
年龄 8～10 岁	WSum6>19
年龄 11～13 岁	WSum6>18
如果 R<17：	
年龄 5～7 岁	WSum6>16
年龄 8～10 岁	WSum6>15
年龄 11～13 岁	WSum6>14

情绪比的年龄校正

年龄 5～6 岁	Afr<0.57
年龄 7～9 岁	Afr<0.55
年龄 10～13 岁	Afr<0.53

特殊指数工作表

自杀指数（S-CON）：

☐ 要求符合 8 条或以上的条件才是阳性：
注意：只适用于大于 14 岁的被试

☐ FV + VF + V + FD > 2
☐ 色彩—阴影混合 > 0
☐ 3r + （2）/R < 0.31 或 > 0.44
☐ MOR > 3
☐ Zd > +3.5 或 Zd < −3.5
☐ es > EA
☐ CF + C > FC
☐ X + % < 0.70
☐ S > 3
☐ P < 3 或 P > 8
☐ Pure H < 2
☐ R < 17

知觉思维指数（PTI）：

☐ XA% < 0.70 和 WDA% < 0.75
☐ X − % > 0.29
☐ LVL2 > 2 和 FAB2 > 0
* ☐ R < 17 和 WSUM6 > 12
或 R > 16 和 WSUM6 > 17
☐ M − > 1 或 X − % > 0.40

____O____ Sum PTI = ____

抑郁指数（DEPI）：

☐ 要求符合 5 个或以上的条件才是阳性：

☐ （FV + VF + V > 0） 或 （FD > 2）
☐ 色彩—阴影混合 > 0） 或 （S > 2）
* ☐ （3r + （2）/R > 0.44 和 Fr + rF = 0）
或 （3r + （2）/R < 0.33）
* ☐ （Afr < 0.46） 或 （Blends < 4）
☐ （阴影总和 > FM + m） 或 （SumC′ > 2）
☐ （MOR > 2） 或 （2 × AB + Art + AY > 3）
☐ （COP < 2）
或 [（Bt + 2 × Cl + Ge + Ls + 2 × Na）/R > 0.24]

应对缺陷指数（CDI）：

☐ 要求符合 4 个或 5 条才是阳性：

☐ （EA < 6） 或 （AdjD < 0）
☐ （COP < 2） 和 （AG < 2）
☐ （WSumC < 2.5） 或 * （Afr < 0.46）
☐ （P > a + 1） 或 （纯 H < 2）
☐ （SumT > 1）或（Isolate/R > 0.24）或（Food > 0）

高警觉指数（HVI）：

☐ 必须符合第一条同时符合其他至少 4 条才是阳性：

☐ （1） FT + TF + T = 0
☐ （2） Zf > 12
☐ （3） Zd > +3.5
☐ （4） S > 3
☐ （5） H + （H） + Hd + （Hd） > 6
☐ （6） （H） + （A） + （Hd） + （Ad） > 3
☐ （7） H + A:Hd + Ad < 4:1
☐ （8） Cg > 3

强迫指数（OBS）：

☐ （1） Dd > 3
☐ （2） Zf > 12
☐ （3） Zd > +3.0
☐ （4） 常见反应 P > 7
☐ （5） FQ + > 1

☐ 要求符合以下 1 条或以上才是阳性：
☐ （1） 到 （5） 全部符合
☐ （1） 到 （4） 中的 2 条或更多，并且 FQ + > 3
☐ （1） 到 （5） 符合 3 条或更多，并且 X + % > 0.89
☐ FQ + > 3 并且 X + % > 0.89

注意：以上标星号（*）的条件用于儿童时需进行校正。

第二部分

工作表格和描述性统计

10. 工作表格

这一部分包括了两个表格，其中一个是在反应编码中频繁使用的表格 A。表 A 包括 10 张墨迹图，每一张均标示出常见和不常见部位及其编号。表 A 的主要部分是由按图卡和部位逐一列出的反应组成。每个反应都按照它是否符合第四章描述的频率或判断标准标出其形状质量是 o（普通）、u（不寻常）或是 -（歪曲）。

如果从 205 000 个以上的符合频数标准的反应中，或者从不包括在基础数据中的精神病人或精神分裂症病人的记录中挑选大量的歪曲（-）反应来补充，那表 A 将会非常大。然而，这些反应的绝大多数出现频率非常低，通常每 500 份记录中少于 1 次。如果把它们列入，可能会使表格膨胀，对表 A 的使用无益且有害。所以，我们使用了 4 个或以上的频数标准来挑选 W 和 D 区域的歪曲反应，使用 3 个或以上的频数标准来挑选 Dd 区域的歪曲反应。

表 B 列出了一些反应，其形状特征的描述比通常的更加详细，因此将其 FQ 编码为 +。就像第四章提到的，将一个反应编码为 FQ + 包含了某种主观判断。形状质量编码为 + 的反应，其形状特征的描述非常详细，它可能具有独创性，也可能仅仅代表了一种一丝不苟的倾向。表 B 中的任何一个反应，都可能以一种对形状没那么细致描述的方式给出，此时这些反应可编码为 o。表 B 列出的每一个例子，被试对其形状的详细描述均已超出了常规要求。他们通过更为周密细致的描述实现了这种超越。

有必要再一次强调，只有那些形状质量编码为 o 且对形状描述非常详尽的反应才能编码为 +，换句话说，+ 仅限于 o 范围内的反应。这是一个经验性原则。绝大多数对形状阐述得非常详尽且被编码为 + 的反应，同时也符合编码为 o 的标准。事实上，有些编码为 u 的不寻常反应非常具有创造性，并且包含了对形状特征的详尽描述。不过即便如此，也不能将其编码为 +，因为它们的 FQ 编码是 u。这样便可保证所计算的 X + % 和 Xu% 的准确性，可将形状使用恰当的反应区分为常见或者不常见的。

某些施测者可能希望用一个特别符号 u/ +，标明在 FQ 编码为 u 的反应中存在对形状有详细描述的反应，以引起对精细化形状使用的注意。在某些案例中，这种标记可能有助于解释性假设的建立，尤其是当这样的反应在记录中经常出现时。不过，在整个结构化计算中，对编码为 u/ + 的反应依然是当作 u 反应来对待的。

▲使用表格 A。 一般情况下，可以把表 A 作为判断一个反应的形状质量编码正确与否的参照标准。如果将所有的反应简单地区分为两类，一类是形状使用恰当的（符合的），另一类是形状使用不恰当的（不符合的），那么任务将会相当明确。罗夏在其研究中便使用了这种分类方法，另一些推动罗夏测验发展的杰出人物也使用了相似的模式。综合系统在这种符合和不符合的基础上，增加了一个区分层面，用来收集更多的有关知觉和中介操作及其对认知功能影响的信息。这增加的第二个层面只关注那些形状使用恰当的反应。其

目的是把反应区分为常见的（普通 o）和不常见的（不寻常 u）。

表 A 列出了相当多的反应，对大多数反应来说，对其 FQ 进行判断是比较容易的。但是，有些在反应中出现的具有相同特征的项目，可能没有列在表 A 中。如果一个项目在表 A 的指定区域内没有出现，则需要根据表 A 所列出的项目进行保守但合理的推断。

有些推断是很容易的。例如，被试可能对图卡Ⅷ的D1 区域给出这样一个反应："一只美洲狮。" 查表 A 在 D1 区域列出的一些具体的动物项目，发现其中没有美洲狮这个项目。然而，在该区域列为 o 的动物项目标题下，注明了这个项目对应一类四条腿的、形状符合 D1 轮廓的动物，其中包括了猫在内的几种经常被报告的动物。因此，就不难从中推断出美洲狮的正确编码应该是 o。

有些推断则需更多的努力和良好的逻辑。例如，被试对图卡Ⅸ的 D6 区域给出反应："一些樱桃，有四个。" 在表 A 图卡Ⅸ的 D6 区域没有列出樱桃这个项目。这样就需要推论：首先在 D6 中搜索类似樱桃的项目，结果找到三个（苹果、小萝卜和黑莓），但是这三个项目的 FQ 编码并不相同。苹果为 o，小萝卜和黑莓则为 u。此时，编码者可能会冒险作出决定。不过，在作决定前应该再多进行一个步骤，检查 D4 区域列出的项目，因为被试指出有四个樱桃，其中一个包括在 D4 区域。经过检查发现，D4 中也没有列出樱桃这个项目，但是列出了苹果和黑莓，编码为 o。

有关这个反应的编码，即 4 个樱桃应该编码为 u 还是 o，有些编码者可能会刻板地处理，认为樱桃如果不在 D6 或者 D4 中就应该编码为 u。但这个推论是不合理的。因为樱桃像小苹果，不太像黑莓，所以，合理的推断是编码为 o 更恰当。这个推断使用的逻辑与前面提到的美洲狮是相同的。也就是说，如果发现列表中的一个项目与反应给出的对象相似，那么正确的做法是给这个没列出的项目指派相同的编码。

相反，如果表 A 列出的具体对象与考虑中的对象在形状上没有可比性，那么可使用以下从 FQ 标准导出的原则对编码作出主观判断：

（1）如果一个具体的对象没有列在表中，推论也不易进行，可根据下面的原则 2 或原则 3 将其编码为 u 或者 -。

（2）如果一个具体的对象没有列在表中，也不能通过推论作出判断，但是这个对象能被迅速和容易地看出并且没有明显的轮廓歪曲，则应编码为 u。

（3）如果一个具体的对象没有列在表中，也没办法进行推论，而且很难看出或根本看不出来，那就应编码为 -。

就像"樱桃"这个例子，在作出决定之前需要在表上检查一个以上的区域。例如，一个反应可能包含几个特指的解剖对象。表中对这整个区域作为笼统的解剖对象（非特指的）给定了 FQ 编码。在这种情况下，应该对表中的每个用作解剖对象的区域进行检查，以决定这些项目中的哪一个编码是合适的。

如第四章所提及，某些包含多对象的反应在表 A 中没有列出，这就要求编码者在作出编码决定前，对表 A 中的多个部位进行检查。出现这种情况时，**如果对整个反应相当重要的那个对象在表上列出的 FQ 值较低**，那么就应该给反应指派一个最低的 FQ 值。图卡Ⅱ的 D1 区域作为"熊"是一个常见反应 P，通常 FQ 编码为 o。然而，如果反应是"**两只熊（D1）站在一朵红花（D3）的后面**"，FQ 编码就应该是 u，因为在表 A 中列出的"花"

的形状质量是 u，而且花对这个反应是重要的。但是在应用这个原则时要小心谨慎，要确保这个较低 FQ 的对象对整个反应真的是重要的而绝不是可有可无的。

在一些反应中，可见到这样的符号（<v>），用来标记图卡顶部的方位。如果一个项目的后面没有标记这类符号，则表明表上列出的形状质量编码**只适合图卡顶部处于直立位置，或只适合被试描述报告对象的方式与图卡顶部处于直立位置时描述对象的方式相同的情况**。

表 A　各图卡的常见（D）和不常见（Dd）部位，各部位的 o、u 和 − 反应，各图卡的 P 反应和 Z 分数

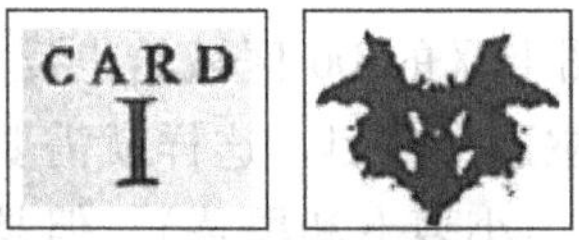

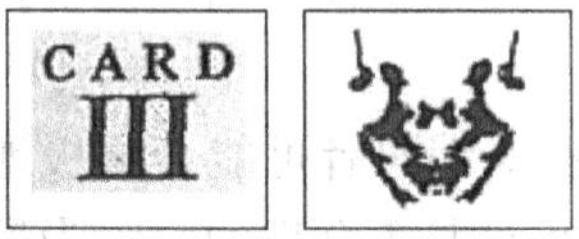

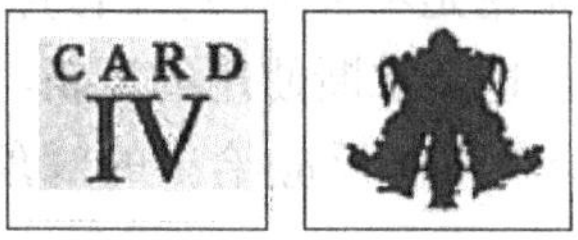

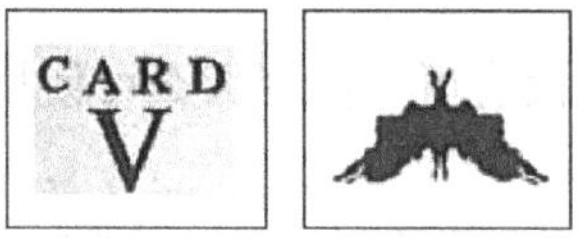

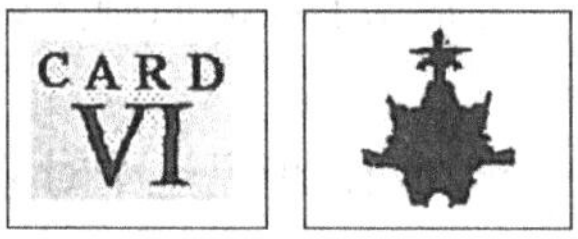

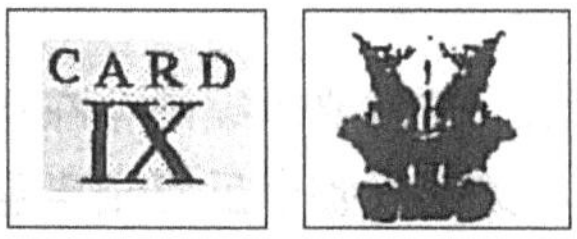

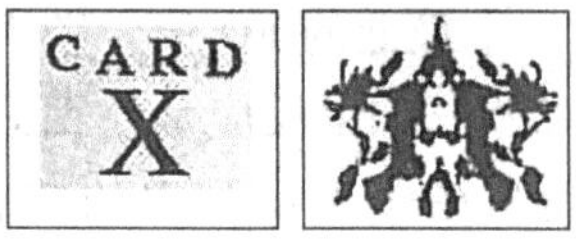

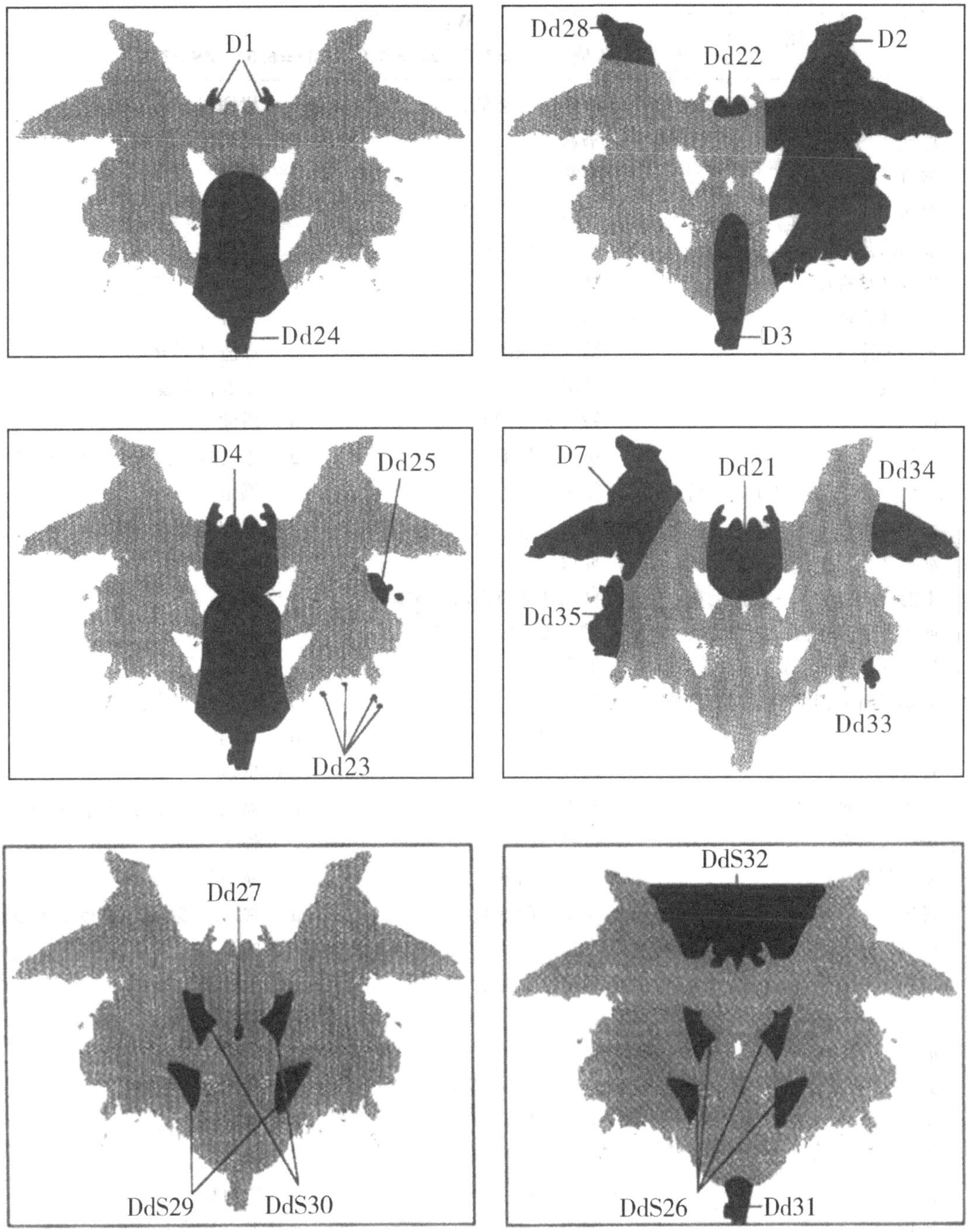

图1　图卡Ⅰ的D和Dd区域

图卡 I

常见反应 **P** 是 **W**：蝙蝠或蝴蝶

Z 值：**ZW = 1.0　ZA = 4.0　ZD = 6.0　ZS = 3.5**

W

- \- 算盘
- \- 鲍鱼
- \- 腹部
- u 抽象派艺术作品
- u 飞机（顶视图）
- \- 飞机（正面图）
- \- 长鳍金枪鱼
- u 变形虫
- \- 锚
- o 天使
- o 天使（2 个，同时 D4 是另一个对象）
- \- 动物（无翼的）（注意：此卡的反应包括了一大批无翼或无鳍的动物，例如熊、猫、狗、狮子等）
- u 动物（有翼但非特指的）
- \- 蚂蚁
- \- 食蚁兽
- u 艺术品（抽象的）
- u v 天体观测室
- \- 澳大利亚
- \- 狒狒
- o 徽章，标志
- o 蝙蝠
- \- 战舰
- \- 熊
- \- 胡须
- u 蜜蜂
- u 甲虫（有翼的）
- \- 钟，铃
- u v 风箱
- \- 围嘴，围裙
- o 鸟
- u v 鸟（史前的）
- \- 毛毯，毯子
- \- 小船
- \- 躯体
- \- 躯体（分裂的）
- \- 书籍
- \- 书签
- u 骨头（骸骨的）
- u 碗（有把手的）
- \- 脑
- u 脑（横截面）
- \- 脑（顶视图）
- \- 乳房
- \- 桥（人造的）
- u 桥（天然的）
- \- 扣子，搭钩
- o 臭虫（打碎的）
- o 臭虫（有翼的）
- \- 臭虫（非特指的，无翼的）
- u v 建筑物，楼房
- \- 子弹
- o 蝴蝶
- u v 小木屋
- \- 仙人掌
- \- 笼子
- \- 蛋糕
- u v 帽子（雪帽）
- u 斗篷（Cape）
- \- 汽车
- \- 马车，手推车
- u v 城堡
- \- 猫
- u v 双体帆船（正面图）
- \- 牛（牧群）
- u v 洞（正面图）
- o v 枝形吊灯
- \- 胸腔
- \- 臂章
- \- 中国艺术
- u v 中国楼
- u 煤渣
- u v 马戏团帐篷
- \- 水塔，蓄水池
- \- 柑橘树
- \- 夹具
- \- 阴蒂
- u 斗篷（Cloak）
- \- 时钟
- u 云
- \- 丁香
- u 煤渣（部分）
- \- 上衣，外套
- u 盾徽
- u 茧（同时出现有翼的昆虫）
- \- 鳕鱼
- u 珊瑚
- \- 母牛
- u 螃蟹
- \- 箱子
- \- 火山口
- u 小龙虾
- o 乌鸦
- o v 皇冠
- o 舞女（D4，穿着服装或者外套）
- \- 蒲公英
- u 魔鬼（穿着斗篷或者有翼的）
- u 设计图
- \- 飞船
- u 灰尘
- o 椎间盘（解剖）
- u v 圆屋顶
- \- 门
- u 吸血鬼
- u 龙（通常有翼）
- u 蜻蜓
- \- 梦
- \- 衣服，连衣裙
- \- 钻头
- u v 钻床
- u 鸭子

W（续上表）

图卡 I

常见反应 **P** 是 **W**：蝙蝠或蝴蝶

Z 值：ZW = 1.0 ZA = 4.0 ZD = 6.0 ZS = 3.5

u 灰尘（斑点，污点）
o 鹰
- 蛋
- 小精灵们
o 标记
- 爆炸
脸
［注意：假如 Dd34 被当作耳朵，并且 DdS29 & DdS30 被当作眼睛和嘴巴，并且内容是（Hd），Ad 或者（Ad），那么大部分的脸反应是 o 或者 u。然而有些脸不符合轮廓。如下所列］
o 动物脸（非特指的）
u 有角动物的脸
- 蚂蚁的脸
u 熊的脸
- 鸟的脸
u 臭虫的脸
o 猫脸
u 母牛的脸
u 狗的脸
- 鱼的脸
o 狐狸的脸
- 山羊的脸
- 马的脸
- 人脸
- 昆虫的脸（特指的）
u 昆虫的脸（非特指的）
u 怪物的脸（小鬼，邪恶的，外星人的）
u 老鼠的脸
u 兔子脸（耳朵垂下）
- 浣熊的脸
u 机器人的脸
u 动物骷髅的脸
- 人类骷髅的脸
o 老虎的脸
- 海龟的脸
u 巫婆的脸
o 狼脸
- 扇子
- 蕨类植物
- 小提琴
- 火
- 旗帜
u 跳蚤
u 苍蝇
u 雾
- 叶子
- 食物
- 森林
u 化石
o v 喷泉
- 蛙
u 毛皮（部分）
u 绒毛（部分）
- 花园
u v 眺望台
u 蚊蚋
o 女孩子们（在一个圈内跳舞或站着）
u v 头发（发型）
o v 帽子（女式的）
头（可以看见脸）
o v 头饰
- 直升机
o v 头盔
u v 山
- 蜂群
u v 房子
- 人
o 人（有翼或披斗篷）
u 人（2 个，面向中线）
- 人（2 个，背转脸）
o 人（3 个，1 个在 D4）
- 冰
u 墨水
u 墨迹图
- 昆虫（无翼）
o 昆虫（有翼的）
u 岛屿
- 水母，海蜇
- 船的龙骨
- 肾脏
u 风筝
- 灯
u 风景画
（注意：这一类包括岩石，岩石地形和广袤景观，例如山坡）
o 叶子
- 龙虾
- 肺
- 地图（特指的）
u 地图（非特指的）
o 面具
（注意：这一类包括多种多样的动物、万圣节前夕、聚会、魔法等的面具）
- 垫子（门口的）
- 肉
u 水母
- 瓜
u v 怪物
u 蚊子
o 蛾子
u v 山脉
u 泥
- 脖子
- 颈骨
- 鸟巢
- 网

W（续上表）

图卡 I	常见反应 P 是 W：蝙蝠或蝴蝶 Z 值：ZW = 1.0 ZA = 4.0 ZD = 6.0 ZS = 3.5

-	鼻子
-	音符(音乐的) [Note (Musical)]
o	歌剧歌手（2 或 3 个）
o	装饰品
-	猫头鹰
-	Pau (Cooking)
-	停车计时器
o	骨盆
o	正在跳舞的人（2）
-	拨片（吉他的）
-	植物
-	普利茅斯的标志
-	锅
-	印刷机
- v	南瓜
-	肋骨
-	路标，路线图
u	机器人
u v	岩石
u v	火箭飞船
u	划船者（在小艇中）
-	舵
-	小块地毯
-	帆船
-	锯木架
o	海洋生物（D2 或 Dd34 是鳍）
-	种子
-	船
-	虾
-	骷髅（非特指的）
o	颅骨（人类或动物的）
-	笑容
-	雪花
u v	宇宙飞船
-	精子
-	蜘蛛
-	海绵
-	弹簧（金属）
u	松鼠（正在飞的）
o	雕像（2 或 3 个）
-	尖塔
u	石头（雕刻的）
-	炉
-	日晷
-	坦克（军队）
u v	帐篷
-	龙卷风
o	图腾（有翼的）
u v	列车（D4，和栈桥交叉）
-	树
-	音叉
-	海龟
u	缸，瓮
-	阀门
u	花瓶
-	洗衣机
u	黄蜂
-	波浪
-	风标
-	杂草
o	女巫（2 或 3 个）
o	妇女（有翼或披斗篷的）
-	木头
o	X 光片（胸部）
-	X 光片（心脏）
-	X 光片（肺）
o	X 光片（骨盆）
-	X 光片（腹部）
o	X 光片（非特指的）
-	快艇

D1

-	蚂蚁
o	天线，触角（Antennae）
u	鹿角
-	猿
o	鸟头
-	鸟类
-	骨头
-	臭虫
u	蝴蝶
o	爪子
-	夹子
-	螃蟹
u	跳舞者
u	魔鬼
u	鸭头
u	鹰头
-	侏儒
o	触须
o	手指
-	旗帜
-	叉子
u	幽灵
-	枪
o	手
-	头（动物）
o	头（鸟类）
u	头（昆虫）
u	头（怪物）
u	头（爬行动物）
o	角，触角（Horns）
o	人或似人的形象
-	昆虫
o	露指手套
u	怪物
-	阴茎
o	钳子，螯（Pincers）
u	木偶，傀儡
-	火箭
u	岩石
-	根
u	雕塑（抽象的）
-	虾

D1（续上表）

图卡　I	常见反应 P 是 W：蝙蝠或蝴蝶 Z 值：ZW = 1.0　ZA = 4.0　ZD = 6.0　ZS = 3.5

u 拇指
- 牙齿
- 树
- 波浪

D2

o 杂技演员
- 飞机
- 解剖

o 天使

o 动物（特指长耳朵的，例如驴子、大象、某些种类的狗）
- 动物（特指短耳朵的，例如猫、母牛、某些种类的狗）

o 动物（卡通）

u 动物（非特指）
- 蝙蝠
- 甲虫

o 鸟（Dd34 是翅膀）

-v 根

u 臭虫（Dd34 是翅膀）
- 臭虫（无翼的）
- 猫
- 鸡，鸡肉（Chicken）

u 云
- 母牛

o 跳舞者

o 恶魔

狗（看守动物的）
- 龙

o 脸（动物、鸟、卡通或者怪物，同时 Dd34 是鼻子）
- 脸（动物、鸟、卡通或者怪物，Dd34 是耳朵）
- 脸，人类的
- 鱼

u 怪兽状滴水嘴

o 头，鸟

o 人

o 似人的形象

o 风景画

u 叶子
- 地图（特指的）

u 地图（非特指的）

o 飞马
- 猪

u < 兔子
- 啮齿目动物
- 天空

u 烟
- 树

u < 树和叶子

o 翅膀
- 狼

u 啄木鸟（侧面）
- 射线（特指的或非特指的）

D3

u 短吻鳄

u < 短吻鳄（镜像的）

o v 保龄球
- 脑干
- 蜡烛
- 烛台
- 脸
- 枪

o 人（下半身）
- 昆虫

o 腿

o 装木乃伊的箱子
- 鼻子
- 装饰品
- 阴茎

u 机器人
- 蛇

u 宇宙飞船

u 脊髓

o 雕像

o 图腾柱
- 树
- 阴道

o 花瓶

u 小提琴

D4
- 短吻鳄
- 解剖
- 动物（非特指）
- 蚂蚁

u 狒狒
- 蜜蜂

o 甲虫
- 鸟
- 骨结构

o 臭虫（D1 是触角或触须）
- 子弹
- 猫

o 大提琴
- 蜈蚣
- 阴蒂
- 螃蟹

u 蟋蟀

u 皇冠（正式的）
- 门
- 脸
- 鱼
- 苍蝇
- 蛙

o 大猩猩

o 人（整体）

o 人（没有头的）

o 人（2 个）

o v 似人的形象

o 昆虫（非特指，D1 是触角或触须）
- 岛屿

D4（续上表）

图卡 Ⅰ	常见反应 **P** 是 **W**：蝙蝠或蝴蝶 Z 值：**ZW =1.0　ZA =4.0　ZD =6.0　ZS =3.5**

u	玩具盒（Jack-in-the-box）
-	灯
-	龙虾
u	男人
o	怪物
u	纪念碑
-	鼻子
-	植物
-	爬行动物
u v	火箭
u v	火箭宇宙飞船
u	太空生物
-	蜘蛛
-	脊柱
o	雕像
u v	树
-	海龟
-	黄蜂
o	女人
u	花瓶
u	中提琴

D7

-	动物（无翼的）
o	动物（有翼的）
u	箭头
o	鸟
-	骨头
u	悬崖
u	云
o	乌鸦
u	鸭子
o	鹰
u	耳朵（动物的）
u	脸，动物（Dd34 是鼻子）
u	脸，卡通（Dd34 是鼻子）
-	脸，人
u	脸，女巫
-	帽子
u	头（鸟，鸭，马）
-	角（Horn）
-	昆虫（无翼的）
u	昆虫（有翼的）
o	风景画
-	地图（特指的）
u	地图（非特指的）
u	鸟巢，窝
-	植物
u	锅，壶（Pot）(Dd34 是把手)
u	岩石
-	颅骨，脑壳
o	斯芬克斯，狮身人面像
o	雕像（鸟）
u	风标
u	翅膀（飞机或鸟）
o	飞行章

Dd21

-	解剖
o	臭虫（D1 是触须）
u	螃蟹
-	叶子
-	心脏
-	水母，海蜇（Jellyfish）
u	风景
o	鸟巢，窝
-	海洋动物
u	盾牌
-	雕像

Dd22

-	球
u	乳房，胸部
u	卵石
-	臀部
u	眼睛，臭虫或蛙
-	幽灵
-	头（动物的）
u	头（人类的）
o	丘陵
u	驼峰（骆驼）
u	阴唇
o	山脉
-	树
-	疣

Dd23

-	飞机
u	鸟
-	小圆点
-	苍蝇
u	昆虫
o	岛屿
-	音符（音乐的）
-	标志

Dd24

o	铃
-	臭虫
o	大提琴
u	衣服
u	象征
-	头
u	头盔
-	人（整体）
u	人物形象（下半身）
u	灯
u	灯笼
u	怪物
-	植物
u	裙子
-	X 射线

Dd25

-	动物
-	动物的臀部
u	脸，人类抽象的
u	脸，人类
-	树

（续上表）

图卡　I	常见反应 P 是 W：蝙蝠或蝴蝶 Z 值：ZW = 1.0　ZA = 4.0　ZD = 6.0　ZS = 3.5

DdS26

o	云
o	眼睛
o	幽灵
o	面具细节
u	雪
-	树
o	窗户

Dd27

u	小船（中线）
o	搭扣
u	电梯（中线）
-	脸
-	头
-	心脏
u	盾牌
u	宇宙飞船
-	顶端
-	腐烂物

Dd28

u	箭头
-	鸟（整体）
u	帽子
-	头（动物的）
o	头（鸟）
-	头（人类）
u	头（似人的或者有帽的）
-	柱子
-	鞋
u	树

DdS29

o	眼睛（抽象的）
-	眼睛（人类的）
u	飞碟
o	幽灵
o	洞
u	山脉
u	金字塔
u	雪
u	宇宙飞船
u	帐篷
u	三角
u	翅膀

DdS30

o	眼睛
o	幽灵
u	人（穿着服装）
-	肺
u	雪
-	树

Dd31

u	脚
-	锤子
u v	头（兔子）
-	头（非特指的）
u v	山顶
-	鼻子
-	根
-	颅骨，脑壳
-	螯针
u	牙齿
u v	火山

DdS32

u	海湾
-	鸟
u	峡谷
-	面具
-	花瓶

Dd33

-	球
-	铃
-	骨头
-	头（动物的）
u v	头（人的）
-	灯
u v	蘑菇
u v	卷毛狗尾巴
u	尾巴
o v	树

Dd34

u	箭头
u	刀刃
o	悬崖
-	脸
o	Fin 鱼鳍
u <	幽灵
-	头
-	昆虫
o <	山脉
u	鼻子（卡通）
u	岩石
u	锯子
u <	海豹
u <	灌木
u <	塔
o <	树（冷杉）
u <	树（非特指的）
u <	伞（收起来的）

Dd35

u <	狗
-	脸（动物的）
-	脸（鸟）
u v	脸（人的）

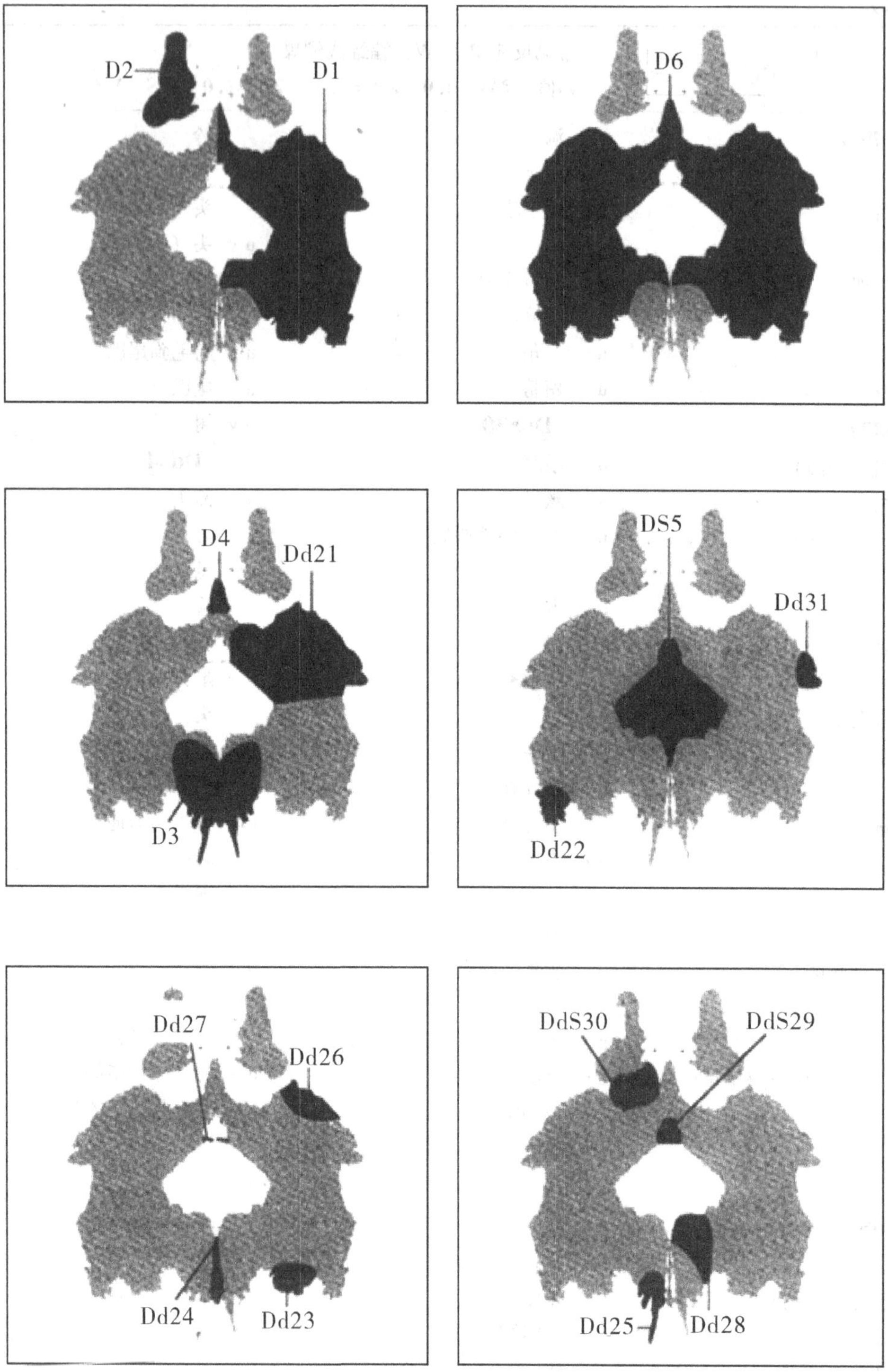

图2　图卡Ⅱ的D和Dd区域

图卡 Ⅱ	常见反应 P 是 D1：熊，狗，大象或小羊，这些动物的头或者整只动物 Z 值：ZW = 4.5 ZA =3.0 ZD =5.5 ZS =4.5

W

-	解剖（特指）
u	解剖（非特指）
u	动物（非特指）
u	艺术品（抽象的）
-	徽章，标志
-	蝙蝠
o	熊
-	鸟
u	桥（2）
-	身体
u	压书具
-	臭虫（压碎的）
u v	臭虫（有翼的）
o v	蝴蝶
o	卡通角色（人物或者动物）
u	洞穴
u	小鸡
o	舞蹈者
u	图案（抽象）
o	魔鬼
-	椎间盘（解剖）
u	狗（D3 是血或单独的对象）
u	鸭子
u	徽章
o v	爆炸
-	脸（人或动物）
o	火或烟
-	花
-	苍蝇
u	大猩猩
-	心脏
u	洞（子弹）
o	人或似人的轮廓
-	昆虫（无翼的）
u	昆虫（有翼的）
-	肠
-	肾脏
u	风筝
u	灯（装饰用的）
-	肺
-	地图
u	面具 （注意：这一类包括多种动物的、卡通的、万圣节前夕的、聚会等的面具）
-	肉
u	怪物
u v	蛾
-	嘴巴
o	装饰品
u v	骨盆
u	企鹅（2）
u v	凤凰
-	植物
-	直肠
-	宇宙飞船
o	雕像（人或动物的）
-	胃
-	咽喉
u v	火炬（有烟）
-	龙卷风
u	火鸡
-	阴道
u	火山
u v	火山（正在喷发）
- v	花环（圣诞节的）
-	X 光片

D1

-	变形虫
u	动物（喂饱的）
u	动物（非特指的）
u	狒狒
o	熊
-	鸟
u <	水牛，野牛
o <	猫
-	鸡肉（Chicken）（无头的）
u	云
-	小丑
u v	外套
o	母牛
o v	恶魔
o	狗
u v	狗
o	大象
-	鱼
u v	大猩猩
o <	仓鼠
-	帽子
-	心脏
-	河马
-	人
o v	人
u	昆虫
o	羔羊
u	风景
-	叶子
-	机器
-	地图
o v	怪物
-	纪念碑
o v	山脉
-	猪
o <	兔子
u	岩石
u	烟
-	海绵
u	老虎
-	树
-	海龟
u	疣猪
-	翅膀

D2

-	解剖

D2（续上表）

图卡 Ⅱ	常见反应 P 是 D1：熊，狗，大象或小羊，这些动物的头或者整只动物 Z 值：ZW = 4.5 ZA =3.0 ZD =5.5 ZS =4.5

u 天使
\- 动物（非特指）
o 鸟
u > 鸟
o 血
\- 靴子
\- 臭虫（无翼的）
u 臭虫（有翼的）
o 蝴蝶（侧面图）
\- 蜡烛
o 帽子（Cap）
\- 细胞（血）
u 鸡肉
o 生物（卡通）
u 恶魔
u 手指画
\- 指纹
o 火
o 火焰
u v 鞋印
\- 手
o 帽子（Hat）
\- 头（动物）
u 头（鸟）
\- 头（人）
u 头（似人的）
u v 手枪皮套
u v 蜂鸟
u v 意大利（地图）
\- 肾脏
\- 灯笼
u 火山岩
\- 腿
u 口红污斑
o 面具（动物、鸟、卡通、似人的）
u 肉
\- 露指手套
\- 阴茎
o 木偶（手）
u 兔子
\- 大老鼠
u 公鸡
o 海豹
\- 鞋
u 蜗牛
u v 短袜
u v 南美洲（地图）
\- 白蚁
u 拇指
\- 舌头
\- 牙齿
o 火炬
\- 花瓶
u 海象

D3

u 海葵（海）
\- 蚂蚁
\- 肛门
u 风笛
\- 甲虫
o 血
\- 臭虫（无翼的）
o 臭虫（有翼的）
o 蝴蝶
\- 夹具
u 珊瑚
o 螃蟹
\- 小龙虾
u 胚胎
o v 爆炸
\- 脸（动物的）
u v 脸（恶魔或怪物）
\- 脸（人）
u 扇子
o 火
\- 鱼
u v 花
\- 苍蝇
\- 发带
u v 头（动物，有角的）
\- 头（动物，无角的）
\- 头（鸟）
\- 头（人类）
u v 头戴式耳机（无线电）
\- 心脏
u 昆虫
u 水母
\- 肾脏
\- 龙虾
\- 肺
u 蝠鲼
\- 面具
u 肉
u 月经
u 怪物
u 蛾子
o 油漆
u 植物
u 蜗牛
u 宇宙飞船
o v 太阳
o v 火炬
o 阴道
o 火山
\- 子宫

D4

o 箭
o 箭头
\- 球拍（棒球）
\- 铃
\- 瓶子
o 子弹
u 蜡烛

D4（续上表）

图卡　Ⅱ	常见反应 **P** 是 **D1**：熊，狗，大象或小羊，这些动物的头或者整只动物 **Z** 值：**ZW** ＝4.5　**ZA** ＝3.0　**ZD** ＝5.5　**ZS** ＝4.5

o	航天舱（太空）
u	城堡
u	剪刀
-	耶稣受难像（Crucifix）
-	耶稣受难像（Crucifixion）
u	圆屋顶
-	门
u v	钻头
-	脸
u	手（正在祈祷）
u	帽子
-	头
u	头盔
-	小刀
o	导弹
u	纪念碑
-	山脉
-	鼻子
u	阴茎
u	笔尖
u	钳子
u	金字塔
u	机器人
o	火箭
-	蛇
o	宇宙飞船
u	长矛（尖端）
o	尖塔
-	尾巴
o	寺庙
o	塔
u	树（冷杉）
-	树（非特指的）
-	花瓶
u	武器
	DS5
o	飞机
u	拱门
u	篮筐
-	蝙蝠
u	铃
-	鸟
-	小船
u	碗钵
-	蝴蝶
o	城堡（可能包括 D4）
o	洞穴
o	枝形吊灯
o	教堂
u	王冠
u	钻石
u	圆屋顶
-	连衣裙
u	钻头
u	喷泉
u	玻璃杯
u	高脚杯
u	帽子（女性的）
-	心脏
u	头盔
o	洞
u	岛屿
u	风筝
o	湖泊
o	灯
o	光
-	面具
o	导弹
-	嘴巴
o	装饰品
u	吊坠
o	火箭
u	轮廓（人，穿着服装的舞蹈者或滑冰者）
u	雪花
o	宇宙飞船
u	尖塔
u v	黄貂鱼
-	胃
u	寺庙
o	陀螺
o	隧道
u	阴道
o	花瓶
u	井（Well）
	D6
-	解剖
u	动物（2，非特指）
o	动物（2，D1 符合 o 的标准）
-	脊柱
-	蝙蝠
-	鸟
u	蝴蝶
u	云
u	炸面圈
u	排水管（包括 DS5）
-	人
o v	人
-	昆虫（无翼的）
u	昆虫（有翼的）
u	岛屿
u	风景（经常把 DS5 作为湖）
-	肺
-	地图（特指）
u	地图（非特指）
u	蛾子
u	山脉
o v	骨盆
-	小块地毯
u	宇宙飞船（通常提及 DS5）
u	脊髓（切片，可能包括 DS5）

D6（续上表）

图卡 Ⅱ	常见反应 P 是 D1：熊，狗，大象或小羊，这些动物的头或者整只动物 Z 值：ZW = 4.5　ZA = 3.0　ZD = 5.5　ZS = 4.5

- 胃
o v X 光片（骨盆的）
- X 光片（特指非骨盆的）
- X 光片（非特指的）

Dd21

- 鸟嘴
- 鸟
- 耳朵
- 蛙
o 头（动物的）
- 头（鸟）
- 头（鱼）
- 头（人）
o 山脉
- 巢穴
- 海豹
- 灌木
- X 射线

Dd22

o v 矮树丛
- 小鸡
- 头（动物）
u v 头（人）
u v 兔子
u v 岩石
- 树

Dd23

u v 矮树丛
- 蛙
- 头
u v 山脉
u v 岩石
- 树

Dd24

u 肛门
u 保龄球瓶
u 子弹
u 蜡烛
- 脸
u 幽灵
- 人
u 似人的轮廓
u 阴茎
u 火箭
- 牙齿
u 图腾
o 阴道
u v 瀑布

Dd25

o 天线，触角（Antennae）
o 鹿角
u 触须
o 角（Horns）
u 冰柱
u 针
u 长矛
u 尖状物
u 棒状物
- 尾巴
- 长牙

Dd26

o 血
u 毛虫
o 火
u 日落
- 海象
u 蠕虫

Dd27

u 桥
u 爪子
- 钉子
- 尾巴
- 墙壁

Dd28

u 血迹
- 头
- 海龟
u 清漆
u 木头（玷污的）[Wood (Stained)]
- 射线

DdS29

u 洞穴
u 杯子
u 圆屋顶
u v 高脚杯
u 陶器
u 隧道

DdS30

- 蚌
- 眼睛
- 头
u 水湾
- 牡蛎

Dd31

u 鸟嘴
- 爪子
u v 耳朵（动物的）
u 脸
- 头（动物）
u 头（人）
u 头（似人的）
u < 山脉
u 石雕
- 树

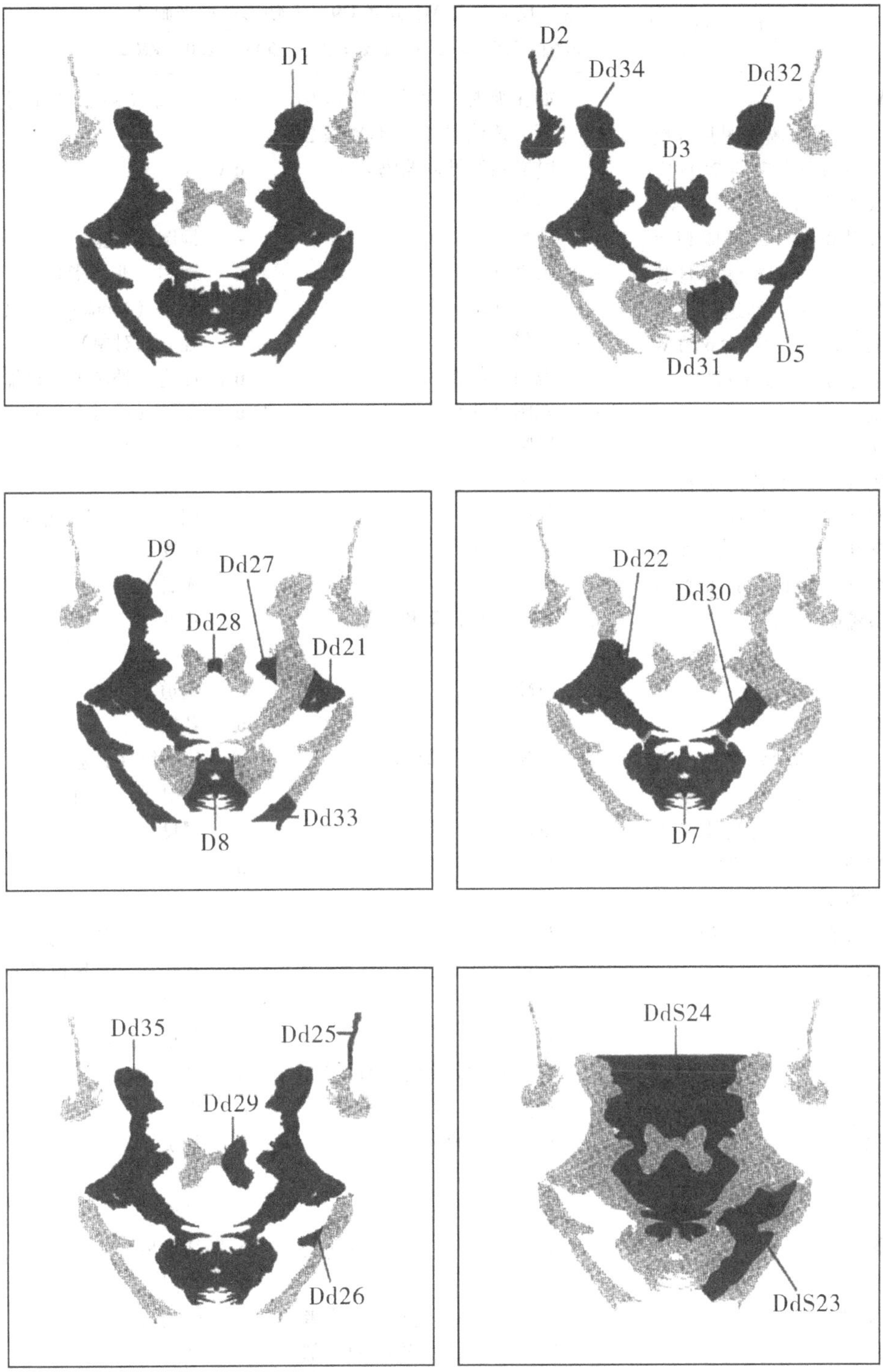

图3 图卡Ⅲ的D和Dd区域

图卡 Ⅲ	常见反应 P 是 D1 或者 D9：人物形象或者画像 Z 值：ZW = 5.5 ZA = 3.0 ZD = 4.0 ZS = 4.5

W

（注意：尽管墨迹图是分散的，编码中出现的 W 反应有大部分涉及单个对象。在少数例子中，反应频率显示那些符合轮廓并且其轮廓不是主观创造的反应应编码为 u。编码为 o 的 W 反应通常包括多个对象）

- \- 解剖
- \- 动物
- o 动物（D1，其他对象在一个场景中，例如在一个马戏团中。反应包括的其他对象在单独报告时都必须可以编码为 o）
- \- 蚂蚁
- u 艺术（抽象）
- u 徽章
- o 鸟（D1，其他对象在一个场景中。例如在一个笼子中。反应包括的其他对象在单独报告时都必须可以编码为 o）
- u 碗钵（有把手和图案）
- \- 臭虫
- \- 蝴蝶
- \- 猫
- u 枝形吊灯
- \- 螃蟹
- u 标记
- \- 脸
- \- 花
- \- 苍蝇
- \- 蛙
- u 蛙（切开的）
- \- 大猩猩
- \- 人
- o 人或似人的形象（D1 和其他对象在一个场景中，例如在典礼、聚会、娱乐场等。其他对象在单独报告时必须都可以编码为 o）
- \- 昆虫
- u v 岛屿
- \- 杰克灯
- \- 水母（Jellyfish）
- u v 风景
- \- 地图（特指的）
- u 地图（非特指的）
- u v 怪物
- \- 绞索
- \- 胸腔
- \- 骨骼
- \- 蜘蛛
- u v 花瓶（有把手和图案）
- \- X 光片

D1

- \- 动物
- u 动物（2，非特指）
- \- 蚂蚁
- u v 拱门
- \- 鸟
- o 鸟（2）
- o 骨结构
- \- 臭虫
- u v 洞穴入口
- \- 狗
- o 狗（2，D7 是独立的对象）
- o 玩偶（2）
- u 蛙（切开的）
- u v 小鬼
- \- 人
- o 人（2，同时 D7 是独立的对象）
- \- 人（2，同时包括 D7 或者 Dd31 作为人物轮廓的一部分）
- u v 人（D5 是手臂）
- \- 昆虫
- u 龙骨（Keel）（D5 是支撑物）
- o v 风景
- \- 龙虾
- \- 地图（特指）
- u 地图（非特指）
- o 猴子（Monkeys）（D7 是独立的对象）
- u v 怪物（外星人，机器人）
- u v 山脉（通常有雪）
- o 鸵鸟（2）
- o 骨盆结构
- o 绵羊（2，或者小羊）
- \- 骷髅
- \- 颅骨
- \- 蜘蛛
- \- 树
- \- 隧道
- u 花瓶
- o X 射线（骨盆）
- u X 射线（非特指）

D2

- u 变形虫
- \- 锚
- o 动物（有长尾巴的）
- \- 动物（无长尾巴的）
- \- 动脉
- \- 浆果（Berries）
- o 鸟
- o 血
- \- 骨头
- \- 脑
- \- 臭虫
- u 枝形吊灯
- o 鸡肉（Chicken）（悬挂的）
- \- 球棒
- \- 蚕
- u 珊瑚

D2（续上表）

图卡　III

常见反应 P 是 D1 或者 D9：人物形象或者画像

Z 值：ZW = 5.5　ZA = 3.0　ZD = 4.0　ZS = 4.5

o　装饰品（非特指）
o　魔鬼
-　狗
-　龙
-　鸭子
o　胚胎
u　食管
u　胎儿
o　火
-　鱼
u　鱼钩
o v 火烈鸟
-　肉
u v 花
-　苍蝇
u　细菌
u　吉他
o　帽子（小丑或服装）
-　头（动物）
-　头（鸟）
-　头（人）
u　头（似人的）
-　心脏
u　钩
o　人（这类反应包括多种不同姿态的人物轮廓，如杂技演员、儿童、体操运动员等）
o　似人的形象（这类反应包括多种卡通的、虚构的、科幻小说的人物，例如魔鬼、小矮人、小精灵、小恶魔等）
-　昆虫
-　肠子
u　岛屿
u　肾
u　灯笼
-　肺
o　肉（悬挂的）
o　猴子
o　神经元
u　音符（音乐的）
o v 鹦鹉
u v 管子
u v 植物
o　锅（悬挂的）
o v 玩偶
-　兔子
-　雨滴
u　机器人
u　绳子（藤）
u　海马
-　蜗牛
-　蛇
u　雕塑（抽象的）
u　雕塑（动物）
o　雕塑（人）
-　棍棒
u　胃
o　符号（抽象）
u v 树
o　脐带（有胎盘的）
-　花瓶

D3

-　天线
-　鹿角
-　蝙蝠
u　风箱
-　鸟
o　血
u　骨头
o　弓
-　脑
u　乳罩
-　乳房
-　胸骨
o　蝴蝶
u　椅子（在打字员后面）
-　螃蟹
u　水坝（在丘陵中）
o　装饰（非特指的）
-　蜻蜓
u　哑铃
u　象征（抽象的）
u　运动器材
-　眼镜
u　眼罩
o　火
-　苍蝇
u　化石
-　腰带
u　悬挂式滑翔机
-　心脏
-　头盔
-　人
-　昆虫（无翼的）
u　昆虫（有翼的）
-　肠
u　岛屿
u　肾
u　风筝
-　嘴唇
o　肺（Lungs）
-　面具
u　蚊子
o　蛾子
-　嘴巴

D3（续上表）

图卡　Ⅲ	常见反应 P 是 D1 或者 D9：人物形象或者画像 Z 值：ZW = 5.5　ZA = 3.0　ZD = 4.0　ZS = 4.5

- \- 鼻子
- u 鼻头（Noseguard）
- \- 鼻孔
- \- 橙子
- o 骨盆结构
- o 缎带
- \- 种子
- \- 骷髅
- u 弹弓
- u 脊髓（横截面）
- u 太阳镜
- \- 睾丸
- \- 树
- u 黄蜂
- u 翅膀
- \- 叉骨
- u 手臂
- u 箭
- \- 鸟
- u 炸弹
- \- 骨头
- \- 臭虫
- u 子弹
- u 爪子
- u 棍棒
- o 鱼
- \- 枪炮
- \- 手
- \- 角（Horn）
- u 岛屿
- o 腿（动物）
- o 腿（鸟）
- o 腿（人）
- u 腿（昆虫，通常是蜘蛛）
- u 大树枝（树）
- u 木材
- \- 地图
- u 导弹
- \- 笔
- u 半岛
- u 火箭
- o 鲨鱼
- \- 蛇
- u 宇宙飞船
- u 矛
- u 枝条
- u 鱼雷
- \- 树
- \- 藤

D7

- \- 解剖
- \- 动物
- o 篮，筐
- \- 甲虫
- o 骨头
- \- 搭扣
- \- 蝴蝶
- \- 仙人球
- o 大锅（Cauldron）
- u 煤炭（部分）
- o 螃蟹
- u 鼓（Drum）
- \- 鸭子
- \- 眼镜
- \- 脸
- o 壁炉
- u 门
- \- 头
- u 头（怪物）
- \- 心脏
- u 岛屿
- \- 肾
- \- 肺
- u v蘑菇
- o 窝，巢（Nest）
- o 骨盆
- u 南瓜（万圣节前夕）
- \- 肋
- o 岩石
- u 阴影
- u 烟
- \- 胃
- u 桌子
- \- v龙卷风
- o v树（DdS24 是湖）
- \- 阴道
- u 椎骨
- o X 光片（骨盆）
- \- X 光片（特指的，但不是骨盆）
- u X 光片（非特指的）

D8

- u v篮，筐
- o 骨头
- \- 脑干
- \- 胸部
- u 螃蟹
- \- 龙
- u 脸（外星人，怪物）
- u 沙漏
- u 湖（在山中）
- u 灯
- u 怪物
- \- 南瓜
- o 肋
- \- 江河
- u 骨骼（特指的，但不是肋骨）
- o 骨骼（非特指）
- u 石头
- u v手电筒

D8（续上表）

图卡 Ⅲ	常见反应 P 是 D1 或者 D9：人物形象或者画像 Z 值：ZW = 5.5　ZA = 3.0　ZD = 4.0　ZS = 4.5
-	阴道
u v	花瓶
u v	酒杯
-	X 光片
	D9
-	解剖
u	动物（非特指的）
-	蚂蚁
o	鸟
-	臭虫
o	卡通人物
u	鸡肉（Chicken）
u	云
u	恶魔
o	狗
o	玩偶（Doll）
u	鸭子
-	叶子
u	幽灵
o	人
-	昆虫
u	打开就跳出奇异小人的玩具盒（Jack-in-the-Box）
-	金刚（King Kong）
o	羔羊
u v	风景
o	猴子
u	怪物
u v	山脉
u	鹦鹉
o	玩偶
-	兔子
-	根
o	绵羊
u	骷髅
-	蜘蛛
u	雕像
-	树
o	女巫
-	X 射线
	Dd21
u	鸟
-	炸弹
u	悬崖峭壁
-	狗
-	头（动物）
o	头（鸟）
o	头（鱼）
-	头（人）
u	风景
o v	山脉
u	半岛
u v	树
	Dd22
-	动物
o	鸟
-	骨头
u	云
u	人（上半身）
u v	风景
-	啮齿目动物
u	雕像
	DdS23
u	鸟
u	云
u	幽灵
-	头
u	水
	DdS24
u	碗钵
-	头
u	湖
u v	灯
u v	蘑菇
u	雪
u v	雕像
u	花瓶
	Dd25
u	食管（Esophagus）
-	脸
-	头
u	根
u	绳子
-	矛
u	枝条
u	线
u	尾巴
-	工具
u	软管
u	脐带
u	蠕虫
	Dd26
u	鸭嘴
u	鱼鳍
-	头
-	腿
o	阴茎
u	树桩
	DdS27
o	乳房
-	建筑
o	头（动物）
o	头（鸟）
u	头（鱼）
-	头（人）
u v	山脉
u	鼻子
-	颅骨
	Dd28
u	紧身胸衣
u	水坝

Dd28（续上表）

图卡 Ⅲ	常见反应 P 是 D1 或者 D9：人物形象或者画像 Z 值：ZW = 5.5　ZA = 3.0　ZD = 4.0　ZS = 4.5

u 门（旋转的）[Doors (Swinging)]
\- 脸
\- 头
u 网（Net）
\- 牙齿

Dd29

\- 飞机
\- 箭
u 箭头
u 鸟
u 乳房
u 蝴蝶
u 卡通人物
\- 胎儿
\- 头
\- 心脏
\- 人
\- 昆虫
\- 肾
\- 帐篷
u < 情人节礼物

Dd30

u 手臂
\- 棍棒
\- 脚
\- 手
\- 头
u 冰柱
u 木材
\- 导弹

Dd31

\- 解剖
u 动物
o 球
u 气球
o 篮筐
u 骨头
u 拳击手套
u 云
\- 护耳
\- 胚胎
\- 眼睛
\- 脸
\- 扇子
u 掸帚
u 葫芦
\- 帽子
\- 头（动物）
o v 头（人）
o v 头（骨骼的）
u 半球形铜鼓
\- 灯
\- 肺
u 连指手套
\- 山脉
o 锅
\- 鞋子
o 骨骼
o v 颅骨
u 烟
o 石头
o v 树
\- 海龟
\- 子宫

Dd32

\- 动物
\- 球
u 蚌
u 椰子
\- 蛋
\- 眼睛
\- 鱼
\- 头（动物）
o 头（鸟）
o 头（人）
u 面具
u 牡蛎
u 岩石
u 雕像

Dd33

u 爪子
u 手指
u 脚
\- 叉子
u 手
\- 头（动物）
u 头（鸟）
\- 头（人）
o 马蹄
\- 笔尖
o 鞋
\- 矛

Dd34

\- 动物
o 鸟
\- 鱼
o 人（上身）
\- 昆虫
o v 风景
o v 山脉
\- 骨骼
\- X 光片

Dd35

u 拱门
o 鸟（2）
u 骨头
u 碗钵
\- 螃蟹
\- 蛙
u 岛屿
o v 风景
u 山脉（鸟瞰图）
o 骨盆
\- 树
u 花瓶
o X 光片（骨盆）
\- X 光片（特指非骨盆）
u X 光片

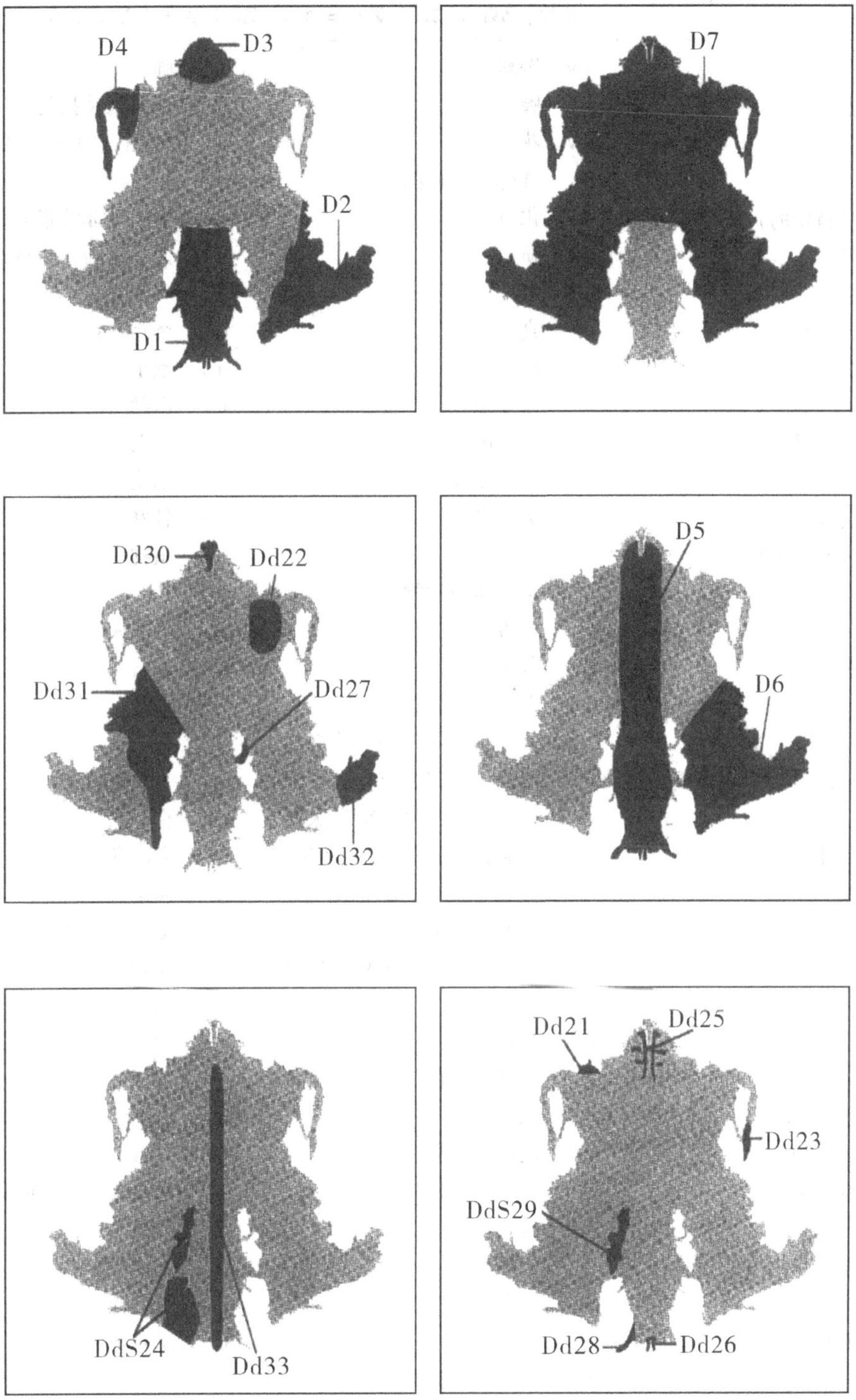

图 4　图卡Ⅳ的 D 和 Dd 区域

图卡 Ⅳ	常见反应是 **W** 或者 **D7**：人或似人的形象 **Z** 值：**ZW = 2.0　ZA = 4.0　ZD = 3.5　ZS = 5.0**

W

- 变形虫
o v 锚
o 动物
u 动物（特指的）
u 食蚁兽
o v 徽章
o v 蝙蝠
u 铃
u v 鸟
o 靴子（在竿上）
- 脑
- 臭虫（压平的）
u v 臭虫（有翼的）
- 建筑
- 公牛
o 矮树丛
o 蝴蝶
- 蜡烛
u 峡谷（经常把中间当成江河）
u 动物尸体
- 洞穴
u v 枝形吊灯
u 云
o 外套（在竿上）
- 珊瑚
- 螃蟹
o v 鸟冠 (Crest)
u 图案（抽象的）
u 恐龙（正面图）
u 灰尘
u 狗（坐着，通常是把脸转到一边）
u 龙（正面图）
u v 鹰
- 大象
o v 象征标记 (Emblem)
- 胚胎
u v 爆炸
- 脸
u v 花
u 森林（顶视图）
u 化石
u v 喷泉
u 蛙
u 真菌
o 巨人
o 大猩猩
u 土拨鼠
u 头（动物）
- 头（鸟）
- 头（人）
u 头（爬行动物）
- 头盔
o 兽皮
o 人
（注意：这类反应可能把整体当成人物，或者是把 D7 作为人物而 D1 是次要对象，例如单车，座位，树桩等。图片必须正立）
o 似人的形象
u 人（2，靠在中央的对象上）
o 驼背
u 冰淇淋蛋卷
- 昆虫
u v 昆虫（有翼的）
u 岛屿（非特指）
- 凝胶物
- 水母
u 风筝
o 风景
o< 风景（镜像的）
o 叶子
- 莴苣
- 龙虾
- 肺
- 地图（特指的）
o 地图（地形学的，非特指）
u 地图（非特指的）
u 面具（通常是科幻小说）
- 肉和骨
o v 怪物
u v 蛾子
u 山脉
u 烂泥
o 毛皮
o v 骨盆
o v 植物
u 礼服
u 机器人
u 岩石
- 火箭
- 根
o 小块地毯 (Rug)
u 稻草人
o 海洋动物
u 海草
o 毛皮（动物）
- 颅骨（动物）
u 烟
- 蜗牛
- 雪花
u 海绵
u 乌贼
u 松鼠（正在飞的）
u 松鼠
u 雕像
o v 黄貂鱼
u 忍者神龟
u 寺庙
o 树
- 龙卷风
- 海龟

W（续上表）

图卡　Ⅳ

常见反应是 **W** 或者 **D7**：人或似人的形象

Z 值：ZW = 2.0　ZA = 4.0　ZD = 3.5　ZS = 5.0

u v　缸瓮（Urn）
u　火山
u v　瀑布（D1 周围的风景）
o　X 光片（骨盆）
-　X 光片（特指非骨盆）
u　X 光片（非特指）

D1

-　短吻鳄
-　动物
u　臭虫
o　矮树丛（Bush（es））
o v　仙人掌
u v　蜡烛
u v　城堡
o　毛虫
-　螃蟹
-　小龙虾
u v　王冠
-　鱼
o v　头（动物的，有角的或者马）
- v　头（动物，特指不是有角的或者不是马）
u v　头（动物，非特指）
u v　头（鸟）
u　头（龙）
- v　头（人的）
o v　头（昆虫）
u v　头（怪物）
- v　头（除海龟之外的爬行动物）
u v　头（海龟）
u v　头（蜗牛）
-　人
u v　消防龙头
o　昆虫
-　肠
-　灯
u v　灯塔
u　骨髓
-　鼻子（人或动物的）
u　鼻子（虚构的人或动物的）
-　阴茎
-　壳
o　灌木（Shrub）
-　颅骨
u　蜗牛
-　蛇
o　脊髓
o　凳子
u v　火炉（木材正在燃烧）
o　树状
u　尾巴
o　树干
o　椎骨
-　蠕虫
-　X 光片

D2

o <　熊
-　船
-　骨头
u　悬崖
u　云
-　母牛
o v　狗
-　标记，象征（Emblem）
o　足
o <　头（动物，扁平或粗短的鼻子例如熊、狗、猪、海豹等）
u <　头（动物，非特指的）
-　头（鸟）
u v　头（骆驼）
o <　头（人的）
-　头（昆虫）
-　头（爬行动物）
u　风景
u　地图（非洲或南美）
-　地图（特指的，除了非洲或南美）
u　地图（非特指的）
u　半岛
o <　猪
u　岩石
o <　海豹
o　鞋
u　狮身人面像（Sphinx）
u　雕塑
u <　图腾
u <　波浪
u　翅膀
-　X 光片

D3

-　肛门
u　大脑
-　鸟嘴
o　花蕾
u　灌木（Bush）
u　蝴蝶
u　卷心菜（Bage）
u　蚌
u　王冠
-　脸
u　扇子
o　花
o　头（动物，扁平的脸如猫、猴子、猫头鹰等）
-　头（动物，特指的但不是扁平的脸）
u　头（动物，非特指的）
u　头（鸟）

D3（续上表）

图卡 Ⅳ	常见反应是 **W** 或者 **D7**：人或似人的形象 **Z** 值：**ZW** = **2.0** **ZA** = **4.0** **ZD** = **3.5** **ZS** = **5.0**

- 头（人）
u 头（怪物或科幻小说）
- 头（爬行动物）
- 昆虫（无翼的）
u 昆虫（有翼的）
u 叶子
u 山
u 蘑菇
o 海贝
u 灌木
u 宽顶无檐帽
u 树（上部）
u 阴道

D4

- 动物
u 手臂（畸形的）
- 箭
o 鸟（长颈）
o 树枝
u 帽（像长袜的）
o 爪
o 跳水运动员（后空翻）
- 耳朵
u 鳗
- 鱼
u v鱼钩
- 花（死的）
o （手柄）
- 头（动物的）
o 头（鸟）
u 触角（动物的）
o 人（正在屈身或跳水）
o 冰柱
- 腿
o 蜥蜴
u 钉子（弯曲的）
u 半岛
- 阴茎
u 根
o 蛇
u 尾巴
u 象鼻
o 藤（悬挂着）

D5

o 骨头（骸骨的）
o 峡谷
o 圆柱
- 淡水虾（Crayfish）
u 钻头
- 鱼
u v喷泉
o 咽喉、峡谷（Gorge）
- 昆虫
o 柱
o 河流
- 火箭
o 脊髓
- 雕塑
u 图腾
- 树
o 椎骨
o 航道
u 蠕虫
u X光片（特指的，但不是脊骨）
o X光片（脊骨）
u X光片（非特指的）

D6

o <动物（D2为山或岩石）
o 靴子
- 脸
o 足
u v头（骆驼）
u v头（卡通动物的）
o <人（D2，坐在椅子或山上）
- 意大利
o 腿
u 地图（意大利）
- 地图（特指的但不是意大利）
u 地图（非特指的）
u 舵
- 海洋动物
u 鞋
u 烟
u v翅膀

D7

u v锚
o 动物
u v徽章
o v蝙蝠
u 鸟
- 昆虫
- 蟹
- 脸
u 化石
u 蛙
o 巨人
o 大猩猩
- 头
u 头盔
o 兽皮（动物的）
o 人
o 驼背
u 岛
o 面具
o 怪物
u 山脉
o v盆骨
u 松鼠
u 雕塑

Dd21

- 苹果

Dd21（续上表）

图卡　Ⅳ	常见反应是 **W** 或者 **D7**：人或似人的形象 **Z 值：ZW = 2.0　ZA = 4.0　ZD = 3.5　ZS = 5.0**

u　王冠
o　脸（人，侧面）
-　拳头
-　头（动物）
o　头（人）
u　小屋
u　风景画
u　庙宇
u　帐篷
-　瘤

Dd22

-　眼睛
-　脸
-　头
-　月亮
-　灌木（Shrub）

Dd23

u　背
-　头（动物）
o　头（鸟）
-　头（人）
u　头（爬行动物）

DdS24

u　云
u　幽灵
-　头
u　雪

Dd25

-　脸
-　人
-　似人的形象
u　风景（鸟瞰图）

Dd26

-　阴蒂
u　脚（Feet）
u　手指
u v 幽灵
-　头（动物）
u　头（Heads）（鸟）
-　头（Heads）（人）
-　人（Humans）
u v 似人的轮廓
u　腿（Legs）
u　蛇（Snakes）
-　牙齿（Teeth）
-　树（Trees）
u　蠕虫（Worms）

Dd27

u　桥
u　悬崖
-　脚（Foot ）
-　尾巴

Dd28

o　天线（Antennae）
-　爪子
-　脚（Feet）
u　角（Horns）
-　腿（Legs）
-　根
u　螯针（Stingers ）(昆虫）

DdS29

u　云
u　幽灵（Ghosts）
u　湖
u　怪物（Monsters）

Dd30

u　背
-　脸
u　花
-　心脏
-　人
u　钉子
o v 火箭
u　大头钉
o　球座（高尔夫）
-　舌头
u　牙齿
u　瀑布

Dd31

-　动物
-　鸟
u　幽灵
-　头（动物）
-　头（鸟）
-　头（人）
u v 头（似人的）
-　人
-　岩石
-　根
u v 海豹
u v 雕塑
-　树
u v 女巫

Dd32

-　拳头
u < 头，动物
u v 头（有扁平或粗短的鼻子的动物）
u v 头（人）
u　岩石
u　脚趾

Dd33

o　骨头
o　蜡笔或粉笔
u　钻头
o　峡谷、咽喉（Gorge）
u　柱
o　河流
o　脊椎
o　航道（Waterway）

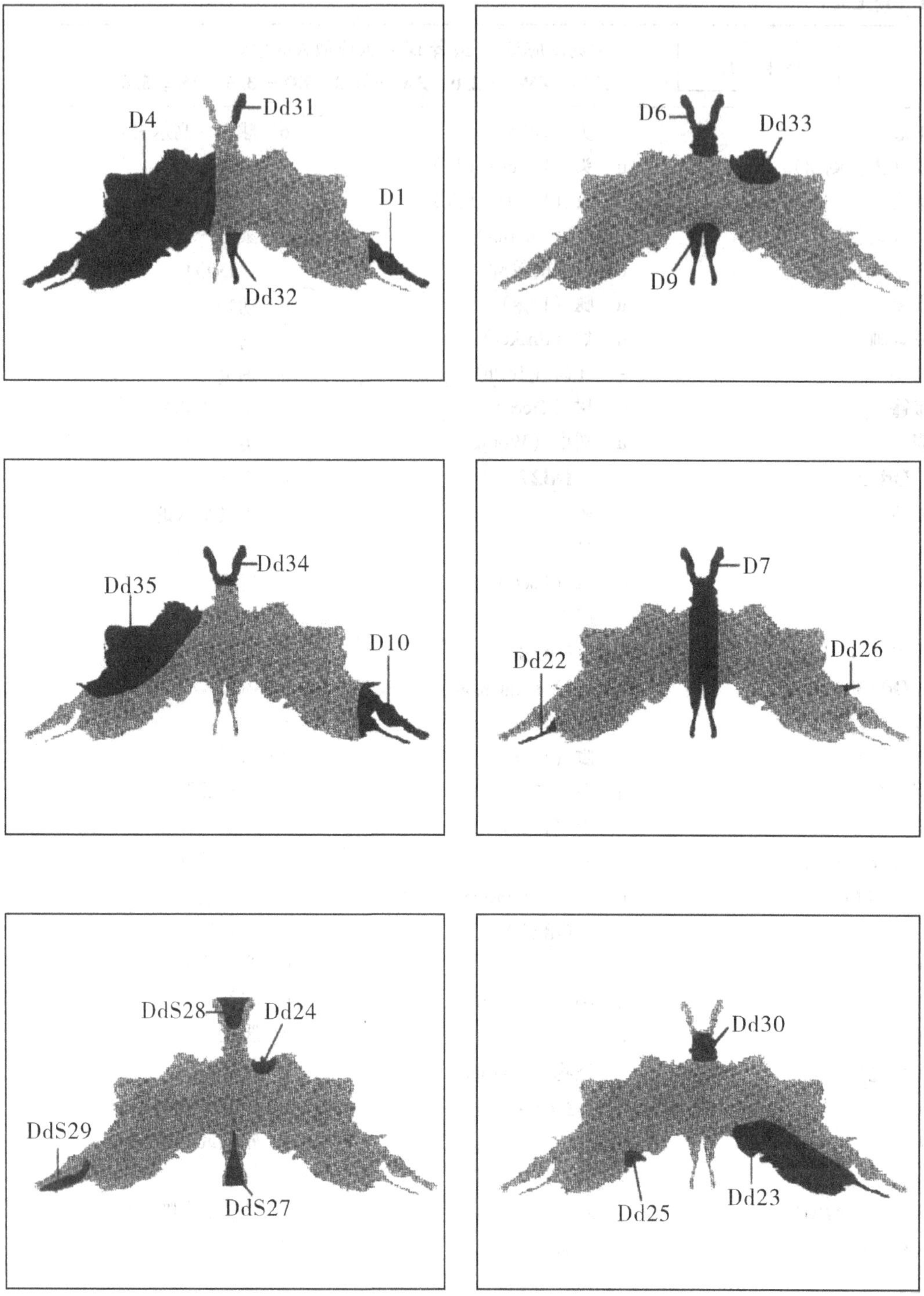

图5　图卡V的D和Dd区域

图卡 V

常见反应 P 是 W：蝙蝠或者蝴蝶

Z 值：ZW = 1.0 ZA = 2.5 ZD = 5.0 ZS = 4.0

W

u v	杂技演员（正在倒立）
u	飞机
-	解剖
-	锚
u	天使
-	动物
o	动物（2 个头撞在一起）
-	徽章
-	香蕉
o	蝙蝠
-	甲虫
o	鸟（D6 鸟嘴）
u	鸟（D9 鸟嘴）
o <	鸟（到中线，是镜像的）
u	书挡，压书具(Bookends)
u	回飞棒
-	臭虫（无翼的）
u	臭虫（有翼的）
o	蝴蝶
u	斗篷
-	猫
u	布料（部分 Piece）
u	云（团）
-	球茎
u	煤炭（部分 Piece）
-	上衣
-	珊瑚
o	乌鸦
o	跳舞者（穿着衣服）
u	恶魔
u	魔鬼（有时有翅膀）
o	德拉库拉伯爵
u	鸭子
u	鹰
-	侏儒
-	爆炸
u	小精灵
-	蕨类植物
-	旗子
u	跳蚤
u	苍蝇
u	花
u	植物叶子
u	毛皮
-	叮人小虫
u	鹅
-	蚱蜢
-	假发
-	头
u	山（有树）
u	大黄蜂
-	人
o	人（穿着衣服）
o	人（正在悬挂式滑翔）
o	人（Humans）（背靠背）
u	似人形象（特指的有巨大的手臂或翅膀）
-	冰
-	昆虫（无翼的）
o	昆虫（有翼的）
-	袋鼠
-	肾脏
u	风筝
o	风景
u	叶子
-	肺
-	机器
-	地图
-	微生物
u	怪物
u	蚊子
o	蛾
u	山脉
u	胡子
-	颈骨
u	装饰物
u	鸵鸟
u	孔雀
u	盆骨
o v	盆骨
-	推进器、螺旋桨（Propeller）
u	翼龙
-	泵
-	肋骨
u	划船者（在船上）
-	帆船
-	骷髅
u v	烟
u	宇宙飞船
-	蜘蛛
u	女用披肩（毛皮）
u	石头
-	帐篷
-	树桩（镜像的）
u <	龙卷风（镜像的）
-	雨伞
o	吸血鬼
u	秃鹫
u	黄蜂
u	翅膀
u v	锅（Wok）（烹饪）
o	X 光片（盆骨）
-	X 光片（特指的但不是盆骨）
u	X 光片（非特指的）

D1

u	臂（Arm）
-	箭
o	骨头
-	圆柱
-	鳗
-	鱼
u	脚（Foot）（动物）
-	脚（Foot）（人）
-	头（动物）
u	头（卡通动物）
-	头（人）
o	头（爬行动物）
o	腿（动物的）
o	腿（人的）

D1（续上表）

图卡 V

常见反应 **P** 是 **W**：蝙蝠或者蝴蝶

Z 值：ZW = 1.0 ZA = 2.5 ZD = 5.0 ZS = 4.0

u 树枝
u 木材
u 肌肉
- 鼻子
u 根
u 颅骨（动物的）
- 矛
u 枝条
- 扳手

D4

- 短吻鳄
o 动物（头在 D7）
- 食蚁兽
u 毛毯
o 灌木［Bush（es）］
u 云
- 蟹
- 浮木
u 扇子
u 头（短吻鳄）
- 头（动物）
- 头（鸟）
o 头（人的，侧面）
o 人（躺着）
- 昆虫
- 水母
- 袋鼠
u 风景
- 叶子
- 腿
u 腿（D1，穿着衣服）
u 腿（煮熟的鸡肉或火鸡的）
u 地图
- 泥
u 植物
o 岩石
u 轴肩衰减器（足球）
- 皮肤
u 睡袋
o v 烟
u< 天鹅
- 树
u 杂草
u< 翅膀

D6

u 天线，触角（Antennae）
u 徽章
- 鸟
u 剪刀
u v 侏儒
o 脸（长耳朵动物）
- 脸（人）
o 脸（人，戴面具）
- 脸（非特指的）
u 指头（2，做胜利的姿势）
u v 镊子，钳子
u 帽子（米老鼠）
o 头（动物，有角或长耳朵）
u 头（动物）
u 头（昆虫）
- 头（人的）
o 头（人的，穿着衣服或戴着面具）
u< 头（爬行动物）
- 头（爬行动物）
u 人（下半身）
u 昆虫（有触须）
u 老虎钳
u v 机器人
u v 锯木架
u 剪刀
u 弹弓
u 雕塑
- 音叉
u 镊子
- 花瓶
u 叉骨

D7

u 外星人
o 动物(有角或有长耳朵的)
- 动物(无角或无长耳朵的)
u 芭蕾舞演员（穿着衣服）
- 甲虫
- 骨头
u 臭虫（有触角）［Bug（With antennae）］
o 恶魔
o 魔鬼
- 鱼
- 人（2 个）
o 人（穿着衣服）
u 人（2 个，胳膊举起）
u 人（神话的）
u 昆虫（有触角的）
u 怪物
o 兔子
- 骷髅
u 蜗牛
- 树

D9

u 鸟嘴
u v 钟
o v 鸟（2，长颈）
u v 扫帚
u 筷子
u 夹具
u 真空吸尘器
- 脚（动物）
o 脚（Feet）（鸟）
- 脚（Feet）（人的）
o v 火烈鸟
o v 雌鹅
u< 头（短吻鳄）
- 头
u 头（2 个，鸟的）
- 昆虫
u 腿（动物的）
o 腿（鸟的）
- 腿（人的）
u 老虎钳

D9（续上表）

图卡　V	常见反应 P 是 W：蝙蝠或者蝴蝶 Z 值：ZW = 1.0　ZA = 2.5　ZD = 5.0　ZS = 4.0

- 听诊器
o 天鹅
u 尾巴
o 镊子
- 阴道
o 叉骨

D10

u 骨头
- 珊瑚
- 头（动物的）
u 头（鸟的）
u 头（卡通）
o 头（爬行动物）
- 昆虫
u 腿（动物的）
- 腿（鸟的）
u 腿（人的）
- 鼻子
u 半岛
u 螯（蟹）
u 管子扳手
o 根
u 木头（浮木，原木或枝条）

Dd22

o 箭
u 刺刀
u 拐杖
- 指头
- 头（动物的）
u 头（鸟的）
- 头（人的）
- 昆虫
- 腿（动物的）
u 腿（鸟的）
- 腿（人的）
o 大树枝（树）
o 爬行动物
o 矛
o 剑，刀
o 尾巴

Dd23

u 海岸线
- 头（动物的）
- 头（人的）
u 风景

Dd24

u 鸟
- 乳房
u 幽灵
- 人
u 怪物
u 乳头
u 帐篷
u 树

Dd25

u 大炮
- 帽子
- 阴茎
u 岩石
- 拇指
- 树

Dd26

u v鸟（在飞行）
u 枝条（树）
头
- 爬行动物
- 树

DdS27

u 圆锥体
u 幽灵
u 水湾
u 跑鞋
u 塔
u v花瓶

DdS28

u v钟
u 杯子
- 头盔
u v小山
u 水湾
u v山脉
u 花瓶

DdS29

u 水湾
u 河流
- 蛇

Dd30

- 球
- 脸(除了猫或兔子的其他动物的)
u 脸（鸟）
u 脸（猫）
- 脸（人的）
u 脸（兔子）
u 头（动物的）
u 头（鸟）
- 头（人的）
o 面具
- 颅骨

Dd31

o 骨头
u 耳朵（动物的）
u 小精灵
u 手指
- 脚（Foot）
- 头
- 人
u 腿
u 阴茎
u 树枝
- 树
u 蠕虫

Dd32

u 天线，触角（Antennae）
o 鸟嘴
o v鸟（长颈）
u 骨头
u 俱乐部，球杆（Club）

Dd32（续上表）

图卡 V	常见反应 P 是 W：蝙蝠或者蝴蝶 Z 值：ZW = 1.0 ZA = 2.5 ZD = 5.0 ZS = 4.0

\- 手指
o 头（鸟）
\- 比赛
\- 根
\- 蛇
o v天鹅
\- 树

Dd33

\- 乳房
\- 头（动物的）
\- 头（人的）
u 头（似人的）
o 小山
o 山脉
u 灌木

Dd34

o 天线，触角(Antennae)
u 鸟嘴
u 骨头
u 剪具
u 侏儒
\- 头（动物的）
\- 头（鸟）
\- 头（人的）
u 头（昆虫的）
u 头（爬行动物的）
o 触角，角（Horns）
\- 人
u 似人的形象
u v腿
u < 嘴（动物或鸟）
u 老虎钳
u 剪刀
u v凳子
\- 树

Dd35

\- 乳房
\- 头（动物）
\- 头（鸟）
o 头（人，侧面）
u 人（坐或躺着）
o 风景
u 面具（侧面）
o 山
\- 鼻子
u 岩石

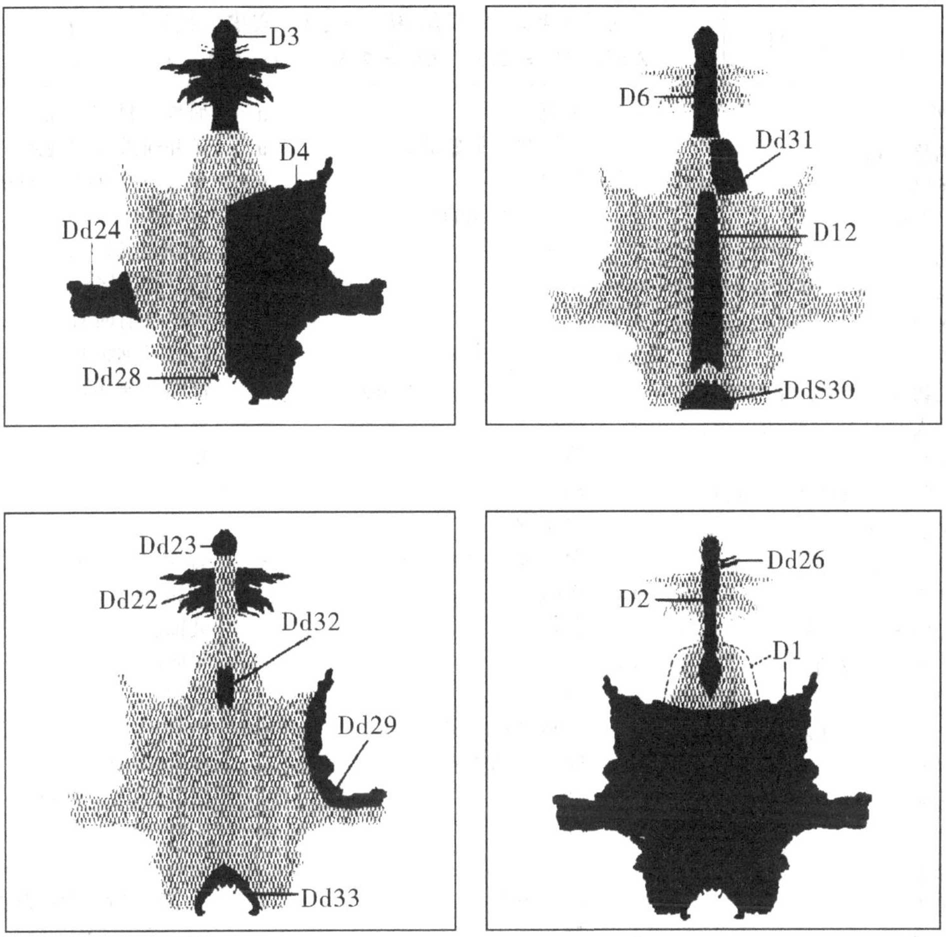

注意：D1的位置也可包括虚线区域。

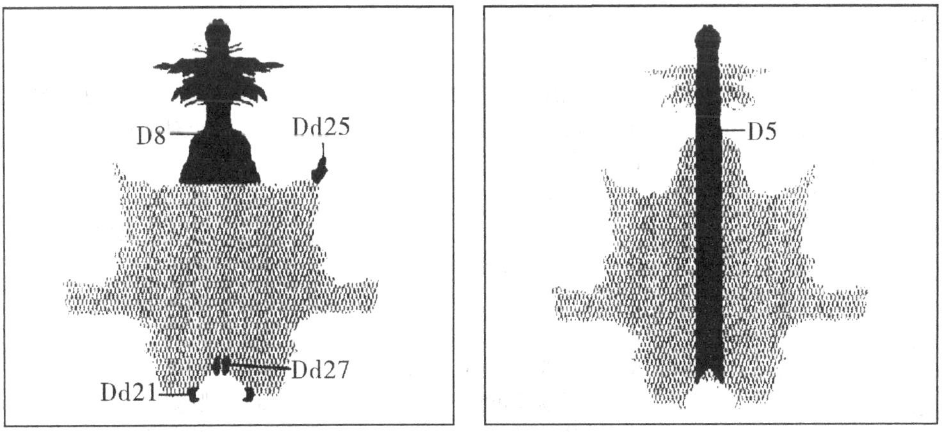

图6　图卡Ⅵ的D和Dd区域

图卡 Ⅵ	常见反应 **P** 是 **W** 或者 **D1**：动物皮、兽皮、毛皮或者地毯 **Z** 值：**ZW = 2.5　ZA = 2.5　ZD = 6.0　ZS = 6.5**

W

u	抽象绘画
u	飞机
-	变形虫
-	锚
u	动物（自然状态下猫科或犬科，如猫、狗、猞猁、虎、狼等）
-	动物（自然状态下非猫科或犬科，如食蚁兽、象、长颈鹿等）
o	动物（非自然状态下如压平的，剥皮的等）
u	动物（海洋的，D3 为头或尾巴）
o	动物毛皮或皮肤
-	动物（有翼的）
-	洋蓟
u	手工艺品（印第安人的）
-	徽章
-	蝙蝠
-	熊
o	熊毛皮
-	蜜蜂
-	甲虫
u	鸟
u	鸟（史前的）
-	尸体
-	大脑
-	脑干
-	虫子（无翼的）
u	虫子（有翼的）
-	蝴蝶
o	蜡烛（D1 为底座）
u	大提琴
-	胸部，胸腔（Chest）
-	球杆
o v	大衣（挂在竿上）
u	大衣（D3 是衣架）
u	蚕茧（D3 为蝴蝶或幼虫）
-	蟹
-	乌鸦
-	王冠
u	设计图（抽象的）
-	玩偶
u	龙（正在飞的）
-	蜻蜓
u v	钻头
u	鸭子
u v	拂尘（有手柄）
-	标记，象征（Emblem）
u	爆炸
-	脸
o v	扇子
-	水龙头
-	鱼（或者看作海洋动物）
u v	旗帜
-	跳蚤
u v	花
-	苍蝇
u	森林（鸟瞰图）
u	喷泉（抽象的）
-	蛙
o	软毛皮
-	生殖器（男性）
-	叮人小虫
u	鹅
u	吉他（有时不包括 Dd24）
u	枪（空的或玩具）
-	头发
o <	冰山（镜像的）
-	昆虫（无翼的）
u	昆虫（有翼的）
u	岛
u v	手提钻
-	灯
o <	风景（镜像）
u	叶子
u	皮革（部分）
u	灯塔（在小山上）
-	蜥蜴（正在飞的）
-	肺
-	地图（特指的）
u	地图（非特指的）
u	面具（科幻小说）
u	矿井通道（剖视图）
u v	镜子（手柄）［Mirror（Hand）］
o	导弹发射（D6 为导弹，D1 为发射台或烟）
u v	怪物（有时有 2 个头）
u	怪物（动物）
u	怪物（海洋）
-	蚊子
-	蛾
-	山
-	泥
-	音符（音乐的）［Note（Musical）］
u	装饰品
-	平底锅
o	毛皮
u v	植物
u v	弹簧单高跷
-	罐、锅、壶（Pot）
u	木筏
u v	交通标志
o	火箭发射（D3 为火箭，D1 为发射台或烟）
u	舵
o	小地毯
u v	稻草人
u v	盾
o <	船（镜像的，D3 为第二个对象）
-	小虾
-	骷髅
o	兽皮（动物的）
-	蜗牛
-	蜘蛛
u v	海绵
u	松鼠（正在飞的）
u v	雕塑
u v	魔鬼鱼
u	石头上的剑
u	坦克（顶视图，有大炮）

W（续上表）

图卡 VI	常见反应 P 是 W 或者 D1：动物皮、兽皮、毛皮或者地毯 Z 值：ZW = 2.5 ZA = 2.5 ZD = 6.0 ZS = 6.5

-	圆锥帐篷
o	图腾（D3，D1 为小山或广阔的区域）
o v	树
u	海龟
u	小提琴（通常不包括 Dd24）
-	火山
o	航道（D5，其他为风景）
-	X 光片（特指的）
u	X 光片（非特指的）
	D1
u	变形虫
-	解剖
u v	动物（背靠背）
-	洋蓟
u	徽章
u	围嘴
o	毛毯
-	身体、尸体
u	书挡
u	碗（有把手）
-	大脑
-	臭虫
-	蝴蝶
u v	斗篷（Cape）
u v	卡通肖像
-	胸部（Chest）
u	斗篷、披风
u	云
u	煤炭（部分）
o	上衣
u	裂缝（岩石的中间区域）
u v	王冠
-	杯子
-	椎间盘（解剖）
u	门（旋转的）[Doors (Swinging)]
u	象征标志（Emblem）
-	脸
u	脸（怪物）
u	肉片（鱼或肉）[Filet (Fish or meat)]
-	肉（Flesh）
-	花
u	植物的叶子（鸟瞰图）[Foliage (Aerial view)]
u	森林（鸟瞰图）
u	门（Gate）
u v	大猩猩（背靠背）
-	头
-	头（动物）
u	头（人的，侧面，背靠背）
u v	蜂箱（蜜蜂）
-	人
u'	人（背靠背）
u	冰
o v	冰山（镜像的）
u	岛
u v	夹克
o	风景
o	叶子（Leaf）
-	肝脏（解剖）
-	肺
-	地图（特指的）
u	地图（地形学上的）
u	地图（非特指的）
u v	猴子（背靠背）
u v	怪物（通常是科幻小说）
u v	怪物
o <	山脉（镜像的）
u	泥
u	装饰品
o	毛皮
o	碗（有把手）
u	岩石
o	小地毯
-	壳（Shell）
u	盾
o	船（镜像的）
o	毛皮（动物）
-	颅骨
u	烟
u	海绵
-	星星
-	海星
o	雕塑
-	龟壳
u	缸，瓮（Urn）
o	航道（D5，其他区域为风景）
-	X 光片（特指的）
u	X 光片（非特指的）
	D2
o	短吻鳄
-	动物
o	栏杆扶手
o	床柱
u	骨头
-	虫子
o	蜡烛
o	烛台
-	毛虫
u	球棒
u	鳄鱼
u	钻头
u	鳗鱼
-	鱼
o	巨人
o	人
o	似人的形象
-	昆虫
u	刀
o	灯（装饰品）
o	灯柱
o	灯（街道）
o	导弹
u	钉子
-	针
u	钢笔

D2（续上表）

图卡 Ⅵ	普通反应 **P** 是 **W** 或者 **D1**：动物皮、兽皮、毛皮或者地毯 **Z** 值：**ZW = 2.5**　**ZA = 2.5**　**ZD = 6.0**　**ZS = 6.5**

u	阴茎
u	活塞
u	爬行动物
o	火箭
o	雕塑（似人的）
u	剑
u	温度计
o	图腾柱
u	火车（鸟瞰图）
-	椎骨
-	X 光片（特指的）
u	X 光片（非特指的）
	D3
u	飞机
-	解剖
-	动物（无翼的）
u	动物（有翼的）
o	鸟
u	臭虫（无翼的）
o	臭虫（有翼的）
u	蝴蝶
-	衣架
o	十字架（抽象或现代的）
o	耶稣受难（抽象的）
u	耶稣受难像
o	鸭子（正在飞的）
o	徽章
-	脸
u	旗帜（撕裂的）
u	花
u	苍蝇
u	飞鱼
o	鹅（正在飞的）
u	头（动物，有胡须）
-	头（鸟）
-	头（人的）
-	头（昆虫）
-	头（爬行动物）
u	大黄蜂
-	人
o	人（抽象的）
o	人（穿着衣服）
o	似人的形象
u	昆虫（无翼的）
o	昆虫（有翼的）
o	灯
-	叶子
o	火柴（有火）
u	物体（正燃烧，Dd22 为火焰）
o	装饰品
-	猫头鹰
-	阴茎
u	杆，电杆或电线杆
u	火箭
o	火箭（有火或烟）
o	稻草人
u<	灌木（镜像）
-	颅骨
o	雕塑
u	路灯（可能包括 D5）
o	图腾柱
u	树
-	阀门
u	黄蜂
u	风标
	D4
o<	航空母舰
u v	动物
o<	动物（Dd24 和剩余处为另一对象）
o<	浴缸（和 Dd24 一起为另一对象）
o<	主力舰
o<	小船（在某些例子中 Dd24 可能被报告为独立对象）
-	建筑
u	云
o<	云
-	茧
u	珊瑚
u	婴儿床（加上 Dd24 为婴儿）
u<	爆炸
u<	枪（科幻小说）
-	头（动物）
-	头（鸟）
o	头（人的，侧面）
u v	人
u v	似人的形象
o	冰山
-	昆虫
o	风景
-	地图（特指的）
u	地图（非特指的）
o	面具
o<	山脉
o	岩石
o<	划船者（在船上）
o<	帆船
o<	船
o	雕塑
o<	潜艇
u<	坦克（军队）
	D5
-	动物
o	脊骨
o	骨头
o	运河
o	峡谷
-	毛虫
u	衣架
-	鳗鱼
-	蕨类植物
u	植物叶子（鸟瞰图）[Foliage (Aerial view)]
o	峡谷（Gorge）
-	人
-	昆虫
-	刀
u	灯柱（通常 Dd22 为灯光）

D5（续上表）

图卡　VI	常见反应 P 是 W 或者 D1：动物皮、兽皮、毛皮或者地毯 Z 值：ZW = 2.5　ZA = 2.5　ZD = 6.0　ZS = 6.5

o	发射导弹（D2 或 D6 为导弹，剩余为烟或火）
u	柱
u	爬行动物
o	河流
o	路
o	烟筒、箭杆
u	蛇
u	矛
o	脊髓
u	枝条
u	温度计
-	树
u	软管、地铁
o	航道
u	蠕虫
-	X 光片（特指的，非脊柱）
o	X 光片（脊柱）
u	X 光片（非特指的）
	D6
-	动物
u	臂（加上 Dd23 为拳头）
o	子弹
u	藤条、甘蔗（Cane）
u	雕刻品（Carving）
u	球棒
u	圆筒
u	鳗鱼
-	鱼
-	头（动物）
-	头（人的）
u	头（爬行动物，通常为海龟）
-	人
u	昆虫
u	木材
o	导弹
u	古代装木乃伊的箱子
-	脖子
u	停车计时器
o	阴茎
o	柱
o	爬行动物
u	路
o	火箭
-	颅骨
u	雕塑
u	塔
-	阀门
u	武器（非特指的）
	D8
u	飞机
-	动物
u	鸟
-	臭虫（无翼的）
u	臭虫（有翼的，正从物体中爬出）
-	蝴蝶
o	十字架（在小山上）
o	耶稣受难像（抽象的）
o	耶稣受难（在山上）
u	蜻蜓
o	花（在盆中）
o	喷泉
u	头（动物）
-	头（鸟）
-	头（人的）
-	头（爬行动物）
u	人（穿着睡袍）
u	昆虫（有翼的）
u	灯柱
o	灯塔
-	地图
o	植物
o	火箭（有火或烟）
o	稻草人
-	脊髓
u	雕塑（鸟）
o	雕塑（似人的）
o	图腾柱
u	树
-	海龟
-	光片
	D12
-	箭
-	灯（本生灯）[Burner (Bunsen)]
o	运河
o	蜡烛
o	峡谷（Canyon）
o	峡谷（Gorge）
-	人
u	导弹
-	针
u	铅笔
-	阴茎
-	直肠
o	河流
u	路
u	火箭
o	通道（矿井）
u	矛
u	脊髓
u	阴道
o	航道
u	拉链
	Dd21
o v	爪
-	手
-	头（动物）
o v	头（鸟）
-	头（人）
o v	头（爬行动物）
u v	触角，角（Horn）
o v	螯，钳子
o v	钳

（续上表）

图卡 Ⅵ	常见反应 P 是 W 或者 D1：动物皮、兽皮、毛皮或者地毯 Z 值：ZW = 2.5 ZA = 2.5 ZD = 6.0 ZS = 6.5

Dd22

-	手臂
u	鸟（2 只，侧面）
u	树枝［Branch（es）］
u<	仙人掌
o	羽毛
u	火焰
-	花
u	鹅（群）
-	冰
u	光线（太阳）
-	毛皮
u	灌木［Shrub（s）］
u<	树
o	水（正在溅）
o	胡须（Whiskers）

Dd23

-	臭虫
-	眼睛
u	拳头
u	手（紧握着）
-	头（动物）
u	头（鸟）
-	头（人）
u	头（昆虫）
u	头（怪物）
u	头（爬行动物）
-	头（2）
u	球形把手（门）
-	鼻子

Dd24

u v	动物（正坐着）
-	靴子
u v	城堡
o	悬崖
u v	头（动物，有较大的身体）
-	头（鸟）
-	头（人的）
-	腿
-	爪子
o	半岛
o	岩石
o<	海豹
o<	大烟囱
u<	雕塑
u<	海象
u	木头

Dd25

u	仙人掌
u	雕刻品
u	玩偶
u	脚（人的）
-	头
u	人
u	连指手套
-	山
u	爪子
-	阴茎
u	鞋
u	雕塑

Dd26

u	天线，触角（Antennae）
-	爬行动物
u	枝条（Sticks）
u	胡须（Whiskers）

Dd27

-	解剖
-	臀部
u v	鸡蛋
-	眼睛
-	头
-	人
-	钳子、螯（Pincers）
-	睾丸
-	阴道
u v	瀑布

Dd28

u v	爪
-	头
u	触角
u v	爬行动物
-	火箭
-	树

Dd29

u	海岸线
-	头
-	人侧面

DdS30

-	杯子
u	水湾
-	花瓶

Dd31

u	鸟
-	头
-	人
u	冰山
-	鼻子
u	调味罐（盐或胡椒粉的）

Dd32

u	小船
-	大脑
u	蝴蝶
u	蚌（张开的）
-	蛋（Eggs）
-	眼睛
u	火焰
-	肾脏
-	肺
u	牡蛎（张开的）（Opened）
u	贝壳（张开的）
-	扁桃腺
u	浮水圈

Dd33

u v	峡谷（可能包括瀑布）
-	蟹
u	水湾
-	昆虫
u	风景
o v	巢（Nest）
-	蜘蛛
u	夹子
u	镊子
u	阴道

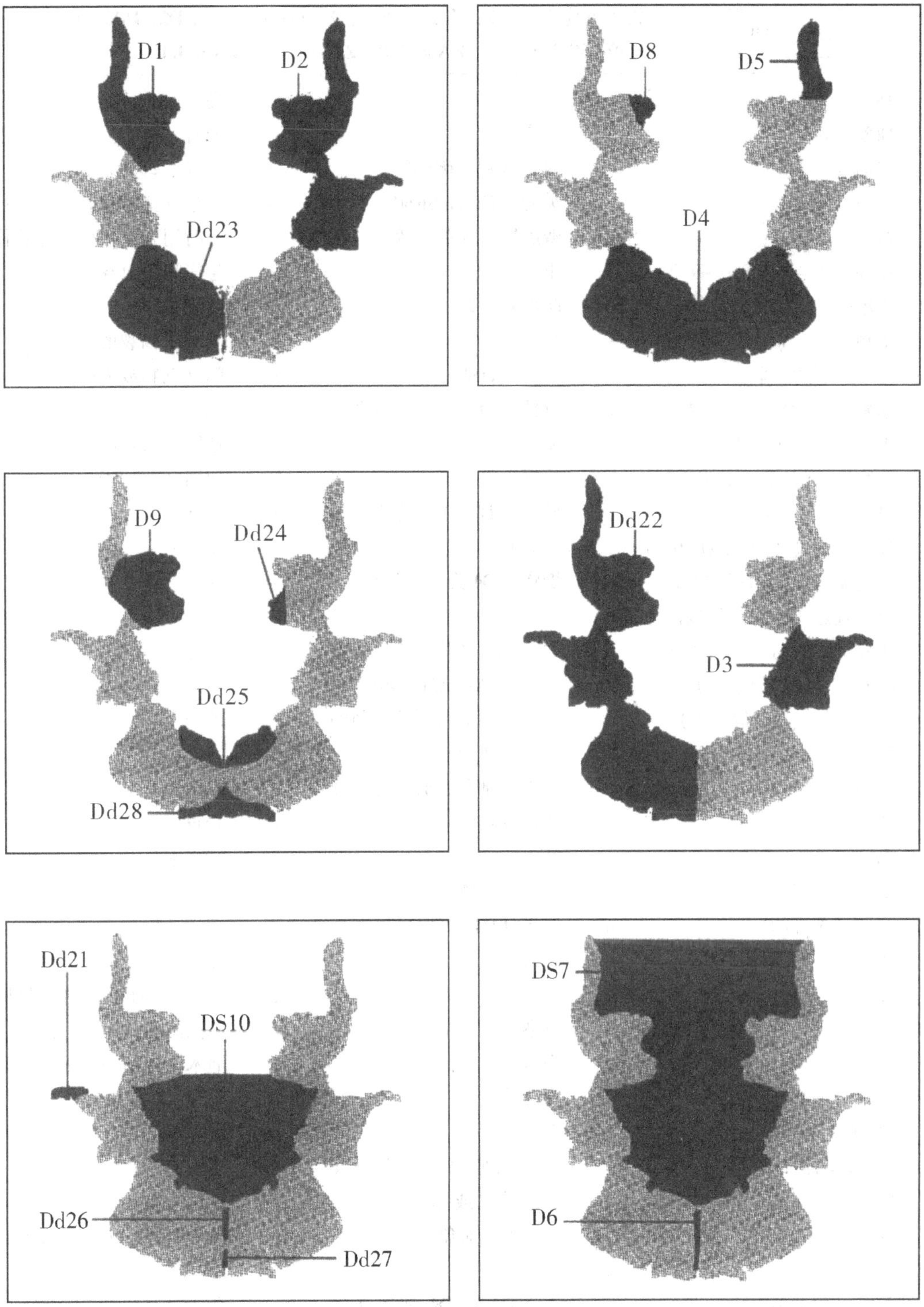

图 7 图卡Ⅶ的 D 和 Dd 区域

图卡 Ⅶ	常见反应 P 是 D9：人的头或脸，经常嵌入在 D1，D2，Dd22 中 Z 值：ZW = 2.5 ZA = 1.0 ZD = 3.0 ZS = 4.0

W

u 抽象作品
\- 变形虫
\- 解剖
\- 锚
u 动物（2，卡通的，每个为墨迹图的一半）
\- 动物（2，真实的，每个为墨迹图的一半）
o 动物（2，D2 被看为猫、卡通、猴或兔，D4 是独立物体）（注意：如果 D2 没有被报告为猫、卡通、猴或兔，只要恰当地使用了轮廓就应该编码为 u，否则就是-。u 的例子包括了扁平脸的动物，例如某些狗。-的例子包括了狐狸、大象、马、狮子等）
u 鹿角
u v 拱门
\- 胡须
\- 鸟
\- 身体（下半身）
\- 身体（裂开的）
u 骨头（非特指的）
u 回飞棒
u 碗（通常包括空白）
\- 臭虫
\- 蝴蝶
o 峡谷（通常包括空白）（Usually involves S）
u v 帽子（有耳罩）
u 雕刻品（Carving）
u v 洞穴（打开的）
o v 椅子（包括 DS7）
o 儿童（D4 为独立对象，如垫了、跷跷板等）
u 爪（蟹）
o 云
\- 大衣
\- 饼干（包括破碎的）
\- 贝壳（Conch Shell）
\- 薄脆饼（包括破碎的）
u 王冠
o v 跳舞者（2）
\- 狗
u 玩偶（Dolls）
o 玩偶（D2，D4 是独立对象）
u v 门框
o 侏儒（D2，D4 是独立的对象）
u v 爆炸（D4 为蘑菇云）
\- 脸
u v 脸（照片底片，并且包括使用了 DS7 或者 DS10）
o 食物（撒面包屑后烹制的或者油炸的）
u 食物（部分，通常为切开的鱼或鸡肉）
\- 蛙
u 蛙腿（食物）
o 鬼怪（D4 通常是灯）
\- 巨人
o v 女孩
o 海港（包括 DS7）
u 头盔（古代的）
u 马蹄铁
\- 人
o 似人的形象（通常为天使、雪人或精灵，D4 通常是独立对象）
o 人（2 个）
o 人（D2 和 D4 是独立对象）
o v 人（2 个）
\- 昆虫
o 岛
\- 龙骨（船）
u v 灯（装饰品）
u 风景（通常从高处看，但有时用到空白处，可看作悬崖间的山谷）
\- 叶子
u 叶子（撕裂的）
\- 腿（动物或人的）
u v 磁铁
\- 地图（特指的）
u 地图（非特指的）
u 山脉
\- 蛾
\- 嘴
\- 颈
\- 颈骨
u 项链
\- 植物
u 字谜
u 礁
u 岩石
u 摇摆木马
u 雕塑
\- 海洋动物
\- 虾（2，天然形状的）
u 虾（4，通常是撒面包屑后烹制的或油炸的）
\- 灌木（Shrub（s））
\- 颅骨
u 烟
u 雪人
u 宇宙飞船
o 雕塑（D2，D4 一起为底座）
u 凳子
u 秋千
\- 桌子
u v 格架

W（续上表）

图卡 Ⅶ	常见反应 P 是 **D9**：人的头或脸，经常嵌入在 **D1**，**D2**，**Dd22** 中 **Z 值：ZW = 2.5 ZA = 1.0 ZD = 3.0 ZS = 4.0**

u 字母“U”
- 阴道
u 花瓶
u v 法官帽、假发（Wig）
- X 光片（特指的）
u X 光片（非特指的）

D1

- 解剖
- 动物
u v 动物（小、长尾巴，Dd24 为鼻子）
u < 动物（卡通的，D5 为长鼻子或鸟嘴）
u 艺术（抽象的）
- 鸟
u 仙人掌
u v 帽子（浣熊皮）
- 猫
u 椅子
- 鸡肉（Chicken）
u 鸡腿（熟的）
o 悬崖
o 云
u 便桶
- 鹰
u 耳环
- 鱼
u 拳头（手指向上指）
u 植物的叶子
o 头（动物，如猫、卡通、猴或兔）（注：如果动物头不被看为猫、卡通、猴或兔，只要恰当地使用了轮廓，例如看作某些狗的头，就应该记为 u，否则就要记为-）
u v 头（动物，D5 为象鼻）
o 头（人，孩子、印第安人、女性或非特指的）
u 头（人，成年男性的）
o 头（类似人的）
- 马
- 昆虫
u 长柄勺
u 风景
- 地图（特指的）
u 地图（非特指的）
u 面具
- 山脉
o 兔子（D8 为鼻子）
u v 舵
- 海洋动物
o 虾（撒面包屑或烹制的或油炸的）
o 雕塑
- 树
- X 光片

D2

o 天使
o 动物（小的，D5 为耳朵，Dd21 为尾巴，例如猫、狗、猴子、兔子）
o 动物（卡通）
- 动物（巨大的）
- v 动物
u v 动物（卡通）
- 鸟
u 灌木
o 小天使
- 鸡肉（Chicken）
u 鸡翅（撒面包屑后烹制的或油炸的）
o 云
- 母牛
o < 狗
- 驴
- 龙
o 矮子
o v 大象（卡通或玩具）
- 鱼
u 食物（撒面包屑后烹制的或油炸的）
- 狐狸
- 蛙
- 头
u 小山
- 马
o 人（儿童、印第安人、女性或非特指的，可能是整个人或头和上半身）
u 人（成年男性）
o 似人的形象
o 岛
- 刀
u< 羔羊（Lamb）
u 风景
- 地图（特指的）
- 肉
u 山脉
o 兔子
u 虾（2，撒面包屑后烹制的或油炸的）
o 雪人
o 雕塑
- 虎
o 玩具（人或动物）
- 树
- X 光片

D3

- 动物
- 胡须
u 糖果（棉花糖）
- 帽子
u 剁肉刀

D3（续上表）

图卡　Ⅶ

常见反应 **P** 是 **D9**：人的头或脸，经常嵌入在 **D1**，**D2**，**Dd22** 中

Z 值：**ZW = 2.5　ZA = 1.0　ZD = 3.0　ZS = 4.0**

u	悬崖
u	云
-	杯子
-	狗
u	鱼（Dd21 为尾巴）
u	拳头（Dd21 为拇指）
-	假发
-	火腿
-	手
o	头（动物，Dd21 为耳朵或角）
u v	头（动物，Dd21 为鼻子或象鼻）
o	头（动物，卡通或玩具）
u v	头（鸟，Dd21 为鸟嘴）
u	头（雕像，通常为怪兽状滴水嘴）
-	头（人的）
u	头（似人的）
u	头，怪物
-	头（爬行动物）
-	昆虫
u	岛
u	风筝（Dd21 为尾巴）
u	风景
-	地图
o	面具
-	巢（Nest）
u	半岛
u	岩石
-	麻袋
u	虾（撒面包屑后烹制的或油炸的）
-	灌木（Shrub）
u	雕塑
-	树
-	X 光片

D4

-	解剖
-	动物
u	篮筐
o v	蝙蝠
o	鸟
u	书（打开的）
u	书挡，压书具（Bookends）
-	靴子
o	弓（Bow）
-	碗
u	蝶形领带
-	桥（人造的）
u	桥（天然的）
-	臭虫（无翼的）
u	臭虫（有翼的）
o	蝴蝶
-	臀部
-	动物尸体
-	胸腔（Chest）
o	云
u	摇篮
u	坐垫
u	门，旋转的［Doors（Swinging）］
-	象征标记（Emblem）
-	苍蝇
u	门（Gate）
u	滑翔机（可能包括 D6 为人）
-	头
-	人
-	昆虫（无翼的）
u	昆虫（有翼的）
u	风筝
u	风景
-	肺
-	地图（特指的）
u	地图（非特指的）
-	山脉
u	纸（撕裂的）
o	骨盆
u	高原（鸟瞰图）
-	胸腔（Rib Cage）
o	岩石
-	海洋动物
-	壳（Shell）
-	鞋
-	灌木［Shrub（s）］
-	颅骨
-	帐篷
-	阴道
u v	法官帽、假发（Wig）
u	翼
o	X 光片（骨盆）
-	X 光片（特指的，但不是骨盆）
u	X 光片（非特指的）

D5

-	动物
-	箭
u	箭头
-	鸟
o	刀刃（刀）
u <	船
u	骨头
u <	独木舟
u	毛虫
u	爪
u	梳子（装饰用）
-	钻头
u	耳朵（长如兔子的）

D5（续上表）

图卡 Ⅶ	常见反应 P 是 D9：人的头或脸，经常嵌入在 D1，D2，Dd22 中 Z 值：ZW = 2.5 ZA = 1.0 ZD = 3.0 ZS = 4.0

- 鳗鱼
o 羽毛
u 手指
- 枪
u 头发（梳理过的或为假发或为马尾的造型）
- 头（动物或人）
u 头（兔子，鼻子向外）
u 头巾
u 触角，角（Horn）
- 人
u v 冰柱
- 昆虫
u 腿
- 木材
- 阴茎
u 镐（吉他）
u 植物
- 步枪
u 军刀
- 香肠
u 锯
- 烟
u 石笋
u 剑
u 尾巴（长的如浣熊的）
u 拇指
u 图腾
- 树
u 翼
- 蠕虫

D6

- 动物
u 肛门
- 骨头
- 臭虫
o 运河
o 峡谷（Canyon）
- 毛虫
u 阴蒂
u 裂缝
u 堤
u 玩偶
- 钻头
- 鱼
o 峡谷（Gorge）
- 头
o 铰链（门）
o 人
o 似人的形象
- 昆虫
u 导弹（Dd28 通常作为发射台或烟）
u 怪物（动物）
- 阴茎
o 河流
u 火箭（Dd28 常作为发射台或烟）
- 脊柱
u 枝条
- 塔
- 树
o 阴道
o 航道

DS7

- 解剖
u 箭头
- 钟
o 碗
- 云
u 入口
- 脸
o 海港
u v 帽子（历史上的）
- 头
u v 头（相片的底片）
u v 头盔
u 湖
o v 灯
o v 蘑菇
u v 塔
u 壶，盆（Pot）
o v 狮身人面像（Sphinx）
o v 雕塑
u v 圆顶寺庙
- 树
u 花瓶

D8

u 城市（在远方）
u 悬崖
- 龙
o 森林
- 头
u 人（几个在悬崖上或山上）
u v 冰柱
o 风景
u 巢（Nest）
u 海洋动物
u 蜗牛
u 蜗牛（卡通）
u 石笋
u 发射塔（电的）
u 树
o 村庄
u 鲸鱼

D9

u 悬崖
u 云
o 头（动物，小的例如猫、狗、猴子等）
- 头（动物，大的）

D9（续上表）

图卡 Ⅶ	常见反应 P 是 D9：人的头或脸，经常嵌入在 D1，D2，Dd22 中 Z 值：ZW = 2.5 ZA = 1.0 ZD = 3.0 ZS = 4.0

u v 头（动物）
\- 头（鸟）
o 头（人的）
o 头（似人的）
\- 昆虫
u 风景
\- 海洋动物（Bust）
o 雕像（半身像）

DS10

o 碗
u 门把手
u 入口
\- 脸
o 海港
o v 帽子（历史上的）
\- 头
o 头盔
u 洞
u 湖
o 灯罩
u v 蘑菇形草帽
\- 阴茎
u 帐篷

Dd21

\- 蚂蚁
u 手臂
\- 鸟
u 毛虫
\- 脸
o 手指
u 手
\- 头
u 角（Horn）
u 爪子
u 半岛
\- 阴茎
\- 步枪
u 尾巴
u 拇指
u 象鼻（大象）

Dd22

\- 动物
u 动物（卡通或玩具）
\- 骨头
u v 玩偶（Doll）
o 人
o 似人的形象
u v 人
u 木偶（Puppet）
u 雕像

Dd23

\- 动物
u 砖块
u 云
u 帽子（毛皮）
\- 头（动物，除了熊或狗）
o 头（动物，熊或狗）
\- 头（人的）
u 小山
u 枕头
u 岩石
\- 鞋

Dd24

u 洞穴
\- 云
u 灰尘
\- 头

Dd25

u 鸟
u 风景
u 山脉
u 海鸥
\- 阴道
u 瀑布

Dd26

o 峡谷（Canyon）
o 山峡（Gorge）
u 人
u 似人的形象
o 河流
o 雕像
o 阴道

Dd27

\- 动物
u 肛门
\- 人
\- 锁
\- 牙齿
\- 阴道
\- 窗户

Dd28

\- 动物
\- 鸟
\- 臀部
u 脸（动物）
\- 脸（人）
u 脸（怪物）
u 人（2）
u v 降落伞（D6 或 Dd26 是人）
\- 植物
u 雕像
u 水
o v 瀑布
u v 波浪

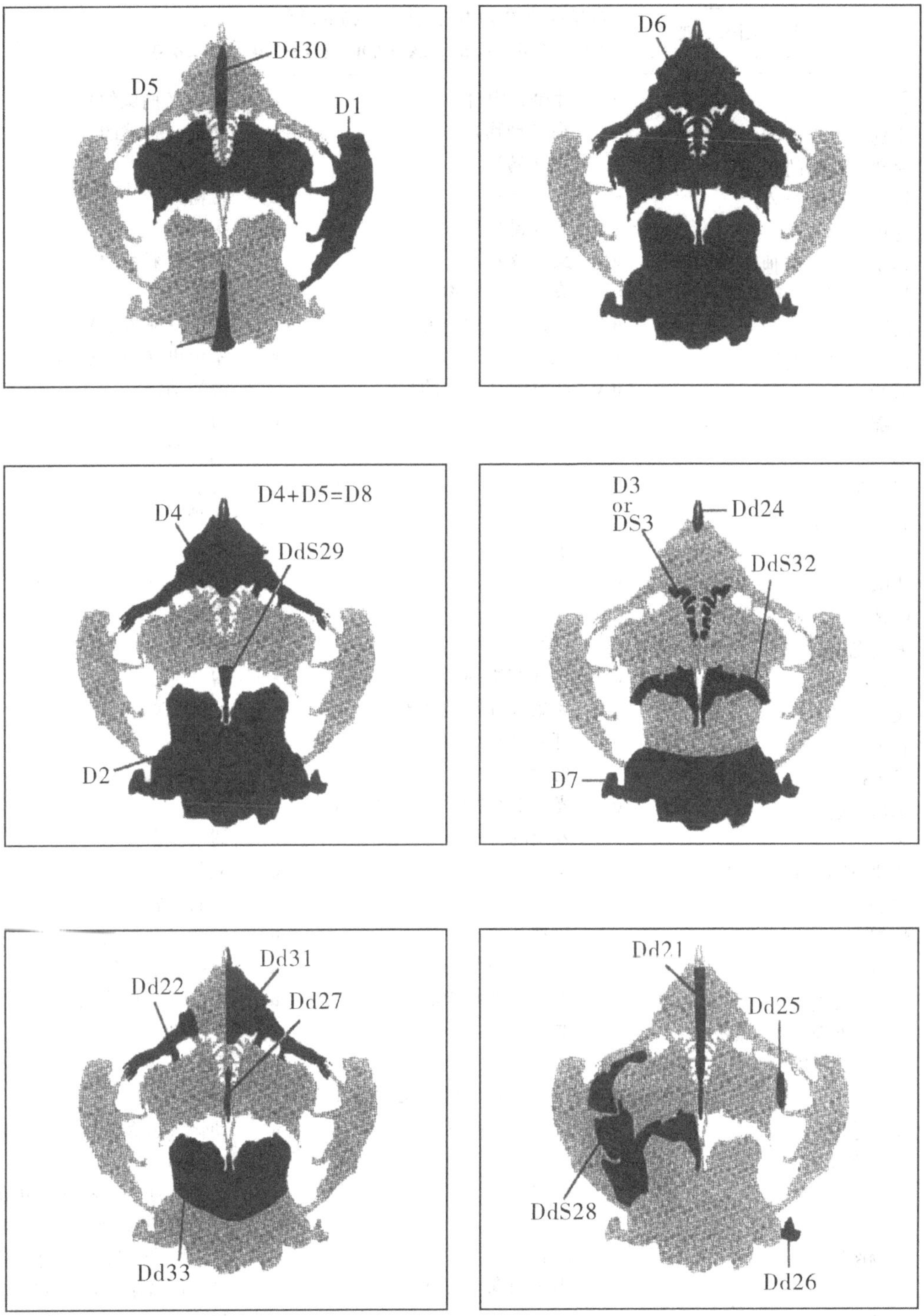

图 8 图卡Ⅷ的 D 和 Dd 区域

图卡 Ⅷ

常见反应 **P** 为 **D1**：整个动物的形象

Z 值：**ZW = 4.5　ZA = 3.0　ZD = 3.0　ZS = 4.0**

	W
-	飞机
-	解剖（特指的）
o	解剖（非特指的）
-	动物
o	动物（D1，其他区域被确认为与轮廓线一致的对象）
o	艺术（抽象的）
u	徽章
-	蝙蝠
-	鸟
o	船（带帆，正面图）
-	骨头（骨骼的）
o	碗（装饰性的）
-	头脑
-	蝴蝶
u	笼（鸟）
-	蛋糕
o	旋转木马
o	枝形吊灯
o	圣诞树
u	圆形帐篷
-	云
o	武器的外壳(Coat-of-Arms)
u	珊瑚
-	螃蟹
u	王冠
o	图案（抽象的）
o	标志，象征（Emblem）
-	爆炸
-	脸
u	脸（小丑）
u	脸（怪物）
-	鱼
u	旗
o	植物图案
o	花
u	树叶，植物（Foliage）
o	喷泉（Fountain）
-	青蛙
u	花园
u	凉亭，阳台
-	头（动物）
-	头（鸟）
-	头（人的）
-	头（昆虫）
u	头（怪物）
u	头饰（装饰物）
u	头盔（科幻小说）
-	人
u v	冰淇淋（融化的）
-	昆虫
-	肠
u	岛屿
-	夹克
-	水母
u	珠宝
-	肾
u	风筝
u	灯（装饰的）
o	风景（往往是鸟瞰图）
u	灯笼（东方的）
u	树叶
u	光（彩色的，像由闪光灯发出的）
-	龙虾
-	肺
-	机器
-	地图（特指的）
u	地图（非特指的）
u	面具
-	肉
o	医学图表（部分是示意性的而非真实的）
u	怪物
u	纪念碑
-	蛾
u	山脉
u	山脉和森林（远景）
o	装饰物
u	宝塔
-	骨盆
o	植物（通常在盆里）
o	海报（抽象的）
o	海报（自然的）
-	金字塔
u	机器人
u	火箭
u	岩石（彩色的）
u	垃圾
u	地毯（东方的）
u	圣甲虫（甲壳虫别针）
-	海洋动物
u	海洋贝壳
o	船（带帆，后视图）
-	骨骼
-	头骨
-	雪花
u	太空船（通常有火焰）
-	蜘蛛
u	雕像
-	胃
u v	陀螺，盖子
u v	火把
u	图腾柱
-	树
u	树（抽象或卡通的）
u	战利品，奖品
u	花瓶，瓶
u	植物（热带的）
u	植物（水下的）
u	火山（正在喷发）
-	X 光片
	D1
-	解剖
o	动物（四条腿的，与轮廓一致的。这类反应包括一系列的动物，有些是史前的。最常见的报告包括獾、熊、猫、狗、囊地鼠、狮子、鼠、负鼠、老鼠和狼。四腿动物与轮廓不一致的应被编码为-，比如大象、长颈鹿、马、袋鼠等）
u	动物（史前的）

D1（续上表）

图卡 Ⅷ	常见反应 **P** 为 **D1**：整个动物的形象 **Z** 值：**ZW = 4.5 ZA = 3.0 ZD = 3.0 ZS = 4.0**

- 鸟
u 血
- 骆驼
u 变色龙
u 魔鬼
- 海豚
- 鱼
- 花
- 青蛙
- 人
u 鬣蜥
- 昆虫
u 蜥蜴
- 肺
- 鹦鹉
u 花瓣（花）
- 海豚
- 爬行动物（不是变色龙、鬣蜥或蜥蜴）
- 蝎子
- 海豹
- 小虾
- 树
- 海龟
- X 光片

D2

- 解剖
- 动物
- 蝙蝠
u 血
u 碗（装饰的）
- 脑
u 臭虫
o 蝴蝶
- 臀部
u 蛋糕
u 峡谷（Canyon）
u v斗篷（Cape）
- 胸腔（Chest）
u v外套
u 珊瑚
- 螃蟹
- 王冠
- 椎间盘［Disc（Spinal）］
- 狗
- 标志，象征（Emblem）
u 火
- 肉
o 花
- 青蛙
- 帽子
u v头（动物，短耳或有角的）
- 头（动物，不是短耳或有角的）
- 头（鸟）
- 头（人类）
- 头（昆虫）
u v头（怪物）
o 冰淇淋
- 昆虫
u v夹克
u 凝胶物
u 风筝
u 风景
o 火山岩
u 叶子
u 地图（非特指的）
u v面具
- 肉
u 山脉（复数）
u 多彩沙漠
- 骨盆
u 壶，罐（Pot）
u 岩石
u 地毯
u 疤
- 头骨
u 幻灯片（生物学的）
- 胃
- 鞘，叶鞘，阴道
- 椎骨（横截面）
u 火山

D3/DS3

u <动物（镜像的）
- 徽章
o 骨结构
- 洞穴
u 紧身胸衣
- 门
- 脸
- 头
u 冰
o 面具
o 网
o 胸廓（Rib Cage）
o 骨架（部分）
o 头骨（动物）
- 头骨（人）
u 雪
u v太空船
u v帐篷
u v圆锥形帐篷
u v树（杉木）
o 椎骨
- 网

D4

（**D4 + D5 = D8**）
u 飞机（喷气式飞机，正面图）
- 动物
u 动物（史前的）
u v鹿角
- 蝙蝠
u v回飞镖
- 桥（人造的）
u v桥（天然的）
- 蝴蝶
u 城堡（在山上）
u 悬崖
- 云
u 螃蟹
- 小龙虾
- 王冠

D4（续上表）

图卡 Ⅷ	常见反应 P 为 D1：整个动物的形象 Z 值：ZW=4.5　ZA=3.0　ZD=3.0　ZS=4.0

u 龙
\- 脸
u 脸（科幻小说）
\- 鱼
o 青蛙
\- 帽子
\- 头（动物或人的）
u 头（科幻小说）
\- 房子
\- 人
u 冰
u 冰山
u 昆虫
\- 水母
u 青苔（在岩石上）
u 蜥蜴（正面图）
\- 龙虾
u 面具（科幻小说）
o 怪物
o 山脉
\- 章鱼
u v骨盆
u 机器人
u 岩石
u 火箭
o 根
\- 蝎子
u 海洋动物
u 灌木
\- 头骨
o 太空船
u 蜘蛛
u 树桩（树）
u 寺庙
u 帐篷
u 树
u 藤蔓，葡萄树
u 瀑布

D5

（D4+D5 = D8）
\- 动物
u 蝙蝠
u 鸟
o 鸟（史前或者科幻小说）
\- 骨头
o 蝴蝶
u 悬崖
o 布料
u 云
u 紧身胸衣
\- 脸
o 旗
\- 花
\- 头
o 冰
\- 肾
o 湖
o 风景（通常是鸟瞰图）
\- 树叶
\- 肺
u 纸（被撕破的）
\- 骨盆
u 枕头
\- 胸廓
u 岩石
u 帆
u 灌木（Shrubs）
\- 头骨
\- 天空
o 水
\- X 光片

D6

\- 解剖（特指的）
o 解剖（非特指的）
u 艺术（抽象的）
\- 鸟
\- 骨骼
\- 脑
o 矮树丛
u 枝形吊灯
o 圣诞树
\- 螃蟹
\- 脸
o 花
u 冰河
\- 头
u 头盔（科幻小说）
\- 房子
u 人类
u 昆虫
u 岛
u 风筝
u （东方的）
o 风景（通常是鸟瞰图）
\- 龙虾
u 面具
o 山脉
u 装饰品
u 宝塔
o 植物
u 岩石
u 海洋贝壳
u 船（带帆，后视图）
u 太空船
u 雕像
o 树
u 植物
u 瀑布（在中央，周围有植物）

D7

\- 动物
\- 鸟
o 血（通常是干的）
u 蝴蝶
\- 臀部
u 峡谷（Canyon）
\- 胸腔（Chest）
\- 脸
\- 头
u 角（公羊）

D7（续上表）

图卡 Ⅷ	常见反应 P 为 D1：整个动物的形象 Z 值：ZW = 4.5 ZA = 3.0 ZD = 3.0 ZS = 4.0

o 冰淇淋
u v 夹克
u 凝胶物
u 风景
u 叶子（秋季）
\- 山脉
u 多彩沙漠
o 岩石
u v 背心

D8

（D4 + D5 = D8）

\- 解剖
u 鸟
\- 蝴蝶
u v 枝形吊灯
\- 螃蟹
\- 脸
u 花展
\- 花
u 冰河
\- 头
u 头盔（科幻小说）
u 风景
u 面具
u 宝塔
o 植物
u 火箭
u 窝棚（房子）
\- 贝壳
o 太空船
u 帐篷
u 树

Dd21

\- 动物
o 骨（骨骼的）
\- 食道
\- 人
u 刀（和容器）
u v 导弹发射
o 河
u 火箭（分离阶段）
\- 矛
o 脊髓
u 棍棒
u 瀑布
o 排水沟

Dd22

\- 动物
o 臂（人的）
u 树枝
u 爪
u 脚（动物的）
u 手套
u 手
u 角（动物的）
u 根

Dd23

u 肛门
u 蜡烛（祭坛）
u 峡谷（Canyon）
\- 脸
u 长颈瓶
\- 头
\- 人
u 阴道（Vagina）
u 花瓶
u 瀑布

Dd24

u 天线，触角（Antennae）
u 箭
\- 鸟
u 喙（鸟）（Beak）
u 动物的触须
u 手指
u 角，触角（Horns）
\- 人
u v 腿
u 螯（Pincers）
u 根
\- 牙齿
o 树

Dd25

u 短吻鳄
\- 动物
\- 鸟
\- 鱼
u 岛
\- 阴茎
u 太空船
u 雕像

Dd26

u v 悬崖
u < 狗
u < 头（动物的）
\- 头（鸟）
\- 头（人的）
u 角，触角（Horns）
u 岩石
u < 雕像

Dd27

u 短吻鳄（Alligator）
u 骨
u 钻头
u 皮下组织
u 刀
u 导弹
\- 针
u 笔
u 火箭
u 矛
\- 蠕虫

DdS28

u 云
u 雪
u 水

DdS29

u v 奶瓶
u v 保龄球瓶
\- 幽灵
u v 盐瓶

DdS29（续上表）

图卡 Ⅷ	常见反应 P 为 D1：整个动物的形象 Z 值：ZW = 4.5　ZA = 3.0　ZD = 3.0　ZS = 4.0

\- 雕像
\- 牙齿
u v三角铁（音乐）
u <鲸

Dd30

uv 藤条
u 峡谷（Gorge）
u 河
u 蛇
o 脊椎
o 棍，棒
\- 剑
u 瀑布

Dd31

\- 动物
\- 螃蟹
\- 昆虫
u 怪物（像动物的）
\- 爬行动物
u 根
\- 翅膀

DdS32

u 信天翁鸟
o 鸟
u 蝴蝶
o 鸥
o 雪
u 水

Dd33

\- 解剖
u 蝴蝶
\- 脸
u 花
u 头（动物）
\- 头（鸟）
\- 头（人的）
u 冰淇淋
\- 肺
u 岩石

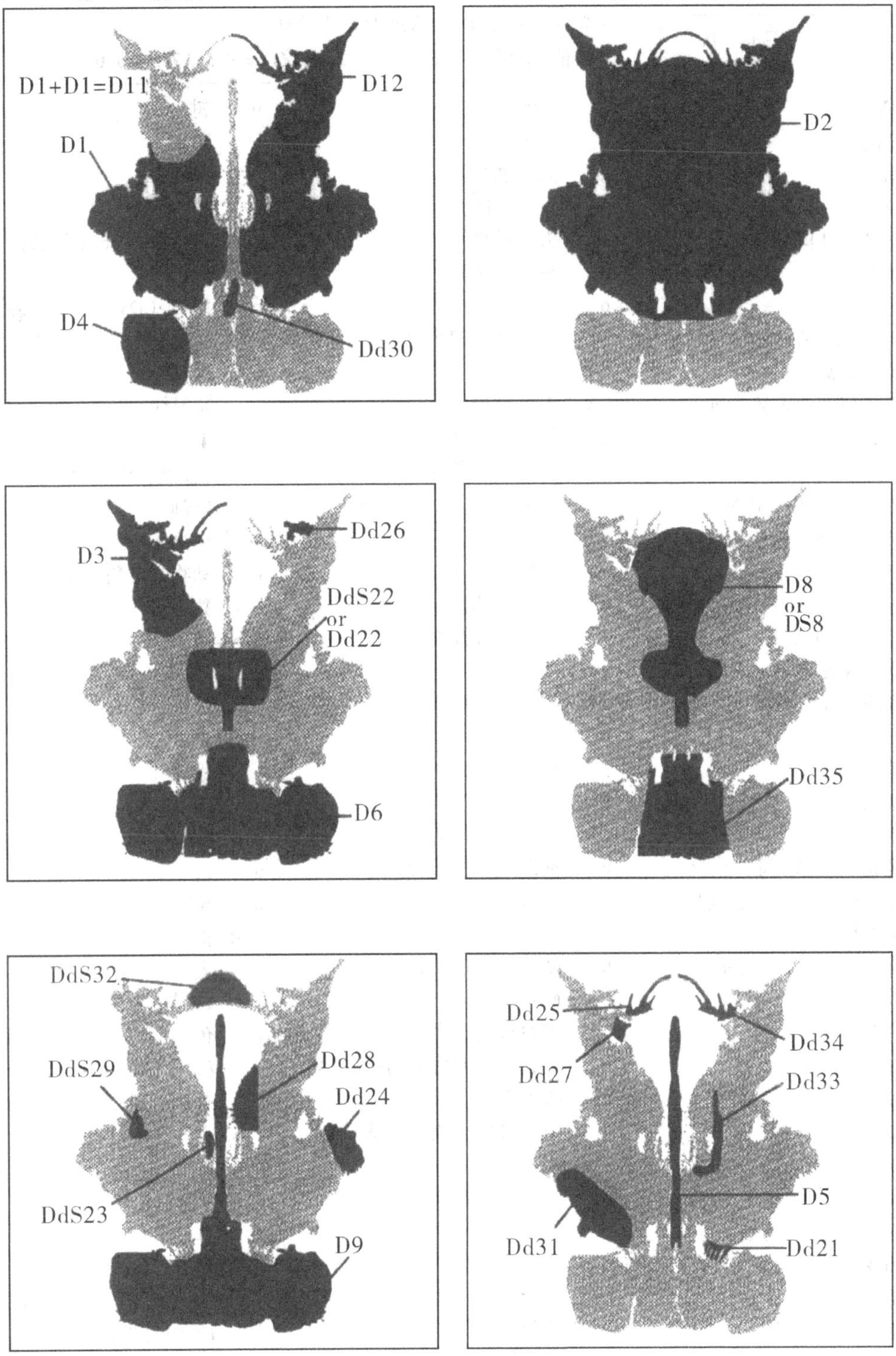

图9　图卡Ⅸ的 D 和 Dd 区域

图卡 Ⅸ

常见反应是 **D3**：人或似人的形象

Z 值：**ZW = 5.5　ZA = 2.5　ZD = 4.5　ZS = 5.0**

W

-	解剖
u	锚
-	蚂蚁
o	艺术（抽象）
u	徽章
-	鸟
o v	鸟（D3，在树下）
o	碗（装饰的）
u	桥（顶部在森林上面）
-	蝴蝶
u	仙人掌
u	蛋糕（D3 作为蜡烛）
o	峡谷（D8，其他区域作为树叶和/或风景）
u v	斗篷（戏剧的）
u	椅子（有椅背，D6 作为底座或者旋轴）
u v	衣服（女人的）
-	云
-	茧
o	珊瑚
-	螃蟹
u	火山口（D8 与其他区域作为植物叶子和/或风景）
u	装饰品（Decoration）
u v	洋娃娃，玩偶（Doll）
u v	人体模型（裁缝的）
u v	大象（卡通的）
u	徽章
o	爆炸
-	脸
u	脸（小丑）
u	脸（怪物）
o	火（通常 D1 为烟）
o	插花
o	花（通常 D6 为盆）
-	苍蝇
o	植物，叶子（Foliage）
o	森林火灾
o	喷泉
o	花园
u	帽子
-	头（动物）
-	头（人的）
-	头（昆虫）
u	头（怪物）
o	头饰（正式的）
u	头盔（科幻小说）
-	人
u v	人（穿着服装）
u v	似人的形象
o	插图（医学的）
-	昆虫
u	岛
u v	水母
u	灯（煤油）
u v	灯（装饰性的）
o	风景
o <	风景（镜像的）
-	树叶
-	肺（复数）
-	机器
-	地图（特指的）
u	地图（非特指的）
o	面具
u	怪物
u	装饰品（Ornament）
o	颜料，涂料
o	调色板（艺术家的）
o	植物（有时将 D6 作为盆）
u v	机器人
u	火箭（D5，有烟和火焰）
-	地毯
u	色拉（通常在碗里）
-	海洋动物
u	海草
-	种子
-	头骨
u v	太空船
-	咽喉
u	王座，君主
u v	树
-	阴道
o	花瓶
o	植物（D3 是胡萝卜，D1 是生菜，D6 是番茄）
u	火山
o	瀑布（D5，其他区域作为植物叶子和/或风景）
u v	男巫
-	X 射线

D1

（注意：**D1 + D1 = D11**）

-	解剖
-	动物
u <	动物（非特指的）
o <	猿
o <	熊
-	鸟
-	骨
-	臭虫
-	蝴蝶
-	猫
-	椅子
u	云
u	珊瑚
u <	狗
-	大象
u	蕨类植物
-	鱼
o	植物，叶子
u	森林（通常是鸟瞰图）
-	青蛙
o <	巨人
u <	大猩猩
o	草
-	帽子
u	头（动物的，口鼻部在 D5 中心线）
o	头（动物的，口鼻部在 Dd24，通常 DdS29 被看作眼睛）

D1（续上表）

图卡 Ⅸ	常见反应是 **D3**：人或似人的形象 **Z 值：ZW = 5.5　ZA = 2.5　ZD = 4.5　ZS = 5.0**

o v　头（动物，口鼻部在 D5 中心线处，或者在 Dd24）
\-　头（鸟）
u<　头（人或者像人的，下巴在 Dd24）
\-　头（昆虫）
\-　心
\-　人
o<　人（Dd24 为头）
\-　昆虫
\-　爱尔兰
u　湖
o　风景
u　树叶
u　生菜
\-　狮子
\-　肺
\-　地图
u<　猴子
u<　怪物
\-　蘑菇
u v　猪
u　植物
u<　兔
u　岩石
\-　海洋动物
u　海草
o　灌木
u　烟
u　海绵
u<　雕像
\-　树
\-　翅膀
\-　X 光片

D2

\-　解剖
o　锚
u　艺术（抽象）
u　徽章
\-　鸟
o v　鸟（D3，在灌木下）
o　碗
\-　臭虫
\-　蝴蝶
o　峡谷（D8，其他区域为植物叶子和/或风景）（Canyon）
u　椅子（翅膀）[Chair（Wing）]
\-　衣服
\-　云
u　云和闪电
u　珊瑚
\-　螃蟹
o　火山口（D8，其他区域为植物叶子和/或风景）
u　龙
u　徽章
u　爆炸
\-　脸
o　脸（小丑）
u　脸（怪物）
o　火（D3，其他区域为烟）
o　花
\-　苍蝇
o　植物，叶子
u　喷泉
u　花园
\-　头（动物）
\-　头（人的）
u　头（像人的）
\-　头（昆虫）
o　头饰（正式的）
u　头盔
\-　人
u　插图（医学的）
\-　昆虫
u v　水母
o　风景
o<　风景（镜像的）
u　叶（秋季的）
u　龙虾或海藻
\-　地图
o　面具
u　装饰品（Ornament）
u　绘画（抽象的）
o　植物（Plant）
\-　海洋动物
\-　头骨
o v　树
u　阴道
o　花瓶
u v　瀑布（D5，其他区域作为植物叶子和/或风景）

D3

\-　解剖
o　动物（有鹿角或者有角的）
\-　动物（没有鹿角或者没有角的）
u　鸟
o v　鸟
u　血
\-　骨
\-　臭虫
u　胡萝卜
o　悬崖
u　云
o　小丑
\-　棍棒（Club）
u　螃蟹
o　舞女（穿着服装）
o<　鹿
o　魔鬼
\-　狗

D3（续上表）

图卡　IX	常见反应是 **D3**：人或似人的形象 Z 值：ZW = 5.5　ZA = 2.5　ZD = 4.5　ZS = 5.0

u　龙
-　脸
o　火
-　鱼
o　花
o　幽灵
o v 侏儒
o　头（动物，有鹿角或有角的）
-　头（动物，没有鹿角或没有角的）
u　头（人的）
o　头（似人的）
-　头（昆虫）
o　小山
u　角，触角（Horns）
o　人
o　似人的形象
-　昆虫
o　风景
o　火山岩
-　腿
u　龙虾
-　肺
u　地图（非特指的）
-　肉
u v 猫头鹰
o v 鹦鹉
u　植物
-　啮齿动物
u v 根
o　沙子
-　海洋动物
u　海马
-　小虾
u　雕像
u　太阳黑子
u　火把
o　玩具（用于拳击的）
-　树
u　翅膀
o　巫婆

D4

-　解剖
o　苹果
o　球，子弹
u　血
-　臭虫
o　糖（棉花糖）
-　茧
-　眼睛
-　鱼
u　花
u　头（动物的）
o　<头（人的）
u　冰淇淋
u　面具
-　肉
-　罐，盆（Pot）
o　覆盆子
u　岩石
u　玫瑰（复数）
u　海洋贝壳
-　精子
u　海绵
u　草莓
-　海龟

D5

u　短吻鳄
-　解剖
-　动物
u　箭
o　骨
o　蜡烛
u　藤条，棒，手杖（Cane）
u　钻头
-　食道
u　火焰
u　间歇泉
u　峡谷（Gorge）
-　头
-　人
-　昆虫
o　风景
o　火柴
u　导弹
-　半岛
-　阴茎
u　爬行动物
u　河流
u　道路
u　沙洲
o　<海岸线
o　叉状物
o　脊椎
u　石笋
u　茎
u　剑
-　树
o　瀑布（D8 为背景）
u　排水沟

D6

-　解剖
-　动物
o　苹果（4 个）
o　婴儿（2 个）
o　气球
-　鸟
o　血
u　泡泡糖
u v 蝴蝶
-　臀部
o　糖（棉花糖）
o　云（包括蘑菇云）

D6（续上表）

图卡　IX	常见反应是 **D3**：人或似人的形象 Z 值：**ZW = 5.5　ZA = 2.5　ZD = 4.5　ZS = 5.0**

o	晶胚（2 个）
-	脸
u v	脸（昆虫）
u v	脸（科幻小说）
u	火
u	花
-	头（动物的）
u	头（卡通的）
u v	头（大象或者啮齿动物）
u v	头（昆虫）
o <	头（人的，镜像的）
-	人
o <	人（坐着，镜像的）
-	昆虫
-	岛屿
u	药属葵
-	肉
u v	蘑菇
-	壶
u	粉扑
u	萝卜
u	覆盆子
u	岩石
u	蔷薇花蕾
o	冰冻果子露
u v	肩膀（人）
u v	肩垫
-	兽皮，皮壳
u	烟
u	草莓
-	阴道
-	翅膀
	D8/DS8
-	解剖
-	动物
u	搅拌机
o	瓶子
u	泡沫
o	峡谷（Canyon）
o	洞穴
u	枝形吊灯
-	胸腔（Chest）
u	云
u v	衣服
u v	人体模型（裁缝的）
-	脸（动物的）
u	脸（龙）
-	脸（人的）
u v	人（怪物）
u v	长颈瓶
o v	幽灵
u v	玻璃杯
-	头（动物的）
-	头（人的）
u v	头（怪物）
o	沙漏
-	人
u v	似人的形象
u	锁眼
u v	灯
o	灯泡
u v	面具
u v	怪物
u	鼻子（小丑或者马的）
u	停车仪表
u v	机器人
o v	盐瓶
-	头骨
u	天空
u	龙卷风
-	树
-	阴道
o	花瓶
u	小提琴
o	水
o	瀑布
-	子宫
	D9
-	动物
u	枝形吊灯
o v	云（蘑菇云）
u v	螺丝锥
-	钻孔机
u v	锤子（圆头的）
-	头（动物的，但不是大象）
u v	头（大象）
-	头（人）
-	头（昆虫）
u v	苍鹭（单腿站立）
-	人
o v	花
o	喷泉
u v	灯
o	纺锤（办公室）［Spindle (Office)］
u v	树
o v	伞
u v	阀，栓塞
	D11
-	解剖
u	蝙蝠
u	鸟
u	书挡，压书具(Bookends)
o	蝴蝶
-	耳罩
-	耳机
o	植物叶子（Foliage）
-	头
-	人
-	昆虫
u	昆虫（有翼的）
-	肺
o	骨盆
u	植物
u	灌木

（续上表）

图卡 IX

常见反应是 **D3**：人或似人的形象

Z 值：**ZW = 5.5　ZA = 2.5　ZD = 4.5　ZS = 5.0**

D12

- 动物
u < 龙
o 火（森林）
o < 人（D1，把 D3 当作其他对象，如山、沙等）
o < 风景
u 树叶
- 怪物
- 树

Dd21

o 爪
o 手指
u v 鳍
u v 角，触角（Horns）
- 人
u 冰柱
- 耙子
u v 火箭（群）
- 矛
u 石笋
- 树

Dd22/DdS22

u 碗
- 蜡烛
u 洞穴（Cavern）
- 杯子
- 门
- 眼睛
- 脸（动物）
- 脸（人）
- 脸（昆虫）
o 脸（怪物）
- 头
- 广口瓶，罐（Jar）
- 水母
u 湖
o 面具
u 鼻子（动物）
o 南瓜（万圣节前夕）
- 头骨

DdS23

u 洞穴（Caves）
u 眼睛
o 洞，孔（Holes）
u 岛屿
u 湖
u 鼻孔（动物）
- 枕头
- 贝壳

Dd24

u 悬崖
u 头（动物）
u < 头（人）

Dd25

u 树枝
u 爪
u 动物触须
- 手指
u 根
u 触手，触须
- 树
u 丧服，黑纱带

Dd26

- 动物
u 爪
o 手指
- 足
u 枪（通常是科幻小说的）
u 软管（喷嘴）
- 人
u 钥匙
- 鼻
u < 人
u < 稻草人
u < 雕像
u 喇叭

Dd27

- 动物
- 脸
- 头
- 人
u < 帐篷
u < 盖子，陀螺

Dd28

- 血
u 胸部，乳房
u 蛋
- 头
u 昆虫（硬壳的）
- 疤
u 贝壳
- 胃部

DdS29

o 铃
- 臭虫
u 眼睛
- 脸
o 幽灵
- 人
u 似人的轮廓
u 湖

Dd30

u 蜡烛
u 毛虫
- 肠
- 阴茎
- 爬虫动物

Dd31

u 胸部，乳房
u v 盖子（罐，壶）
u < 脸（动物）
u < 脸（人）
u 植物，叶子（Foliage）
- 树

(续上表)

图卡 IX	常见反应是 **D3**：人或似人的形象 **Z 值：ZW = 5.5 ZA = 2.5 ZD = 4.5 ZS = 5.0**

DdS32

u v 碗
u 圆屋顶
- 头盔
u 月亮（上半部分）
u 贝壳
u 太阳（上半部分）
u 太阳黑子
u 帐篷

Dd33

o < 短吻鳄
o < 鳄鱼
u 植物叶子（Foliage）
u < 头（除鹿以外的动物的）
o < 头（鹿）
- 头（人的）
u < 动物（爬行动物）
u 蜥蜴
u 原木
- 山脉
- 树

Dd34

- 动物
u 鹿角
u 树枝
u 桥（天然的）
u 大炮（通常是科幻小说的）
u 爪
o 吊桥（通常是打开的）
- 手
u 角，触角（Horns）
u 软管
- 人
u 闪光灯
u 根
- 骨骼
u 刺，荆棘
- 树
u 藤，蔓

Dd35

- 动物
u 深海潜水器
- 鸟
u 臀部
u 熔炉
- 头
- 肺
- 面具
u 罐，盆
u 岩石
u 炉（铁的）
u 阴道部位

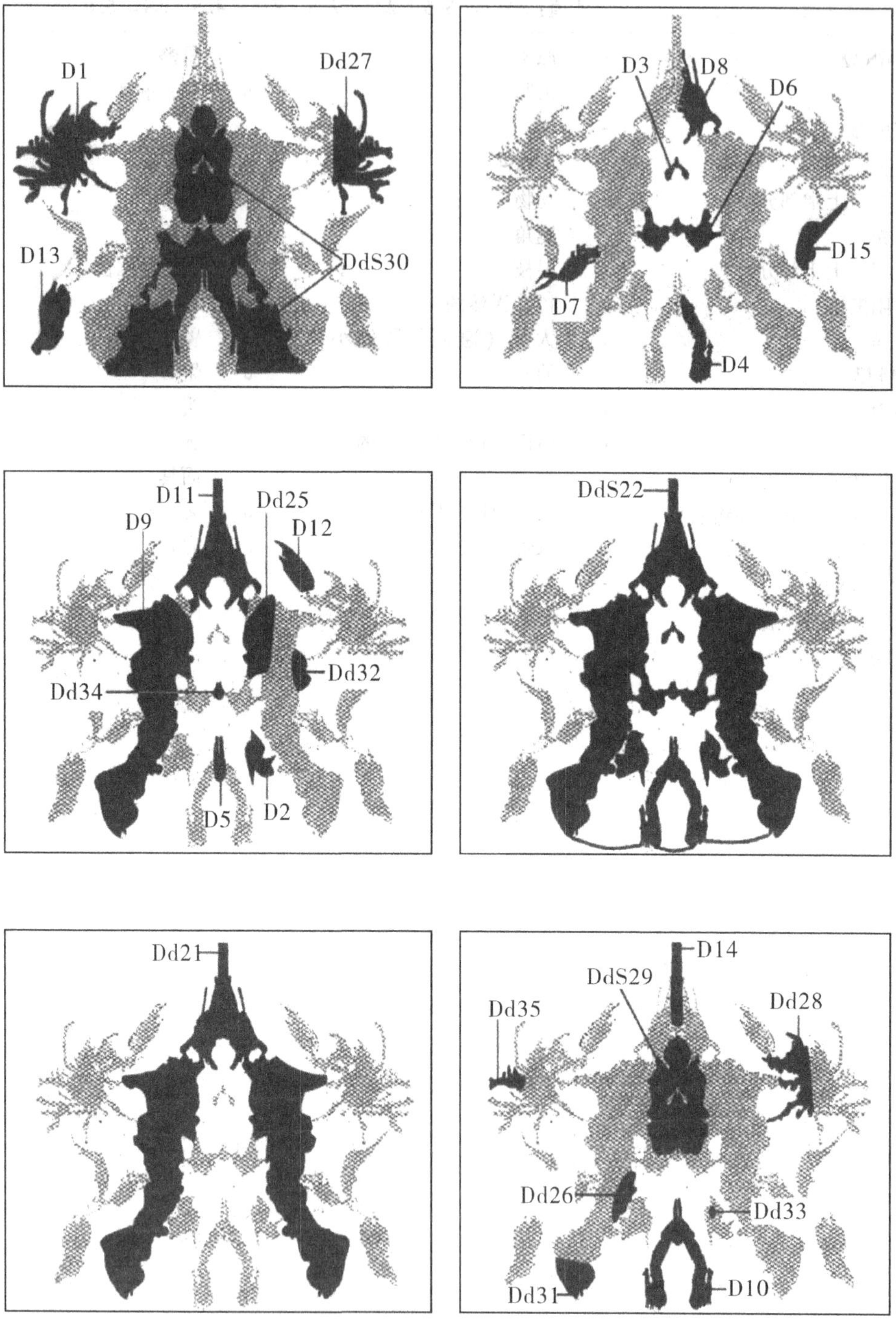

图 10　图卡X的 D 和 Dd 区域

图卡　X

常见反应 P 是 D1：螃蟹或蜘蛛

Z 值：ZW = 5.5　ZA = 4.0　ZD = 4.5　ZS = 6.0

W

- \- 解剖
- o 动物（海产的，非特指的，或者特指的但符合轮廓的）
- u 动物（不是海产的，但符合轮廓）
- o 水族馆，鱼缸
- o 艺术（抽象）
- u v 大鸟笼
- u 细菌
- \- 鸟
- \- 骨骼
- \- 臭虫（压扁的）
- u 枝形吊灯
- u 儿童的游戏场（包含所有区域作为游戏设备）
- \- 圣诞树
- \- 云
- u 服装（戏剧的，挂在墙上）
- u 图案（抽象的）
- u v 爆炸
- \- 脸
- o 烟火表演
- o 花展
- o 花园
- o v 花（花束）
- o 花园景色（一些区域被认为是花或者灌木，而 D11 和 D6 被当做雕塑或者建筑）
- \- 头饰
- \- 人
- o 昆虫（非特指的，或者特指的符合轮廓的）
- u 岛屿
- u 垃圾场
- u 万花筒
- u 光（由闪光灯发出）
- \- 地图（特指的）
- u 地图（非特指的）
- \- 面具
- u 运动物体（抽象的）
- \- 宝塔
- o 画（现代）
- u 画（手指）
- u 调色板（艺术家的）
- u 植物
- o 海报（抽象的）
- u 智力玩具（部分）
- u 地毯（图案）
- \- 海洋动物
- u 科幻小说景色（通常包括外星人、人、怪物，但也包括空间大战，例如星际大战）
- o 水下景色
- o 人行道（中间的空白和其他区域是花或者灌木）

D1

- o 变形虫
- \- 动物
- u 臭虫
- u 细胞（生物）
- \- 蟑螂
- u 珊瑚虫
- o 螃蟹
- u 龙
- u 耳饰
- \- 脸
- u 蕨类植物
- u 烟火
- \- 鱼
- u 花
- u 细菌
- \- 帽子
- \- 头
- u 昆虫
- u 岛屿
- \- 水母
- u 风景
- \- 叶子
- u 龙虾
- \- 地图
- \- 面具
- u 怪物
- o 章鱼
- u 兰花
- u 颜料（飞溅）
- u 啦啦球
- \- 驯鹿
- u 根
- o 蝎子
- \- 贝壳
- u 海藻
- u 雪花
- o 蜘蛛
- \- 蜘蛛网
- u 星
- o 水（滴）
- \- 网（Web）
- u 杂草

D2

- u 变形虫
- u 海葵
- u 动物（非特指的）
- \- 蜜蜂
- u v 鸟
- u 臭虫
- u 猫
- o 细胞（生物的）
- \- 小鸡
- o 狗
- u 鸭子
- o 鸡蛋（打碎的或油煎的）
- \- 眼睛
- \- 脸
- u v 鱼
- o 花

D2（续上表）

图卡 X

常见反应 **P** 是 **D1**：螃蟹或蜘蛛

Z 值：**ZW = 5.5** **ZA = 4.0** **ZD = 4.5** **ZS = 6.0**

u 青蛙
- 头
u 昆虫
u 岛屿
u 叶子
o 狮子
- 猴子
- 怪物
u 植物
- 海洋动物
u 贝壳
u 海豹
- 精子

D3

- 飞机
o v 天线（雷达或电视）［Antennae（Radar or TV）］
u 触角（昆虫）［Antennae（Insect）］
o v 气球（气象）
- 鸟
u 蓓蕾
- 臭虫
o 樱桃核
- 螃蟹
u 耳套
u 耳机
- 眼
- 花
o 调速器（在马达上）
- 头
u 头戴式耳机
- 人
o 仪器（气象，测风速的）
u 仪器（医学）
u 门环（门）
u 光（电的）
- 肺

u v 项链
- 音符（音乐）
- 卵巢
- 跳伞者
o 典当商标志
- 划船人（在船上）
- 剪刀
o 种荚（枫木）
u v 弹弓
u 宇宙飞船（科幻小说）
- 听诊器
- 睾丸
u 钳子（冰）
u 嫩枝
u 浮水圈
o 叉骨
u v “V”（和平的符号）

D4

- 解剖
- 动物
u v 动物（史前的）
- 臂
u 靴子（小丑）
- 臭虫
o 毛虫
- 黄瓜
u v 龙
o 鳗鱼
- 鱼
- 头（动物）
u v 头（动物，史前的）
- 头（鸟，除孔雀或天鹅之外）
- 头（人的）
u v 头（孔雀）
u v 头（天鹅）
u 角，触角（Horn）
- 昆虫
u 植物
u v 萨克斯管
o v 海马
u 烟
u 蜗牛
o 蛇
u 尾巴（鸟）
- 树
- 翅膀

D5

o v 天使
- 臭虫
u 晒衣夹
u v 耶稣受难像
u v 魔鬼
- 脸
o 头（动物，长耳朵的）
- 头（动物，无长耳的）
- 头（人）
u 头（昆虫，有触角）
o v 人
u v 像人的形象
- 昆虫
o 面具
u v 大头钉
u v 牙齿
u 镊子

D6

- 解剖
- 动物
o v 类人猿
u 风笛
- 蝙蝠
u 鸟
u 胸罩
- 乳房
o 桥（天然的）
- 云
u 珊瑚
u v 玩偶

D6（续上表）

图卡 X	常见反应 P 是 D1：螃蟹或蜘蛛 Z 值：ZW = 5.5 ZA = 4.0 ZD = 4.5 ZS = 6.0

u 鸭子
\- 眼镜
\- 脸
u v 花
o v 幽灵
o v 大猩猩
\- 手
u v 头（动物）
u 头（鸟）
\- 头（人）
o v 人
o v 似人的形象
\- 昆虫
\- 下巴；狭窄入口（Jaw）
\- 肺
o v 怪物
u 巢
\- 鼻子
\- 卵巢
u 烟斗（抽烟者的）
u 贝壳
u 骨骼的
u 水

D7

o 动物（正在跳跃的）
o 蚂蚁
\- 鸟
u 树枝
\- 蛤
u 爪
o 蟑螂
u 茧
o 螃蟹
o 小龙虾
o 鹿
\- 狗
\- 脸
\- 鱼
\- 青蛙
o 蝗虫
\- 人
\- 肾
u 龙虾
o 巢
u 螳螂
u 啮齿动物（头朝 D9）
o 根
u 火蜥蜴
u 蝎子
\- 海洋动物
u 种荚
u 蜘蛛
u 扁虱
u 野草

D8

\- 动物（非特指的）
u 动物（卡通或史前的）
o 蚂蚁
u 蜜蜂
o 甲虫
u 水牛
o 臭虫
u 公牛
\- 猫
\- 小鸡（Chicken）
u 花栗鼠
u 螃蟹
o 生物（兽，怪物）
u 蟋蟀
o 龙
u 侏儒（Dwarf）
u 矮人，小精灵
u 徽章
\- 脸
\- 鱼
u 青蛙
u 侏儒（Gnome）
\- 山羊
\- 头（动物）
o 头（像动物的生物）
\- 头（人）
u 头（像人的生物）
o 头（昆虫）
\- 人
o 昆虫
\- 蜥蜴
u 面具
\- 猴子
o 怪物（动物的）
o 怪物（像人的）
u 鹦鹉
u 豪猪
u 啮齿动物
u 根
\- 海洋动物
\- 小虾
\- 骨骼的
\- 蜘蛛的
u 巨魔
u 麒麟，独角兽
\- 巫婆

D9

\- 解剖（除肠外）
\- 动物
u 像动物的生物
u 咸肉、熏肉
o 血
u 骨
\- 臭虫
o 毛虫
u 云
u 海岸线（加州）
o 珊瑚虫，珊瑚
\- 海豚

D9（续上表）

图卡 X

常见反应 P 是 **D1**：螃蟹或蜘蛛

Z 值：ZW = 5.5　ZA = 4.0　ZD = 4.5　ZS = 6.0

u	鳗鱼
o	小精灵
o	火
-	头发
-	头
o	人（提到下肢是模糊的）
u	人（没有提到下肢是模糊的）
o	似人的形象
u	昆虫
u	肠
u	岛屿
-	意大利
-	地图
u	地图（地形学上的）
o	美人鱼
o	微生物
u	山系（通常从空中看）
o	木乃伊
-	鼠海豚
u	海马
u	蜗牛
u	海绵
o	蠕虫

D10

-	解剖
u v	天使
-	动物
o	凉亭，藤架
o	拱形
u v	鸟
u	蝴蝶
u	毛虫
u v	梳子（装饰的）
o v	门环
-	花
u	喷泉
-	漏斗，烟囱
u v	头（动物，有角的）
-	头
o v	角，触角（Horns）
o v	人（D5，其他区域被当做旗、烟、彩色纸带、秋千等）
-	昆虫
u	里拉琴
u	髭，胡子
u	项链
o v	跳伞者
u v	骨盆
u	海草
o	灌木［Shrub（s）］
u v	“U”，U 形，字母 U
o	叉骨，Y 字形的东西
u	蠕虫

D11

u	飞机
-	动物
-	扫帚
u	建筑物（有烟囱或塔）
o	蜡烛（有人拿着）
u	城堡
-	蜈蚣
o	埃菲尔铁塔
-	脸
u	脸（怪物）
u v	花
u v	漏斗，烟囱
o	头盔（科幻小说）
-	人
o	昆虫（D8，D14 为其他物体）
-	肠
-	肺
u	面具
o	发射物（有烟或发射台）
u	槲寄生
-	神经系统
u	植物
o	火箭（有烟或发射台）
o	根
u	骨骼的
-	头骨
o	太空船
u	雕像
o v	火把
u v	树
-	X 光片（特指的）
u	X 光片（非特指的）

D12

u	豆
-	鸟
o	水牛，野牛
o	臭虫
o	公牛
u	爪
o	母牛
u	狗
-	鱼
u	山羊
u	蚱蜢，蝗虫
o	昆虫
u	小羊，羔羊
o	叶
-	植物
u	泡菜
o	公羊
-	啮齿动物
u	种荚
o	麒麟，独角兽
u	鲸

D13

o <	动物（通常躺着或跳跃，包括很广的范围：熊、公

D13（续上表）

图卡　X	常见反应 P 是 D1：螃蟹或蜘蛛 Z 值：ZW = 5.5　ZA = 4.0　ZD = 4.5　ZS = 6.0

	牛、猫、狗、狮子、兔子等）
-	蚂蚁
-	鸟
u	臭虫
u	云
-	脸
u	鱼
-	花
u	蘑菇（Fungus）
-	头
-	人
u	昆虫
u	叶，树叶
u	垫子（Mat）
u	牡蛎
o	薯片
u	岩石
-	贝壳
u	海胆
u	海绵
-	树
u	鲸

D14

-	动物
u	动脉，要道（Artery）
u	警棍
u	野鸟喂食器
o	骨
o	蜡烛
o	烟囱
u	铁锹
-	脸
-	手指
u	长笛
u	把手
-	头
-	人
-	刀
u	原木
o	导弹
u	铅笔（没有削尖的）
u	阴茎
o	支柱，标杆
o	岩石
u	根
u	尺子
u	散弹猎枪
o	脊髓
u	雕像
u	棍，棒
o	火炉管
u	剑
u	望远镜
u	试管
u	轮胎泵
u	花瓶

D15

-	动物
o	鸟
o	蓓蕾（花）
u	蝴蝶
-	云
u	鱼
o	花
-	头
-	昆虫
-	水母
u	叶，树叶
o	玫瑰
-	海豹
-	烟
-	海象
u	翅膀

Dd21

-	动物
u v	天线；触角（Antennae）
u	拱门（Arch）
u v	鸟（正在飞）
-	回飞棒
o v	蝴蝶（正面图）
u v	峡谷（Canyon）
u v	V 形臂章
o v	花（有时包括 D6）
-	人
-	昆虫
u v	平底船（小船）
u	风景
u v	装饰物（Ornament）
u	钳子（锋利的）
u	暗礁
-	音叉
u	镊子
u v	叉骨

DdS22

-	解剖
u	图案（抽象）
-	脸
-	头
u	岛屿
-	地图（特指的）
u	地图（非特指的）
-	面具
u	水下景色

Dd25

u	海岸线
-	头（动物）
o	头（人的）
o	头（似人的）

Dd26

-	胸部，乳房（Breast）
-	脸（动物）
u	脸（人的，侧面）
u	脸（像人的，侧面）

（续上表）

图卡 X	常见反应 P 是 **D1**：螃蟹或蜘蛛 Z 值：**ZW = 5.5　ZA = 4.0　ZD = 4.5　ZS = 6.0**

	Dd27	u	短桨（D11 作为手柄）	-	眼睛
-	脸		**DdS30**	-	头
u	昆虫	-	骨骼	u	桔，橙
-	海藻	u	水	u	太阳
-	树		**Dd31**	o	胡桃
	Dd28	u v	头（动物）		**Dd34**
-	小丑	u v	头（毛虫）	u	篮
u	昆虫	-	头（人的）	u	瓶子
u	傀儡（Puppet）	u v	头（像人的）	-	子弹
u	根		**Dd32**	-	头
	DdS29	-	动物	-	头骨
o	佛	u	头（动物）	u	牙齿
o	孩子（手向上）	-	头（人的）		**Dd35**
-	脸		**Dd33**	-	动物
o	风扇（D11 作为手柄）	o	橡树果	u	人（在悬崖上）
o	人（坐着或蹲坐着）	u	球	-	爬行动物
u	灯笼（有时 D11 作为手柄）	u	小甜饼	u	树（在悬崖上）

表 B 应该编码为 FQ+的反应案例

图卡	反应	询问
Ⅰ	这看起来像一只那种蝴蝶，它有不规则的边缘和斑纹，有小的触须。	主试：（重复被试的反应） 被试：对，大部分的蝴蝶有比较整齐的翅膀，但是有些罕见的蝴蝶有像这样不规则的结构，并且有三角形的白色斑纹。这里是非常小的触须。头上有小的圆点（nobs），尾巴在这里。
Ⅰ	有一个人站在中间，有人围着她在跳舞，穿着大大的下垂的斗篷，他们还戴着小帽子。	主试：（重复被试的反应） 被试：这是人、腿、腰。这里上面是她的手，没有看到她的头，或许她也在跳舞，她的头在后面，两边有其他的跳舞者。 主试：其他的跳舞者？ 被试：这里是他们垂下的长长的斗篷。他们的头在这里。这里下面看起来像他们的脚，可能是平衡动作或者舞蹈，他们看起来都戴着小帽子，看上面这里。
Ⅱ	有两个巫婆，她们戴着红色的帽子，她们向里斜靠，手搭在一起。	主试：（重复被试的反应） 被试：她们拥抱在一起，好像正在念一句咒语。她们的手一起在这里。在她们前面有一架火炉。她们戴着尖尖的红帽子，这应该是她们的鼻子、手，她们穿着斗篷，挨着她们身体的看起来应该是斗篷。下面这里有一个火炉在熊熊燃烧，看火焰正向外扑出来。
Ⅱ	一个火箭宇宙飞船，机翼展开，底部喷出强劲气流，一个指挥舱在上面这里，狭窄的逃生分离舱接近顶部。	主试：（重复被试的反应） 被试：有几分像 Buck Rogers 宇宙飞船，圆形的指挥舱，一个逃生分离舱，火焰从后面喷出来，像在发射。看这红色像喷出的火焰，在黑暗的背景中整个东西显得很明亮，像是在夜晚。
Ⅲ	两个土著妇女，胸部在这里，一个大锅在中间，她们穿着围裙，脖子上戴着项圈。	主试：（重复被试的反应） 被试：大锅在这里，这里是她们的头、下巴、鼻子、前额，这些是颈圈、她们的胸部、手臂和腿，这像一件围裙。她们弯腰伏在大锅上。
Ⅳ	这看起来像一个男人，弓着身正在骑单车或摩托车，他戴着一顶小头盔，他正把脚伸出来。	主试：（重复被试的反应） 被试：这里是他的大腿，这样伸出来，中间像摩托车的轮胎，这些是车的把手，当它们向下弯曲时，看它们怎样达到这个状态。这是身体，上面这里像他的头，可能俯身向前，你可以看到头盔。这里是他的大脚。
Ⅳ	它看起来像一个动物或者怪物，像你在一个展览上看到的，小小的手臂，一个奇怪的头，大脚，像电视里的愚蠢的怪物。	主试：（重复被试的反应） 被试：手臂、头、鼻子、眼睛，像是你抬头 45°角看上去，大脚，足跟看起来比较大，一个大脚趾，一个非常大的尾部结构。

（续上表）

图卡	反应	询问
Ⅴ	这看起来像两个人，正背靠背坐在地板上休息，他们像是戴着滑雪帽，他们盖着毯子。	主试：（重复被试的反应） 被试：他们背靠背，这里是他们的头，这是塔斯社帽，像滑雪者有时戴的。他们的腿在这里伸出来，看他们的轮廓线，但是身体看起来太宽大了，就像他们是盖着一张毯子，你可以看到这些凸出的部分，可能是他们的手臂和膝盖所在的地方。
Ⅴ	它看起来像一只秃鹰。	主试：（重复被试的反应） 被试：哦，它把腿伸出向前面。一条分叉的尾巴，这是庞大的锯齿状的翅膀，它们向后倾斜。它们非常不规则，轮廓是不规则的，它们有尖的爪子，我想秃鹰有像这样的翅膀。
Ⅵ <	这看起来像战斗中的一艘潜艇，你可以看到指挥塔，炸弹在它前面爆炸。	主试：（重复被试的反应） 被试：这是指挥塔，船头，这是吃水线，船体，这里是船尾，外面这里像是炸弹，像正被炮击，看这溅起的水花。
Ⅶ	这像两个在跷跷板上的小孩子，小女孩，她们的马尾辫向上晃起来。	主试：（重复被试的反应） 被试：是的，一个在这里和这里，看这个头、小鼻子、嘴巴，这是马尾辫，这像是她们靠着的一根棒子，她们像是坐着，这里下来是这个东西的底座，有几分向上弯成弧形，像是跷跷板。
Ⅷ	这是旋转木马，也许是一幅旋转木马的油画，像一幅精心设计的油画，每一部分都用不同的颜色来详细表现。	主试：（重复被试的反应） 被试：哦，侧面有两只动物，像是用后腿站着。这个蓝色的正方形部分应该是机器。顶部像有帐篷。圆形的底座在下面这里。
Ⅷ <	这看起来像一只动物，走在一些竖立在水中的岩石和其他东西上。从岩石走到这里下面的树桩，下面这里全是它的倒影。	主试：（重复被试的反应） 被试：这里，这个粉红的，看头、腿和尾巴，看尾巴，看见尖的鼻子。这个橙色的像是一个大大的圆石。它走在这些小石头上面。它的前爪在这里竖起来的树桩上。蓝色的是水，所有的细节都倒映在下面这里。
Ⅷ	让我们看看，两只老鼠。	主试：（重复被试的反应） 被试：有两只，一只在这里，这里（指），它们有四条腿、尾巴、头、躯干、耳朵、鼻子、眼睛和小的前脚。
Ⅸ <	这看起来像是一个粗壮的人，在这个小山上追一个小孩。	主试：（重复被试的反应） 被试：哦，这里是人，看起来像一个妇女，可以说是笨重的，看头、身体，这是她的手臂。在她前面的是一个小孩子，看头，她的身体，她的头发好像在风中飞舞。这像是一座小山，一路升高，可能是一座沙丘，因为它是橙色的，他们好像正在沙上奔跑。

（续上表）

图卡	反应	询问
Ⅸ	一个颜色非常鲜艳的头巾，像你在亚洲看到的。	主试：（重复被试的反应） 被试：在每一边的顶部都有大片的橘黄色尖的部分，接着是一个拱形把两个部分连接起来。下面这里是两个动物的头，一边一个（D1），看鼻子、下巴，这个应该是眼睛。中间有一个沙漏的形状。接着下面这里粉红色的是一个扎在头上的带子。
X	它看起来像是水族馆的里面。	主试：（重复被试的反应） 被试：有许多水下生物。蓝色和褐色的看起来像螃蟹，它们有许多伸出来的腿。绿色的看起来像植物。粉红色的看起来像是木头或者珊瑚。下面这个绿色的像是两只海马，看弧形的头。黄色的像是变形虫，但是体型比较大，并且有圆形的中心。这褐色的应该是某种贝壳。
X	它可能是埃菲尔铁塔前面的花园，你从花园看过去便可看见埃菲尔铁塔。	主试：（重复被试的反应） 被试：哦，这个背景是埃菲尔铁塔（D11）。高大的结构和白色的到铁塔的人行道。它布满了粉红色的花圃（D9）。人行道那里是两个小小的水池（D6）和一些雕像，在起点这里是一个拱门。两个狮子的雕像（D2），看腿和头，像是蹲着。在人行道更远处那儿是一个小小的三角形雕像，看这里（D3）。我没有把粉红区域外面的东西算上。

11. 描述性统计

这一章包括了若干非病人和病人的数据表，它们对理解和使用罗夏测验有帮助。本章所展示的数据，与本工作手册以前的版本或《罗夏测验：综合系统》三卷本的不同版本给出的数据并无特别差异，只是在格式上有些不同。

过去，团体参照数据都是在一个表格中呈现的，并没有在同一样本中再考虑区分出亚群。虽然，以这种方式呈现的数据在解释测验时是有用的，但也有误导性。这是因为有些变量的分布是双峰的甚至是三峰的。造成这种不常见分布的主要原因是反应风格的差异，例如 EB（内向型、外向型和中间型）或者 Lambda（回避型）的差异。

例如，按照定义，内向风格给出的人物运动反应比色彩反应多，而外向风格则正好相反。当把这些亚群体的 M 和 WSumC 数据混合在一起而构成一个复合数据集，由此形成的针对两个变量的描述性统计就会具有欺骗性。它们不能很好地代表内向风格或外向风格。如果只涉及两个变量，只与两种反应风格有关，那这问题还不重要。然而，内向和外向风格在频数方面的差异所涉及的决定因子、内容和特殊分数达 20 多个。如果将中间型算入其中，差异就更说不清了。如果再将 Lambda 考虑在内，问题就变得更加复杂了。

Lambda 反映纯 F 反应在测验记录中所占的比例。纯 F 反应是经济性反应，几乎在每一份测验记录中都会发现。当纯 F 反应很多时，Lambda 的值可达到 1.0 或者更大，而其他决定因子和一些附加变量的频率会降低。有时，一个高的 Lambda 值仅代表对测验的一种防御形式，但有很多高 Lambda 的测验记录代表的却是一种反应风格，这种风格比由 EB 所区分的内向或者外向风格更具威力或更有特色。当来自高 Lambda 测验记录的数据与那些内向、外向和中间型的数据混合在一起时，产生误导性描述性统计的可能性便会增大。常模数据反映的是对整个群体的研究结果，它所揭示的特征应该是每个亚群体都具有的共同特征。

参照数据的主要目的是为测验结果的解释提供帮助。既然上文提到不同的反应风格，表明了对测验迥然不同的态度，那么在实际运用时，呈现数据最好是以那些风格为框架。本章中的一些表格就是在此框架下设计的。

十个表的数据（表 13 至表 22）来自 600 个成年非病人的测验记录，部分按地区分布和社会经济学水平进行了分层。样本包括 300 个男性和 300 个女性，比起本工作手册以前版本中的非病人数据，男女各少了 50 人。减少的原因是当使用分层标准对 700 个非病人样本进行筛选时，其中包括有 200 多份完全一样的记录。这样的记录一旦查明就会从样本中删除，并且大多数被替换成本章所用样本的数据。

开头涉及非病人数据的两个表包括了全体样本混合的数据。这些数据主要是给那些有研究兴趣的研究者提供的。剩下的八个数据表是按照不同亚组编排的，包括内向风格、中间型、外向风格和回避型（高 Lambda）。对测验的解释者来说，它们应该是最有用的。

表23和24包含了1 390个非病人儿童样本的参考数据，按年龄分层，年龄跨度从5岁到16岁。对这个样本没有再按反应风格进行分层，因为这样做会导致样本规模太小，以至于不能提供有意义的数据。事实上，使用这些数据应该非常谨慎。首先，任何年龄组所包含的人数并不是很多。其次，有些儿童是由父母自愿送来参加非病人项目的。在逻辑上，父母通常不愿意让儿童自愿来参加这个项目，除非他们对自己的孩子有信心。因此，在各年龄组的儿童中，表现非常好的儿童所占比例可能会过多。

表25至表34包括了535个成年门诊病人的数据，他们有多种多样的症状。与成年非病人数据表类似，头两个表包括了全体样本的数据，后八个数据表是按不同反应风格制定的。剩下的数据表（表35至表42）由279个被诊断为抑郁症和328个首次住院的精神分裂症病人构成。对此样本按照Lambda（L<1.0和L>0.99）再进行分层。没有对反应风格做进一步区分，因为这样做会导致构成亚组的样本量太小，而失去意义。

在检查一个表时，对一个变量的所有数据都要加以考虑，如果单独考虑均数和标准差，会将许多罗夏测验的变量导入歧途，尤其是那些J形曲线（J-curve）分布的变量。每个表都包含了中位数和众数，因为它们通常能为某个变量提供比较有实际意义的信息。特别是对那些标准差放在括号里的变量。将标准差（SD）放在括号里，意味着使用标准差去建立预期的或者“正常的”范围非常具有误导性，通常不应被用于解释的框架中。

表 13 成年非病人描述性统计资料（N =600）

变量	平均数	标准差	最小值	最大值	频数	中位数	众数	偏度系数	峰度系数
年龄	31.73	10.69	19.00	69.00	600	30.00	22.00	1.34	1.65
受教育年限	13.43	1.58	8.00	19.00	600	13.00	12.00	0.33	0.22
R	22.32	4.40	14.00	43.00	600	22.00	23.00	0.86	1.90
W	8.28	2.36	3.00	24.00	600	8.00	9.00	1.67	7.82
D	12.88	3.77	0.00	32.00	598	13.00	14.00	-0.14	1.72
Dd	1.16	[1.67]	0.00	15.00	370	1.00	0.00	4.00	24.01
S	1.57	[1.28]	0.00	10.00	514	1.00	1.00	1.99	7.61
DQ +	7.36	2.23	1.00	19.00	600	7.00	6.00	0.53	1.24
DQo	13.58	3.67	5.00	36.00	600	14.00	15.00	1.26	5.69
DQv	0.98	[1.26]	0.00	6.00	306	1.00	0.00	1.35	1.30
DQv/ +	0.39	[0.61]	0.00	2.00	193	0.00	0.00	1.32	0.65
FQx +	0.71	0.88	0.00	5.00	290	0.00	0.00	1.33	2.19
FQxo	16.44	3.34	7.00	29.00	600	17.00	17.00	0.25	0.59
FQxu	3.49	2.03	0.00	16.00	580	3.00	3.00	1.50	5.33
FQx-	1.56	1.20	0.00	8.00	513	1.00	1.00	1.25	2.58
FQxNone	0.11	[0.37]	0.00	3.00	60	0.00	0.00	3.80	17.53
MQ +	0.44	0.68	0.00	3.00	210	0.00	0.00	1.52	1.98
MQo	3.57	1.84	0.00	8.00	595	3.00	3.00	0.42	-0.62
MQu	0.21	0.51	0.00	5.00	104	0.00	0.00	3.24	16.14
MQ-	0.07	[0.27]	0.00	2.00	35	0.00	0.00	4.48	21.40
MQNone	0.01	[0.08]	0.00	1.00	4	0.00	0.00	12.15	146.23
S-	0.25	[0.56]	0.00	3.00	117	0.00	0.00	2.71	8.25
M	4.30	1.95	1.00	10.00	600	4.00	3.00	0.48	-0.55
FM	3.74	1.31	0.00	9.00	598	4.00	4.00	0.15	0.58
m	1.28	0.99	0.00	6.00	458	1.00	1.00	0.62	0.61
FM + m	5.01	1.70	0.00	12.00	599	5.00	5.00	0.20	0.25
FC	3.56	1.88	0.00	9.00	580	3.00	3.00	0.38	-0.24
CF	2.41	1.31	0.00	7.00	564	2.00	3.00	0.29	-0.17
C	0.12	[0.37]	0.00	3.00	61	0.00	0.00	3.76	17.14
Cn	0.01	[0.08]	0.00	1.00	4	0.00	0.00	12.15	146.23
Sum Color	6.09	2.44	0.00	12.00	599	6.00	5.00	0.11	-0.66
WSumC	4.36	1.78	0.00	9.50	599	4.00	3.50	0.11	-0.54
Sum C′	1.49	[1.16]	0.00	10.00	490	1.00	1.00	1.41	5.96
Sum T	0.95	[0.61]	0.00	4.00	490	1.00	1.00	0.83	3.33
Sum V	0.28	[0.61]	0.00	5.00	124	0.00	0.00	2.71	9.58
Sum Y	0.61	[0.96]	0.00	10.00	262	0.00	0.00	3.53	23.46
Sum Shading	3.32	2.09	0.00	23.00	588	3.00	3.00	2.54	15.45
Fr + rF	0.11	[0.43]	0.00	4.00	48	0.00	0.00	4.98	30.45
FD	1.18	[0.94]	0.00	5.00	456	1.00	1.00	0.84	1.35
F	7.95	2.83	2.00	23.00	600	8.00	7.00	0.92	2.04
(2)	8.52	2.18	1.00	21.00	600	8.00	8.00	0.29	2.11

(续上表)

变量	平均数	标准差	最小值	最大值	频数	中位数	众数	偏度系数	峰度系数
3r+(2)/R	0.40	0.09	0.03	0.87	600	0.39	0.33	0.47	3.86
Lambda	0.60	0.31	0.11	2.33	600	0.53	0.50	2.27	8.01
EA	8.66	2.38	2.00	18.00	600	9.00	9.50	-0.04	0.42
es	8.34	2.99	3.00	31.00	600	8.00	7.00	1.43	6.58
D Score	-0.03	0.97	-10.00	3.00	600	0.00	0.00	-3.06	24.34
AdjD	0.15	0.82	-5.00	3.00	600	0.00	0.00	-0.88	5.89
a(active)	6.44	2.23	0.00	14.00	599	6.00	6.00	0.32	0.01
p(passive)	2.90	1.64	0.00	9.00	572	3.00	2.00	0.57	0.03
Ma	2.90	1.57	0.00	8.00	583	3.00	2.00	0.52	-0.26
Mp	1.42	1.03	0.00	5.00	493	1.00	1.00	0.53	-0.13
Intellect	1.57	1.48	0.00	9.00	449	1.00	1.00	1.27	2.16
Zf	11.84	2.78	5.00	27.00	600	12.00	12.00	0.87	3.44
Zd	0.57	2.98	-11.50	9.50	560	0.50	-1.00	0.31	0.48
Blends	5.15	2.08	0.00	12.00	598	5.00	5.00	0.00	-0.26
Blends/R	0.24	0.10	0.00	0.67	598	0.24	0.26	0.35	0.65
Col-Shd Blends	0.45	[0.68]	0.00	5.00	215	0.00	0.00	1.70	4.12
Afr	0.67	0.16	0.23	1.29	600	0.67	0.67	0.35	0.65
Populars	6.58	1.39	3.0	10.00	600	6.00	6.00	-0.09	-0.47
XA%	0.92	0.06	0.57	1.00	600	0.94	0.96	-1.34	3.68
WDA%	0.94	0.06	0.54	1.00	600	0.95	1.0	-1.42	4.93
X+%	0.77	0.09	0.35	1.00	600	0.78	0.80	-0.86	2.33
X-%	0.07	0.05	0.00	0.43	513	0.05	0.04	1.41	4.56
Xu%	0.15	0.07	0.00	0.45	580	0.15	0.13	0.54	0.86
Isolate/R	0.19	0.09	0.00	0.60	588	0.18	0.16	0.51	0.41
H	3.21	1.71	0.00	9.00	595	3.00	2.00	0.97	0.84
(H)	1.22	1.02	0.00	6.00	432	1.00	1.00	0.65	0.48
HD	0.84	1.02	0.00	7.00	336	1.00	0.00	1.98	6.60
(Hd)	0.21	050	0.00	4.00	109	0.00	0.00	2.90	11.25
Hx	0.03	[0.23]	0.00	4.00	14	0.00	0.00	11.29	164.54
All H Cont	5.49	1.75	1.00	15.00	600	5.00	5.00	0.59	1.24
A	7.96	2.25	3.00	25.00	600	8.00	7.00	1.06	5.03
(A)	0.27	[0.54]	0.00	3.00	137	0.00	0.00	2.31	6.38
Ad	2.30	[1.20]	0.00	9.00	571	2.00	2.00	0.79	2.85
(Ad)	0.10	[0.34]	0.00	2.00	53	0.00	0.00	3.57	13.07
An	0.54	[0.77]	0.00	4.00	243	0.00	0.00	1.59	2.81
Art	0.90	0.91	0.00	5.00	363	1.00	0.00	0.98	1.20
Ay	0.35	[0.52]	0.00	3.00	198	0.00	0.00	1.23	1.38
Bl	0.20	[0.46]	0.00	3.00	104	0.00	0.00	2.40	5.80
Bt	2.37	1.32	0.00	6.00	551	2.00	3.00	0.17	-0.29
Cg	1.41	1.09	0.00	5.00	482	1.00	1.00	0.73	0.29
Cl	0.14	[0.38]	0.00	2.00	78	0.00	0.00	2.67	6.76
Ex	0.20	[0.40]	0.00	2.00	119	0.00	0.00	1.57	0.74

（续上表）

变量	平均数	标准差	最小值	最大值	频数	中位数	众数	偏度系数	峰度系数
Fi	0.56	[0.77]	0.00	4.00	240	0.00	0.00	1.09	0.22
Food	0.21	[0.47]	0.00	3.00	112	0.00	0.00	2.26	5.03
Ge	0.05	[0.24]	0.00	2.00	27	0.00	0.00	5.18	28.97
Hh	0.99	0.90	0.00	4.00	407	1.00	1.00	0.85	0.57
Ls	0.86	0.79	0.00	3.00	382	1.00	1.00	0.60	-0.23
Na	0.36	[0.63]	0.00	6.00	178	0.00	0.00	2.35	11.12
Sc	1.12	[1.15]	0.00	6.00	388	1.00	0.00	1.22	1.96
Sx	0.11	[0.47]	0.00	5.00	46	0.00	0.00	6.16	48.09
Xy	0.05	[0.24]	0.00	2.00	29	0.00	0.00	4.8	24.46
Idio	1.36	1.32	0.00	7.00	404	1.00	0.00	1.03	1.43
DV	0.59	[0.78]	0.00	4.00	266	0.00	0.00	1.36	1.77
INCOM	0.56	[0.78]	0.00	4.00	263	0.00	0.00	1.74	3.91
DR	0.39	[0.69]	0.00	4.00	175	0.00	0.00	1.97	4.15
FABCOM	0.27	[0.52]	0.00	3.00	141	0.00	0.00	1.85	3.02
DV2	0.00	[0.06]	0.00	1.00	2	0.00	0.00	17.27	297.49
INC2	0.02	[0.13]	0.00	1.00	10	0.00	0.00	7.57	55.49
DR2	0.01	[0.11]	0.00	1.00	8	0.00	0.00	8.50	70.61
FAB2	0.03	[0.16]	0.00	1.00	16	0.00	0.00	5.89	32.81
ALOG	0.04	[0.20]	0.00	2.00	21	0.00	0.00	5.58	33.07
CONTAM	0.00	0.00	0.00	0.00	0	0.00	0.00	—	—
Sum 6 Sp Sc	1.91	1.47	0.00	7.00	496	2.00	1.00	0.80	0.56
Lvl 2 Sp Sc	0.06	[0.25]	0.00	2.00	34	0.00	0.00	4.33	19.52
WSum6	4.48	4.08	0.00	28.00	496	4.00	0.00	1.42	3.25
AB	0.16	[0.43]	0.00	3.00	84	0.00	0.00	2.82	8.39
AG	1.11	1.15	0.00	5.00	380	1.00	0.00	1.02	0.60
COP	2.00	1.38	0.00	6.00	498	2.00	2.00	0.25	-0.63
CP	0.01	[0.09]	0.00	1.00	5	0.00	0.00	10.84	115.98
GOODHR	4.93	1.78	0.00	10.00	598	5.00	5.00	0.36	0.02
POORHR	1.53	1.46	0.00	8.00	431	1.00	1.00	1.25	2.30
MOR	0.79	[0.89]	0.00	4.00	321	1.00	0.00	1.01	0.60
PER	0.92	0.91	0.00	5.00	385	1.00	1.00	1.33	3.39
PSV	0.07	[0.25]	0.00	2.00	38	0.00	0.00	3.84	14.28

注意：加括弧的标准差，表明此数值可能是不可靠的和/或误导性的，不能用于估算预期范围。通常这些变量不用于大多数的参数分析。

表 14　成年非病人的 36 个变量的频率(N＝600)

人口统计学变量

婚姻状况			年龄			种族		
单身	165	28%	18～25	195	33%	白人	493	82%
同居	49	8%	26～35	240	40%	黑人	60	10%
已婚	270	45%	36～45	102	17%	西班牙和葡萄牙裔	36	6%
分居	32	5%	46～55	32	5%	亚裔	11	2%
离婚	72	12%	56～65	23	4%			
丧偶	12	2%	>65	8	1%			

性别			受教育程度		
男性	300	50%	少于 12 年	32	5%
女性	300	50%	12 年	163	27%
			13～15 年	318	53%
			16＋年	87	15%

比率、百分比和特殊指数

风格			形状质量变异		
内向型	199	33%	XA% >.89	443	74%
普遍内向型	52	9%	XA% <.70	2	0%
中间型	116	19%	WDA% <.85	29	5%
外向型	227	38%	WDA% <.75	3	1%
普遍外向型	59	10%	X＋% <.55	9	2%
回避型	58	10%	Xu% >.20	129	22%
			X-% >.20	15	3%
			X-% >.30	2	0%

D-分数			FC:CF＋C 比例		
D>0	100	17%	FC>(CF＋C)＋2	151	25%
D＝0	420	70%	FC>(CF＋C)＋1	245	41%
D<0	80	13%	(CF＋C)>FC＋1	70	12%
D<－1	29	5%	(CF＋C)>FC＋2	24	4%
Adj D>0	151	25%			
Adj D＝0	389	65%			
Adj D<0	60	10%			
Adj D<－1	21	4%			
Zd>＋3.0(过度组合)	100	17%	S-CON 阳性	0	0%
Zd<-3.0(组合不足)	39	7%	HVI 阳性	18	3%
			OBS 阳性	8	1%

PTI＝5	0	0%	DEPI＝7	2	0%	CDI＝5	2	0%
PTI＝4	0	0%	DEPI＝6	4	1%	CDI＝4	21	4%
PTI＝3	1	0%	DEPI＝5	24	4%			

（续上表）

其他变量					
R < 17	58	10%	(2AB + Art + Ay) > 5	12	2%
R > 27	55	9%	P < 4	7	1%
DQv > 2	73	12%	P > 7	184	31%
S > 2	86	14%	COP = 0	102	17%
Sum T = 0	110	18%	COP > 2	213	36%
Sum T > 1	65	11%	AG = 0	220	37%
3r + (2)/R < 0.33	80	13%	AG > 2	74	12%
3r + (2)/R > 0.44	140	23%	MOR > 2	26	4%
Fr + rF > 0	48	8%	Level 2 Sp. Sc. > 0	34	6%
纯 C > 0	61	10%	GHR > PHR	526	88%
纯 C > 1	7	1%	纯 H < 2	71	12%
Afr < 0.40	18	3%	纯 H = 0	5	1%
Afr < 0.50	66	11%	p > a + 1	11	2%
(FM + m) < Sum Shading	87	15%	Mp > Ma	82	14%

表 15 内向风格成人的描述性统计资料（N = 199）

变量	平均数	标准差	最小值	最大值	频数	中位数	众数	偏度系数	峰度系数
年龄	33.23	11.39	19.00	69.00	199	31.00	26.00	1.26	1.30
受教育年限	13.69	1.52	8.00	18.00	199	14.00	14.00	0.08	0.05
R	22.90	4.84	14.00	38.00	199	23.00	20.00	0.63	0.56
W	8.62	2.59	3.00	20.00	199	8.00	8.00	1.58	6.26
D	13.01	3.88	0.00	22.00	198	13.00	14.00	-0.06	0.96
Dd	1.27	[1.34]	0.00	9.00	137	1.00	1.00	1.97	7.36
S	1.51	[1.24]	0.00	7.00	165	1.00	1.00	1.35	2.48
DQ +	8.54	2.31	4.00	19.00	199	9.00	9.00	0.15	1.12
DQo	12.77	3.61	5.00	26.00	199	12.00	11.00	0.68	0.40
DQv	1.20	[1.41]	0.00	5.00	111	1.00	0.00	0.97	-0.27
DQv/ +	0.39	[0.61]	0.00	2.00	65	0.00	0.00	1.30	0.63
FQx +	0.79	0.99	0.00	5.00	99	0.00	0.00	1.46	2.71
FQxo	17.00	3.68	8.00	27.00	199	17.00	18.00	0.36	0.52
FQxu	3.64	1.94	0.00	14.00	196	4.00	4.00	1.50	5.39
FQx -	1.45	1.17	0.00	6.00	163	1.00	1.00	0.98	0.85
FQxNone	0.02	[0.14]	0.00	1.00	4	0.00	0.00	6.89	45.95
MQ +	0.52	0.76	0.00	3.00	78	0.00	0.00	1.47	1.77
MQo	5.41	1.36	1.00	8.00	199	5.00	6.00	-0.33	0.12
MQu	0.39	0.69	0.00	5.00	62	0.00	0.00	2.52	10.38
MQ -	0.09	[0.35]	0.00	2.00	13	0.00	0.00	4.33	19.06
MQNone	0.01	[0.10]	0.00	1.00	2	0.00	0.00	9.89	96.96
S -	0.20	[0.48]	0.00	3.00	34	0.00	0.00	3.01	11.58
M	6.42	1.26	2.00	10.00	199	7.00	7.00	-0.02	0.27
FM	3.72	1.21	1.00	6.00	199	4.00	4.00	0.07	-0.31
m	1.47	0.94	0.00	4.00	164	2.00	2.00	0.06	-0.40
FM + m	5.20	1.49	1.00	9.00	199	5.00	5.00	0.17	-0.32
FC	3.03	1.49	0.00	7.00	193	3.00	3.00	0.31	-0.13
CF	1.65	0.82	0.00	5.00	185	2.00	2.00	0.17	0.66
C	0.02	[0.12]	0.00	1.00	3	0.00	0.00	8.02	62.95
Cn	0.00	[0.00]	0.00	0.00	0	0.00	0.00	—	—
Sum Color	4.70	1.65	0.00	9.00	198	5.00	5.00	0.08	0.39
WSumC	3.19	1.07	0.00	6.00	198	3.50	3.50	-0.18	0.36
Sum C′	1.33	[1.13]	0.00	8.00	146	1.00	2.00	1.21	4.89
Sum T	0.93	[0.54]	0.00	3.00	164	1.00	1.00	0.32	2.08
Sum V	0.31	[0.53]	0.00	2.00	54	0.00	0.00	1.53	1.44
Sum Y	0.45	[0.83]	0.00	6.00	65	0.00	0.00	3.06	13.94
Sum Shading	3.01	1.88	0.00	13.00	194	3.00	3.00	1.50	4.30

（续上表）

变量	平均数	标准差	最小值	最大值	频数	中位数	众数	偏度系数	峰度系数
Fr + rF	0.11	[0.49]	0.00	4.00	14	0.00	0.00	5.97	41.10
FD	1.30	[0.95]	0.00	4.00	154	1.00	1.00	0.31	-0.31
F	7.46	2.56	2.00	15.00	199	7.00	7.00	0.48	-0.39
(2)	8.99	2.06	3.00	14.00	199	9.00	8.00	0.38	0.28
3r + (2) /R	0.41	0.09	0.25	0.87	199	0.40	0.38	1.81	6.56
Lambda	0.50	0.17	0.11	0.92	199	0.50	0.33	0.40	-0.17
EA	9.61	2.17	2.00	16.00	199	9.50	9.50	-0.05	0.47
es	8.21	2.72	3.00	21.00	199	8.00	7.00	0.96	2.39
D Score	0.17	0.74	-3.00	2.00	199	0.00	0.00	-0.57	4.25
AdjD	0.41	0.73	-3.00	2.00	199	0.00	0.00	-0.25	2.31
a (active)	7.84	2.09	2.00	14.00	199	8.00	6.00	0.29	-0.30
p (passive)	3.79	1.72	0.00	9.00	192	4.00	5.00	-0.08	-0.29
Ma	4.41	1.27	1.00	8.00	199	4.00	4.00	-0.13	0.08
Mp	2.03	1.12	0.00	5.00	181	2.00	3.00	-0.01	-0.50
Intellect	1.35	1.47	0.00	9.00	136	1.00	1.00	1.67	4.02
Zf	12.80	2.98	6.00	25.00	199	13.00	13.00	0.42	2.52
Zd	-0.12	3.08	-6.50	8.50	190	-0.50	-3.00	0.39	-0.28
Blends	4.83	2.11	0.00	11.00	198	5.00	5.00	0.24	-0.27
Blends/R	0.22	0.10	0.00	0.57	198	0.20	0.25	0.63	0.24
Col-Shd Blends	0.29	[0.52]	0.00	200	52	0.00	0.00	1.56	1.57
Afr	0.64	0.15	0.23	1.14	199	0.67	0.67	0.33	1.03
Populars	6.54	1.36	3.00	10.00	199	6.00	6.00	0.07	-0.11
XA%	0.94	0.05	0.69	1.00	199	0.95	0.95	-1.39	4.25
WDA%	0.95	0.05	0.69	1.00	199	0.96	1.00	-1.50	3.83
X + %	0.78	0.09	0.35	1.00	199	0.79	0.80	-1.36	4.66
X-%	0.06	0.05	0.00	0.31	163	0.05	0.05	1.43	4.47
Xu%	0.16	0.07	0.00	0.45	196	0.15	0.15	0.87	1.92
Isolate/R	0.19	0.10	0.00	0.60	193	0.17	0.13	0.69	1.00
H	4.79	1.71	1.00	9.00	199	5.00	5.00	0.30	-0.09
(H)	1.27	1.19	0.00	4.00	134	1.00	0.00	0.66	-0.46
HD	0.48	0.85	0.00	5.00	65	0.00	0.00	2.25	5.99
(Hd)	0.15	0.40	0.00	2.00	27	0.00	0.00	2.66	6.77
Hx	0.03	[0.16]	0.00	1.00	5	0.00	0.00	6.11	35.75

（续上表）

变量	平均数	标准差	最小值	最大值	频数	中位数	众数	偏度系数	峰度系数
All H Cont	6.69	1.51	2.00	15.00	199	7.00	7.00	0.72	4.14
A	7.91	2.07	3.00	14.00	199	8.00	8.00	0.22	0.07
(A)	0.29	[0.56]	0.00	3.00	48	0.00	0.00	2.19	5.43
Ad	2.34	[1.07]	0.00	5.00	189	2.00	2.00	-0.13	-0.17
(Ad)	0.08	[0.29]	0.00	2.00	15	0.00	0.00	3.71	14.19
An	0.59	[0.79]	0.00	4.00	86	0.00	0.00	1.31	1.60
Art	0.72	0.84	0.00	4.00	103	1.00	0.00	1.12	1.28
Ay	0.38	[0.53]	0.00	3.00	73	0.00	0.00	1.11	1.47
Bl	0.06	[0.27]	0.00	2.00	9	0.00	0.00	5.35	30.64
Bt	2.03	1.25	0.00	5.00	117	2.00	3.00	0.09	-0.73
Cg	1.73	1.27	0.00	5.00	163	1.00	1.00	0.32	-0.79
Cl	0.18	[0.45]	0.00	2.00	31	0.00	0.00	2.48	5.68
Ex	0.31	[0.46]	0.00	1.00	61	0.00	0.00	0.84	-1.30
Fi	0.46	[0.66]	0.00	2.00	72	0.00	0.00	1.15	0.10
Food	0.10	[0.30]	0.00	1.00	20	0.00	0.00	2.67	5.22
Ge	0.03	[0.16]	0.00	1.00	5	0.00	0.00	6.11	35.75
Hh	1.24	1.00	0.00	4.00	151	1.00	1.00	0.70	0.35
Ls	1.14	0.85	0.00	3.00	148	1.00	1.00	0.13	-0.86
Na	0.41	[0.75]	0.00	6.00	60	0.00	0.00	2.88	14.66
Sc	1.09	[1.09]	0.00	6.00	136	1.00	1.00	1.44	2.92
Sx	0.10	[0.49]	0.00	5.00	12	0.00	0.00	6.89	57.06
Xy	0.03	[0.16]	0.00	1.00	5	0.00	0.00	6.11	35.75
Idio	1.42	1.22	0.00	7.00	141	1.00	0.00	0.71	0.97
DV	0.70	[0.89]	0.00	4.00	94	0.00	0.00	1.18	0.78
INCOM	0.51	[0.77]	0.00	4.00	76	0.00	0.00	1.77	3.46
DR	0.30	[0.61]	0.00	3.00	45	0.00	0.00	2.17	4.52
FABCOM	0.27	[0.50]	0.00	3.00	49	0.00	0.00	1.92	4.47
DV2	0.01	[0.07]	0.00	1.00	1	0.00	0.00	14.10	199.00
INC2	0.01	[0.10]	0.00	1.00	2	0.00	0.00	9.89	96.96
DR2	0.03	[0.17]	0.00	1.00	6	0.00	0.00	5.53	28.95
FAB2	0.05	[0.21]	0.00	1.00	9	0.00	0.00	4.41	17.63
ALOG	0.02	[0.16]	0.00	2.00	2	0.00	0.00	11.30	133.83
CONTAM	0.00	0.00	0.00	0.00	0	0.00	0.00	—	—

（续上表）

变量	平均数	标准差	最小值	最大值	频数	中位数	众数	偏度系数	峰度系数
Sum 6 Sp Sc	1.88	1.54	0.00	7.00	155	2.00	2.00	0.70	0.10
Lvl 2 Sp Sc	0.09	[0.32]	0.00	2.00	16	0.00	0.00	3.76	14.75
WSum6	4.30	4.09	0.00	28.00	155	4.00	0.00	1.56	4.97
AB	0.12	[0.42]	0.00	2.00	17	0.00	0.00	3.61	12.41
AG	1.16	1.17	0.00	5.00	132	1.00	1.00	1.09	0.81
COP	2.45	1.54	0.00	6.00	170	2.00	2.00	0.04	-0.76
CP	0.00	[0.00]	0.00	0.00	0	0.00	0.00	—	—
GOODHR	6.24	1.69	2.00	10.00	199	6.00	5.00	-0.04	-0.49
POORHR	1.35	1.45	0.00	7.00	126	1.00	0.00	1.15	1.12
MOR	0.93	[0.98]	0.00	4.00	114	1.00	0.00	0.75	-0.23
PER	0.98	0.87	0.00	5.00	133	1.00	1.00	0.80	1.51
PSV	0.04	[0.19]	0.00	1.00	7	0.00	0.00	5.08	24.10

注意：加括弧的标准差，表明此数值可能是不可靠的和/或误导性的，不能用于估算预期范围。通常这些变量不用于大多数的参数分析。

表 16　内向风格成人的 36 个变量的频率（N＝199）

人口统计学变量

婚姻状况			年龄			种族		
单身	47	24%	18～25	56	28%	白人	172	86%
同居	13	7%	26～35	75	38%	黑人	16	8%
已婚	99	50%	36～45	43	22%	西班牙和葡萄牙裔	5	3%
分居	14	7%	46～55	11	6%	亚裔	6	3%
离婚	21	11%	56～65	10	5%			
丧偶	5	3%	＞65	4	2%			
性别						**受教育程度**		
男性	104	52%				少于 12 年	4	2%
女性	95	48%				12 年	47	24%
						13～15 年	112	56%
						16＋年	36	18%

比率、百分数和特殊指数

风格			形状质量变异		
内向型	199	100%	XA%＞.89	167	84%
普遍内向型	52	26%	XA%＜.70	1	1%
中间型	0	0%	WDA%＜.85	6	3%
外向型	0	0%	WDA%＜.75	1	1%
普遍外向型	0	0%	X＋%＜.55	3	2%
回避型	0	0%	Xu%＞.20	40	20%
			X-%＞.20	4	2%
			X-%＞.30	1	1%
D-分数			**FC：CF＋C 比例**		
D＞0	47	24%	FC＞（CF＋C）＋2	53	27%
D＝0	138	69%	FC＞（CF＋C）＋1	89	45%
D＜0	14	7%	（CF＋C）＞FC＋1	9	5%
D＜－1	6	3%	（CF＋C）＞FC＋2	4	2%
Adj D＞0	82	41%			
Adj D＝0	108	54%			
Adj D＜0	9	5%			
Adj D＜－1	2	1%			
Zd＞＋3.0（过度组合）	33	17%	S-CON 阳性	0	0%
Zd＜-3.0（组合不足）	22	11%	HVI 阳性	6	3%
			OBS 阳性	5	3%

（续上表）

PTI = 5	0	0%	DEPI = 7	0	0%	CDI = 5	0	0%
PTI = 4	0	0%	DEPI = 6	1	1%	CDI = 4	1	1%
PTI = 3	1	1%	DEPI = 5	9	5%			

其他变量

R < 17	18	9%	（2AB + Art + Ay） > 5	2	1%
R > 27	25	13%	P < 4	3	2%
DQv > 2	40	20%	P > 7	58	29%
S > 2	28	14%	COP = 0	29	15%
Sum T = 0	35	18%	COP > 2	97	49%
Sum T > 1	18	9%	AG = 0	67	34%
3r + （2）/R < 0. 33	20	10%	AG > 2	25	13%
3r + （2）/R > 0. 44	52	26%	MOR > 2	13	7%
Fr + rF > 0	14	7%	Level 2 Sp. Sc. > 0	16	8%
纯 C > 0	3	2%	GHR > PHR	187	94%
纯 C > 1	0	0%	纯 H < 2	3	2%
Afr < 0. 40	9	5%	纯 H = 0	0	0%
Afr < 0. 50	25	13%	p > a + 1	3	2%
(FM + m) < Sum Shading	17	9%	Mp > Ma	16	8%

表 17　外向风格成人的描述性统计资料（N＝227）

变量	平均数	标准差	最小值	最大值	频数	中位数	众数	偏度系数	峰度系数
年龄	31.25	11.06	19.00	67.00	227	29.00	22.00	1.38	1.53
受教育年限	13.41	1.61	9.00	19.00	227	13.00	12.00	0.40	0.22
R	22.43	3.09	15.00	32.00	227	22.00	21.00	0.06	0.61
W	8.68	2.11	5.00	24.00	227	9.00	9.00	2.80	15.52
D	12.92	3.26	1.00	23.00	227	13.00	13.00	-0.59	1.50
Dd	0.82	[0.84]	0.00	3.00	130	1.00	0.00	0.65	-0.50
S	1.45	[0.87]	0.00	4.00	205	1.00	1.00	0.62	0.45
DQ +	7.11	1.91	3.00	17.00	227	7.00	6.00	1.21	3.33
DQo	14.00	2.44	7.00	22.00	227	14.00	15.00	-0.19	0.87
DQv	0.87	[1.00]	0.00	5.00	123	1.00	0.00	1.17	1.36
DQv/ +	0.44	[0.61]	0.00	2.00	86	0.00	0.00	1.05	0.09
FQx +	0.86	0.83	0.00	4.00	138	1.00	0.00	0.65	-0.04
FQxo	16.70	2.74	10.00	23.00	227	17.00	17.00	-0.08	-0.15
FQxu	3.22	1.73	0.00	9.00	216	3.00	3.00	0.48	0.25
FQx-	1.49	1.09	0.00	7.00	198	1.00	1.00	1.49	4.28
FQxNone	0.17	[0.42]	0.00	3.00	35	0.00	0.00	2.85	10.50
MQ +	0.57	0.67	0.00	3.00	107	0.00	0.00	0.85	-0.02
MQo	2.36	1.02	0.00	5.00	226	2.00	3.00	0.18	-0.69
MQu	0.04	0.21	0.00	1.00	10	0.00	0.00	4.47	18.17
MQ-	0.02	[0.13]	0.00	1.00	4	0.00	0.00	7.38	52.95
MQNone	0.00	[0.00]	0.00	0.00	0	0.00	0.00	—	—
S	-0.19	[0.45]	0.00	3.00	40	0.00	0.00	2.56	8.09
M	2.99	0.92	1.00	6.00	227	3.00	3.00	0.12	0.52
FM	3.94	1.17	0.00	8.00	226	4.00	4.00	-0.08	0.52
m	1.13	0.96	0.00	6.00	172	1.00	1.00	1.27	3.31
FM + m	5.07	1.59	1.00	9.00	227	5.00	5.00	0.19	-0.15
FC	4.65	1.80	0.00	9.00	224	5.00	5.00	0.04	-0.11
CF	3.45	1.07	0.00	7.00	226	3.00	3.00	0.18	0.59
C	0.19	[0.47]	0.00	3.00	37	0.00	0.00	3.03	11.39
Cn	0.00	[0.00]	0.00	0.00	0	0.00	0.00	—	—
Sum Color	8.28	1.65	3.00	12.00	227	8.00	8.00	-0.14	0.03
WSumC	6.05	1.09	4.00	9.50	227	6.00	6.00	0.26	0.09
Sum C′	1.47	[1.04]	0.00	5.00	194	1.00	1.00	0.83	0.93

（续上表）

变量	平均数	标准差	最小值	最大值	频数	中位数	众数	偏度系数	峰度系数
Sum T	1.04	[0.59]	0.00	4.00	201	1.00	1.00	1.27	4.75
Sum V	0.23	[0.61]	0.00	5.00	38	0.00	0.00	3.59	18.47
Sum Y	0.71	[0.77]	0.00	3.00	124	1.00	0.00	0.96	0.58
Sum Shading	3.46	1.61	0.00	10.00	225	3.00	3.00	1.03	1.56
Fr + rF	0.08	[0.37]	0.00	3.00	12	0.00	0.00	5.25	29.80
FD	1.18	[0.79]	0.00	5.00	191	1.00	1.00	0.92	2.44
F	7.66	1.87	3.00	12.00	227	8.00	8.00	-0.10	-0.35
(2)	8.46	1.67	5.00	12.00	227	8.00	8.00	0.20	-0.65
3r + (2) /R	0.39	0.07	0.27	0.61	227	0.38	0.33	0.90	0.55
Lambda	0.54	0.17	0.19	0.91	227	0.53	0.53	0.10	-0.51
EA	9.04	1.82	5.50	15.50	227	9.00	8.50	0.26	0.49
es	8.53	2.48	4.00	18.00	227	8.00	7.00	0.59	0.83
D Score	0.07	0.69	-3.00	2.00	227	0.00	0.00	-0.08	3.88
AdjD	0.15	0.68	-2.00	3.00	227	0.00	0.00	0.59	3.48
a (active)	5.73	1.81	0.00	11.00	226	6.00	5.00	0.21	-0.20
P (passive)	2.37	1.31	0.00	8.00	221	2.00	2.00	1.31	2.99
Ma	1.95	0.99	0.00	6.00	214	2.00	2.00	0.29	0.47
Mp	1.07	0.78	0.00	4.00	179	1.00	1.00	0.65	0.70
Intellect	1.96	1.44	0.00	7.00	201	2.00	1.00	1.12	1.42
Zf	11.83	2.31	8.00	27.00	227	11.00	11.00	1.92	9.10
Zd	1.57	2.74	-3.50	9.50	210	1.00	2.00	0.73	0.49
Blends	5.86	1.75	0.00	12.00	226	6.00	6.00	-0.02	0.87
Blends/R	0.26	0.08	0.00	0.57	226	0.26	0.26	0.01	2.22
Col-Shd Blends	0.70	[0.83]	0.00	5.00	116	1.00	0.00	1.33	2.75
Afr	0.71	0.16	0.27	1.09	227	0.71	0.91	0.18	-0.15
Populars	6.77	1.36	4.00	9.00	227	7.00	8.00	-0.36	-0.63
XA%	0.93	0.05	0.72	1.00	227	0.94	0.96	-1.01	1.99
WDA%	0.93	0.05	0.72	1.00	227	0.95	0.96	-1.00	2.12
X + %	0.78	0.09	0.38	1.00	227	0.79	0.86	-0.74	2.16
X-%	0.07	0.05	0.00	0.24	198	0.05	0.04	0.88	1.32
Xu%	0.14	0.07	0.00	0.35	216	0.14	0.14	0.22	0.18
Isolate/R	0.21	0.09	0.05	0.45	227	0.19	0.16	0.57	-0.37
H	2.41	0.90	1.00	6.00	227	2.00	2.00	0.47	0.75
(H)	1.18	0.90	0.00	6.00	170	1.00	1.00	0.69	2.50
HD	0.93	0.84	0.00	4.00	153	1.00	1.00	0.81	0.78
(Hd)	0.24	0.49	0.00	3.00	49	0.00	0.00	2.42	7.80

（续上表）

变量	平均数	标准差	最小值	最大值	频数	中位数	众数	偏度系数	峰度系数
Hx	0.01	[0.13]	0.00	2.00	1	0.00	0.00	15.06	227.00
All H Cont	4.76	1.43	2.00	12.00	227	5.00	4.00	0.95	2.79
A	8.14	2.08	4.00	14.00	227	8.00	7.00	0.75	-0.17
(A)	0.21	[0.49]	0.00	3.00	42	0.00	0.00	2.75	9.48
Ad	2.21	[0.98]	0.00	5.00	219	2.00	2.00	0.02	-0.19
(Ad)	0.12	[0.40]	0.00	2.00	21	0.00	0.00	3.53	12.22
An	0.44	[0.67]	0.00	4.00	82	0.00	0.00	1.96	5.93
Art	1.15	0.87	0.00	5.00	176	1.00	1.00	0.76	1.69
Ay	0.34	[0.51]	0.00	2.00	72	0.00	0.00	1.10	0.08
Bl	0.35	[0.58]	0.00	3.00	68	0.00	0.00	1.58	2.22
Bt	2.97	1.30	0.00	6.00	220	3.00	3.00	0.09	-0.15
Cg	1.17	0.86	0.00	5.00	181	1.00	1.00	0.86	1.87
Cl	0.11	[0.32]	0.00	2.00	23	0.00	0.00	2.97	8.33
Ex	0.10	[0.30]	0.00	1.00	23	0.00	0.00	2.66	5.12
Fi	0.75	[0.88]	0.00	4.00	110	0.00	0.00	0.74	-0.51
Food	0.36	[0.58]	0.00	3.00	71	0.00	0.00	1.51	1.98
Ge	0.08	[0.28]	0.00	2.00	16	0.00	0.00	3.84	15.22
Hh	0.88	0.75	0.00	3.00	157	1.00	1.00	0.76	0.70
Ls	0.76	0.72	0.00	3.00	138	1.00	1.00	0.68	0.19
Na	0.37	[0.56]	0.00	2.00	74	0.00	0.00	1.23	0.56
Sc	1.12	[1.07]	0.00	6.00	150	1.00	0.00	1.08	2.29
Sx	0.05	[0.24]	0.00	2.00	11	0.00	0.00	4.91	26.09
Xy	0.04	[0.21]	0.00	1.00	10	0.00	0.00	4.47	18.17
Idio	1.53	1.28	0.00	5.00	170	1.00	1.00	0.59	-0.30
DV	0.53	[0.65]	0.00	3.00	102	0.00	0.00	0.93	0.20
INCOM	0.61	[0.76]	0.00	4.00	112	0.00	0.00	1.58	3.63
DR	0.37	[0.73]	0.00	4.00	60	0.00	0.00	2.29	6.03
FABCOM	0.23	[0.47]	0.00	2.00	47	0.00	0.00	1.91	2.93
DV2	0.00	[0.00]	0.00	0.00	0	0.00	0.00	—	—
INC2	0.00	[0.07]	0.00	1.00	1	0.00	0.00	15.06	227.00
DR2	0.00	[0.00]	0.00	0.00	0	0.00	0.00	—	—
FAB2	0.02	[0.15]	0.00	1.00	5	0.00	0.00	6.55	41.35
ALOG	0.05	[0.22]	0.00	1.00	11	0.00	0.00	4.23	16.06
CONTAM	0.00	0.00	0.00	0.00	0	0.00	0.00	—	—
Sum 6 Sp Sc	1.82	1.46	0.00	7.00	190	2.00	1.00	1.09	1.34

（续上表）

变量	平均数	标准差	最小值	最大值	频数	中位数	众数	偏度系数	峰度系数
Lvl 2 Sp Sc	0.03	[0.16]	0.00	1.00	6	0.00	0.00	5.94	33.62
WSum6	4.21	4.23	0.00	22.00	190	3.00	2.00	1.80	4.08
AB	0.23	[0.47]	0.00	2.00	48	0.00	0.00	1.88	2.76
AG	1.15	1.19	0.00	5.00	145	1.00	0.00	1.00	0.46
COP	1.83	1.23	0.00	4.00	189	2.00	2.00	0.14	-0.91
CP	0.02	[0.15]	0.00	1.00	5	0.00	0.00	6.55	41.35
GOODHR	4.32	1.33	1.00	8.00	227	4.00	4.00	0.27	0.50
POORHR	1.51	1.33	0.00	8.00	168	1.00	1.00	1.02	1.89
MOR	0.71	[0.78]	0.00	4.00	121	1.00	0.00	1.01	0.97
PER	0.99	0.94	0.00	5.00	158	1.00	1.00	1.57	4.24
PSV	0.07	[0.27]	0.00	2.00	15	0.00	0.00	4.01	16.78

注意：加括弧的标准差，表明此数值可能是不可靠的和/或误导性的，不能用于估算预期范围。通常这些变量不用于大多数的参数分析。

表 18 外向风格成人的 36 个变量的频率（N =277）

人口统计学变量

婚姻状况			年龄			种族		
单身	73	32%	18 ~ 25	82	36%	白人	176	78%
同居	14	6%	26 ~ 35	90	40%	黑人	27	12%
已婚	99	44%	36 ~ 45	26	11%	西班牙和葡萄牙裔	19	8%
分居	13	6%	46 ~ 55	18	8%	亚裔	5	2%
离婚	24	11%	56 ~ 65	7	3%			
丧偶	4	2%	>65	4	2%			

性别			受教育程度		
男性	118	52%	少于 12 年	13	6%
女性	109	48%	12 年	65	29%
			13 ~ 15 年	115	51%
			16 + 年	34	15%

比率、百分数和特殊指数

风格			形状质量变异		
内向型	0	0%	XA% >.89	168	74%
普遍内向型	0	0%	XA% <.70	0	0%
中间型	0	0%	WDA% <.85	7	3%
外向型	227	100%	WDA% <.75	1	0%
普遍外向型	59	26%	X + % <.55	2	1%
回避型	0	0%	Xu% >.20	41	18%
			X-% >.20	3	1%
			X-% >.30	0	0%

D-分数			FC：CF + C 比例		
D >0	36	16%	FC >（CF + C） +2	67	30%
D =0	168	74%	FC >（CF + C） +1	102	45%
D <0	23	10%	（CF + C） >FC + 1	36	16%
D < -1	6	3%	（CF + C） >FC +2	11	5%
Adj D >0	44	19%			
Adj D =0	166	73%			
Adj D <0	17	7%			
Adj D < -1	4	2%			
Zd > +3.0（过度组合）	45	20%	S-CON 阳性	0	0%

（续上表）

Zd < -3.0（组合不足）	3	1%				HVI 阳性	3	1%
						OBS 阳性	1	0%
PTI = 5	0	0%	DEPI = 7	1	0%	CDI = 5	0	0%
PTI = 4	0	0%	DEPI = 6	0	0%	CDI = 4	6	3%
PTI = 3	0	0%	DEPI = 5	7	3%			

其他变量

R < 17	14	6%	（2AB + Art + Ay） > 5	8	4%
R > 27	17	7%	P < 4	0	0%
DQv > 2	13	6%	P > 7	81	36%
S > 2	25	11%	COP = 0	38	17%
Sum T = 0	26	11%	COP > 2	68	30%
Sum T > 1	28	12%	AG = 0	82	36%
3r + （2）/R < 0.33	36	16%	AG > 2	36	16%
3r + （2）/R > 0.44	39	17%	MOR > 2	5	2%
Fr + rF > 0	12	5%	Level 2 Sp. Sc. > 0	6	3%
纯 C > 0	37	16%	GHR > PHR	195	86%
纯 C > 1	4	2%	纯 H < 2	34	15%
Afr < 0.40	2	1%	纯 H = 0	0	0%
Afr < 0.50	14	6%	p > a + 1	7	3%
(FM + m) < Sum Shading	30	13%	Mp > Ma	47	21%

表 19 中间型成人的描述性统计资料（N=116）

变量	平均数	标准差	最小值	最大值	频数	中位数	众数	偏度系数	峰度系数
年龄	31.13	9.36	19.00	62.00	116	30.00	30.00	1.30	2.14
受教育年限	13.09	1.54	9.00	18.00	116	13.00	12.00	0.33	0.76
R	20.84	4.99	14.00	38.00	116	20.00	20.00	1.21	1.96
W	7.86	2.17	3.00	18.00	116	8.00	7.00	0.95	3.74
D	11.53	3.82	0.00	20.00	115	12.00	14.00	-0.37	0.15
Dd	1.45	[2.49]	0.00	15.00	70	1.00	0.00	3.75	16.62
S	1.90	[1.65]	0.00	9.00	98	2.00	2.00	1.89	5.21
DQ +	6.73	1.87	2.00	13.00	116	7.00	8.00	-0.15	0.56
DQo	12.82	4.58	5.00	34.00	116	12.00	14.00	2.18	7.93
DQv	0.88	[1.25]	0.00	5.00	50	0.00	0.00	1.50	1.85
DQv/ +	0.41	[0.70]	0.00	2.00	33	0.00	0.00	1.44	0.60
FQx +	0.57	0.83	0.00	4.00	47	0.00	0.00	1.70	3.61
FQxo	15.27	3.54	7.00	29.00	116	15.00	13.00	0.55	0.95
FQxu	3.16	2.10	0.00	13.00	110	3.00	2.00	1.93	6.78
FQx-	1.68	1.26	0.00	6.00	101	1.00	1.00	1.07	1.16
FQxNone	0.16	[0.47]	0.00	3.00	14	0.00	0.00	3.60	14.91
MQ +	0.26	0.59	0.00	3.00	23	0.00	0.00	2.68	7.87
MQo	3.28	1.44	0.00	8.00	114	3.00	3.00	0.54	0.86
MQu	0.25	0.51	0.00	2.00	25	0.00	0.00	1.94	3.01
MQ-	0.15	[0.36]	0.00	1.00	17	0.00	0.00	2.02	2.14
MQNone	0.01	[0.09]	0.00	1.00	1	0.00	0.00	10.77	116.00
S-	0.41	[0.82]	0.00	3.00	29	0.00	0.00	2.03	3.21
M	3.95	1.36	1.00	10.00	116	4.00	3.00	1.08	2.65
FM	3.85	1.33	1.00	9.00	116	4.00	4.00	0.43	1.22
m	1.48	1.08	0.00	4.00	90	2.00	2.00	0.31	-0.29
FM + m	5.34	1.69	2.00	10.00	116	5.00	5.00	0.19	0.18
FC	3.12	1.77	0.00	8.00	111	3.00	2.00	0.53	0.05
CF	1.91	1.13	0.00	5.00	105	2.00	1.00	0.20	-0.54
C	0.15	[0.40]	0.00	3.00	15	0.00	0.00	2.80	7.72
Cn	0.02	[0.13]	0.00	1.00	2	0.00	0.00	7.51	55.43
Sum Color	5.20	2.02	1.00	9.00	116	5.00	4.00	0.11	-0.59
WSumC	3.69	1.40	0.50	8.00	116	3.50	3.50	0.02	0.01
Sum C′	1.97	[1.38]	0.00	10.00	107	2.00	1.00	1.97	8.83

（续上表）

变量	平均数	标准差	最小值	最大值	频数	中位数	众数	偏度系数	峰度系数
Sum T	0.94	[0.64]	0.00	4.00	92	1.00	1.00	0.87	3.85
Sum V	0.38	[0.77]	0.00	3.00	28	0.00	0.00	2.07	3.55
Sum Y	0.80	[1.42]	0.00	10.00	55	0.00	0.00	3.92	20.18
Sum Shading	4.09	2.95	1.00	23.00	116	3.00	3.00	3.16	15.33
Fr + rF	0.10	[0.35]	0.00	2.00	9	0.00	0.00	3.96	16.24
FD	1.29	[1.17]	0.00	5.00	84	1.00	1.00	1.08	1.39
F	6.96	2.56	2.00	17.00	116	7.00	7.00	0.19	2.36
(2)	7.89	2.76	1.00	13.00	116	8.00	7.00	-0.07	0.22
3r +（2）/R	0.40	0.11	0.03	0.63	116	0.40	0.50	-0.91	2.43
Lambda	0.52	0.19	0.13	0.92	116	0.50	0.50	0.11	-0.25
EA	7.64	2.53	2.00	18.00	116	7.50	7.50	0.51	1.52
es	9.42	3.65	4.00	31.00	116	9.00	9.00	2.60	11.17
D Score	-0.53	1.51	-10.00	2.00	116	0.00	0.00	-3.24	15.20
AdjD	-0.25	1.05	-5.00	2.00	116	0.00	0.00	-1.75	5.49
a（active）	6.37	1.87	2.00	12.00	116	6.00	6.00	0.55	0.58
P（passive）	2.93	1.48	0.00	6.00	109	3.00	2.00	0.28	-0.12
Ma	2.60	1.08	1.00	7.00	116	2.00	2.00	1.29	2.78
Mp	1.37	0.87	0.00	3.00	98	1.00	1.00	0.16	-0.61
Intellect	1.27	1.37	0.00	6.00	72	1.00	0.00	1.04	0.47
Zf	11.29	2.66	5.00	24.00	116	11.00	10.00	0.78	3.71
Zd	0.64	2.69	-6.50	8.00	108	0.50	1.00	0.38	0.16
Blends	5.34	2.01	1.00	10.00	116	5.00	5.00	-0.03	-0.55
Blends/R	0.26	0.11	0.05	0.67	116	0.26	0.26	0.69	1.14
Col-Shd Blends	0.33	[0.54]	0.00	2.00	34	0.00	0.00	1.40	1.05
Afr	0.63	0.16	0.27	1.29	116	0.60	0.60	0.54	1.83
Populars	6.43	1.53	3.00	10.00	116	6.00	8.00	-0.02	-0.37
XA%	0.91	0.07	0.57	1.00	116	0.93	0.95	-1.53	4.07
WDA%	0.92	0.07	0.54	1.00	116	0.94	1.00	-1.81	7.49
X + %	0.76	0.09	0.50	1.00	116	0.78	0.75	-0.46	1.02
X-%	0.08	0.07	0.00	0.43	101	0.06	0.04	1.76	5.67
Xu%	0.15	0.08	0.00	0.39	110	0.15	0.16	0.50	0.75
Isolate/R	0.18	0.09	0.00	0.47	111	0.17	0.13	0.25	0.07
H	2.55	1.23	0.00	7.00	113	3.00	3.00	0.85	2.25
(H)	1.32	0.99	0.00	4.00	87	1.00	2.00	0.29	-0.24

（续上表）

变量	平均数	标准差	最小值	最大值	频数	中位数	众数	偏度系数	峰度系数
HD	0.97	1.19	0.00	7.00	71	1.00	1.00	2.61	10.41
(Hd)	0.26	0.63	0.00	4.00	22	0.00	0.00	3.26	13.10
Hx	0.02	[0.13]	0.00	1.00	2	0.00	0.00	7.51	55.43
All H Cont	5.09	1.75	1.00	10.00	116	5.00	5.00	0.60	0.91
A	7.65	2.31	3.00	14.00	116	7.00	6.00	0.24	-0.51
(A)	0.27	[0.53]	0.00	3.00	27	0.00	0.00	2.24	6.11
Ad	2.10	[1.55]	0.00	9.00	107	2.00	2.00	1.83	5.45
(Ad)	0.11	[0.34]	0.00	2.00	12	0.00	0.00	3.12	9.84
An	0.57	[0.87]	0.00	4.00	45	0.00	0.00	1.69	2.68
Art	0.76	0.98	0.00	5.00	55	0.00	0.00	1.39	2.17
Ay	0.30	[0.48]	0.00	2.00	34	0.00	0.00	1.11	-0.16
Bl	0.18	[0.43]	0.00	2.00	19	0.00	0.00	2.32	4.91
Bt	1.94	1.14	0.00	4.00	100	2.00	2.00	-0.12	-0.72
Cg	1.43	0.93	0.00	4.00	98	1.00	1.00	0.33	-0.19
Cl	0.20	[0.42]	0.00	2.00	22	0.00	0.00	1.88	2.53
Ex	0.23	[0.44]	0.00	2.00	26	0.00	0.00	1.58	1.31
Fi	0.48	[0.70]	0.00	3.00	43	0.00	0.00	1.28	0.83
Food	0.16	[0.44]	0.00	2.00	16	0.00	0.00	2.74	7.17
Ge	0.03	[0.18]	0.00	1.00	4	0.00	0.00	5.17	25.16
Hh	0.76	0.87	0.00	3.00	61	1.00	0.00	0.97	0.19
Ls	0.72	0.79	0.00	3.00	65	1.00	0.00	1.07	1.04
Na	0.29	[0.56]	0.00	2.00	28	0.00	0.00	1.78	2.25
Sc	1.05	[1.28]	0.00	5.00	63	1.00	0.00	1.37	1.70
Sx	0.17	[0.58]	0.00	3.00	12	0.00	0.00	3.80	14.65
Xy	0.11	[0.37]	0.00	2.00	11	0.00	0.00	3.49	12.48
Idio	1.09	1.19	0.00	5.00	67	1.00	0.00	0.96	0.50
DV	0.61	[0.88]	0.00	4.00	49	0.00	0.00	1.62	2.41
INCOM	0.51	[0.75]	0.00	4.00	46	0.00	0.00	1.84	4.44
DR	0.46	[0.75]	0.00	3.00	39	0.00	0.00	1.78	2.90
FABCOM	0.37	[0.65]	0.00	2.00	32	0.00	0.00	1.54	1.07
DV2	0.01	[0.09]	0.00	1.00	1	0.00	0.00	10.77	116.00
INC2	0.03	[0.18]	0.00	1.00	4	0.00	0.00	5.17	25.16
DR2	0.02	[0.13]	0.00	1.00	2	0.00	0.00	7.51	55.43
FAB2	0.01	[0.09]	0.00	1.00	1	0.00	0.00	10.77	116.00

（续上表）

变量	平均数	标准差	最小值	最大值	频数	中位数	众数	偏度系数	峰度系数
ALOG	0.03	[0.18]	0.00	1.00	4	0.00	0.00	5.17	25.16
CONTAM	0.00	0.00	0.00	0.00	0	0.00	0.00	—	—
Sum 6 Sp Sc	2.05	1.48	0.00	6.00	96	2.00	2.00	0.45	-0.31
Lvl 2 Sp Sc	0.07	[0.25]	0.00	1.00	8	0.00	0.00	3.44	10.05
WSum6	4.97	4.06	0.00	17.00	96	4.00	0.00	0.83	0.33
AB	0.10	[0.31]	0.00	1.00	12	0.00	0.00	2.63	5.05
AG	1.15	1.05	0.00	4.00	79	1.00	1.00	0.77	0.34
COP	1.82	1.25	0.00	4.00	94	2.00	2.00	0.08	-0.98
CP	0.00	[0.00]	0.00	0.00	0	0.00	0.00	—	—
GOODHR	4.37	1.65	0.00	10.00	115	4.00	4.00	0.32	0.92
POORHR	1.69	1.53	0.00	7.00	90	1.00	1.00	1.37	2.54
MOR	0.78	[0.99]	0.00	4.00	55	0.00	0.00	1.18	0.80
PER	0.94	0.88	0.00	5.00	77	1.00	1.00	1.14	2.85
PSV	0.04	[0.20]	0.00	1.00	5	0.00	0.00	4.55	19.11

注意：加括弧的标准差，表明此数值可能是不可靠的和/或误导性的，不能用于估算预期范围。通常这些变量不用于大多数的参数分析。

表20 中间型成人的36个变量的频率(N=116)

人口统计学变量

婚姻状况			年龄			种族		
单身	30	26%	18~25	35	30%	白人	98	84%
同居	12	10%	26~35	53	46%	黑人	7	6%
已婚	45	39%	36~45	21	18%	西班牙裔	11	9%
分居	4	3%	46~55	2	2%	亚裔	0	0%
离婚	22	19%	56~65	5	4%			
丧偶	3	3%	>65	0	0%			
性别						受教育程度		
男性	52	45%				少于12年	10	9%
女性	64	55%				12年	36	31%
						13~15年	61	53%
						16+年	9	8%

比率、百分数和特殊指数

风格			形状质量变异		
内向型	0	0%	XA%>.89	76	66%
普遍内向型	0	0%	XA%<.70	1	1%
中间型	116	100%	WDA%<.85	10	9%
外向型	0	0%	WDA%<.75	1	1%
普遍外向型	0	0%	X+%<.55	2	2%
回避型	0	0%	Xu%>.20	21	18%
			X-%>.20	8	7%
			X-%>.30	1	1%
D-分数			FC:CF+C 比例		
D>0	10	9%	FC>(CF+C)+2	23	20%
D=0	69	59%	FC>(CF+C)+1	42	36%
D<0	37	32%	(CF+C)>FC+1	13	11%
D<-1	12	10%	(CF+C)>FC+2	4	3%
Adj D>0	16	14%			
Adj D=0	72	62%	S-CON 阳性	0	0%
Adj D<0	28	24%	HVI 阳性	8	7%
Adj D<-1	11	9%	OBS 阳性	2	2%
Zd>+3.0(过度组合)	20	17%			
Zd<-3.0(组合不足)	6	5%			

（续上表）

比率、百分数和特殊指数								
风格						形状质量变异		
PTI = 5	0	0%	DEPI = 7	1	1%	CDI = 5	2	2%
PTI = 4	0	0%	DEPI = 6	2	2%	CDI = 4	8	7%
PTI = 3	0	0%	DEPI = 5	6	5%			

其他变量					
R < 17	23	20%	(2AB + Art + Ay) > 5	1	1%
R > 27	8	7%	P < 4	4	3%
DQv > 2	11	9%	P > 7	35	30%
S > 2	24	21%	COP = 0	22	19%
Sum T = 0	24	21%	COP > 2	36	31%
Sum T > 1	15	13%	AG = 0	37	32%
3r + (2)/R < 0. 33	17	15%	AG > 2	9	8%
3r + (2)/R > 0. 44	35	30%	MOR > 2	7	6%
Fr + rF > 0	9	8%	Level 2 Sp. Sc. > 0	8	7%
纯 C > 0	15	13%	GHR > PHR	95	82%
纯 C > 1	2	2%	纯 H < 2	20	17%
Afr < 0. 40	5	4%	纯 H = 0	3	3%
Afr < 0. 50	18	16%	p > a + 1	1	1%
(FM + m) < Sum Shading	24	21%	Mp > Ma	14	12%

表 21 高 LAMBDA 成人的描述性统计资料(N=58)

变量	平均数	标准差	最小值	最大值	频数	中位数	众数	偏度系数	峰度系数
年龄	29.64	8.66	19.00	61.00	58	28.50	24.00	1.21	1.90
受教育年限	13.28	1.66	10.00	18.00	58	13.00	13.00	0.91	0.94
R	22.83	5.34	14.00	43.00	58	21.50	23.00	1.68	3.83
W	6.36	1.72	4.00	12.00	58	6.00	5.00	0.85	0.61
D	14.91	4.19	2.00	32.00	58	15.00	16.00	0.47	5.28
Dd	1.55	[2.65]	0.00	11.00	33	1.00	0.00	2.54	6.11
S	1.65	[1.72]	0.00	10.00	46	1.00	1.00	2.45	8.98
DQ +	5.55	1.72	1.00	10.00	58	6.00	6.00	0.07	0.53
DQo	16.21	4.34	6.00	36.00	58	16.00	16.00	1.90	7.78
DQv	0.91	[1.57]	0.00	6.00	22	0.00	0.00	1.89	2.79
DQv/ +	0.16	[0.37]	0.00	1.00	9	0.00	0.00	1.95	1.89
FQx +	0.12	0.38	0.00	2.00	6	0.00	0.00	3.33	11.57
FQxo	15.88	3.24	8.00	24.00	58	16.00	16.00	0.13	0.71
FQxu	4.72	2.67	1.00	16.00	58	4.00	3.00	1.78	4.95
FQx-	1.95	1.47	0.00	8.00	51	2.00	1.00	1.29	3.53
FQxNone	0.16	[0.45]	0.00	2.00	7	0.00	0.00	3.04	8.94
MQ +	0.05	0.29	0.00	2.00	2	0.00	0.00	6.04	37.89
MQo	2.59	1.44	0.00	7.00	56	2.00	2.00	0.80	0.74
MQu	0.16	0.45	0.00	2.00	7	0.00	0.00	3.04	8.94
MQ-	0.02	[0.13]	0.00	1.00	1	0.00	0.00	7.61	58.00
MQNone	0.02	[0.13]	0.00	1.00	1	0.00	0.00	7.61	58.00
S-	0.28	[0.52]	0.00	2.00	14	0.00	0.00	1.76	2.37
M	2.83	1.49	1.00	7.00	58	3.00	2.00	0.80	0.18
FM	2.78	1.64	0.00	9.00	57	3.00	3.00	1.37	3.22
m	0.76	0.82	0.00	3.00	32	1.00	0.00	0.87	0.15
FM + m	3.53	2.06	0.00	12.00	57	3.00	3.00	1.67	4.75
FC	1.95	1.22	0.00	5.00	52	2.00	2.00	0.70	0.87
CF	1.95	1.29	0.00	4.00	48	2.00	3.00	-0.05	-1.08
C	0.12	[0.38]	0.00	2.00	6	0.00	0.00	3.33	11.57
Cn	0.03	[0.18]	0.00	1.00	2	0.00	0.00	5.23	26.35
Sum Color	4.05	1.63	1.00	7.00	58	4.00	3.00	0.16	-0.64
WSumC	3.10	1.36	0.50	5.50	58	2.75	4.00	0.06	-0.94
Sum C′	1.12	[0.94]	0.00	3.00	43	1.00	1.00	0.67	-0.25

（续上表）

变量	平均数	标准差	最小值	最大值	频数	中位数	众数	偏度系数	峰度系数
Sum T	0.67	[0.71]	0.00	3.00	33	1.00	1.00	1.18	2.22
Sum V	0.12	[0.50]	0.00	3.00	4	0.00	0.00	4.66	22.88
Sum Y	0.41	[0.73]	0.00	3.00	18	0.00	0.00	2.01	4.19
Sum Shading	2.33	1.78	0.00	9.00	53	2.00	2.00	1.43	2.70
Fr + rF	0.28	[0.56]	0.00	2.00	13	0.00	0.00	1.93	2.88
FD	0.57	[0.68]	0.00	2.00	27	0.00	0.00	0.78	-0.48
F	12.72	2.80	7.00	23.00	58	12.00	11.00	1.24	3.08
(2)	8.38	2.71	3.00	21.00	58	8.00	8.00	1.74	7.27
3r + (2)/R	0.40	0.08	0.21	0.61	58	0.40	0.35	0.27	0.16
Lambda	1.33	0.38	1.00	2.33	58	1.16	1.00	1.53	1.29
EA	5.93	1.92	2.00	11.00	58	6.00	6.00	0.12	0.11
es	5.86	2.87	3.00	14.00	58	5.00	3.00	1.40	1.62
D Score	-0.07	0.90	-3.00	3.00	58	0.00	0.00	-0.92	5.52
AdjD	0.02	0.78	-2.00	3.00	58	0.00	0.00	-0.03	4.86
a(active)	4.57	2.15	1.00	10.00	58	4.50	5.00	0.72	0.63
p(passive)	1.79	1.32	0.00	7.00	50	2.00	1.00	1.10	2.75
Ma	2.02	1.28	0.00	6.00	54	2.00	2.00	1.11	2.02
Mp	0.81	0.81	0.00	3.00	35	1.00	1.00	0.78	0.18
Intellect	1.45	1.53	0.00	8.00	40	1.00	1.00	1.66	4.53
Zf	9.62	2.42	5.00	19.00	58	9.00	9.00	1.14	2.75
Zd	-1.12	2.66	-11.50	4.50	52	-1.25	-3.00	-0.78	2.95
Blends	3.07	1.68	1.00	7.00	58	3.00	2.00	0.48	-0.66
Blends/R	0.14	0.07	0.04	0.36	58	0.13	0.05	0.74	0.26
Col-Shd Blends	0.24	[0.47]	0.00	2.00	13	0.00	0.00	1.75	2.28
Afr	0.56	0.18	0.27	1.26	58	0.54	0.67	0.80	1.61
Populars	6.31	1.22	4.00	9.00	58	6.00	5.00	0.27	-0.87
XA%	0.91	0.06	0.76	1.00	58	0.90	0%	-0.39	-0.55
WDA%	0.92	0.06	0.78	1.00	58	0.94	0%	-0.62	-0.36
X + %	0.71	0.09	0.40	0.85	58	0.71	0.65	-0.99	2.41
X-%	0.09	0.06	0.00	0.19	51	0.07	0.04	0.23	-1.03
Xu%	0.20	0.08	0.05	0.40	58	0.19	0.15	0.51	-0.17
Isolate/R	0.15	0.08	0.00	0.35	57	0.16	0.17	0.27	-0.30
H	2.29	1.18	0.00	5.00	56	2.00	2.00	0.58	0.21

（续上表）

变量	平均数	标准差	最小值	最大值	频数	中位数	众数	偏度系数	峰度系数
(H)	0.98	0.83	0.00	3.00	41	1.00	1.00	0.61	0.01
HD	1.47	1.38	0.00	6.00	47	1.00	1.00	1.59	2.68
(Hd)	0.22	0.50	0.00	2.00	11	0.00	0.00	2.20	4.26
Hx	0.16	[0.59]	0.00	4.00	6	0.00	0.00	5.37	33.27
All H Cont	4.97	1.52	2.00	9.00	58	5.00	4.00	0.89	0.94
A	8.07	3.14	3.00	25.00	58	8.00	6.00	2.90	14.31
(A)	0.40	[0.62]	0.00	3.00	20	0.00	0.00	1.78	4.23
Ad	2.95	[1.43]	0.00	7.00	56	3.00	3.00	0.24	0.41
(Ad)	0.09	[0.28]	0.00	1.00	5	0.00	0.00	3.02	7.42
An	0.72	[0.85]	0.00	3.00	30	1.00	0.00	1.09	0.65
Art	0.76	0.96%	0.00	3.00	29	0.50	0.00	1.24	0.68
Ay	0.38	[0.62]	0.00	3.00	19	0.00	0.00	1.87	4.59
Bl	0.14	[0.35]	0.00	1.00	8	0.00	0.00	2.15	2.74
Bt	1.97	1.14	0.00	5.00	54	2.00	2.00	0.43	-0.17
Cg	1.24	1.26	0.00	5.00	40	1.00	1.00	1.26	1.46
Cl	0.03	[0.18]	0.00	1.00	2	0.00	0.00	5.23	26.35
Ex	0.16	[0.37]	0.00	1.00	9	0.00	0.00	1.95	1.89
Fi	0.31	[0.57]	0.00	2.00	15	0.00	0.00	1.69	1.98
Food	0.12	[0.42]	0.00	2.00	5	0.00	0.00	3.67	13.26
Ge	0.07	[0.37]	0.00	2.00	2	0.00	0.00	5.23	26.35
Hh	1.00	0.97	0.00	3.00	38	1.00	1.00	0.82	-0.17
Ls	0.57	0.57	0.00	2.00	31	1.00	1.00	0.32	-0.84
Na	0.29	[0.50]	0.00	2.00	16	0.00	0.00	1.37	0.88
Sc	1.38	[1.30]	0.00	5.00	39	1.00	0.00	0.75	0.18
Sx	0.26	[0.74]	0.00	5.00	11	0.00	0.00	4.94	30.09
Xy	0.05	[0.22]	0.00	1.00	3	0.00	0.00	4.15	15.82
Idio	1.05	1.85	0.00	7.00	26	0.00	0.00	2.26	4.49
DV	0.38	[0.52]	0.00	2.00	21	0.00	0.00	0.88	-0.42
INCOM	0.67	[0.91]	0.00	4.00	29	0.50	0.00	2.02	5.14
DR	0.64	[0.67]	0.00	2.00	31	1.00	0.00	0.57	-0.66
FABCOM	0.22	[0.42]	0.00	1.00	13	0.00	0.00	1.35	-0.16
DV2	0.00	[0.00]	0.00	0.00	0	0.00	0.00	—	—
INC2	0.05	[0.22]	0.00	1.00	3	0.00	0.00	4.15	15.82

（续上表）

变量	平均数	标准差	最小值	最大值	频数	中位数	众数	偏度系数	峰度系数
DR2	0.00	[0.00]	0.00	0.00	0	0.00	0.00	—	—
FAB2	0.02	[0.13]	0.00	1.00	1	0.00	0.00	7.61	58.00
ALOG	0.07	[0.26]	0.00	1.00	4	0.00	0.00	3.49	10.57
CONTAM	0.00	0.00	0.00	0.00	0	0.00	0.00	—	—
Sum 6 Sp Sc	2.05	1.26	0.00	7.00	55	2.00	1.00	1.20	3.02
Lvl 2 Sp Sc	0.07	[0.26]	0.00	1.00	4	0.00	0.00	3.49	10.57
WSum6	5.21	3.30	0.00	15.00	55	4.50	2.00	0.45	-0.16
AB	0.16	[0.49]	0.00	3.00	7	0.00	0.00	4.12	20.31
AG	0.71	1.01	0.00	4.00	24	0.00	0.00	1.37	1.19
COP	1.47	1.13	0.00	4.00	45	1.00	1.00	0.35	-0.75
CP	0.00	[0.00]	0.00	0.00	0	0.00	0.00	—	—
GOODHR	4.00	1.34	0.00	7.00	57	4.00	3.00	-0.13	0.74
POORHR	1.85	1.72	0.00	8.00	47	1.00	1.00	1.67	3.98
MOR	0.62	[0.67]	0.00	3.00	31	1.00	0.00	0.98	1.40
PER	0.40	0.82	0.00	5.00	17	0.00	0.00	3.56	17.37
PSV	0.19	[0.40]	0.00	1.00	11	0.00	0.00	1.62	0.66

注意：加括弧的标准差，表明此数值可能是不可靠的和/或误导性的，不能用于估算预期范围。通常这些变量不用于大多数的参数分析。

表22　高 LAMBDA 成人的36个变量的频率（N=58）

人口统计学变量

婚姻状况			年龄			种族		
单身	15	26%	18~25	22	38%	白人	47	81%
同居	10	17%	26~35	22	38%	黑人	10	17%
已婚	27	47%	36~45	12	21%	西班牙葡萄牙裔	1	2%
分居	1	2%	46~55	1	2%	亚裔	0	0%
离婚	5	9%	56~65	1	2%			
丧偶	0	0%	大于65	0	0%			
性别						受教育程度		
男性	26	45%				少于12年	5	9%
女性	32	55%				12年	15	26%
						13~15年	30	52%
						16+年	8	14%

比率、百分数和特殊指数

风格			形状质量变异		
内向型	0	0%	XA%>.89	32	55%
普遍内向型	0	0%	XA%<.70	0	0%
中间型	0	0%	WDA%<.85	6	10%
外向型	0	0%	WDA%<.75	0	0%
普遍外向型	0	0%	X+%<.55	2	3%
回避型	58	100%	Xu%>.20	27	47%
			X-%>.20	0	0%
			X-%>.30	0	0%
D-分数			FC：CF+C 比例		
D>0	7	12%	FC>（CF+C）+2	8	14%
D=0	45	78%	FC>（CF+C）+1	12	21%
D<0	6	10%	（CF+C）>FC+1	12	21%
D<-1	5	9%	（CF+C）>FC+2	5	9%
Adj D>0	9	16%			
Adj D=0	43	74%			
Adj D<0	6	10%			
Adj D<-1	4	7%	S-CON 阳性	0	0%
Zd>+3.0（过度组合）	2	3%	HVI 阳性	1	2%
Zd<-3.0（组合不足）	8	14%	OBS 阳性	0	0%

（续上表）

PTI = 5	0	0%	DEPI = 7	0	0%	CDI = 5	0	0%
PTI = 4	0	0%	DEPI = 6	1	2%	CDI = 4	6	10%
PTI = 3	0	0%	DEPI = 5	2	3%			
			其他变量					
R < 17	3	5%				(2AB + Art + Ay) > 5	1	2%
R > 27	5	9%				P < 4	0	0%
DQv > 2	9	16%				P > 7	10	17%
S > 2	9	16%				COP = 0	13	22%
Sum T = 0	25	43%				COP > 2	12	21%
Sum T > 1	4	7%				AG = 0	34	59%
3r + (2) /R < 0.33	7	12%				AG > 2	4	7%
3r + (2) /R > 0.44	14	24%				MOR > 2	1	2%
Fr + rF > 0	13	22%				Level 2 Sp. Sc. > 0	4	7%
纯 C > 0	6	10%				GHR > PHR	49	84%
纯 C > 1	1	2%				纯 H < 2	14	24%
Afr < 0.40	2	3%				纯 H = 0	2	3%
Afr < 0.50	9	16%				p > a + 1	0	0%
(FM + m) < Sum Shading	16	28%				Mp > Ma	5	9%

表 23 90 个非病人儿童和青少年的描述性统计资料

5 岁组（N=90）

变量	平均数	标准差	最小值	最大值	频数	中位数	众数	偏度系数	峰度系数
R	17.64	1.44	14.00	20.00	90	18.00	18.00	-0.83	-0.25
W	9.97	1.65	7.00	12.00	90	9.00	11.00	0.24	-1.35
D	7.10	2.61	3.00	12.00	90	8.00	6.00	-0.83	-0.24
Dd	0.58	[0.65]	0.00	2.00	44	0.00	0.00	0.70	-0.53
S	1.40	[1.14]	0.00	3.00	64	1.00	0.00	0.14	-1.39
DQ+	5.47	1.43	2.00	8.00	90	5.50	4.00	0.35	-1.29
DQo	10.72	2.07	7.00	13.00	90	12.00	13.00	-1.25	0.05
DQv	1.37	[0.62]	0.00	4.00	83	1.00	1.00	0.36	-0.63
DQv/+	0.09	[0.29]	0.00	1.00	8	0.00	0.00	2.94	6.78
FQx+	0.00	0.00	0.00	0.00	0	0.00	0.00	—	—
FQxo	11.54	2.50	6.00	15.00	90	13.00	13.00	-0.70	-0.52
FQxu	3.59	1.96	1.00	7.00	90	4.00	1.00	0.13	-1.19
FQx-	1.46	0.64	0.00	3.00	86	1.00	1.00	0.04	-0.19
FQxNone	0.87	[0.62]	0.00	2.00	63	1.00	1.00	0.36	-0.63
MQ+	0.00	0.00	0.00	0.00	0	0.00	0.00	—	—
MQo	1.13	0.34	1.00	2.00	90	1.00	1.00	2.19	2.88
MQu	0.38	0.66	0.00	2.00	25	0.00	0.00	1.53	1.00
MQ-	0.19	[0.39]	0.00	1.00	17	0.00	0.00	1.62	0.63
MQNone	0.00	[0.00]	0.00	0.00	0	0.00	0.00	—	—
S-	0.91	[0.69]	0.00	3.00	62	1.00	1.00	0.45	-0.83
M	1.70	1.00	1.00	4.00	90	1.00	1.00	1.26	0.36
FM	5.00	0.95	4.00	7.00	90	5.00	4.00	0.32	-1.20
m	0.78	0.80	0.00	3.00	49	1.00	0.00	0.43	-1.32
FM+m	5.78	1.19	4.00	9.00	90	6.00	5.00	0.65	0.50
FC	0.71	0.46	0.00	1.00	64	1.00	1.00	-0.95	-1.13
CF	3.02	1.41	1.00	6.00	90	3.00	3.00	0.53	-0.20
C	0.67	[0.62]	0.00	2.00	63	1.00	1.00	0.36	-0.63
Cn	0.00	[0.00]	0.00	0.00	0	0.00	0.00	—	—
FC+CF+C+Cn	4.40	1.10	2.00	6.00	90	4.00	4.00	-0.39	-0.11
WSumC	4.38	1.09	2.50	6.50	90	4.00	4.00	0.27	-0.73
Sum C′	0.63	[0.48]	0.00	1.00	57	1.00	1.00	-0.56	1.72
Sum T	0.83	[0.48]	0.00	2.00	57	1.00	1.00	0.42	2.42

（续上表）

变量	平均数	标准差	最小值	最大值	频数	中位数	众数	偏度系数	峰度系数
Sum V	0.00	[0.00]	0.00	0.00	0	0.00	0.00	—	—
Sum Y	0.36	[0.33]	0.00	2.00	20	0.00	0.00	-0.65	2.71
Sum Shading	1.77	0.97	0.00	2.00	57	2.00	2.00	-0.56	-1.72
Fr + rF	0.38	[0.45]	0.00	2.00	29	0.00	0.00	1.01	-1.00
FD	0.28	[0.63]	0.00	1.00	16	0.00	0.00	1.77	0.58
F	6.98	1.26	4.00	9.00	90	6.00	6.00	0.19	-0.35
PAIR	9.08	1.96	5.00	11.00	90	9.00	11.00	-0.91	-0.29
3r + (2)/R	0.69	0.14	0.33	1.00	90	0.60	0.64	0.28	0.57
Lambda	0.86	0.15	0.36	1.25	90	0.75	0.60	0.76	-0.52
EA	5.08	1.34	2.50	8.50	90	5.50	5.00	-0.24	-0.75
es	7.04	1.14	5.00	9.00	90	7.00	7.00	0.10	-0.60
D Score	-0.24	0.43	-1.00	0.00	90	0.00	0.00	-1.21	-0.55
AdjD	-0.20	0.40	-1.00	0.00	90	0.00	0.00	-1.53	0.33
a(active)	6.28	0.95	5.00	8.00	90	6.00	6.00	0.38	-0.70
P(passive)	1.20	1.37	0.00	4.00	49	1.00	0.00	0.82	-0.60
Ma	1.42	0.67	1.00	3.00	90	1.00	1.00	1.32	0.47
Mp	0.28	0.45	0.00	1.00	25	0.00	0.00	1.01	-1.00
Intellect	0.17	0.38	0.00	1.00	90	0.00	0.00	1.82	1.34
Zf	10.08	2.18	8.00	14.00	90	10.00	14.00	0.15	-1.52
Zd	-1.13	2.60	-5.00	4.50	90	-1.75	-2.50	0.70	0.09
Blends	2.86	1.92	0.00	5.00	77	3.00	5.00	-0.21	-1.56
Col-Shd Blends	0.18	[0.56]	0.00	1.00	5	0.00	0.00	1.81	-2.37
Afr	0.88	0.13	0.50	1.00	90	0.90	0.80	-0.65	-0.08
Populars	4.66	1.69	3.00	10.00	90	4.00	4.00	0.55	-0.94
XA%	0.88	0.05	0.78	1.00	90	0.88	0.83	0.43	-0.34
WDA%	0.91	0.06	0.78	1.00	90	0.91	0.94	-0.08	-0.73
X + %	0.67	0.10	0.47	0.83	90	0.68	0.78	-0.27	-0.68
X-%	0.08	0.04	0.00	0.17	86	0.07	0.11	-0.02	-0.16
Xu%	0.21	0.11	0.06	0.40	90	0.22	0.06	0.09	-1.44
Isolate/R	0.17	0.06	0.11	0.27	90	0.17	0.11	0.57	-0.88
H	2.19	0.50	1.00	3.00	90	2.00	2.00	0.38	0.34
(H)	1.46	0.50	1.00	2.00	90	1.00	1.00	0.18	-2.01
HD	0.36	0.48	0.00	1.00	32	0.00	0.00	0.61	-1.66

(续上表)

变量	平均数	标准差	最小值	最大值	频数	中位数	众数	偏度系数	峰度系数
(Hd)	0.00	0.00	0.00	0.00	0	0.00	0.00	—	—
Hx	0.00	[0.00]	0.00	0.00	0	0.00	0.00	—	—
All H Cont	4.00	1.15	2.00	6.00	90	4.00	3.00	0.40	-0.90
A	10.69	2.32	6.00	14.00	90	11.00	12.00	-0.87	-0.28
(A)	0.37	[0.48]	0.00	1.00	33	0.00	0.00	0.56	-1.72
Ad	0.71	[0.60]	0.00	2.00	57	1.00	1.00	0.22	-0.57
(Ad)	0.00	[0.00]	0.00	0.00	0	0.00	0.00	—	—
An	0.00	[0.00]	0.00	0.00	0	0.00	0.00	—	—
Art	0.17	0.38	0.00	1.00	15	0.00	0.00	1.81	1.34
Ay	0.00	[0.00]	0.00	0.00	0	0.00	0.00	—	—
Bl	1.13	[0.46]	0.00	2.00	86	1.00	1.00	0.54	1.30
Bt	0.28	0.45	0.00	1.00	25	0.00	0.00	1.00	-1.00
Cg	3.73	1.35	2.00	6.00	90	3.00	3.00	0.61	-0.92
Cl	0.00	[0.00]	0.00	0.00	0	0.00	0.00	—	—
Ex	0.00	[0.00]	0.00	0.00	0	0.00	0.00	—	—
Fi	0.22	[0.51]	0.00	2.00	16	0.00	0.00	2.30	4.54
Food	0.00	[0.00]	0.00	0.00	0	0.00	0.00	—	—
Ge	0.00	[0.00]	0.00	0.00	0	0.00	0.00	—	—
Hh	0.00	[0.00]	0.00	0.00	0	0.00	0.00	—	—
Ls	2.68	0.63	2.00	4.00	90	3.00	3.00	0.38	-0.65
Na	0.00	[0.00]	0.00	0.00	0	0.00	0.00	—	—
Sc	0.12	[0.33]	0.00	1.00	11	0.00	0.00	2.34	3.58
Sx	0.00	[0.00]	0.00	0.00	0	0.00	0.00	—	—
Xy	0.00	[0.00]	0.00	0.00	0	0.00	0.00	—	—
Idiographic	0.14	0.35	0.00	1.00	13	0.00	0.00	2.05	2.28
DV	0.98	[1.05]	0.00	4.00	53	1.00	0.00	1.00	0.57
INCOM	0.96	[0.70]	0.00	2.00	66	1.00	1.00	0.06	-0.93
DR	0.04	[0.21]	0.00	1.00	4	0.00	0.00	4.49	18.63
FABCOM	0.89	[0.57]	0.00	2.00	70	1.00	1.00	-0.01	0.06
DV2	0.00	[0.00]	0.00	0.00	0	0.00	0.00	—	—
INC2	0.09	[0.29]	0.00	1.00	8	0.00	0.00	2.93	6.78
DR2	0.09	[0.29]	0.00	1.00	8	0.00	0.00	2.93	6.78
FAB2	0.22	[0.42]	0.00	1.00	20	0.00	0.00	1.35	-0.16

（续上表）

变量	平均数	标准差	最小值	最大值	频数	中位数	众数	偏度系数	峰度系数
ALOG	0.41	[0.50]	0.00	1.00	37	0.00	0.00	0.36	-1.91
CONTAM	0.00	0.00	0.00	0.00	0	0.00	0.00	—	—
Sum 6 Sp Sc	3.68	1.92	1.00	8.00	90	4.00	5.00	0.16	-0.77
Lvl 2 Sp Sc	0.40	[0.58]	0.00	2.00	32	0.00	0.00	1.12	0.30
WSum6	11.08	4.68	4.00	19.00	90	12.00	4.00	-0.10	-1.05
AB	0.00	[0.00]	0.00	0.00	0	0.00	0.00	—	—
AG	1.23	0.67	0.00	3.00	82	1.00	1.00	0.60	0.74
COP	1.08	0.52	0.00	2.00	81	1.00	1.00	0.10	0.67
CP	0.00	[0.00]	0.00	0.00	0	0.00	0.00	—	—
GOODHR	3.59	0.98	1.00	6.00	90	3.50	3.00	0.03	1.46
POORHR	1.50	0.80	0.00	3.00	86	1.00	1.00	0.61	-0.40
MOR	0.78	[0.75]	0.00	2.00	53	1.00	0.00	0.38	-1.10
PER	0.00	0.00	0.00	0.00	0	0.00	0.00	—	—
PSV	0.63	[0.48]	0.00	1.00	57	1.00	1.00	-0.56	-1.72

注意：加括弧的标准差，表明此数值可能是不可靠的和/或误导性的，不能用于估算预期范围。通常这些变量不用于大多数的参数分析。

6 岁组(N=80)

变量	平均数	标准差	最小值	最大值	频数	中位数	众数	偏度系数	峰度系数
R	18.91	0.98	14.00	20.00	80	19.00	20.00	-0.23	-1.25
W	10.79	1.17	7.00	10.00	80	11.00	9.00	-0.56	-1.16
D	7.94	1.01	7.00	11.00	80	7.00	8.00	-1.38	2.27
Dd	0.30	[0.46]	0.00	1.00	24	0.00	0.00	0.89	-1.24
S	0.79	[0.76]	0.00	3.00	51	1.00	1.00	1.09	1.67
DQ+	4.42	0.59	3.00	5.00	80	4.00	4.00	-0.46	-0.66
DQo	11.31	1.35	9.00	13.00	80	11.00	13.00	0.11	-1.45
DQv	2.54	[1.19]	1.00	5.00	80	3.00	3.00	0.14	-0.89
DQv/+	0.45	[0.64]	0.00	1.00	38	1.00	1.00	-1.18	-0.63
FQx+	0.00	0.00	0.00	0.00	0	0.00	0.00	—	—
FQxo	13.39	1.22	12.00	16.00	80	14.00	14.00	0.25	-0.92
FQxu	4.01	1.29	3.00	7.00	80	4.00	4.00	0.75	-0.32
FQx-	0.94	0.50	0.00	6.00	66	0.00	0.00	0.21	-2.01
FQxNone	0.74	[0.48]	0.00	2.00	68	1.00	1.00	-0.58	-1.70
MQ+	0.00	0.00	0.00	0.00	0	0.00	0.00	—	—
MQo	1.96	0.75	1.00	3.00	80	2.00	2.00	0.06	-1.22
MQu	0.00	0.00	0.00	0.00	0	0.00	0.00	—	—
MQ-	0.23	[0.67]	0.00	1.00	6	0.00	0.00	1.24	4.12
MQNone	0.00	[0.00]	0.00	0.00	0	0.00	0.00	—	—
S-	0.42	[0.78]	0.00	0.50	11	0.00	0.00	0.98	3.15
M	1.96	0.75	1.00	3.00	80	2.00	2.00	0.06	-1.22
FM	4.52	0.81	1.00	8.00	80	5.00	4.00	-1.25	2.76
m	1.40	1.48	0.00	4.00	51	1.00	0.00	0.81	-0.72
FM+m	5.92	0.99	2.00	10.00	80	8.00	8.00	1.11	0.35
FC	1.11	1.09	0.00	3.00	42	2.00	0.00	0.07	-1.72
CF	3.51	0.94	1.00	5.00	80	3.00	3.00	-0.36	0.83
C	0.94	[0.48]	0.00	2.00	68	1.00	1.00	-0.58	-1.70
Cn	0.06	[0.09]	0.00	1.00	1	0.00	0.00	4.15	35.81
FC+CF+C+Cn	5.56	1.63	1.00	7.00	80	6.00	6.00	-0.94	0.29
WSumC	5.02	1.42	1.00	6.50	80	5.50	5.50	-1.23	1.26
Sum C′	0.58	[0.50]	0.00	1.00	46	1.00	1.00	-0.31	-1.95
Sum T	0.83	[0.22]	0.00	1.00	69	1.00	1.00	-1.21	6.12
Sum V	0.00	[0.00]	0.00	0.00	0	0.00	0.00	—	—

（续上表）

变量	平均数	标准差	最小值	最大值	频数	中位数	众数	偏度系数	峰度系数
Sum Y	0.54	[0.48]	0.00	1.00	37	0.00	0.00	0.70	-1.55
Sum Shading	1.95	0.88	0.00	3.00	76	2.00	2.00	-0.18	-0.89
Fr + rF	0.28	[0.40]	0.00	2.00	17	0.00	0.00	1.83	0.35
FD	0.48	[0.68]	0.00	1.00	29	0.00	0.00	1.49	2.34
F	5.77	1.47	3.00	10.00	80	4.00	4.00	3.10	10.34
PAIR	9.61	1.79	5.00	12.00	80	10.00	11.00	-0.88	0.30
3r + (2)/R	0.67	0.15	0.25	0.90	80	0.66	0.60	0.38	0.61
Lambda	0.79	0.17	0.18	1.50	80	0.78	0.65	-1.56	0.64
EA	6.98	1.42	2.00	8.50	80	6.00	5.00	0.85	1.77
es	7.87	1.00	8.00	11.00	80	7.00	6.00	0.13	-1.52
D Score	-0.41	0.59	-2.00	0.00	80	0.00	0.00	-1.11	0.28
AdjD	-0.21	0.41	-2.00	0.00	80	0.00	0.00	-1.43	0.05
a(active)	6.03	1.27	5.00	9.00	80	6.00	5.00	0.43	-1.17
p(passive)	1.85	1.90	1.00	6.00	80	2.00	1.00	0.51	-1.49
Ma	1.98	0.84	0.00	2.00	51	1.00	0.00	0.05	-1.59
Mp	0.99	1.35	0.00	3.00	29	0.00	0.00	0.70	-1.44
Intellect	0.96	0.51	0.00	2.00	80	1.00	1.00	-0.06	0.93
Zf	10.15	1.44	6.00	12.00	80	11.00	9.00	-0.45	-1.21
Zd	-1.38	2.20	-5.00	1.00	80	0.00	0.00	-0.91	-0.93
Blends	2.16	0.49	1.00	3.00	80	2.00	2.00	0.38	0.64
Col-Shd Blends	0.44	[0.64]	0.00	1.00	18	0.00	0.00	2.13	4.67
Afr	0.87	0.26	0.25	1.11	80	0.82	0.78	-0.76	-0.36
Popular	5.02	1.43	4.00	9.00	80	5.00	5.00	0.14	-0.70
XA%	0.93	0.04	0.84	1.00	80	0.95	0.95	0.04	-0.75
WDA%	0.93	0.04	0.84	1.00	80	0.95	0.95	-0.05	-0.82
X + %	0.70	0.06	0.60	0.80	80	0.70	0.60	-0.07	-0.92
X-%	0.03	0.03	0.00	0.13	45	0.05	0.00	0.42	-0.32
Xu%	0.23	0.07	0.07	0.35	80	0.22	0.22	0.43	-0.22
Isolate/R	0.23	0.09	0.06	0.39	80	0.22	0.15	0.22	-1.27
H	2.49	1.18	1.00	4.00	80	3.00	3.00	-0.18	-1.51
(H)	0.66	0.50	0.00	2.00	52	1.00	1.00	-0.38	-1.12
HD	0.58	0.63	0.00	2.00	40	0.50	0.00	0.63	-0.53
(Hd)	0.04	0.19	0.00	1.00	3	0.00	0.00	4.96	23.21

（续上表）

变量	平均数	标准差	最小值	最大值	频数	中位数	众数	偏度系数	峰度系数
Hx	0.00	[0.00]	0.00	0.00	0	0.00	0.00	—	—
All H Cont	3.76	0.75	2.00	5.00	80	4.00	4.00	0.23	-0.83
A	8.03	1.34	2.00	10.00	80	8.00	8.00	-1.34	4.29
(A)	0.34	[0.48]	0.00	1.00	27	0.00	0.00	0.70	-1.55
Ad	1.11	[0.60]	0.00	3.00	76	1.00	1.00	2.18	5.90
(Ad)	0.01	[0.11]	0.00	1.00	1	0.00	0.00	8.94	80.00
An	0.01	[0.11]	0.00	1.00	1	0.00	0.00	8.94	80.00
Art	0.86	0.41	0.00	2.00	67	1.00	1.00	-0.96	1.83
Ay	0.00	[0.00]	0.00	0.00	0	0.00	0.00	—	—
Bl	0.30	[0.49]	0.00	2.00	23	0.00	0.00	1.22	0.28
Bt	1.52	0.64	0.00	2.00	74	2.00	2.00	-1.00	-0.04
Cg	0.03	0.16	0.00	1.00	2	0.00	0.00	6.20	37.40
Cl	0.14	[0.35]	0.00	1.00	11	0.00	0.00	2.14	2.67
Ex	0.25	[0.44]	0.00	1.00	20	0.00	0.00	1.17	-0.63
Fi	0.61	[0.52]	0.00	2.00	48	1.00	1.00	-0.18	-1.32
Food	0.59	[0.50]	0.00	1.00	47	1.00	1.00	-0.36	-1.92
Ge	0.05	[0.22]	0.00	1.00	4	0.00	0.00	4.20	16.12
Hh	1.17	0.65	0.00	3.00	73	1.00	1.00	0.93	1.71
Ls	0.96	0.19	0.00	1.00	77	1.00	1.00	-4.96	23.21
Na	0.78	[0.78]	0.00	2.00	45	1.00	0.00	0.41	-1.23
Sc	0.71	[0.66]	0.00	3.00	49	1.00	1.00	0.65	0.64
Sx	0.00	[0.00]	0.00	0.00	0	0.00	0.00	—	—
Xy	0.00	[0.00]	0.00	0.00	0	0.00	0.00	—	—
Idiographic	0.15	0.36	0.00	1.00	12	0.00	0.00	1.99	2.04
DV	0.06	[0.24]	0.00	1.00	5	0.00	0.00	3.68	11.87
INCOM	2.35	[0.58]	0.00	3.00	79	2.00	2.00	-0.60	1.86
DR	0.09	[0.33]	0.00	2.00	6	0.00	0.00	4.03	17.30
FABCOM	0.60	[0.49]	0.00	1.00	48	1.00	1.00	-0.41	-1.87
DV2	0.00	[0.00]	0.00	0.00	0	0.00	0.00	—	—
INC2	0.04	[0.19]	0.00	1.00	3	0.00	0.00	4.96	23.21
DR2	0.00	[0.00]	0.00	0.00	0	0.00	0.00	—	—
FAB2	0.00	[0.00]	0.00	0.00	0	0.00	0.00	—	—
ALOG	0.65	[0.48]	0.00	1.00	52	1.00	1.00	-0.64	-1.63

（续上表）

变量	平均数	标准差	最小值	最大值	频数	中位数	众数	偏度系数	峰度系数
CONTAM	0.00	0.00	0.00	0.00	0	0.00	0.00	—	—
Sum 6 Sp Sc	3.79	1.35	1.00	6.00	80	4.00	5.00	-0.27	-1.21
Lvl 2 Sp Sc	0.04	[0.19]	0.00	1.00	3	0.00	0.00	4.96	23.21
WSum6	10.83	4.72	3.00	18.00	80	13.00	15.00	-0.55	-1.36
AB	0.00	[0.00]	0.00	0.00	0	0.00	0.00	—	—
AG	0.36	0.60	0.00	2.00	24	0.00	0.00	1.45	1.09
COP	1.84	0.56	0.00	3.00	74	2.00	2.00	-2.68	6.69
CP	0.00	[0.00]	0.00	0.00	0	0.00	0.00	—	—
GOODHR	3.68	0.98	2.00	5.00	80	3.00	3.00	0.20	-1.24
POORHR	1.14	0.73	0.00	3.00	69	1.00	1.00	0.80	1.10
MOR	0.08	[0.35]	0.00	2.00	4	0.00	0.00	4.88	23.92
PER	0.08	0.38	0.00	3.00	4	0.00	0.00	6.35	45.06
PSV	0.01	[0.11]	0.00	1.00	1	0.00	0.00	8.94	80.00

注意：加括弧的标准差，表明此数值可能是不可靠的和/或误导性的，不能用于估算预期范围。通常这些变量不用于大多数的参数分析。

7 岁组(N=120)

变量	平均数	标准差	最小值	最大值	频数	中位数	众数	偏度系数	峰度系数
R	19.93	1.25	14.00	24.00	120	19.00	19.00	-0.10	-0.50
W	10.33	2.01	5.00	12.00	120	9.00	9.00	0.02	-1.34
D	9.09	2.86	7.00	15.00	120	9.00	7.00	0.07	-1.77
Dd	0.82	[0.32]	0.00	3.00	74	0.00	0.00	0.42	2.91
S	1.44	[1.06]	0.00	4.00	102	2.00	2.00	-0.49	-0.38
DQ +	6.48	0.80	6.00	9.00	120	6.00	6.00	0.11	-0.41
DQo	11.15	0.98	10.00	13.00	120	11.00	11.00	0.36	-0.92
DQv	1.63	[0.58]	0.00	3.00	89	2.00	1.00	0.28	-0.71
DQv/ +	0.28	[0.45]	0.00	1.00	33	0.00	0.00	1.02	-0.98
FQx +	0.00	0.00	0.00	0.00	0	0.00	0.00	—	—
FQxo	14.37	1.46	12.00	18.00	120	15.00	14.00	0.24	-1.28
FQxu	2.08	0.69	1.00	3.00	120	2.00	2.00	-0.10	-0.86
FQx-	1.99	1.27	0.00	4.00	117	2.00	1.00	0.36	-1.18
FQxNone	1.10	[0.30]	0.00	3.00	72	1.00	1.00	2.70	5.38
MQ +	0.00	0.00	0.00	0.00	0	0.00	0.00	—	—
MQo	2.51	1.16	2.00	6.00	120	3.00	2.00	1.25	0.67
MQu	0.56	0.34	0.00	1.00	13	0.00	0.00	2.20	4.96
MQ-	0.45	[0.22]	0.00	2.00	28	0.00	0.00	2.18	11.75
MQNone	0.00	[0.00]	0.00	0.00	0	0.00	0.00	—	—
S-	0.12	[0.32]	0.00	1.00	14	0.00	0.00	2.42	3.91
M	3.02	1.22	2.00	6.00	120	3.00	2.00	1.15	0.12
FM	5.92	1.20	3.00	7.00	120	6.00	6.00	-1.11	0.14
m	1.06	0.40	0.00	2.00	114	1.00	1.00	0.52	3.35
FM + m	6.08	1.14	5.00	8.00	120	7.00	8.00	-0.80	-0.79
FC	2.17	0.93	1.00	4.00	120	2.00	2.00	0.27	-1.82
CF	3.19	0.98	1.00	6.00	120	3.00	3.00	-0.71	0.47
C	0.99	[0.30]	0.00	3.00	72	0.00	0.00	2.70	5.38
Cn	0.00	[0.00]	0.00	0.00	0	0.00	0.00	—	—
FC + CF + C + Cn	6.15	1.39	4.00	10.00	120	5.00	5.00	0.70	-1.11
WSumC	4.97	1.14	3.00	7.00	120	4.00	4.00	0.16	-1.17
Sum C′	1.25	[0.86]	0.00	2.00	87	2.00	2.00	-0.51	-1.47
Sum T	0.93	[0.78]	0.00	2.00	110	1.00	1.00	0.42	4.14
Sum V	0.00	[0.00]	0.00	0.00	0	0.00	0.00	—	—

（续上表）

变量	平均数	标准差	最小值	最大值	频数	中位数	众数	偏度系数	峰度系数
Sum Y	0.23	[0.42]	0.00	1.00	37	0.00	0.00	1.33	-0.23
Sum Shading	2.48	1.12	1.00	4.00	120	3.00	3.00	-0.05	-1.37
Fr + rF	0.30	[0.39]	0.00	2.00	22	0.00	0.00	2.70	5.38
FD	0.13	[0.70]	0.00	1.00	14	0.00	0.00	1.31	-2.94
F	7.62	1.60	3.00	10.00	120	7.00	8.00	-0.68	-0.31
PAIR	9.73	1.94	7.00	12.00	120	9.00	8.00	0.03	-1.75
3r + (2)/R	0.65	0.12	0.33	0.90	120	0.62	0.60	0.14	0.28
Lambda	0.79	0.16	0.20	1.25	120	0.70	0.62	-0.17	-0.32
EA	7.48	1.04	4.00	9.00	120	8.00	7.00	-0.41	-1.07
es	8.56	1.67	4.00	12.00	120	8.00	7.00	0.01	-0.98
D Score	-0.53	0.67	-2.00	0.00	120	0.00	0.00	-0.92	-0.32
AdjD	-0.47	0.58	-2.00	0.00	120	0.00	0.00	-0.79	-0.35
a(active)	6.97	1.24	4.00	8.00	120	7.00	8.00	-1.00	-0.19
p(passive)	3.03	1.28	2.00	6.00	120	2.00	2.00	0.91	-0.50
Ma	2.82	0.87	2.00	5.00	120	3.00	2.00	0.84	-0.07
Mp	0.20	0.40	0.00	1.00	24	0.00	0.00	1.52	0.31
Intellect	0.27	0.44	0.00	1.00	120	0.00	0.00	1.07	-0.87
Zf	11.51	1.46	10.00	15.00	120	11.00	14.00	-0.08	-1.14
Zd	-1.04	2.41	-3.50	3.00	120	-1.00	-3.50	0.39	-1.46
Blends	5.11	0.65	3.00	7.00	120	4.00	5.00	-0.72	0.74
Col-Shd Blends	0.36	[0.64]	0.00	1.00	20	0.00	0.00	2.12	8.35
Afr	0.79	0.09	0.45	0.83	120	0.67	0.75	0.02	-1.21
Popular	4.75	0.79	2.00	8.00	120	6.00	4.00	-0.35	-0.16
XA%	0.92	0.07	0.79	1.00	120	0.94	1.00	-0.31	-1.26
WDA%	0.92	0.07	0.79	1.00	120	0.94	1.00	-0.52	-0.99
X + %	0.81	0.05	0.70	0.89	120	0.82	0.86	-0.61	-0.33
X-%	0.08	0.07	0.00	0.21	87	0.06	0.00	0.33	-1.09
Xu%	0.11	0.03	0.05	0.15	120	0.11	0.11	-0.67	-0.56
Isolate/R	0.25	0.05	0.17	0.35	120	0.25	0.25	0.41	-1.08
H	1.67	0.79	1.00	3.00	120	1.00	1.00	0.65	-1.10
(H)	1.34	0.88	0.00	3.00	93	2.00	2.00	-0.28	-1.00
HD	0.38	0.49	0.00	1.00	45	0.00	0.00	0.52	-1.76
(Hd)	0.74	0.87	0.00	3.00	63	1.00	0.00	1.14	0.71

（续上表）

变量	平均数	标准差	最小值	最大值	频数	中位数	众数	偏度系数	峰度系数
Hx	0.00	[0.00]	0.00	0.00	0	0.00	0.00	—	—
All H Cont	4.13	0.89	3.00	6.00	120	4.00	4.00	0.17	-0.94
A	9.26	0.77	8.00	10.00	120	9.00	10.00	-0.48	-1.16
(A)	1.18	[0.81]	0.00	2.00	90	1.00	2.00	-0.34	-1.39
Ad	0.68	[0.79]	0.00	2.00	57	0.00	0.00	0.65	-1.10
(Ad)	0.05	[0.22]	0.00	1.00	6	0.00	0.00	4.18	15.75
An	0.37	[0.48]	0.00	1.00	44	0.00	0.00	0.56	-1.72
Art	0.10	0.30	0.00	1.00	12	0.00	0.00	2.70	5.38
Ay	0.17	[0.37]	0.00	1.00	20	0.00	0.00	1.81	1.30
Bl	0.28	[0.45]	0.00	1.00	33	0.00	0.00	1.02	-0.98
Bt	2.11	0.56	1.00	3.00	120	2.00	2.00	0.03	0.12
Cg	1.15	0.36	1.00	2.00	120	1.00	1.00	1.98	1.97
Cl	0.00	[0.00]	0.00	0.00	0	0.00	0.00	—	—
Ex	0.00	[0.00]	0.00	0.00	0	0.00	0.00	—	—
Fi	0.48	[0.50]	0.00	1.00	57	0.00	0.00	0.10	-2.02
Food	0.20	[0.40]	0.00	1.00	24	0.00	0.00	1.51	0.31
Ge	0.00	[0.00]	0.00	0.00	0	0.00	0.00	—	—
Hh	0.00	0.00	0.00	0.00	0	0.00	0.00	—	—
Ls	1.00	0.00	1.00	1.00	120	1.00	1.00	—	—
Na	0.96	[0.77]	0.00	2.00	82	1.00	1.00	0.07	-1.31
Sc	1.54	[1.14]	0.00	4.00	96	1.00	1.00	0.39	-0.62
Sx	0.00	[0.00]	0.00	0.00	0	0.00	0.00	—	—
Xy	0.00	[0.00]	0.00	0.00	0	0.00	0.00	—	—
Idiographic	0.53	0.59	0.00	2.00	57	0.00	0.00	0.63	-0.53
DV	1.39	[0.49]	1.00	2.00	120	1.00	1.00	0.45	-1.83
INCOM	1.39	[0.58]	0.00	2.00	114	1.00	1.00	-0.33	-0.71
DR	0.46	[0.63]	0.00	2.00	46	0.00	0.00	1.06	0.06
FABCOM	0.29	[0.46]	0.00	1.00	35	0.00	0.00	0.92	-1.16
DV2	0.00	[0.00]	0.00	0.00	0	0.00	0.00	—	—
INC2	0.00	[0.00]	0.00	0.00	0	0.00	0.00	—	—
DR2	0.00	[0.00]	0.00	0.00	0	0.00	0.00	—	—
FAB2	0.08	[0.26]	0.00	1.00	9	0.00	0.00	3.26	8.83
ALOG	0.38	[0.49]	0.00	1.00	45	0.00	0.00	0.52	-1.76

（续上表）

变量	平均数	标准差	最小值	最大值	频数	中位数	众数	偏度系数	峰度系数
CONTAM	0.01	0.09	0.00	1.00	1	0.00	0.00	10.95	120.00
Sum 6 Sp Sc	3.99	1.40	1.00	8.00	120	4.00	5.00	0.23	0.45
Lvl 2 Sp Sc	0.08	[0.26]	0.00	1.00	9	0.00	0.00	3.26	8.83
WSum6	9.18	5.66	1.00	29.00	120	10.00	4.00	0.85	0.69
AB	0.00	[0.00]	0.00	0.00	0	0.00	0.00	—	—
AG	1.20	0.40	1.00	2.00	120	1.00	1.00	1.51	0.31
COP	1.17	0.59	0.00	2.00	108	1.00	1.00	-0.05	-0.28
CP	0.00	[0.00]	0.00	0.00	0	0.00	0.00	—	—
GOORHR	3.82	1.16	2.00	5.00	120	4.00	5.00	-0.52	-1.19
POORHR	0.99	0.98	0.00	3.00	71	1.00	0.00	0.50	-0.95
MOR	1.64	[0.58]	1.00	3.00	120	2.00	2.00	0.22	-0.70
PER	1.22	0.57	1.00	3.00	120	1.00	1.00	2.51	4.94
PSV	0.54	[0.50]	0.00	1.00	65	1.00	1.00	-0.16	-2.01

注意：加括弧的标准差，表明此数值可能是不可靠的和/或误导性的，不能用于估算预期范围。通常这些变量不用于大多数的参数分析。

8 岁组(N = 120)

变量	平均数	标准差	最小值	最大值	频数	中位数	众数	偏度系数	峰度系数
R	18.73	2.46	14.00	23.00	120	18.00	16.00	0.21	-1.57
W	10.03	1.01	6.00	11.00	120	11.00	8.00	0.55	-1.05
D	7.00	1.28	7.00	11.00	120	7.00	7.00	0.41	-1.12
Dd	1.70	[0.84]	0.00	3.00	104	1.00	0.00	0.40	-1.47
S	1.73	[0.58]	1.00	3.00	119	2.00	2.00	0.08	-0.43
DQ +	6.80	1.74	4.00	10.00	120	6.00	6.00	0.64	-0.57
DQo	11.27	1.40	9.00	14.00	120	12.00	12.00	-0.04	-0.68
DQv	0.90	[0.62]	0.00	3.00	99	1.00	1.00	0.50	-0.59
DQv/ +	0.17	[0.25]	0.00	1.00	19	0.00	0.00	3.56	11.07
FQx +	0.00	0.00	0.00	0.00	0	0.00	0.00	—	—
FQxo	13.22	1.83	10.00	17.00	120	13.00	12.00	0.44	-0.37
FQxu	3.47	1.37	2.00	6.00	120	4.00	2.00	0.24	-1.34
FQx-	1.72	0.76	1.00	4.00	120	2.00	1.00	0.53	-1.07
FQxNone	0.43	[0.48]	0.00	1.00	43	0.00	0.00	0.73	-1.53
MQ +	0.00	0.00	0.00	0.00	0	0.00	0.00	—	—
MQo	3.12	1.62	1.00	6.00	120	2.00	2.00	0.68	-0.97
MQu	0.20	0.40	0.00	1.00	24	0.00	0.00	1.54	0.38
MQ-	0.07	[0.25]	0.00	1.00	10	0.00	0.00	3.56	11.07
MQNone	0.00	[0.00]	0.00	0.00	0	0.00	0.00	—	—
S-	0.13	[0.34]	0.00	1.00	29	0.00	0.00	2.21	3.00
M	3.38	1.85	1.00	7.00	120	3.00	2.00	0.79	-0.49
FM	4.72	1.37	3.00	8.00	120	4.00	4.00	0.71	-0.30
m	0.57	0.50	0.00	3.00	57	0.00	0.00	0.14	-2.05
FM + m	5.28	1.56	3.00	8.00	120	5.00	4.00	0.20	-1.29
FC	1.80	0.84	1.00	3.00	120	2.00	1.00	0.40	-1.47
CF	2.73	0.78	1.00	4.00	120	3.00	3.00	-0.38	-0.01
C	0.43	[0.48]	0.00	1.00	43	0.00	0.00	0.73	-1.53
Cn	0.00	[0.00]	0.00	0.00	0	0.00	0.00	—	—
FC + CF + C + Cn	4.87	0.72	3.00	6.00	120	5.00	5.00	-0.90	1.37
WSumC	4.13	0.77	3.00	6.00	120	4.00	3.50	0.80	0.22
Sum C′	1.30	[0.89]	0.00	3.00	102	1.00	1.00	0.92	-0.26
Sum T	1.08	[0.60]	0.00	2.00	107	1.00	1.00	0.76	2.58

（续上表）

变量	平均数	标准差	最小值	最大值	频数	中位数	众数	偏度系数	峰度系数
Sum V	0.00	[0.00]	0.00	0.00	0	0.00	0.00	—	—
Sum Y	0.92	[0.85]	0.00	2.00	68	1.00	0.00	0.37	-1.54
Sum Shading	2.90	1.47	1.00	5.00	120	2.00	2.00	0.18	-1.46
Fr + rF	0.33	[0.48]	0.00	1.00	33	0.00	0.00	0.73	-1.53
FD	0.53	[0.34]	0.00	2.00	39	0.00	0.00	2.21	3.00
F	6.98	1.64	5.00	10.00	120	7.00	7.00	0.67	-0.58
PAIR	7.97	1.19	6.00	10.00	120	8.00	8.00	0.07	-0.60
3r + (2)/R	0.62	0.12	0.30	0.90	120	0.67	0.60	0.28	0.39
Lambda	0.77	0.27	0.29	1.35	120	0.65	0.70	0.91	-0.21
EA	7.51	1.45	4.00	11.50	120	7.00	6.50	0.48	-0.31
es	8.18	2.51	4.00	12.00	120	7.00	6.00	0.07	-1.31
D Score	-0.22	0.64	-2.00	1.00	120	0.00	0.00	-1.38	2.44
AdjD	-0.15	0.61	-2.00	1.00	120	0.00	0.00	-1.82	4.40
a(active)	6.73	1.63	4.00	10.00	120	6.00	6.00	0.15	-0.34
p(passive)	1.93	1.30	0.00	5.00	112	2.00	1.00	0.89	0.20
Ma	3.12	1.66	1.00	6.00	120	3.00	2.00	0.52	-1.01
Mp	0.37	0.45	0.00	2.00	46	0.00	0.00	1.08	-0.86
Intellect	0.46	0.98	0.00	1.50	120	0.00	0.00	2.46	3.15
Zf	11.27	1.49	10.00	15.00	120	12.00	11.00	0.28	-1.27
Zd	-0.70	1.93	-4.50	5.00	120	-1.00	0.00	1.23	3.73
Blends	4.88	1.03	3.00	6.00	120	5.00	5.00	-0.54	-0.82
Col-Shd Blends	0.30	[0.40]	0.00	1.00	34	0.00	0.00	1.54	0.38
Afr	0.69	0.09	0.36	0.90	120	0.68	0.63	0.64	0.00
Popular	5.68	0.80	3.00	7.00	120	6.00	6.00	-0.57	-1.22
XA%	0.89	0.06	0.75	0.95	120	0.89	0.94	-0.79	-0.05
WDA%	0.90	0.06	0.75	0.95	120	0.93	0.95	-1.29	0.86
X + %	0.71	0.07	0.58	0.81	120	0.71	0.63	0.01	-1.33
X-%	0.09	0.04	0.05	0.19	120	0.09	0.06	0.80	-0.29
Xu%	0.18	0.06	0.12	0.32	120	0.18	0.13	0.89	-0.16
Isolate/R	0.23	0.04	0.14	0.27	120	0.24	0.19	-0.64	-0.47
H	1.87	1.03	1.00	4.00	120	1.00	1.00	0.64	-1.07

（续上表）

变量	平均数	标准差	最小值	最大值	频数	中位数	众数	偏度系数	峰度系数
(H)	1.47	0.62	1.00	3.00	120	1.00	1.00	0.98	-0.05
HD	0.27	0.44	0.00	1.00	32	0.00	0.00	1.06	-0.87
(Hd)	1.20	0.54	1.00	3.00	120	1.00	1.00	2.65	5.75
Hx	0.00	[0.00]	0.00	0.00	0	0.00	0.00	—	—
H+(H)+Hd+(Hd)	4.80	1.91	3.00	9.00	120	4.00	3.00	0.87	-0.45
A	9.27	1.44	7.00	12.00	120	9.00	8.00	0.34	-1.07
(A)	1.73	[0.58]	1.00	3.00	120	2.00	2.00	0.08	-0.46
Ad	0.33	[0.47]	0.00	1.00	40	0.00	0.00	0.71	-1.51
(Ad)	0.13	[0.34]	0.00	1.00	16	0.00	0.00	2.18	2.82
An	0.20	[0.40]	0.00	1.00	24	0.00	0.00	1.51	0.31
Art	0.00	0.00	0.00	0.00	0	0.00	0.00	—	—
Ay	0.00	[0.00]	0.00	0.00	0	0.00	0.00	—	—
Bl	0.33	[0.47]	0.00	1.00	40	0.00	0.00	0.71	-1.51
Bt	1.45	0.65	0.00	3.00	118	1.00	1.00	0.75	0.04
Cg	1.80	1.17	1.00	4.00	120	1.00	1.00	0.90	-0.93
Cl	0.13	[0.34]	0.00	1.00	16	0.00	0.00	2.18	2.82
Ex	0.00	[0.00]	0.00	0.00	0	0.00	0.00	—	—
Fi	0.33	[0.47]	0.00	1.00	40	0.00	0.00	0.71	-1.51
Food	0.20	[0.40]	0.00	1.00	24	0.00	0.00	1.51	0.31
Ge	0.00	[0.00]	0.00	0.00	0	0.00	0.00	—	—
Hh	0.15	0.36	0.00	1.00	18	0.00	0.00	1.98	1.97
Ls	0.93	0.25	0.00	1.00	112	1.00	1.00	-3.51	10.56
Na	0.80	[0.40]	0.00	1.00	96	1.00	1.00	-1.51	0.31
Sc	2.45	[0.62]	1.00	3.00	120	3.00	3.00	-0.66	-0.50
Sx	0.00	[0.00]	0.00	0.00	0	0.00	0.00	—	—
Xy	0.00	[0.00]	0.00	0.00	0	0.00	0.00	—	—
Idiographic	0.53	0.62	0.00	2.00	56	0.00	0.00	0.72	-0.43
DV	1.33	[0.70]	0.00	2.00	104	1.00	2.00	-0.57	-0.82
INCOM	2.07	[0.44]	1.00	3.00	120	2.00	2.00	0.31	2.04
DR	0.47	[0.62]	0.00	2.00	48	0.00	0.00	0.98	-0.05
FABCOM	0.55	[0.89]	0.00	3.00	42	0.00	0.00	1.60	1.65

（续上表）

变量	平均数	标准差	最小值	最大值	频数	中位数	众数	偏度系数	峰度系数
DV2	0. 07	[0. 25]	0. 00	1. 00	8	0. 00	0. 00	3. 51	10. 56
INC2	0. 13	[0. 34]	0. 00	1. 00	16	0. 00	0. 00	2. 18	2. 82
DR2	0. 00	[0. 00]	0. 00	0. 00	0	0. 00	0. 00	—	—
FAB2	0. 13	[0. 34]	0. 00	1. 00	16	0. 00	0. 00	2. 18	2. 82
ALOG	0. 73	[0. 44]	0. 00	1. 00	88	1. 00	1. 00	-1. 06	-0. 87
CONTAM	0. 00	0. 00	0. 00	0. 00	0	0. 00	0. 00	—	—
Sum 6 Sp Sc	5. 48	1. 70	3. 00	10. 00	120	5. 00	5. 00	0. 95	1. 21
Lvl 2 Sp Sc	0. 33	[0. 47]	0. 00	1. 00	40	0. 00	0. 00	0. 71	-1. 51
WSum6	14. 33	5. 10	5. 00	28. 00	120	14. 00	14. 00	0. 71	1. 74
AB	0. 00	[0. 00]	0. 00	0. 00	0	0. 00	0. 00	—	—
AG	0. 93	0. 58	0. 00	2. 00	96	1. 00	1. 00	0. 00	0. 05
COP	1. 93	1. 00	1. 00	4. 00	120	2. 00	1. 00	0. 54	-1. 06
CP	0. 00	[0. 00]	0. 00	0. 00	0	0. 00	0. 00	—	—
GOODHR	4. 98	2. 29	1. 00	9. 00	120	4. 00	4. 00	0. 48	-0. 86
POORHR	0. 68	0. 83	0. 00	3. 00	56	0. 00	0. 00	0. 83	-0. 51
MOR	1. 13	[0. 34]	1. 00	2. 00	120	1. 00	1. 00	2. 18	2. 82
PER	0. 33	0. 47	0. 00	1. 00	40	0. 00	0. 00	0. 71	-1. 51
PSV	0. 46	[0. 78]	0. 00	2. 00	18	0. 00	0. 00	2. 74	9. 86

注意：加括弧的标准差，表明此数值可能是不可靠的和/或误导性的，不能用于估算预期范围。通常这些变量不用于大多数的参数分析。

9 岁组(N=140)

变量	平均数	标准差	最小值	最大值	频数	中位数	众数	偏度系数	峰度系数
R	20.53	2.46	14.00	26.00	140	21.00	19.00	0.41	0.57
W	10.33	1.57	6.00	12.00	140	11.00	9.00	0.55	0.05
D	9.00	1.28	7.00	13.00	140	9.00	8.00	0.41	0.84
Dd	1.20	[0.84]	0.00	4.00	102	1.00	0.00	0.40	3.47
S	1.73	[0.58]	0.00	4.00	108	2.00	1.00	1.78	3.43
DQ +	6.40	1.94	3.00	12.00	138	7.00	6.00	0.64	2.57
DQo	11.67	1.80	7.00	14.00	140	11.00	10.00	-0.04	-0.68
DQv	1.61	[0.65]	0.00	4.00	72	1.00	0.00	0.50	-0.59
DQv/ +	0.45	[0.65]	0.00	1.00	23	0.00	0.00	3.56	11.07
FQx +	0.26	0.31	0.00	1.00	5	0.00	0.00	4.18	13.67
FQxo	14.22	1.83	10.00	18.00	140	14.00	12.00	0.44	-0.37
FQxu	3.49	1.37	2.00	6.00	140	4.00	2.00	0.24	-1.34
FQx-	2.04	0.76	1.00	3.00	140	2.00	1.00	0.53	-1.07
FQxNone	0.38	[0.48]	0.00	2.00	31	0.00	0.00	0.73	-1.53
MQ +	0.00	0.00	0.00	0.00	0	0.00	0.00	—	—
MQo	3.12	1.62	1.00	6.00	140	2.00	2.00	0.68	-0.97
MQu	0.20	0.40	0.00	1.00	22	0.00	0.00	1.54	0.38
MQ-	0.37	[0.25]	0.00	2.00	7	0.00	0.00	3.27	10.61
MQNone	0.00	[0.00]	0.00	0.00	0	0.00	0.00	—	—
S-	0.13	[0.34]	0.00	1.00	29	0.00	0.00	2.21	3.00
M	3.12	1.85	1.00	7.00	140	3.00	2.00	0.79	-0.49
FM	4.22	1.47	3.00	9.00	140	4.00	4.00	0.71	0.64
m	0.67	0.58	0.00	3.00	66	0.00	0.00	0.14	3.65
FM + m	5.64	1.86	2.00	9.00	140	6.00	4.00	0.20	0.59
FC	1.89	0.86	0.00	3.00	131	2.00	1.00	0.40	2.47
CF	2.79	0.78	1.00	4.00	140	3.00	2.00	-0.38	2.01
C	0.43	[0.48]	0.00	2.00	22	0.00	0.00	0.73	2.53
Cn	0.00	[0.00]	0.00	0.00	0	0.00	0.00	—	—
FC + CF + C + Cn	4.15	0.72	3.00	9.00	140	6.00	5.00	-0.90	1.37
WSumC	5.13	1.07	2.50	7.50	140	4.00	3.50	0.80	0.22
Sum C′	1.16	[0.79]	0.00	4.00	104	1.00	1.00	0.92	1.66
Sum T	0.97	[0.63]	0.00	2.00	123	1.00	1.00	0.24	3.58
Sum V	0.00	[0.00]	0.00	0.00	0	0.00	0.00	—	—

（续上表）

变量	平均数	标准差	最小值	最大值	频数	中位数	众数	偏度系数	峰度系数
Sum Y	0.83	[0.85]	0.00	3.00	102	1.00	1.00	0.37	-1.76
Sum Shading	2.96	1.27	1.00	6.00	140	2.00	2.00	0.18	-1.46
Fr + rF	0.42	[0.43]	0.00	1.00	26	0.00	0.00	0.73	2.53
FD	0.63	[0.34]	0.00	1.00	64	0.00	0.00	2.45	3.13
F	9.14	1.84	5.00	11.00	140	8.00	8.00	0.67	-0.58
PAIR	8.97	1.69	5.00	12.00	140	9.00	8.00	0.07	-0.60
3r + (2)/R	0.57	0.12	0.30	0.88	140	0.60	0.55	0.18	0.54
Lambda	0.81	0.37	0.29	1.45	140	0.85	0.70	0.91	0.21
EA	8.25	1.95	4.00	11.50	140	8.00	6.50	0.38	0.56
es	8.60	2.59	4.00	13.00	140	7.00	6.00	0.07	1.31
D Score	-0.18	0.54	-3.00	1.00	140	0.00	0.00	1.18	1.44
AdjD	0.10	0.41	-2.00	1.00	140	0.00	0.00	-1.32	3.44
a(active)	6.26	1.23	3.00	11.00	140	7.00	6.00	0.12	0.30
p(passive)	2.51	1.40	0.00	5.00	76	2.00	1.00	0.89	0.70
Ma	2.72	1.36	1.00	6.00	134	3.00	2.00	0.52	-1.01
Mp	0.27	0.45	0.00	1.00	61	0.00	0.00	1.28	1.86
Intellect	1.03	0.98	0.00	1.00	140	0.00	0.00	2.68	10.89
Zf	11.16	1.54	7.00	15.00	140	11.00	11.00	0.28	0.47
Zd	0.40	2.03	-4.50	6.00	140	0.00	0.00	0.23	0.73
Blends	4.38	1.23	2.00	7.00	140	5.00	5.00	-0.44	-0.92
Col-Shd Blends	0.90	[0.56]	0.00	3.00	59	0.00	0.00	1.04	0.34
Afr	0.79	0.13	0.38	1.05	140	0.76	0.68	-0.44	0.03
Popular	5.78	0.63	4.00	7.00	140	6.00	5.00	-0.52	-1.02
XA%	0.91	0.07	0.67	1.00	140	0.91	0.95	-2.07	7.52
WDA%	0.92	0.05	0.71	1.00	140	0.91	0.95	-1.80	5.89
X + %	0.74	0.07	0.61	0.85	140	0.77	0.79	-0.90	0.22
X-%	0.09	0.06	0.05	0.25	140	0.07	0.09	-0.32	0.25
Xu%	0.17	0.07	0.10	0.33	140	0.18	0.15	0.81	-0.15
Isolate/R	0.16	0.05	0.06	0.32	140	0.14	0.17	-0.67	-0.34
H	2.87	1.03	0.00	6.00	138	2.00	2.00	0.66	-1.06
(H)	1.32	0.61	1.00	3.00	140	1.00	1.00	0.84	1.25
Hd	0.57	0.40	0.00	2.00	46	0.00	0.00	1.58	0.36
(Hd)	0.74	0.58	0.00	2.00	62	0.00	0.00	1.60	4.06

（续上表）

变量	平均数	标准差	最小值	最大值	频数	中位数	众数	偏度系数	峰度系数
Hx	0.00	[0.00]	0.00	0.00	0	0.00	0.00	—	—
All H Cont	5.50	1.62	2.00	8.00	140	5.00	4.00	0.59	-0.41
A	8.28	1.59	5.00	13.00	140	9.00	8.00	0.35	0.06
(A)	0.73	[0.68]	0.00	3.00	101	1.00	1.00	0.28	1.63
Ad	0.53	[0.98]	0.00	2.00	80	1.00	1.00	-0.63	2.73
(Ad)	0.23	[0.39]	0.00	1.00	13	0.00	0.00	3.27	4.00
An	0.36	[0.60]	0.00	3.00	34	0.00	0.00	2.54	2.38
Art	0.32	0.71	0.00	2.00	31	0.00	0.00	1.38	3.09
Ay	0.13	[0.28]	0.00	1.00	11	0.00	0.00	3.94	8.28
Bl	0.33	[0.48]	0.00	1.00	28	0.00	0.00	1.03	1.33
Bt	1.45	0.65	0.00	3.00	129	1.00	1.00	0.97	1.10
Cg	1.84	1.08	1.00	4.00	133	1.00	1.00	0.92	1.92
Cl	0.16	[0.39]	0.00	1.00	40	0.00	0.00	2.01	3.34
Ex	0.26	[0.54]	0.00	1.00	21	0.00	0.00	1.93	4.06
Fi	0.69	[0.68]	0.00	1.00	68	0.00	0.00	0.33	2.73
Food	0.18	[0.46]	0.00	1.00	15	0.00	0.00	2.54	4.38
Ge	0.00	[0.00]	0.00	0.00	0	0.00	0.00	—	—
Hh	0.59	0.36	0.00	1.00	49	0.00	0.00	2.11	2.07
Ls	0.93	0.59	0.00	3.00	107	1.00	1.00	-0.28	0.83
Na	0.70	[0.48]	0.00	2.00	96	1.00	1.00	-0.54	1.38
Sc	1.55	[0.72]	0.00	3.00	102	2.00	1.00	0.68	2.46
Sx	0.00	[0.00]	0.00	0.00	0	0.00	0.00	—	—
Xy	0.00	[0.00]	0.00	0.00	0	0.00	0.00	—	—
Idio	0.63	0.42	0.00	1.00	48	0.00	0.00	0.84	1.40
DV	1.01	[0.61]	0.00	2.00	97	1.00	1.00	-0.08	2.80
INCOM	1.37	[0.75]	0.00	3.00	81	1.00	1.00	0.32	2.18
DR	0.67	[0.72]	0.00	2.00	91	1.00	1.00	0.73	2.00
FABCOM	1.05	[0.89]	0.00	3.00	102	1.00	1.00	0.63	1.68
DV2	0.07	[0.21]	0.00	1.00	6	0.00	0.00	1.56	12.07
INC2	0.11	[0.59]	0.00	1.00	7	0.00	0.00	1.27	11.40
DR2	0.00	[0.00]	0.00	0.00	0	0.00	0.00	—	—
FAB2	0.05	[0.39]	0.00	1.00	3	0.00	0.00	0.68	13.00
ALOG	0.61	[0.49]	0.00	1.00	56	0.00	0.00	1.08	3.86

（续上表）

变量	平均数	标准差	最小值	最大值	频数	中位数	众数	偏度系数	峰度系数
CONTAM	0.00	0.00	0.00	0.00	0	0.00	0.00	—	—
Sum 6 Sp Sc	5.95	2.16	1.00	9.00	140	6.00	6.00	0.74	0.52
Sum6 Sp Sc2	0.27	[0.51]	0.00	2.00	14	0.00	0.00	0.63	6.53
WSum6	13.06	4.72	3.00	26.00	140	12.00	11.00	0.92	0.86
AB	0.00	[0.00]	0.00	0.00	0	0.00	0.00	—	—
AG	1.37	0.78	0.00	4.00	128	2.00	1.00	0.67	1.11
COP	2.03	1.14	0.00	5.00	136	2.00	2.00	0.18	1.05
CP	0.00	[0.00]	0.00	0.00	0	0.00	0.00	—	—
GHR	4.11	1.42	1.00	8.00	140	4.00	4.00	0.17	-0.78
PHR	1.86	1.02	0.00	5.00	140	1.00	1.00	1.62	6.02
MOR	0.87	[0.64]	0.00	4.00	116	1.00	1.00	-0.41	1.87
PER	1.16	0.78	0.00	6.00	99	1.00	1.00	0.73	-1.53
PSV	0.26	[0.61]	0.00	2.00	29	0.00	0.00	1.04	4.14

注意：加括弧的标准差，表明此数值可能是不可靠的和/或误导性的，不能用于估算预期范围。通常这些变量不用于大多数的参数分析。

10 岁组(N = 120)

变量	平均数	标准差	最小值	最大值	频数	中位数	众数	偏度系数	峰度系数
R	20.97	1.92	18.00	25.00	120	19.00	19.00	0.85	-0.39
W	9.52	0.87	9.00	12.00	120	9.00	9.00	1.59	1.46
D	10.10	1.48	8.00	13.00	120	10.00	9.00	0.31	-1.32
Dd	1.35	[0.44]	0.00	3.00	119	0.00	0.00	1.17	-0.64
S	1.48	[0.70]	1.00	3.00	107	1.00	1.00	1.12	-0.08
DQ +	7.68	0.96	3.00	9.00	120	8.00	7.00	-0.48	-0.18
DQo	12.07	1.78	9.00	17.00	120	12.00	11.00	0.08	0.01
DQv	0.53	[0.50]	0.00	2.00	64	1.00	1.00	-0.14	-2.02
DQv/ +	0.38	[0.28]	0.00	1.00	36	0.00	0.00	3.05	7.45
FQx +	0.30	0.50	0.00	1.00	11	0.00	0.00	4.04	9.15
FQxo	15.80	1.98	13.00	21.00	120	15.00	15.00	0.81	0.33
FQxu	2.95	0.79	1.00	4.00	120	3.00	3.00	-0.54	0.12
FQx-	1.58	1.03	0.00	6.00	104	2.00	2.00	1.74	6.56
FQxNone	0.13	[0.34]	0.00	1.00	29	0.00	0.00	2.19	2.82
MQ +	0.08	0.21	0.00	1.00	2	0.00	0.00	4.80	13.25
MQo	3.23	1.48	1.00	6.00	120	3.00	3.00	0.22	-0.78
MQu	0.25	0.44	0.00	1.00	30	0.00	0.00	1.17	-0.64
MQ-	0.17	[0.37]	0.00	2.00	21	0.00	0.00	1.81	1.30
MQNone	0.00	[0.00]	0.00	0.00	0	0.00	0.00	—	—
S-	0.12	[0.32]	0.00	1.00	14	0.00	0.00	2.42	3.91
M	3.65	1.63	1.00	7.00	120	4.00	3.00	-0.04	-0.69
FM	5.53	1.46	3.00	7.00	120	6.00	7.00	-0.43	-1.38
m	1.08	0.28	1.00	2.00	120	1.00	1.00	3.05	7.45
FM + m	6.62	1.40	4.00	8.00	120	7.00	8.00	-0.56	-1.06
FC	2.55	0.96	1.00	4.00	120	2.00	2.00	0.44	-1.03
CF	3.68	1.29	2.00	6.00	120	3.50	5.00	0.14	-1.27
C	0.13	[0.34]	0.00	2.00	29	0.00	0.00	2.19	2.82
Cn	0.00	[0.00]	0.00	0.00	0	0.00	0.00	—	—
FC + CF + C + Cn	6.37	1.50	4.00	8.00	120	7.00	8.00	-0.41	-1.30
WSumC	5.16	1.25	3.00	7.00	120	5.00	4.00	-0.23	-1.26
Sum C′	0.79	[0.85]	0.00	4.00	73	1.00	1.00	0.41	0.44
Sum T	0.98	[0.39]	0.00	2.00	106	1.00	1.00	-0.16	3.86
Sum V	0.02	[0.13]	0.00	1.00	2	0.00	0.00	7.65	57.43

（续上表）

变量	平均数	标准差	最小值	最大值	频数	中位数	众数	偏度系数	峰度系数
Sum Y	0.43	[0.65]	0.00	2.00	34	0.00	0.00	0.82	-0.37
Sum Shading	1.83	1.32	1.00	6.00	120	3.00	4.00	0.06	-1.16
Fr + rF	0.35	[0.36]	0.00	1.00	36	0.00	0.00	1.98	1.97
FD	0.67	[0.58]	0.00	2.00	78	1.00	1.00	1.33	0.81
F	6.38	2.04	3.00	12.00	120	5.50	5.00	0.57	-0.73
PAIR	9.62	1.36	6.00	12.00	120	9.00	9.00	-0.29	0.09
3r + (2)/R	0.54	0.07	0.29	0.68	120	0.52	0.47	-0.71	6.30
Lambda	0.49	0.23	0.19	1.11	120	0.36	0.36	0.90	-0.23
EA	8.81	1.36	4.00	11.00	120	9.00	7.00	-0.37	1.09
es	8.45	1.90	5.00	12.00	120	8.00	7.00	-0.33	-0.89
D Score	-0.15	0.44	-2.00	1.00	120	0.00	0.00	-1.89	5.07
AdjD	-0.12	0.49	-2.00	1.00	120	0.00	0.00	-1.17	3.81
a(active)	7.15	1.37	6.00	11.00	120	8.00	7.00	0.32	-0.74
p(passive)	3.27	0.66	1.00	4.00	120	2.00	2.00	1.46	1.91
Ma	2.82	1.09	1.00	5.00	120	3.00	3.00	-0.10	-0.63
Mp	0.98	0.83	0.00	3.00	88	1.00	1.00	0.93	0.76
Intellect	0.53	0.56	0.00	2.00	120	0.50	0.00	0.44	-0.81
Zf	13.52	1.19	11.00	16.00	120	13.50	13.00	-0.19	-0.27
Zd	-0.13	2.32	-5.00	5.00	120	0.00	-3.00	0.22	-0.35
Blends	5.80	1.05	3.00	7.00	120	6.00	7.00	-0.39	-0.70
Col-Shd Blends	0.42	[0.13]	0.00	1.00	22	0.00	0.00	7.65	57.43
Afr	0.63	0.09	0.50	0.85	120	0.58	0.58	0.94	-0.05
Popular	6.07	0.84	3.00	7.00	120	6.00	6.00	-1.01	1.55s
XA%	0.92	0.04	0,75	1.00	120	0.91	0.95	-1.44	5.47
WDA%	0.93	0.04	0.78	1.00	120	0.95	0.95	-1.24	3.22
X + %	0.77	0.05	0.62	0.85	120	0.79	0.79	-0.85	1.39
X-%	0.07	0.05	0.00	0.25	104	0.07	0.05	1.46	5.42
Xu%	0.15	0.05	0.05	0.21	120	0.16	0.16	-0.43	-0.53
Isolate/R	0.19	0.03	0.14	0.26	120	0.19	0.16	0.67	-0.53
H	2.47	1.12	1.00	5.00	120	3.00	3.00	0.01	-0.83
(H)	1.48	0.74	0.00	2.00	102	2.00	2.00	-1.06	-0.37
HD	0.25	0.47	0.00	2.00	28	0.00	0.00	1.64	1.80
(Hd)	0.85	0.36	0.00	1.00	102	1.00	1.00	-1.98	1.97

（续上表）

变量	平均数	标准差	最小值	最大值	频数	中位数	众数	偏度系数	峰度系数
Hx	0.00	[0.00]	0.00	0.00	0	0.00	0.00	—	—
All H Cont	5.05	1.64	2.00	8.00	120	6.00	6.00	-0.58	-0.59
A	8.92	1.18	7.00	11.00	120	9.00	9.00	0.54	-0.43
(A)	1.20	[0.77]	0.00	3.00	96	1.00	1.00	-0.14	-0.88
Ad	1.35	[1.08]	0.00	3.00	76	2.00	2.00	-0.25	-1.49
(Ad)	0.07	[0.25]	0.00	1.00	8	0.00	0.00	3.51	10.56
An	0.67	[0.57]	0.00	2.00	74	1.00	1.00	0.14	-0.66
Art	0.53	0.56	0.00	2.00	60	0.50	0.00	0.43	-0.81
Ay	0.00	[0.00]	0.00	0.00	0	0.00	0.00	—	—
Bl	0.60	[0.59]	0.00	2.00	66	1.00	1.00	0.36	-0.70
Bt	2.17	0.74	1.00	4.00	120	2.00	2.00	0.49	0.33
Cg	1.48	1.03	0.00	3.00	102	1.00	1.00	0.32	-1.10
Cl	0.08	[0.28]	0.00	1.00	10	0.00	0.00	3.05	7.45
Ex	0.08	[0.28]	0.00	1.00	10	0.00	0.00	3.05	7.45
Fi	0.75	[0.44]	0.00	1.00	90	1.00	1.00	-1.16	-0.64
Food	0.53	[0.50]	0.00	1.00	64	1.00	1.00	-0.13	-2.02
Ge	0.00	[0.00]	0.00	0.00	0	0.00	0.00	—	—
Hh	0.60	0.49	0.00	1.00	72	1.00	1.00	-0.41	-1.86
Ls	1.00	0.45	0.00	2.00	108	1.00	1.00	0.00	2.14
Na	0.30	[0.46]	0.00	1.00	36	0.00	0.00	0.88	-1.24
Sc	2.85	[0.40]	2.00	4.00	120	3.00	3.00	-1.16	1.62
Sx	0.00	[0.00]	0.00	0.00	0	0.00	0.00	—	—
Xy	0.00	[0.00]	0.00	0.00	0	0.00	0.00	—	—
Idiographic	0.08	0.28	0.00	1.00	10	0.00	0.00	3.05	7.45
DV	1.00	[0.00]	1.00	1.00	120	1.00	1.00	—	—
INCOM	1.35	[0.51]	1.00	3.00	120	1.00	1.00	1.01	-0.16
DR	0.08	[0.28]	0.00	1.00	10	0.00	0.00	3.05	7.45
FABCOM	0.35	[0.48]	0.00	1.00	42	0.00	0.00	0.63	-1.62
DV2	0.00	[0.00]	0.00	0.00	0	0.00	0.00	—	—
INC2	0.23	[0.43]	0.00	1.00	28	0.00	0.00	1.27	-0.38
DR2	0.02	[0.13]	0.00	1.00	2	0.00	0.00	7.64	57.43
FAB2	0.00	[0.00]	0.00	0.00	0	0.00	0.00	—	—
ALOG	0.37	[0.48]	0.00	1.00	44	0.00	0.00	0.56	-1.72

（续上表）

变量	平均数	标准差	最小值	最大值	频数	中位数	众数	偏度系数	峰度系数
CONTAM	0.00	0.00	0.00	0.00	0	0.00	0.00	—	—
Sum 6 Sp Sc	3.40	1.10	2.00	6.00	120	3.00	3.00	1.29	0.85
Lvl 2 Sp Sc	0.25	[0.44]	0.00	1.00	30	0.00	0.00	1.16	-0.64
WSum6	8.22	3.79	3.00	17.00	120	7.00	7.00	1.07	0.65
AB	0.00	[0.00]	0.00	0.00	0	0.00	0.00	—	—
AG	1.57	0.62	1.00	3.00	120	1.50	1.00	0.61	-0.55
COP	1.73	0.84	1.00	4.00	120	2.00	2.00	1.41	1.94
CP	0.00	[0.00]	0.00	0.00	0	0.00	0.00	—	—
GOODHR	5.32	1.53	2.00	8.00	120	5.00	5.00	0.02	-0.72
POORHR	1.10	0.65	0.00	3.00	104	1.00	1.00	0.63	1.22
MOR	0.55	[0.62]	0.00	2.00	58	0.00	0.00	0.66	-0.50
PER	0.75	0.44	0.00	1.00	90	1.00	1.00	-1.16	-0.64
PSV	0.05	0.22	0.00	1.00	6	0.00	0.00	4.18	15.75

注意：加括弧的标准差，表明此数值可能是不可靠的和/或误导性的，不能用于估算预期范围。通常这些变量不用于大多数的参数分析。

11 岁组(N=135)

变量	平均数	标准差	最小值	最大值	频数	中位数	众数	偏度系数	峰度系数
R	21.29	2.43	15.00	27.00	135	22.00	19.00	0.93	0.29
W	9.61	0.95	9.00	12.00	135	9.00	9.00	1.49	1.06
D	10.01	1.31	9.00	13.00	135	11.00	11.00	0.05	-1.09
Dd	1.67	[1.13]	0.00	4.00	128	0.00	0.00	2.12	3.75
S	1.75	[0.68]	1.00	3.00	135	2.00	2.00	0.36	-0.81
DQ+	8.07	1.22	6.00	10.00	135	8.00	7.00	0.10	-1.08
DQo	12.08	2.14	9.00	17.00	135	12.00	11.00	0.73	0.25
DQv	0.64	[0.88]	0.00	3.00	63	0.00	0.00	1.57	1.99
DQv/+	0.50	[0.69]	0.00	2.00	41	0.00	0.00	1.98	2.39
FQx+	0.21	0.38	0.00	1.00	9	0.00	0.00	3.08	11.42
FQxo	15.83	1.40	13.00	18.00	135	16.00	17.00	-0.29	-1.09
FQxu	3.18	1.26	1.00	6.00	135	3.00	3.00	0.52	0.49
FQx-	2.20	1.87	0.00	7.00	125	2.00	2.00	1.73	2.02
FQxNone	0.18	[0.27]	0.00	1.00	18	0.00	0.00	3.09	7.69
MQ+	0.11	0.45	0.00	1.00	3	0.00	0.00	4.24	13.85
MQo	3.59	1.38	1.00	6.00	135	4.00	3.00	-0.15	-0.69
MQu	0.33	0.47	0.00	1.00	44	0.00	0.00	0.75	-1.46
MQ-	0.20	[0.40]	0.00	1.00	27	0.00	0.00	1.52	0.30
MQNone	0.00	[0.00]	0.00	0.00	0	0.00	0.00	—	—
S-	0.31	[0.46]	0.00	1.00	52	0.00	0.00	0.82	-1.34
M	4.12	1.67	1.00	7.00	135	4.00	3.00	0.08	-0.56
FM	4.48	1.21	2.00	7.00	135	6.00	4.00	-0.51	-0.65
m	1.00	0.89	0.00	2.00	122	1.00	1.00	0.84	1.69
FM+m	5.48	1.21	4.00	8.00	135	7.00	7.00	-0.51	-0.65
FC	2.93	0.95	1.00	4.00	135	3.00	4.00	-0.19	-1.29
CF	3.43	1.13	2.00	6.00	135	4.00	4.00	0.10	-1.14
C	0.28	[0.27]	0.00	1.00	17	0.00	0.00	3.09	7.69
Cn	0.00	[0.00]	0.00	0.00	0	0.00	0.00	—	—
FC+CF+C+Cn	6.44	1.39	4.00	8.00	135	7.00	7.00	-0.57	-0.93
WSumC	4.02	1.15	2.50	8.00	135	5.00	4.00	-0.36	-1.06
Sum C′	1.06	[0.71]	0.00	2.00	105	1.00	1.00	-0.09	-0.99
Sum V	0.00	[0.00]	0.00	0.00	0	0.00	0.00	—	—
Sum Y	0.85	[0.70]	0.00	2.00	91	1.00	1.00	0.21	-0.92

（续上表）

变量	平均数	标准差	最小值	最大值	频数	中位数	众数	偏度系数	峰度系数
Sum Shading	2.85	1.10	1.00	4.00	135	3.00	4.00	-0.32	-1.31
Fr + rF	0.21	[0.41]	0.00	1.00	29	0.00	0.00	1.40	-0.03
FD	0.91	[0.84]	0.00	2.00	92	0.00	0.00	0.59	-1.34
F	6.70	2.37	4.00	12.00	135	6.00	5.00	1.12	0.09
PAIR	9.90	1.08	7.00	12.00	135	10.00	10.00	-0.31	0.86
3r + (2)/R	0.53	0.04	0.35	0.75	135	0.58	0.50	0.44	0.38
Lambda	0.68	0.22	0.27	1.50	135	0.69	0.60	0.89	-0.62
EA	8.14	1.37	7.00	12.00	135	8.00	7.00	0.57	-0.53
es	8.33	1.72	4.00	12.00	135	9.00	7.00	-0.22	-1.08
D Score	-0.09	0.29	-1.00	0.00	135	0.00	0.00	-2.92	6.63
AdjD	-0.06	0.34	-1.00	1.00	135	0.00	0.00	-1.00	5.32
a(active)	7.89	1.42	6.00	11.00	135	8.00	7.00	0.67	-0.27
p(passive)	2.79	1.60	2.00	8.00	135	2.00	2.00	2.08	3.12
Ma	2.81	1.01	1.00	5.00	135	3.00	3.00	0.29	-0.01
Mp	1.38	1.33	0.00	5.00	104	1.00	1.00	1.26	0.76
Intellect	0.77	0.65	0.00	2.00	135	1.00	1.00	0.26	-0.67
Zf	13.70	1.22	11.00	16.00	135	14.00	15.00	-0.30	-0.72
Zd	0.60	2.74	-4.50	4.50	135	1.00	4.50	-0.07	-1.15
Blends	6.04	1.41	3.00	8.00	135	6.00	7.00	-0.28	-1.05
Col-Shd Blends	0.00	[0.00]	0.00	0.00	0	0.00	0.00	—	—
Afr	0.62	0.09	0.47	0.80	135	0.58	0.58	0.33	-0.90
Popular	6.06	0.86	4.00	9.00	135	7.00	5.00	-0.76	-0.78
XA%	0.90	0.07	0.74	1.00	135	0.91	0.91	-1.51	1.55
WDA%	0.92	0.04	0.78	1.00	135	0.95	0.95	-1.47	2.85
X + %	0.75	0.08	0.52	0.85	135	0.77	0.79	-1.65	2.46
X-%	0.10	0.07	0.00	0.26	125	0.09	0.09	1.41	1.41
Xu%	0.15	0.05	0.05	0.24	135	0.16	0.14	-0.34	-0.35
Isolate/R	0.20	0.05	0.14	0.37	135	0.18	0.17	2.06	4.31
H	2.80	1.27	1.00	5.00	135	3.00	3.00	0.22	-0.71
(H)	1.51	0.66	0.00	2.00	123	2.00	2.00	-1.00	-0.12
HD	0.52	0.66	0.00	2.00	58	0.00	0.00	0.89	-0.30
(Hd)	0.87	0.33	0.00	1.00	118	1.00	1.00	-2.28	3.25
Hx	0.00	[0.00]	0.00	0.00	0	0.00	0.00	—	—

（续上表）

变量	平均数	标准差	最小值	最大值	频数	中位数	众数	偏度系数	峰度系数
All H Cont	5.70	1.80	2.00	9.00	135	6.00	6.00	−0.22	0.04
A	8.59	1.25	7.00	11.00	135	8.00	8.00	0.83	−0.19
(A)	1.00	[0.83]	0.00	2.00	89	1.00	0.00	0.00	−1.55
Ad	1.54	[0.95]	0.00	3.00	101	2.00	2.00	−0.75	−0.78
(Ad)	0.16	[0.36]	0.00	1.00	21	0.00	0.00	1.92	1.72
An	0.73	[0.64]	0.00	2.00	85	1.00	1.00	0.29	−0.66
Art	0.56	0.50	0.00	1.00	76	1.00	1.00	−0.25	−1.91
Ay	0.21	[0.59]	0.00	2.00	16	0.00	0.00	2.62	5.19
Bl	0.44	[0.57]	0.00	2.00	54	0.00	0.00	0.87	−0.24
Bt	2.10	0.67	1.00	4.00	135	2.00	2.00	0.65	1.16
Cg	1.60	0.99	0.00	3.00	122	1.00	1.00	0.26	−1.15
Cl	0.06	[0.24]	0.00	1.00	8	0.00	0.00	3.77	12.44
Ex	0.03	[0.17]	0.00	1.00	4	0.00	0.00	5.61	29.92
Fi	0.85	[0.36]	0.00	1.00	115	1.00	1.00	−2.00	2.04
Food	0.64	[0.48]	0.00	1.00	87	1.00	1.00	−0.61	−1.65
Ge	0.00	[0.00]	0.00	0.00	0	0.00	0.00	—	—
Hh	0.82	0.46	0.00	2.00	106	1.00	1.00	−0.65	0.55
Ls	1.28	0.61	0.00	2.00	124	1.00	1.00	−0.22	−0.58
Na	0.35	[0.48]	0.00	1.00	47	0.00	0.00	0.64	−1.61
Sc	2.96	[0.36]	2.00	4.00	135	3.00	3.00	−0.57	4.57
Sx	0.00	[0.00]	0.00	0.00	0	0.00	0.00	—	—
Xy	0.00	[0.29]	0.00	1.00	12	0.00	0.00	2.92	6.63
Idio	0.06	0.34	0.00	2.00	4	0.00	0.00	5.61	29.92
DV	1.21	[0.41]	1.00	2.00	135	1.00	1.00	1.46	0.13
INCOM	1.44	[0.63]	0.00	3.00	131	1.00	1.00	0.42	−0.07
DR	0.12	[0.32]	0.00	1.00	16	0.00	0.00	2.38	3.75
FABCOM	0.36	[0.48]	0.00	1.00	48	0.00	0.00	0.61	−1.65
DV2	0.00	[0.00]	0.00	0.00	0	0.00	0.00	—	—
INC2	0.12	[0.32]	0.00	1.00	16	0.00	0.00	2.38	3.75
DR2	0.03	[0.17]	0.00	1.00	4	0.00	0.00	5.61	29.92
FAB2	0.00	[0.00]	0.00	0.00	0	0.00	0.00	—	—
ALOG	0.24	[0.43]	0.00	1.00	33	0.00	0.00	1.20	−0.56
CONTAM	0.00	0.00	0.00	0.00	0	0.00	0.00	—	—

（续上表）

变量	平均数	标准差	最小值	最大值	频数	中位数	众数	偏度系数	峰度系数
Sum 6 Sp Sc	3.51	1.09	2.00	6.00	135	3.00	3.00	0.58	-0.53
Lvl 2 Sp Sc	0.15	[0.36]	0.00	1.00	20	0.00	0.00	2.00	2.04
WSum6	7.73	3.04	3.00	16.00	135	8.00	7.00	0.77	1.10
AB	0.00	[0.00]	0.00	0.00	0	0.00	0.00	—	—
AG	1.42	0.57	1.00	3.00	135	1.00	1.00	0.93	-0.11
COP	1.56	0.50	1.00	2.00	135	2.00	2.00	-0.22	-1.98
CP	0.00	[0.00]	0.00	0.00	0	0.00	0.00	—	—
GOODHR	5.65	1.49	3.00	8.00	135	5.00	5.00	0.09	-0.83
POORHR	1.12	0.53	0.00	2.00	123	1.00	1.00	0.11	0.38
MOR	0.42	[0.57]	0.00	2.00	52	0.00	0.00	0.93	-0.11
PER	0.88	0.53	0.00	2.00	107	1.00	1.00	-0.11	0.38
PSV	0.04	[0.21]	0.00	1.00	6	0.00	0.00	4.47	18.26

注意：加括弧的标准差，表明此数值可能是不可靠的和/或误导性的，不能用于估算预期范围。通常这些变量不用于大多数的参数分析。

12 岁组(N=120)

变量	平均数	标准差	最小值	最大值	频数	中位数	众数	偏度系数	峰度系数
R	21.40	2.05	14.00	23.00	120	20.00	22.00	-1.03	0.96
W	8.79	1.85	1.00	14.00	120	9.00	9.00	-1.94	7.05
D	10.85	1.96	1.00	13.00	120	11.00	12.00	-3.26	12.20
Dd	1.76	[1.11]	0.00	5.00	117	1.00	1.00	3.51	16.47
S	1.92	[0.76]	0.00	5.00	118	2.00	2.00	1.30	4.92
DQ +	8.16	1.90	2.00	10.00	120	8.00	10.00	-1.42	2.39
DQo	12.12	1.07	9.00	15.00	120	12.00	12.00	-0.13	1.90
DQv	1.03	[0.26]	0.00	2.00	72	1.00	1.00	0.65	2.43
DQv/ +	0.38	[0.38]	0.00	2.00	16	0.00	0.00	3.62	13.45
FQx +	0.30	0.54	0.00	2.00	10	0.00	0.00	4.16	16.95
FQxo	15.34	2.32	5.00	17.00	120	16.00	17.00	-2.40	6.80
FQxu	3.77	0.89	1.00	5.00	120	4.00	3.00	-0.95	1.08
FQx-	1.95	1.04	1.00	7.00	120	2.00	2.00	3.71	16.47
FQxNone	0.43	[0.26]	0.00	2.00	42	0.00	0.00	2.65	7.43
MQ +	0.10	0.30	0.00	1.00	5	0.00	0.00	7.45	45.23
MQo	3.21	1.52	1.00	5.00	120	3.00	5.00	-0.33	-1.26
MQu	0.67	0.51	0.00	2.00	78	1.00	1.00	0.32	-1.01
MQ-	0.22	[0.41]	0.00	1.00	26	0.00	0.00	1.39	-0.06
MQNone	0.02	[0.13]	0.00	1.00	2	0.00	0.00	7.65	57.43
S-	0.57	[0.62]	0.00	3.00	63	1.00	1.00	1.02	2.14
M	4.21	2.06	1.00	7.00	120	4.00	400	-0.22	-1.07
FM	5.02	1.66	0.00	9.00	118	6.00	4.00	-1.34	1.64
m	1.00	0.45	0.00	3.00	112	1.00	1.00	2.26	12.57
FM + m	6.02	1.71	1.00	9.00	120	7.00	7.00	-1.44	1.83
FC	2.87	1.17	0.00	4.00	106	3.00	3.00	-1.61	1.77
CF	3.14	1.40	0.00	5.00	112	3.00	3.00	-0.55	-0.30
C	0.39	[0.13]	0.00	1.00	38	0.00	0.00	1.65	7.43
Cn	0.00	[0.00]	0.00	0.00	0	0.00	0.00	—	—
FC+CF+C+Cn	6.03	2.29	0.00	8.00	119	7.00	7.00	-1.49	1.26
WSumC	4.05	1.78	0.00	6.50	120	5.00	6.50	-1.17	0.69
Sum C′	1.08	[0.88]	0.00	3.00	99	1.00	1.00	0.38	-0.47
Sum T	0.88	[0.32]	0.00	1.00	106	1.00	1.00	-2.42	3.91
Sum V	0.07	[0.36]	0.00	2.00	4	0.00	0.00	5.27	26.16

（续上表）

变量	平均数	标准差	最小值	最大值	频数	中位数	众数	偏度系数	峰度系数
Sum Y	1.01	[0.67]	0.00	2.00	108	2.00	2.00	-1.04	-0.13
Sum Shading	3.74	1.37	0.00	6.00	114	4.00	4.00	-0.98	1.25
Fr + rF	0.20	[0.13]	0.00	1.00	15	0.00	0.00	3.65	17.43
FD	1.48	[0.83]	0.00	2.00	94	2.00	2.00	-1.11	-0.61
F	5.84	1.65	5.00	13.00	120	5.00	5.00	2.75	7.47
PAIR	9.09	1.89	1.00	10.00	120	10.00	10.00	-2.89	9.00
3r + (2)/R	0.54	0.08	0.10	0.50	120	0.55	0.50	-3.53	16.28
Lambda	0.66	0.58	0.29	4.25	120	0.70	0.50	5.18	30.28
EA	8.26	2.38	1.00	12.00	120	8.50	7.00	-1.38	1.99
es	8.97	2.59	1.00	13.00	120	8.00	6.00	-2.08	3.95
D Score	-0.21	0.53	-2.00	1.00	120	0.00	0.00	-1.17	2.25
AdjD	-0.11	0.67	-2.00	2.00	120	0.00	0.00	-0.04	1.74
a(active)	6.53	1.45	2.00	8.00	120	7.00	6.00	-1.34	2.04
p(passive)	4.00	2.01	0.00	8.00	118	3.00	2.00	0.50	-0.57
Ma	2.47	0.80	0.00	4.00	118	2.00	2.00	0.32	0.24
Mp	1.73	1.60	0.00	5.00	92	2.00	2.00	-0.06	-1.04
Intellect	1.05	0.59	0.00	4.00	120	1.00	1.00	2.96	12.69
Zf	13.14	1.96	5.00	16.00	120	14.00	14.00	-2.25	6.48
Zd	1.67	2.11	-4.50	5.00	120	1.50	1.50	-0.24	-0.26
Blends	6.67	2.29	0.00	9.00	118	7.00	8.00	-1.79	2.12
Col-Shd Blends	0.05	[0.22]	0.00	1.00	6	0.00	0.00	4.18	15.75
Afr	0.65	0.11	0.21	0.67	120	0.69	0.67	-0.80	0.75
Popular	6.22	1.10	2.00	7.00	120	7.00	6.00	-1.53	2.56
XA%	0.90	0.06	0.59	0.95	120	0.91	0.91	-4.09	18.15
WDA%	0.93	0.05	0.67	1.00	120	0.95	0.95	-3.57	14.97
X + %	0.75	0.09	0.29	0.88	120	0.77	0.77	-3.32	14.09
X-%	0.10	0.06	0.05	0.41	120	0.09	0.09	4.04	19.33
Xu%	0.15	0.05	0.05	0.29	120	0.15	0.14	-0.27	2.29
Isolate/R	0.15	0.04	0.00	0.33	118	0.16	0.18	0.18	5.42
H	3.38	1.64	1.00	5.00	120	3.00	5.00	-0.36	-1.42
(H)	1.24	0.84	0.00	4.00	97	1.00	1.00	0.38	0.53
HD	0.59	0.69	0.00	3.00	61	1.00	0.00	1.36	2.75
(Hd)	0.78	0.41	0.00	1.00	94	1.00	1.00	-1.39	-0.06

（续上表）

变量	平均数	标准差	最小值	最大值	频数	中位数	众数	偏度系数	峰度系数
Hx	0.00	[0.00]	0.00	0.00	0	0.00	0.00	—	—
All H Cont	6.00	2.56	2.00	11.00	120	5.00	5.00	-0.23	-1.18
A	7.70	1.29	4.00	13.00	120	8.00	7.00	0.65	4.48
(A)	0.48	[0.50]	0.00	1.00	57	0.00	0.00	0.10	-2.02
Ad	1.97	[0.45]	0.00	3.00	116	2.00	2.00	-2.43	11.96
(Ad)	0.00	[0.00]	0.00	0.00	0	0.00	0.00	—	—
An	1.14	[0.60]	0.00	2.00	106	1.00	1.00	-0.05	-0.27
Art	0.92	0.28	0.00	1.00	110	1.00	1.00	-3.05	7.45
Ay	0.03	[0.18]	0.00	1.00	4	0.00	0.00	5.26	26.16
Bl	0.26	[0.44]	0.00	1.00	31	0.00	0.00	1.11	-0.76
Bt	1.52	0.65	0.00	2.00	110	2.00	2.00	-1.03	-0.03
Cg	1.90	1.06	0.00	4.00	116	1.00	1.00	0.11	-1.63
Cl	0.02	[0.13]	0.00	1.00	2	0.00	0.00	7.64	57.43
Ex	0.00	[0.00]	0.00	0.00	0	0.00	0.00	—	—
Fi	0.97	[0.26]	0.00	2.00	114	1.00	1.00	-1.61	12.13
Food	0.87	[0.34]	0.00	1.00	104	1.00	1.00	-2.18	2.82
Ge	0.02	[0.13]	0.00	1.00	2	0.00	0.00	7.64	57.43
Hh	0.88	0.32	0.00	1.00	106	1.00	1.00	-2.41	3.91
Ls	1.36	0.61	0.00	2.00	112	1.00	1.00	-0.36	-0.65
Na	0.10	[0.35]	0.00	2.00	10	0.00	0.00	3.78	14.82
Sc	2.48	[0.87]	0.00	3.00	112	3.00	3.00	-1.71	2.12
Sx	0.02	[0.13]	0.00	1.00	2	0.00	0.00	7.64	57.43
Xy	0.00	[0.00]	0.00	0.00	0	0.00	0.00	—	—
Idio	0.15	0.51	0.00	3.00	12	0.00	0.00	4.02	17.31
DV	1.21	[0.55]	0.00	2.00	112	1.00	1.00	0.08	-0.13
INCOM	1.35	[0.58]	0.00	3.00	116	1.00	1.00	0.34	-0.10
DR	0.24	[0.43]	0.00	1.00	29	0.00	0.00	1.22	-0.52
FABCOM	0.26	[0.53]	0.00	2.00	26	0.00	0.00	1.95	2.99
DV2	0.03	[0.16]	0.00	1.00	3	0.00	0.00	6.16	36.58
INC2	0.18	[0.56]	0.00	3.00	13	0.00	0.00	3.54	12.65
DR2	0.03	[0.16]	0.00	1.00	3	0.00	0.00	6.16	36.58
FAB2	0.04	[0.20]	0.00	1.00	5	0.00	0.00	4.64	19.91
ALOG	0.00	[0.00]	0.00	0.00	0	0.00	0.00	—	—

（续上表）

变量	平均数	标准差	最小值	最大值	频数	中位数	众数	偏度系数	峰度系数
CONTAM	0.00	0.00	0.00	0.00	0	0.00	0.00	—	—
Sum 6 Sp Sc	3.33	1.11	1.00	8.00	120	4.00	4.00	0.82	3.59
Lvl 2 Sp Sc	0.27	[0.68]	0.00	4.00	22	0.00	0.00	3.47	14.41
WSum6	6.86	3.85	2.00	26.00	120	7.00	3.00	2.32	9.04
AB	0.05	[0.22]	0.00	1.00	6	0.00	0.00	4.18	15.75
AG	1.08	0.66	0.00	2.00	99	1.00	1.00	-0.08	-0.65
COP	1.23	0.53	0.00	2.00	114	1.00	1.00	0.17	-0.19
CP	0.00	[0.00]	0.00	0.00	0	0.00	0.00	—	—
GOODHR	5.77	1.84	2.00	8.00	120	6.00	6.00	-0.65	-0.89
POORHR	1.01	0.98	0.00	7.00	97	1.00	1.00	3.97	22.18
MOR	0.17	[0.37]	0.00	1.00	20	0.00	0.00	1.81	1.30
PER	0.93	0.36	0.00	2.00	108	1.00	1.00	-0.88	4.40
PSV	0.03	[0.18]	0.00	1.00	4	0.00	0.00	5.26	26.16

注意：加括弧的标准差，表明此数值可能是不可靠的和/或误导性的，不能用于估算预期范围。通常这些变量不用于大多数的参数分析。

13 岁组(N=110)

变量	平均数	标准差	最小值	最大值	频数	中位数	众数	偏度系数	峰度系数
R	21.20	3.30	14.00	33.00	110	20.00	20.00	1.07	3.51
W	8.57	2.15	1.00	14.00	110	9.00	9.00	-1.07	3.04
D	11.15	3.09	1.00	21.00	110	11.00	12.00	-0.25	3.08
Dd	1.46	[1.66]	0.00	6.00	93	1.00	1.00	2.74	7.81
S	1.33	[1.16]	0.00	7.00	106	2.00	1.00	1.93	5.93
DQ +	7.70	2.54	2.00	15.00	110	8.00	8.00	0.24	1.27
DQo	12.40	2.02	8.00	20.00	110	12.00	12.00	0.73	2.74
DQv	0.45	[0.99]	0.00	4.00	24	0.00	0.00	2.31	4.70
DQv/ +	0.24	[0.57]	0.00	2.00	18	0.00	0.00	2.33	4.18
FQx +	0.20	0.59	0.00	3.00	14	0.00	0.00	3.25	10.63
FQxo	15.24	3.04	5.00	23.00	110	15.00	17.00	-0.70	2.09
FQxu	3.27	1.53	0.00	8.00	106	3.00	3.00	0.42	1.24
FQx-	2.00	1.42	0.00	7.00	108	2.00	2.00	2.15	4.81
FQxNone	0.07	[0.32]	0.00	2.00	6	0.00	0.00	4.81	23.90
MQ +	0.13	0.43	0.00	2.00	10	0.00	0.00	3.52	11.76
MQo	3.23	1.66	1.00	8.00	110	3.00	5.00	0.34	-0.38
MQu	0.54	0.66	0.00	3.00	51	0.00	0.00	1.23	2.00
MQ-	0.14	[0.51]	0.00	2.00	12	0.00	0.00	2.08	3.61
MQNone	0.02	[0.13]	0.00	1.00	2	0.00	0.00	7.31	52.42
S-	0.52	[0.81]	0.00	4.00	43	0.00	0.00	2.16	5.84
M	4.14	2.24	1.00	11.00	110	4.00	400	0.50	-0.01
FM	4.42	1.94	0.00	8.00	108	4.00	6.00	0.25	-0.89
m	1.25	0.94	0.00	5.00	98	1.00	1.00	1.88	4.46
FM + m	5.67	2.10	1.00	11.00	110	6.00	7.00	-0.28	-0.34
FC	2.95	1.72	0.00	9.00	96	3.00	3.00	0.42	1.72
CF	2.70	1.50	0.00	5.00	102	3.00	3.00	-0.07	-0.98
C	0.07	[0.26]	0.00	1.00	8	0.00	0.00	3.34	9.30
Cn	0.00	[0.00]	0.00	0.00	0	0.00	0.00	—	—
FC+CF+C+Cn	5.73	2.61	0.00	10.00	110	6.50	8.00	-0.71	-0.33
WSumC	4.29	1.94	0.00	7.50	110	4.75	6.50	-0.61	-0.49
Sum C′	1.20	[0.89]	0.00	3.00	87	1.00	1.00	0.48	-0.37
Sum T	0.97	[0.51]	0.00	3.00	90	1.00	1.00	0.64	4.99
Sum V	0.14	[0.48]	0.00	2.00	10	0.00	0.00	3.31	9.70

（续上表）

变量	平均数	标准差	最小值	最大值	频数	中位数	众数	偏度系数	峰度系数
Sum Y	1.02	[0.81]	0.00	2.00	80	1.00	2.00	-0.22	-1.44
Sum Shading	3.34	1.44	0.00	6.00	104	4.00	4.00	-0.55	-0.77
Fr + rF	0.45	[0.23]	0.00	1.00	32	0.00	0.00	2.98	4.08
FD	1.27	[0.87]	0.00	3.00	82	2.00	2.00	-0.39	-1.25
F	6.90	2.52	3.00	13.00	110	6.00	5.00	0.93	-0.20
PAIR	8.64	2.30	1.00	14.00	110	9.50	10.00	-1.18	2.59
3r + (2)/R	0.49	0.10	0.20	0.66	110	0.48	0.50	-1.84	4.97
Lambda	0.67	0.61	0.20	4.33	110	0.38	0.33	4.44	24.00
EA	8.43	2.69	1.00	15.00	110	9.00	7.50	-0.60	0.64
es	9.01	3.01	1.00	14.00	110	10.00	8.00	-0.83	-0.02
D Score	-0.09	0.82	-2.00	3.00	110	0.00	0.00	0.78	3.45
AdjD	0.10	0.84	-2.00	3.00	110	0.00	0.00	0.74	2.06
a(active)	6.23	1.89	2.00	11.00	110	6.00	6.00	-0.34	0.13
p(passive)	3.61	2.11	0.00	8.00	104	3.00	3.00	0.45	-0.49
Ma	2.49	1.30	0.00	8.00	106	2.00	2.00	1.80	6.06
Mp	1.67	1.44	0.00	5.00	84	2.00	2.00	0.12	-0.80
Intellect	1.22	0.95	0.00	4.00	110	1.00	1.00	1.24	1.45
Zf	12.64	3.02	5.00	23.00	110	13.00	11.00	0.05	2.17
Zd	1.37	2.27	-4.50	5.00	110	1.50	-0.50	-0.35	-0.40
Blends	5.81	2.43	0.00	9.00	108	7.00	7.00	-0.90	-0.34
Col-Shd Blends	016	[0.37]	0.00	1.00	18	0.00	0.00	1.84	1.42s
Afr	0.69	0.15	0.28	1.00	110	0.58	0.67	0.10	0.52
Popular	6.19	1.34	2.00	9.00	110	7.00	6.00	-0.59	0.79
XA%	0.90	0.07	0.59	1.00	110	0.91	0.91	-2.84	9.41
WDA%	0.92	0.06	0.67	1.00	110	0.95	0.95	-2.55	8.57
X + %	0.74	0.11	0.29	1.00	110	0.77	0.77	-1.86	5.39
X-%	0.10	0.07	0.00	0.41	108	0.09	0.09	2.66	8.99
Xu%	0.16	0.07	0.00	0.33	106	0.15	0.14	-0.02	0.76
Isolate/R	0.16	0.06	0.00	0.33	108	0.16	0.18	0.58	1.30
H	3.09	1.72	1.00	8.00	110	3.00	5.00	0.41	-0.57
(H)	1.25	1.02	0.00	5.00	84	1.00	1.00	1.06	2.35
HD	0.68	0.83	0.00	3.00	55	0.50	0.00	1.23	1.11
(Hd)	0.56	0.53	0.00	2.00	60	1.00	1.00	0.11	-1.21

（续上表）

变量	平均数	标准差	最小值	最大值	频数	中位数	众数	偏度系数	峰度系数
Hx	0.00	[0.00]	0.00	0.00	0	0.00	0.00	—	—
All H Cont	5.59	2.46	2.00	11.00	110	5.00	5.00	0.12	-1.03
A	7.96	1.81	4.00	13.00	110	8.00	7.00	0.62	0.65
(A)	0.37	[0.49]	0.00	1.00	41	0.00	0.00	0.53	-1.75
Ad	2.00	[0.81]	0.00	4.00	106	2.00	2.00	0.41	1.71
(Ad)	0.00	[0.00]	0.00	0.00	0	0.00	0.00	—	—
An	0.84	[0.69]	0.00	2.00	74	1.00	1.00	0.21	-0.89
Art	0.86	0.48	0.00	2.00	88	1.00	1.00	-0.36	0.78
Ay	0.11	[0.31]	0.00	1.00	12	0.00	0.00	2.54	4.55
Bl	0.19	[0.40]	0.00	1.00	21	0.00	0.00	1.59	0.55
Bt	1.74	0.98	0.00	5.00	98	2.00	2.00	0.43	1.35
Cg	1.62	1.10	0.00	4.00	98	1.00	1.00	0.47	-0.93
Cl	0.06	[0.23]	0.00	1.00	6	0.00	0.00	3.97	14.08
Ex	0.09	[0.29]	0.00	1.00	10	0.00	0.00	2.88	6.44
Fi	0.76	[0.54]	0.00	2.00	78	1.00	1.00	-0.11	-0.23
Food	0.62	[0.52]	0.00	2.00	66	1.00	1.00	-0.10	-1.15
Ge	0.04	[0.19]	0.00	1.00	4	0.00	0.00	5.02	23.65
Hh	1.07	0.81	0.00	4.00	90	1.00	1.00	1.34	2.87
Ls	1.10	0.97	0.00	6.00	84	1.00	1.00	2.27	10.32
Na	0.22	[0.50]	0.00	2.00	20	0.00	0.00	2.25	4.39
Sc	1.97	[1.14]	0.00	5.00	96	2.00	3.00	-0.17	-0.48
Sx	0.07	[0.42]	0.00	3.00	4	0.00	0.00	6.42	42.22
Xy	0.00	[0.00]	0.00	0.00	0	0.00	0.00	—	—
Idio	0.78	1.14	0.00	4.00	44	0.00	0.00	1.26	0.28
DV	1.01	[0.70]	0.00	3.00	86	1.00	1.00	0.31	0.06
INCOM	1.07	[0.79]	0.00	3.00	84	1.00	1.00	0.33	-0.33
DR	0.30	[0.66]	0.00	4.00	27	0.00	0.00	3.54	16.72
FABCOM	0.42	[0.71]	0.00	3.00	34	0.00	0.00	1.71	2.45
DV2	0.02	[0.13]	0.00	1.00	2	0.00	0.00	7.31	52.43
INC2	0.22	[0.60]	0.00	3.00	16	0.00	0.00	3.06	9.49
DR2	0.04	[0.19]	0.00	1.00	4	0.00	0.00	5.02	23.65
FAB2	0.07	[0.32]	0.00	2.00	6	0.00	0.00	4.81	23.91
ALOG	0.04	[0.19]	0.00	1.00	4	0.00	0.00	5.02	23.65

（续上表）

变量	平均数	标准差	最小值	最大值	频数	中位数	众数	偏度系数	峰度系数
CONTAM	0.00	0.00	0.00	0.00	0	0.00	0.00	—	—
Sum 6 Sp Sc	3.18	1.86	0.00	11.00	108	3.00	2.00	2.01	6.04
Lvl 2 Sp Sc	0.35	[0.77]	0.00	4.00	24	0.00	0.00	2.73	8.42
WSum6	7.54	6.99	0.00	40.00	108	6.00	3.00	2.88	9.56
AB	0.13	[0.34]	0.00	1.00	14	0.00	0.00	2.26	3.20
AG	1.18	0.91	0.00	4.00	85	1.00	1.00	0.66	0.48
COP	1.65	1.22	0.00	6.00	100	1.00	1.00	1.58	3.11
CP	0.02	[0.13]	0.00	1.00	2	0.00	0.00	7.31	52.43
GOODHR	5.24	1.89	1.00	8.00	110	6.00	6.00	-0.25	-1.04
POORHR	1.31	1.21	0.00	7.00	88	1.00	1.00	2.16	7.57
MOR	0.49	[0.74]	0.00	3.00	40	0.00	0.00	1.42	1.38
PER	1.05	0.89	0.00	5.00	90	1.00	1.00	2.30	7.82
PSV	0.06	[0.23]	0.00	1.00	6	0.00	0.00	3.97	14.08

注意：加括弧的标准差，表明此数值可能是不可靠的和/或误导性的，不能用于估算预期范围。通常这些变量不用于大多数的参数分析。

14 岁组(N = 105)

变量	平均数	标准差	最小值	最大值	频数	中位数	众数	偏度系数	峰度系数
R	21.72	3.36	14.00	33.00	105	20.00	20.00	1.11	3.43
W	8.92	2.19	4.00	14.00	105	9.00	9.00	-1.01	2.83
D	11.13	3.16	1.00	21.00	105	11.00	10.00	-0.23	2.82
Dd	1.67	[1.70]	0.00	6.00	98	2.00	1.00	2.67	7.31
S	1.32	[1.09]	0.00	7.00	101	2.00	2.00	1.89	5.56
DQ +	7.81	2.55	2.00	15.00	105	8.00	8.00	0.33	1.36
DQo	12.69	2.06	8.00	20.00	105	12.00	12.00	0.73	2.58
DQv	0.58	[1.01]	0.00	4.00	27	0.00	0.00	2.23	4.30
DQv/ +	0.65	[0.58]	0.00	2.00	48	0.00	0.00	2.25	3.79
FQx +	0.14	0.50	0.00	2.00	11	0.00	0.00	3.16	9.97
FQxo	15.17	3.09	5.00	23.00	105	15.00	15.00	-0.64	1.93
FQxu	3.27	1.56	0.00	8.00	101	3.00	3.00	0.42	1.10
FQx-	1.84	1.25	0.00	5.00	103	2.00	2.00	2.10	4.46
FQxNone	0.02	[0.53]	0.00	1.00	4	0.00	0.00	4.69	22.65
MQ +	0.11	0.44	0.00	2.00	6	0.00	0.00	3.42	11.04
MQo	3.21	1.66	1.00	8.00	105	3.00	1.00	0.43	-0.26
MQu	0.51	0.67	0.00	3.00	46	0.00	0.00	1.34	2.18
MQ-	0.13	[0.50]	0.00	2.00	11	0.00	0.00	2.18	4.01
MQNone	0.00	[0.00]	0.00	0.00	0	0.00	0.00	—	—
S-	0.39	[0.82]	0.00	3.00	31	0.00	0.00	2.24	6.00
M	4.06	2.24	1.00	11.00	105	4.00	400	0.59	0.16
FM	4.35	1.96	0.00	8.00	103	4.00	6.00	-0.17	-0.92
m	1.27	0.96	0.00	5.00	93	1.00	1.00	1.81	4.08
FM + m	5.62	2.14	1.00	11.00	105	6.00	7.00	-0.21	-0.42
FC	2.93	1.76	0.00	9.00	91	3.00	3.00	0.45	1.59
CF	2.70	1.53	0.00	5.00	97	3.00	3.00	-0.08	-1.05
C	0.10	[0.27]	0.00	1.00	9	0.00	0.00	3.14	7.67
Cn	0.00	[0.00]	0.00	0.00	0	0.00	0.00	—	—
FC + CF + C + Cn	5.71	2.67	1.00	10.00	105	7.00	8.00	-0.69	-0.44
WSumC	4.29	1.98	0.50	7.50	105	5.00	6.50	-0.60	-0.58
Sum C′	1.11	[0.91]	0.00	3.00	82	1.00	1.00	0.44	-0.50
Sum T	0.99	[0.52]	0.00	3.00	85	1.00	1.00	0.66	4.71
Sum V	0.13	[0.50]	0.00	2.00	8	0.00	0.00	3.21	9.06

（续上表）

变量	平均数	标准差	最小值	最大值	频数	中位数	众数	偏度系数	峰度系数
Sum Y	0.88	[0.84]	0.00	2.00	75	1.00	2.00	-0.14	-1.44
Sum Shading	3.10	1.47	0.00	6.00	99	4.00	4.00	-0.49	-0.19
Fr + rF	0.38	[0.43]	0.00	1.00	15	0.00	0.00	3.97	10.25
FD	1.24	[0.87]	0.00	3.00	71	1.00	2.00	-0.31	-1.30
F	6.96	2.56	3.00	13.00	105	6.00	5.00	0.87	-0.35
PAIR	8.59	2.34	1.00	14.00	105	9.00	10.00	-1.12	2.38
3r + (2)/R	0.47	0.10	0.05	0.56	105	0.45	0.50	-1.79	4.60
Lambda	0.67	0.62	0.20	4.33	105	0.38	0.33	4.34	22.96
EA	8.34	2.70	1.00	15.00	105	9.00	7.50	-0.55	0.60
es	8.92	3.06	1.00	13.00	105	9.00	9.00	-0.76	-0.15
D Score	-0.09	0.84	-2.00	3.00	105	0.00	0.00	0.78	3.19
AdjD	0.09	0.86	-2.00	3.00	105	0.00	0.00	0.74	1.95
a(active)	6.20	1.92	2.00	11.00	105	6.00	7.00	-0.32	0.06
p(passive)	3.49	2.07	0.00	8.00	99	3.00	3.00	0.52	-0.35
Ma	2.59	1.32	0.00	8.00	101	2.00	2.00	1.81	5.93
Mp	1.49	1.36	0.00	5.00	89	2.00	2.00	0.17	-0.74
Intellect	1.23	0.97	0.00	4.00	105	1.00	1.00	1.18	1.22
Zf	12.56	3.06	5.00	23.00	105	13.00	14.00	0.12	2.11
Zd	1.27	2.26	-4.50	5.00	105	1.50	-0.50	-0.30	-0.38
Blends	5.74	2.46	0.00	9.00	103	7.00	7.00	-0.84	-0.47
Col-Shd Blends	0.17	[0.38]	0.00	1.00	18	0.00	0.00	1.77	1.15
Afr	0.69	0.16	0.31	0.89	105	0.68	0.67	0.03	0.47
Popular	6.02	1.17	3.00	9.00	105	7.00	6.00	-0.53	0.67
XA%	0.90	0.07	0.59	1.00	105	0.91	0.91	-2.76	8.82
WDA%	0.92	0.06	0.67	1.00	105	0.94	0.95	-2.48	8.09
X + %	0.74	0.12	0.29	1.00	105	0.77	0.75	-1.80	5.01
X-%	0.10	0.07	0.00	0.41	103	0.09	0.05	2.59	8.43
Xu%	0.16	0.07	0.00	0.33	101	0.15	0.14	-0.03	0.61
Isolate/R	0.16	0.06	0.00	0.33	103	0.16	0.16	0.59	1.15
H	3.00	1.71	1.00	8.00	105	3.00	3.00	0.54	-0.35
(H)	1.23	1.03	0.00	5.00	79	1.00	1.00	1.13	2.44
HD	0.67	0.85	0.00	3.00	50	0.00	0.00	1.27	1.07
(Hd)	0.56	0.54	0.00	2.00	57	1.00	1.00	0.13	-1.19

（续上表）

变量	平均数	标准差	最小值	最大值	频数	中位数	众数	偏度系数	峰度系数
Hx	0.00	[0.00]	0.00	0.00	0	0.00	0.00	—	—
All H Cont	5.46	2.44	2.00	11.00	105	5.00	5.00	0.22	-0.91
A	7.97	1.85	4.00	13.00	105	8.00	8.00	0.60	0.49
(A)	0.39	[0.49]	0.00	1.00	41	0.00	0.00	0.45	-1.83
Ad	2.00	[0.83]	0.00	4.00	101	2.00	2.00	0.40	1.50
(Ad)	0.00	[0.00]	0.00	0.00	0	0.00	0.00	—	—
An	0.84	[0.71]	0.00	2.00	69	1.00	1.00	0.24	-0.97
Art	0.85	0.50	0.00	2.00	83	1.00	1.00	-0.31	0.62
Ay	0.11	[0.32]	0.00	1.00	12	0.00	0.00	2.46	4.13
Bl	0.20	[0.40]	0.00	1.00	21	0.00	0.00	1.52	0.32
Bt	1.73	1.00	0.00	5.00	93	2.00	2.00	0.44	1.22
Cg	1.55	1.08	0.00	4.00	93	1.00	1.00	0.60	-0.69
Cl	0.06	[0.23]	0.00	1.00	6	0.00	0.00	3.87	13.24
Ex	0.10	[0.30]	0.00	1.00	10	0.00	0.00	2.79	5.94
Fi	0.75	[0.55]	0.00	2.00	73	1.00	1.00	-0.05	-0.32
Food	0.60	[0.53]	0.00	2.00	61	1.00	1.00	-0.01	-1.16
Ge	0.04	[0.19]	0.00	1.00	4	0.00	0.00	4.89	22.40
Hh	1.08	0.83	0.00	4.00	85	1.00	1.00	1.30	2.59
Ls	1.06	0.97	0.00	6.00	79	1.00	1.00	2.46	11.28
Na	0.23	[0.51]	0.00	2.00	20	0.00	0.00	2.17	4.01
Sc	1.93	[1.15]	0.00	5.00	91	2.00	2.00	-0.10	-0.48
Sx	0.08	[0.43]	0.00	3.00	4	0.00	0.00	6.27	40.17
Xy	0.00	[0.00]	0.00	0.00	0	0.00	0.00	—	—
Idio	0.82	1.16	0.00	4.00	44	0.00	0.00	1.19	0.11
DV	0.98	[0.69]	0.00	3.00	81	1.00	1.00	0.37	0.22
INCOM	1.05	[0.79]	0.00	3.00	79	1.00	1.00	0.39	-0.24
DR	0.30	[0.66]	0.00	4.00	25	0.00	0.00	3.60	16.99
FABCOM	0.44	[0.72]	0.00	3.00	34	0.00	0.00	1.64	2.19
DV2	0.02	[0.14]	0.00	1.00	2	0.00	0.00	7.13	49.92
INC2	0.22	[0.60]	0.00	3.00	15	0.00	0.00	3.06	9.40
DR2	0.03	[0.17]	0.00	1.00	3	0.00	0.00	5.74	31.57
FAB2	0.08	[0.33]	0.00	2.00	6	0.00	0.00	4.69	22.65
ALOG	0.04	[0.19]	0.00	1.00	4	0.00	0.00	4.89	22.40

（续上表）

变量	平均数	标准差	最小值	最大值	频数	中位数	众数	偏度系数	峰度系数
CONTAM	0.00	0.00	0.00	0.00	0	0.00	0.00	—	—
Sum 6 Sp Sc	3.14	1.90	0.00	11.00	103	3.00	3.00	2.06	5.97
Lvl 2 Sp Sc	0.34	[0.78]	0.00	4.00	22	0.00	0.00	2.74	8.37
WSum6	7.52	7.14	0.00	40.00	103	6.00	6.00	2.84	9.12
AB	0.13	[0.34]	0.00	1.00	14	0.00	0.00	2.18	2.84
AG	1.20	0.92	0.00	4.00	81	1.00	1.00	0.63	0.36
COP	1.65	1.24	0.00	6.00	95	1.00	1.00	1.56	2.91
CP	0.02	[0.14]	0.00	1.00	2	0.00	0.00	7.13	49.92
GOODHR	5.14	1.87	1.00	8.00	105	6.00	6.00	-0.19	-1.03
POORHR	1.32	1.24	0.00	7.00	83	1.00	1.00	2.09	7.06
MOR	0.51	[0.75]	0.00	3.00	40	0.00	0.00	1.35	1.17
PER	1.06	0.91	0.00	5.00	85	1.00	1.00	2.24	7.32
PSV	0.06	[0.23]	0.00	1.00	6	0.00	0.00	3.87	13.24

注意：加括弧的标准差，表明此数值可能是不可靠的和/或误导性的，不能用于估算预期范围。通常这些变量不用于大多数的参数分析。

15 岁组(N=110)

变量	平均数	标准差	最小值	最大值	频数	中位数	众数	偏度系数	峰度系数
R	21.94	4.21	14.00	32.00	110	21.00	20.00	0.94	1.14
W	8.87	2.20	3.00	20.00	110	9.00	9.00	1.57	9.58
D	11.42	3.66	0.00	20.00	109	12.00	12.00	-0.31	1.91
Dd	1.65	[1.31]	0.00	7.00	91	1.00	1.00	1.31	3.76
S	1.44	[1.31]	0.00	5.00	104	2.00	1.00	2.66	12.86
DQ +	7.88	2.02	2.00	13.00	110	8.00	8.00	-0.33	0.15
DQo	12.67	3.62	5.00	29.00	110	12.00	12.00	1.49	5.43
DQv	0.75	[1.29]	0.00	4.00	40	0.00	0.00	1.84	2.46
DQv/ +	0.14	[0.42]	0.00	2.00	12	0.00	0.00	3.22	10.13
FQx +	0.36	0.70	0.00	3.00	27	0.00	0.00	1.81	2.20
FQxo	16.35	3.34	7.00	29.00	110	16.00	15.00	0.60	2.79
FQxu	3.08	1.57	0.00	11.00	108	3.00	3.00	1.37	5.75
FQx-	1.60	0.91	0.00	6.00	99	2.00	2.00	0.81	3.89
FQxNone	0.04	[0.25]	0.00	2.00	4	0.00	0.00	6.07	39.81
MQ +	0.25	0.57	0.00	3.00	22	0.00	0.00	2.46	6.34
MQo	3.54	2.01	0.00	8.00	108	3.00	1.00	0.20	-0.91
MQu	0.44	0.52	0.00	2.00	48	0.00	0.00	0.43	-1.36
MQ-	0.12	[0.32]	0.00	1.00	13	0.00	0.00	2.40	3.82
MQNone	0.00	[0.00]	0.00	0.00	0	0.00	0.00	—	—
S-	0.38	[0.57]	0.00	2.00	37	0.00	0.00	1.22	0.52
M	4.35	2.17	1.00	9.00	110	4.00	400	0.06	-0.97
FM	4.82	1.73	0.00	9.00	110	5.00	6.00	-0.20	-0.80
m	1.17	0.78	0.00	4.00	97	1.00	1.00	1.49	3.79
FM + m	5.99	1.78	2.00	10.00	110	6.00	7.00	-0.14	-0.67
FC	3.14	1.14	0.00	6.00	107	3.00	3.00	-0.56	0.76
CF	2.85	1.53	0.00	6.00	101	3.00	2.00	-0.11	-0.73
C	0.03	[0.16]	0.00	1.00	3	0.00	0.00	5.88	33.24
Cn	0.02	[0.13]	0.00	1.00	2	0.00	0.00	7.31	52.42
FC+CF+C+Cn	6.04	2.01	1.00	10.00	110	7.00	8.00	-0.62	-0.37
WSumC	4.47	1.68	0.50	8.00	110	4.50	3.50	-0.33	-0.64
Sum C′	1.63	[1.35]	0.00	10.00	94	1.00	1.00	2.49	12.61
Sum T	1.06	[0.51]	0.00	3.00	101	1.00	1.00	2.62	13.12

（续上表）

变量	平均数	标准差	最小值	最大值	频数	中位数	众数	偏度系数	峰度系数
Sum V	0.18	[0.49]	0.00	2.00	12	0.00	0.00	2.75	6.73
Sum Y	1.30	[1.27]	0.00	10.00	83	1.00	2.00	3.35	20.69
Sum Shading	4.17	2.55	0.00	23.00	109	4.00	4.00	4.04	27.31
Fr + rF	0.50	[0.45]	0.00	2.00	26	0.00	0.00	6.67	53.57
FD	1.33	[0.97]	0.00	5.00	83	1.50	2.00	0.35	0.78
F	6.48	2.71	2.00	17.00	110	5.00	5.00	1.31	2.02
PAIR	9.10	2.00	1.00	14.00	110	10.00	10.00	-1.37	4.47
3r + (2)/R	0.44	0.10	0.05	0.79	110	0.45	0.50	-0.58	4.63
Lambda	0.65	0.22	0.14	1.71	110	0.36	0.33	2.27	8.94
EA	8.82	2.34	2.00	13.50	110	9.50	9.50	-0.69	0.39
es	9.16	3.40	4.00	17.00	110	10.00	9.00	2.13	12.31
D Score	-0.45	1.39	-10.00	2.00	110	0.00	0.00	-3.73	20.85
AdjD	-0.25	1.07	-5.00	2.00	110	0.00	0.00	-1.71	5.14
a(active)	6.99	1.73	3.00	12.00	110	7.00	8.00	0.18	0.32
p(passive)	3.36	1.93	0.00	9.00	106	3.00	3.00	0.75	0.31
Ma	2.58	1.44	1.00	7.00	110	2.00	2.00	0.96	0.38
Mp	1.77	1.46	0.00	5.00	81	2.00	2.00	0.48	-0.51
Intellect	1.04	0.83	0.00	4.00	110	1.00	1.00	1.59	3.76
Zf	12.68	2.59	5.00	23.00	110	13.00	13.00	0.01	2.61
Zd	1.03	2.96	-6.50	9.00	110	0.50	-0.50	0.17	0.11
Blends	6.34	2.16	1.00	12.00	110	7.00	7.00	-0.63	0.03
Col-Shd Blends	0.22	[0.51]	0.00	2.00	19	0.00	0.00	2.35	4.69
Afr	0.65	0.18	0.27	1.29	110	0.67	0.67	0.97	1.69
Popular	6.33	1.23	3.00	9.00	110	7.00	7.00	-0.59	0.22
XA%	0.92	0.05	0.57	1.00	110	0.91	0.95	-3.35	23.67
WDA%	0.94	0.05	0.54	1.00	110	0.95	0.95	-4.34	32.40
X + %	0.78	0.07	0.50	1.00	110	0.77	0.75	-0.45	2.72
X-%	0.08	0.05	0.00	0.43	99	0.09	0.05	3.29	23.27
Xu%	0.14	0.06	0.00	0.37	108	0.15	0.14	0.45	1.97
Isolate/R	0.15	0.07	0.00	0.47	108	0.15	0.16	1.76	8.19
H	3.42	1.96	0.00	8.00	109	3.00	5.00	0.49	-0.51
(H)	1.05	0.90	0.00	4.00	75	1.00	1.00	0.52	-0.16
HD	0.57	0.82	0.00	4.00	48	0.00	0.00	1.96	5.02

（续上表）

变量	平均数	标准差	最小值	最大值	频数	中位数	众数	偏度系数	峰度系数
(Hd)	0.54	0.50	0.00	1.00	59	1.00	1.00	-0.14	-2.01
Hx	0.00	[0.00]	0.00	0.00	0	0.00	0.00	—	—
All H Cont	5.57	2.28	1.00	9.00	110	5.00	5.00	-0.14	-0.95
A	7.98	1.96	3.00	15.00	110	8.00	7.00	0.54	1.91
(A)	0.36	[0.55]	0.00	3.00	37	0.00	0.00	1.55	3.35
Ad	2.08	[1.20]	0.00	9.00	102	2.00	2.00	2.25	11.70
(Ad)	0.06	[0.30]	0.00	2.00	4	0.00	0.00	5.79	34.15
An	0.93	[0.79]	0.00	3.00	73	1.00	1.00	0.24	-1.02
Art	0.86	0.63	0.00	4.00	82	1.00	1.00	1.00	4.67
Ay	0.14	[0.35]	0.00	1.00	15	0.00	0.00	2.14	2.67
Bl	0.22	[0.42]	0.00	1.00	24	0.00	0.00	1.38	-0.09
Bt	1.68	0.82	0.00	4.00	102	2.00	2.00	-0.04	-0.06
Cg	1.47	1.11	0.00	4.00	93	1.00	1.00	0.58	-0.80
Cl	0.09	[0.35]	0.00	2.00	8	0.00	0.00	4.11	17.53
Ex	0.12	[0.32]	0.00	1.00	13	0.00	0.00	2.39	3.82
Fi	0.69	[0.52]	0.00	2.00	73	1.00	1.00	-0.22	-0.72
Food	0.60	[0.51]	0.00	2.00	65	1.00	1.00	-0.20	-1.47
Ge	0.01	[0.10]	0.00	1.00	1	0.00	0.00	10.48	110.00
Hh	0.89	0.60	0.00	4.00	88	1.00	1.00	1.36	7.28
Ls	1.12	0.71	0.00	2.00	88	1.00	1.00	-0.17	-1.00
Na	0.12	[0.35]	0.00	2.00	12	0.00	0.00	3.02	9.12
Sc	1.70	1.34	0.00	6.00	77	2.00	3.00	0.02	-0.83
Sx	0.11	[0.44]	0.00	3.00	8	0.00	0.00	4.64	23.43
Xy	0.04	[0.19]	0.00	1.00	4	0.00	0.00	5.02	23.65
Idio	1.09	1.47	0.00	7.00	52	0.00	0.00	1.48	2.28
DV	0.98	[0.70]	0.00	3.00	84	1.00	1.00	0.34	0.03
INCOM	0.88	[0.74]	0.00	4.00	76	1.00	1.00	0.74	1.58
DR	0.13	[0.34]	0.00	1.00	14	0.00	0.00	2.26	3.20
FABCOM	0.23	[0.46]	0.00	2.00	23	0.00	0.00	1.87	2.73
DV2	0.03	[0.16]	0.00	1.00	3	0.00	0.00	5.88	33.24
INC2	0.01	[0.10]	0.00	1.00	1	0.00	0.00	10.48	110.00
DR2	0.01	[0.10]	0.00	1.00	1	0.00	0.00	10.48	110.00
FAB2	0.04	[0.19]	0.00	1.00	4	0.00	0.00	5.02	23.65

（续上表）

变量	平均数	标准差	最小值	最大值	频数	中位数	众数	偏度系数	峰度系数
ALOG	0.06	[0.27]	0.00	2.00	5	0.00	0.00	5.36	31.19
Sum 6 Sp Sc	2.35	1.38	0.00	5.00	96	2.00	2.00	-0.19	-0.97
Lvl 2 Sp Sc	0.08	[0.28]	0.00	1.00	9	0.00	0.00	3.09	7.71
WSum6	4.71	3.33	0.00	15.00	96	4.00	3.00	0.60	0.27
AB	0.03	[0.16]	0.00	1.00	3	0.00	0.00	5.88	33.24
AG	1.15	0.91	0.00	4.00	82	1.00	1.00	0.53	-0.05
COP	1.54	0.97	0.00	5.00	98	1.00	1.00	0.74	0.98
CP	0.00	[0.00]	0.00	0.00	0	0.00	0.00	—	—
GOODHR	5.01	1.91	0.00	9.00	109	6.00	6.00	-0.38	-0.55
POORHR	1.57	1.22	0.00	6.00	75	1.00	1.00	2.00	4.33
MOR	0.54	[0.83]	0.00	4.00	41	0.00	0.00	1.73	3.06
PER	0.92	0.65	0.00	5.00	89	1.00	1.00	2.31	14.11
PSV	0.04	[0.19]	0.00	1.00	4	0.00	0.00	5.02	23.65

注意：加括弧的标准差，表明此数值可能是不可靠的和/或误导性的，不能用于估算预期范围。通常这些变量不用于大多数的参数分析。

16 岁组(N=140)

变量	平均数	标准差	最小值	最大值	频数	中位数	众数	偏度系数	峰度系数
R	22.89	5.16	14.00	31.00	140	21.00	20.00	0.94	1.70
W	8.96	2.37	3.00	20.00	140	9.00	9.00	1.70	8.32
D	11.91	3.74	0.00	21.00	139	12.00	12.00	-0.23	1.41
Dd	2.02	[1.82]	0.00	7.00	121	2.00	1.00	3.49	15.11
S	1.24	[1.23]	0.00	5.00	132	2.00	2.00	2.70	14.04
DQ +	7.94	2.04	2.00	13.00	140	8.00	8.00	-0.28	-0.13
DQo	13.12	3.47	5.00	27.00	140	12.00	12.00	1.23	4.58
DQv	0.89	[1.35]	0.00	5.00	59	0.00	0.00	1.59	1.62
DQv/ +	0.84	[0.53]	0.00	2.00	46	0.00	0.00	2.21	3.98
FQx +	0.54	0.83	0.00	3.00	48	0.00	0.00	1.26	0.31
FQxo	16.43	3.36	7.00	29.00	140	16.00	15.00	0.59	2.16
FQxu	3.19	1.56	0.00	11.00	138	3.00	3.00	1.18	4.32
FQx-	1.58	0.91	0.00	5.00	126	2.00	2.00	0.70	2.97
FQxNone	0.06	[0.26]	0.00	2.00	7	0.00	0.00	5.01	27.20
MQ +	0.35	0.64	0.00	3.00	38	0.00	0.00	1.96	3.75
MQo	3.50	2.01	0.00	8.00	138	3.00	1.00	0.29	-0.86
MQu	0.37	0.50	0.00	2.00	51	0.00	0.00	0.71	-1.07
MQ-	0.09	[0.29]	0.00	1.00	13	0.00	0.00	2.84	6.13
MQNone	0.00	[0.00]	0.00	0.00	0	0.00	0.00	—	—
S-	0.34	[0.55]	0.00	2.00	43	0.00	0.00	1.32	0.81
M	4.31	2.13	1.00	9.00	140	4.00	400	0.20	-0.88
FM	4.58	1.66	1.00	9.00	140	4.00	4.00	0.04	-0.73
m	1.14	0.80	0.00	4.00	117	1.00	1.00	1.10	2.43
FM + m	5.72	1.78	2.00	10.00	140	6.00	7.00	0.03	-0.73
FC	3.43	1.34	0.00	8.00	137	3.00	3.00	0.14	1.16
CF	2.78	1.45	0.00	6.00	130	3.00	3.00	-0.05	-0.59
C	0.04	[0.20]	0.00	1.00	6	0.00	0.00	4.56	19.10
Cn	0.01	[0.12]	0.00	1.00	2	0.00	0.00	8.27	67.44
FC + CF + C + Cn	6.26	2.08	1.00	11.00	140	7.00	8.00	-0.56	-0.16
WSumC	4.56	1.66	0.50	8.00	140	5.00	3.50	-0.42	-0.49
Sum C′	1.15	[1.27]	0.00	6.00	118	1.00	1.00	2.48	13.59
Sum T	1.02	[0.48]	0.00	3.00	128	1.00	1.00	2.44	13.39

（续上表）

变量	平均数	标准差	最小值	最大值	频数	中位数	众数	偏度系数	峰度系数
Sum V	0.19	[0.51]	0.00	2.00	20	0.00	0.00	2.64	6.03
Sum Y	1.04	[1.21]	0.00	5.00	95	2.00	1.00	3.25	20.79
Sum Shading	3.44	2.35	0.00	23.00	139	4.00	4.00	4.25	31.18
Fr + rF	0.48	[0.41]	0.00	3.00	32	0.00	0.00	6.27	48.14
FD	1.31	[0.93]	0.00	5.00	108	1.00	2.00	0.33	0.77
F	6.85	2.69	2.00	17.00	140	6.00	5.00	0.96	0.93
PAIR	9.04	2.00	1.00	14.00	140	9.00	10.00	-0.90	3.36
3r + (2)/R	0.43	0.09	0.05	0.79	140	0.45	0.50	-0.32	3.89
Lambda	0.65	0.21	0.24	1.71	140	0.68	0.63	1.85	7.03
EA	8.87	2.23	2.00	13.50	140	9.00	8.50	-0.59	0.63
es	9.21	3.29	4.00	17.00	140	10.00	8.00	2.09	12.09
D Score	-0.31	1.31	-10.00	2.00	140	0.00	0.00	-3.70	22.64
AdjD	-0.11	1.04	-5.00	2.00	140	0.00	0.00	-1.56	5.47
a(active)	6.82	1.71	3.00	12.00	140	7.00	6.00	0.25	0.13
p(passive)	3.22	1.89	0.00	9.00	133	3.00	2.00	0.70	0.33
Ma	2.62	1.42	1.00	7.00	140	2.00	2.00	0.88	0.20
Mp +	1.69	1.38	0.00	5.00	106	2.00	2.00	0.55	-0.32
Intellect	1.14	0.93	0.00	5.00	140	1.00	1.00	1.38	2.72
Zf	12.61	2.64	5.00	23.00	140	13.00	13.00	0.37	3.18
Zd	1.12	2.96	-6.50	9.00	140	0.75	-0.50	0.09	0.15
Blends	6.11	2.13	1.00	12.00	140	7.00	7.00	-0.44	-0.26
Col-Shd Blends	0.24	[0.50]	0.00	2.00	28	0.00	0.00	2.08	3.56
Afr	0.65	0.17	0.27	1.29	140	0.67	0.67	0.80	1.61
Popular	6.46	1.27	3.00	10.00	140	7.00	7.00	-0.35	0.39
XA%	0.93	0.05	0.57	1.00	140	0.92	0.95	-3.12	22.84
WDA%	0.94	0.05	0.54	1.00	140	0.95	0.95	-3.80	29.25
X + %	0.78	0.07	0.50	1.00	140	0.78	0.75	-0.41	2.27
X-%	0.07	0.05	0.00	0.43	126	0.07	0.05	3.07	22.85
Xu%	0.15	0.06	0.00	0.37	138	0.15	0.15	0.45	1.42
Isolate/R	0.16	0.07	0.00	0.47	138	0.16	0.16	1.30	4.09
H	3.39	1.94	0.00	8.00	139	3.00	3.00	0.62	-0.28
(H)	1.07	0.89	0.00	4.00	97	1.00	1.00	0.36	-0.43

（续上表）

变量	平均数	标准差	最小值	最大值	频数	中位数	众数	偏度系数	峰度系数
HD	0.59	0.81	0.00	4.00	62	0.00	0.00	1.79	4.08
(Hd)	0.46	0.50	0.00	1.00	64	0.00	0.00	0.17	-2.00
Hx	0.00	[0.00]	0.00	0.00	0	0.00	0.00	—	—
All H Cont	5.51	2.12	1.00	9.00	140	5.00	5.00	-0.06	-0.76
A	8.04	1.97	3.00	15.00	140	8.00	7.00	0.46	1.18
(A)	0.32	[0.54]	0.00	3.00	41	0.00	0.00	1.72	3.69
Ad	2.11	[1.15]	0.00	9.00	131	2.00	2.00	1.97	10.34
(Ad)	0.07	[0.33]	0.00	2.00	7	0.00	0.00	4.93	24.56
An	0.81	[0.79]	0.00	3.00	82	1.00	0.00	0.44	-0.97
Art	0.83	0.68	0.00	4.00	97	1.00	1.00	0.78	2.33
Ay	0.19	[0.41]	0.00	2.00	25	0.00	0.00	1.95	2.75
Bl	0.21	[0.43]	0.00	2.00	29	0.00	0.00	1.68	1.61
Bt	1.87	1.03	0.00	6.00	130	2.00	2.00	0.62	1.27
Cg	1.39	1.06	0.00	4.00	116	1.00	1.00	0.64	-0.57
Cl	0.11	[0.36]	0.00	2.00	14	0.00	0.00	3.32	11.31
Ex	0.11	[0.32]	0.00	1.00	16	0.00	0.00	2.45	4.06
Fi	0.63	[0.57]	0.00	2.00	82	1.00	1.00	0.19	-0.76
Food	0.51	[0.52]	0.00	2.00	70	0.50	0.00	0.13	-1.62
Ge	0.01	[0.12]	0.00	1.00	2	0.00	0.00	8.27	67.44
Hh	0.91	0.67	0.00	4.00	108	1.00	1.00	1.14	3.97
Ls	1.07	0.74	0.00	3.00	108	1.00	1.00	0.00	-0.87
Na	0.17	[0.42]	0.00	2.00	22	0.00	0.00	2.35	5.05
Sc	1.51	1.31	0.00	6.00	93	2.00	0.00	0.23	-0.82
Sx	0.11	[0.41]	0.00	3.00	11	0.00	0.00	4.57	23.67
Xy	0.04	[0.19]	0.00	1.00	5	0.00	0.00	5.05	23.93
Idiographic	1.31	1.45	0.00	7.00	81	1.00	0.00	1.07	1.04
DV	0.99	[0.71]	0.00	3.00	107	1.00	1.00	0.38	0.11
INCOM	0.83	[0.75]	0.00	4.00	91	1.00	1.00	0.81	1.34
DR	0.14	[0.37]	0.00	2.00	19	0.00	0.00	2.48	5.51
FABCOM	0.21	[0.45]	0.00	2.00	28	0.00	0.00	1.89	2.75
DV2	0.02	[0.15]	0.00	1.00	3	0.00	0.00	6.68	43.26
INC2	0.01	[0.12]	0.00	1.00	2	0.00	0.00	8.27	67.44

（续上表）

变量	平均数	标准差	最小值	最大值	频数	中位数	众数	偏度系数	峰度系数
DR2	0.01	[0.09]	0.00	1.00	1	0.00	0.00	11.83	140.00
FAB2	0.04	[0.19]	0.00	1.00	5	0.00	0.00	5.05	23.93
ALOG	0.05	[0.25]	0.00	2.00	6	0.00	0.00	5.49	32.88
CONTAM	0.00	0.00	0.00	0.00	0	0.00	0.00	—	—
Sum 6 Sp Sc	2.30	1.34	0.00	5.00	125	2.00	2.00	-0.03	-0.92
Lvl 2 Sp Sc	0.08	[0.27]	0.00	1.00	11	0.00	0.00	3.16	8.14
WSum6	4.57	3.23	0.00	15.00	125	4.00	3.00	0.67	0.32
AB	0.06	[0.25]	0.00	1.00	9	0.00	0.00	3.59	11.06
AG	1.20	0.99	0.00	5.00	106	1.00	1.00	1.02	1.98
COP	1.60	1.10	0.00	5.00	120	1.00	1.00	0.68	0.45
CP	0.00	[0.00]	0.00	0.00	0	0.00	0.00	—	—
GOODHR	5.29	1.80	0.00	9.00	139	6.00	6.00	-0.21	-0.49
POORHR	1.16	1.29	0.00	6.00	96	1.00	1.00	1.67	2.67
MOR	0.58	[0.81]	0.00	4.00	59	0.00	0.00	1.56	2.57
PER	0.96	0.72	0.00	5.00	110	1.00	1.00	1.59	7.12
PSV	0.04	[0.20]	0.00	1.00	6	0.00	0.00	4.56	19.10

注意：加括弧的标准差，表明此数值可能是不可靠的和/或误导性的，不能用于估算预期范围。通常这些变量不用于大多数的参数分析。

表24 1390个非病人儿童和青少年36个变量的频率（按年龄分组）

	5岁 (N=90) 频数	%	6岁 (N=80) 频数	%	7岁 (N=120) 频数	%	8岁 (N=120) 频数	%	9岁 (N=140) 频数	%	10岁 (N=120) 频数	%
风格												
内向型	0	0%	0	0%	6	5%	16	13%	23	16%	24	20%
普遍内向型	0	0%	0	0%	0	0%	0	0%	1	0%	0	0%
中间型	24	27%	20	25%	42	35%	36	30%	48	40%	38	32%
外向型	54	60%	51	64%	58	48%	48	40%	49	35%	45	38%
普遍外向型	48	53%	46	58%	40	33%	24	20%	15	11%	26	22%
回避型	12	13%	9	11%	14	12%	20	17%	20	14%	13	11%
EA-es差：D分数												
D>0	0	0%	0	0%	0	0%	6	5%	7	5%	2	2%
D=0	68	76%	51	64%	69	58%	90	75%	117	84%	100	83%
D<0	22	24%	29	36%	51	43%	24	20%	16	11%	18	15%
D<-1	4	4%	4	5%	12	10%	8	7%	9	6%	2	2%
Adj D >0	0	0%	0	0%	0	0%	6	5%	9	6%	6	5%
Adj D =0	72	80%	63	79%	69	58%	98	82%	121	86%	96	80%
Adj D <0	18	20%	17	21%	51	43%	16	13%	10	7%	18	15%
Adj D < -1	3	3%	4	5%	5	4%	8	7%	7	5%	2	2%
Zd> +3.0（过度组合）	3	3%	0	0%	0	0%	8	7%	28	20%	30	25%
Zd<-3.0（组合不足）	23	26%	27	34%	32	27%	19	16%	22	16%	19	16%
形状质量变异												
XA% >.89	25	28%	41	51%	62	52%	56	47%	61	44%	66	47%
XA% <.70	14	16%	15	19%	12	10%	16	13%	18	13%	9	7%
WDA% <.85	14	16%	8	10%	18	15%	22	18%	24	17%	16	13%
WDA% <.75	4	4%	3	4%	0	0%	0	0%	3	2%	1	0%
X+% <.55	4	4%	0	0%	0	0%	3	3%	4	3%	3	3%
Xu% >.20	49	54%	55	69%	23	19%	32	27%	36	26%	22	18%
X-% >.20	3	3%	2	3%	6	5%	4	4%	4	3%	9	8%
X-% >.30	0	0%	0	0%	0	0%	0	0%	0	0%	0	0%
FC：CF+C比例												
FC> (CF+C) +2	0	0%	0	0%	9	8%	1	1%	0	0%	1	1%
FC> (CF+C) +1	0	0%	0	0%	12	10%	9	8%	10	7%	14	12%
CF+C>FC+1	87	97%	71	89%	17	14%	48	40%	30	21%	60	50%

（续上表）

	5岁 (N=90) 频数	%	6岁 (N=80) 频数	%	7岁 (N=120) 频数	%	8岁 (N=120) 频数	%	9岁 (N=140) 频数	%	10岁 (N=120) 频数	%
CF+C>FC+2	43	48%	49	61%	11	9%	32	27%	19	14%	21	18%
指数												
HVI阳性	0	0%	0	0%	0	0%	0	0%	0	0%	0	0%
OBS阳性	0	0%	0	0%	0	0%	0	0%	0	0%	0	0%
PTI=5	0	0%	0	0%	0	0%	0	0%	0	0%	0	0%
PTI=4.	0	0%	0	0%	0	0%	0	0%	0	0%	0	0%
PTI=3.	0	0%	0	0%	0	0%	0	0%	0	0%	0	0%
DEPI=7	0	0%	0	0%	0	0%	0	0%	0	0%	0	0%
DEPI=6	0	0%	0	0%	0	0%	0	0%	0	0%	0	0%
DEPI=5	0	0%	0	0%	0	0%	0	0%	0	0%	0	0%
CDI=5	1	1%	2	2%	3	3%	3	3%	0	0%	0	0%
CDI=4	11	12%	10	13%	13	11%	8	7%	9	6%	18	15%
其他变量												
R<17	17	19%	15	19%	14	12%	40	33%	21	15%	13	11%
R>27	0	0%	0	0%	0	0%	0	0%	0	0%	0	0%
S>2	21	23%	4	5%	37	31%	9	8%	12	9%	14	12%
Sum T=0	33	37%	11	14%	10	8%	8	7%	17	12%	14	12%
Sum T>1.	0	0%	0	0%	2	2%	8	7%	12	9%	8	7%
3r+（2）/R<.33	0	0%	6	8%	0	0%	8	7%	7	5%	4	3%
3r+（2）/R>.44	86	96%	62	78%	82	68%	82	68%	99	71%	110	92%
纯C>1	53	59%	56	70%	12	10%	40	33%	28	20%	16	13%
Afr<.40	0	0%	12	15%	0	0%	1	1%	8	6%	2	2%
Afr<.50	13	14%	19	24%	9	8%	24	20%	16	11%	16	13%
（FM+m）<Sum Shading	0	0%	0	0%	2	2%	10	8%	14	10%	8	7%
P<4	6	7%	8	10%	3	3%	4	3%	0	0%	4	3%
Cop=0	13	14%	13	16%	12	10%	6	5%	4	3%	6	5%
Cop>2	6	6%	5	6%	16	13%	30	25%	37	26%	21	18%
AG=0	8	9%	40	50%	0	0%	24	20%	12	9%	3	3%
AG>2	4	4%	4	5%	3	3%	13	11%	19	14%	18	15%
MOR>2	3	3%	5	6%	6	5%	3	3%	11	8%	13	11%
Level 2 Sp. Sc>0	32	36%	16	20%	19	16%	13	11%	14	10%	10	8%

（续上表）

	5岁 (N=90) 频数	%	6岁 (N=80) 频数	%	7岁 (N=120) 频数	%	8岁 (N=120) 频数	%	9岁 (N=140) 频数	%	10岁 (N=120) 频数	%
GHR > PHR	79	88%	69	77%	93	78%	101	84%	98	70%	94	78%
纯 H < 2	4	4%	24	30%	63	52%	32	27%	31	22%	36	30%
纯 H = 0	1	1%	0	0%	0	0%	4	3%	2	1%	4	3%
P > a + 1	7	8%	5	6%	16	13%	10	8%	19	14%	12	10%
Mp > Ma	9	10%	9	11%	11	9%	14	12%	17	12%	14	12%

	11岁 (N=135) 频数	%	12岁 (N=120) 频数	%	13岁 (N=110) 频数	%	14岁 (N=105) 频数	%	15岁 (N=110) 频数	%	16岁 (N=140) 频数	%
风格												
内向型	27	20%	24	20%	30	27%	28	27%	37	34%	46	33%
普遍内向型	0	0%	8	6%	6	5%	6	6%	7	6%	11	8%
中间型	37	27%	47	39%	35	32%	32	30%	27	25%	28	20%
外向型	51	38%	33	28%	35	32%	35	33%	34	31%	52	37%
普遍外向型.	14	10%	22	18%	18	16%	18	17%	18	16%	23	16%
回避型	21	16%	16	13%	10	9%	10	10%	12	10%	14	2%
EA - es 差：D 分数												
D > 0..	0	0%	4	3%	14	13%	10	10%	9	8%	14	10%
D = 0..	123	91%	90	75%	70	64%	69	66%	71	65%	110	79%
D < 0..	12	9%	26	22%	26	24%	26	25%	30	27%	16	11%
D < -1	5	4%	3	3%	4	4%	3	3%	10	9%	9	6%
Adj D > 0	4	3%	14	12%	25	23%	21	20%	16	15%	17	12%
Adj D = 0	119	88%	80	67%	65	59%	70	67%	67	61%	86	61%
Adj D < 0	11	8%	26	22%	20	18%	14	13%	27	25%	12	9%
Adj D < -1	4	3%	2	2%	2	2%	2	2%	6	5%	7	5%
Zd > +3.0（过度组合）	36	27%	34	28%	30	27%	21	20%	25	23%	30	21%
Zd < -3.0（组合不足）	14	10%	20	17%	15	14%	16	15%	16	15%	14	10%
形状质量变异												
XA% > .89	111	82%	110	92%	86	78%	81	77%	87	79%	114	81%
XA% < .70	0	0%	4	3%	4	4%	4	4%	2	2%	3	2%
WDA% < .85	6	4%	4	3%	8	7%	8	8%	2	2%	2	1%

（续上表）

	11岁 (N=135) 频数	%	12岁 (N=120) 频数	%	13岁 (N=110) 频数	%	14岁 (N=105) 频数	%	15岁 (N=110) 频数	%	16岁 (N=140) 频数	%
WDA% <.75	0	0%	4	3%	4	4%	4	4%	1	1%	1	1%
X+% <.55	12	9%	6	5%	8	7%	8	8%	2	2%	3	2%
Xu% >.20	26	19%	16	13%	16	15%	17	15%	9	8%	16	11%
X-% >.20	18	13%	4	3%	6	5%	7	6%	2	2%	2	1%
X-% >.30	0	0%	2	2%	2	2%	2	2%	1	1%	1	1%
FC：CF+C 比例												
FC>（CF+C）+2	3	2%	8	7%	6	5%	4	4%	10	9%	18	13%
FC>（CF+C）+1	17	13%	12	10%	12	11%	8	8%	20	18%	38	27%
CF+C>FC+1	45	33%	24	20%	19	17%	16	15%	23	21%	23	16%
CF+C>FC+2	14	10%	0	0%	3	3%	3	3%	2	2%	2	1%
指数												
HVI 阳性	5	4%	4	3%	3	3%	6	6%	0	0%	1	1%
OBS 阳性	0	0%	0	0%	0	0%	0	0%	1	1%	1	1%
PTI=5	0	0%	0	0%	0	0%	0	0%	0	0%	0	0%
PTI=4	0	0%	0	0%	0	0%	0	0%	0	0%	0	0%
PTI=3	0	0%	2	2%	2	2%	2	2%	1	1%	1	1%
DEPI=7	0	0%	0	0%	0	0%	0	0%	0	0%	0	0%
DEPI=6	0	0%	0	0%	0	0%	0	0%	0	0%	0	0%
DEPI=5	0	0%	1	1%	1	1%	0	0%	0	0%	0	0%
CDI=5	0	0%	0	0%	0	0%	0	0%	1	1%	1	1%
CDI=4	12	9%	29	24%	22	20%	13	12%	16	15%	15	11%
其他变量												
R<17	4	3%	8	7%	10	9%	10	10%	12	11%	13	9%
R>27	0	0%	0	0%	4	4%	5	5%	8	7%	11	8%
S>2	18	13%	10	8%	16	15%	13	12%	17	15%	18	13%
Sum T=0	19	14%	14	12%	20	18%	17	16%	6	5%	12	9%
Sum T>1.	11	8%	0	0%	4	4%	2	2%	9	8%	11	8%
3r+（2）/R<.33	0	0%	6	5%	18	16%	18	17%	7	6%	10	7%
3r+（2）/R>.44	123	91%	85	71%	62	56%	59	56%	49	45%	74	53%
纯 C>1	0	0%	0	0%	0	0%	0	0%	0	0%	0	0%
Afr<.40	0	0%	6	5%	8	7%	6	6%	5	5%	6	4%

(续上表)

	11岁 (N=135) 频数	%	12岁 (N=120) 频数	%	13岁 (N=110) 频数	%	14岁 (N=105) 频数	%	15岁 (N=110) 频数	%	16岁 (N=140) 频数	%
Afr <.50	13	10%	45	38%	33	30%	24	23%	19	17%	21	15%
(FM+m) < Sum Shading	10	7%	12	10%	11	10%	9	9%	17	15%	20	14%
P<4	0	0%	4	3%	4	4%	1	1%	3	3%	4	3%
Cop=0	6	4%	6	5%	10	9%	13	12%	12	11%	20	14%
Cop>2	13	10%	19	16%	16	15%	18	17%	15	14%	24	17%
AG=0	5	4%	21	18%	25	23%	19	18%	28	25%	34	24%
AG>2	10	7%	15	13%	8	7%	10	10%	8	7%	11	8%
MOR>2	6	4%	6	5%	2	2%	5	5%	4	4%	5	4%
Level 2 Sp. Sc>0	20	15%	22	18%	13	12%	9	9%	9	8%	7	5%
GHR>PHR	105	78%	109	91%	94	85%	89	85%	84	76%	111	79%
纯H<2	27	20%	30	25%	28	25%	18	17%	23	21%	14	10%
纯H=0	4	3%	0	0%	0	0%	0	0%	1	1%	1	1%
p>a+1	12	9%	10	8%	7	6%	13	12%	13	12%	15	11%
Mp>Ma	20	15%	18	15%	9	8%	8	8%	16	15%	17	12%

表25 成年门诊病人的描述性统计资料（N=535）

变量	平均数	标准差	最小值	最大值	频数	中位数	众数	偏度系数	峰度系数
年龄	33.81	12.06	18.00	70.00	535	31.00	23.00	1.12	0.79
受教育年限	13.46	4.65	10.00	20.00	535	14.00	13.00	-0.67	1.39
R	20.25	5.49	14.00	41.00	535	19.00	16.00	1.21	1.03
W	7.88	3.36	1.00	24.00	535	7.00	7.00	0.60	0.82
D	9.11	5.21	0.00	30.00	525	8.00	4.00	0.94	0.65
Dd	3.26	[2.79]	0.00	16.00	465	3.00	1.00	1.39	3.04
S	2.11	[1.81]	0.00	10.00	416	2.00	0.00	0.88	0.95
DQ+	6.09	3.23	0.00	20.00	530	6.00	5.00	0.92	1.40
DQo	12.74	5.19	4.00	32.00	535	11.00	9.00	1.14	1.44
DQv	1.23	[1.50]	0.00	9.00	313	1.00	0.00	1.56	2.53
DQv/+	0.19	[0.56]	0.00	5.00	79	0.00	0.00	4.40	26.22
FQx+	0.58	1.35	0.00	7.00	112	0.00	0.00	2.41	4.69
FQxo	12.20	3.82	6.00	34.00	535	12.00	12.00	1.31	3.62
FQxu	3.80	2.48	0.00	12.00	512	3.00	3.00	0.91	0.43
FQx-	3.20	2.28	0.00	13.00	488	3.00	1.00	0.88	1.00
FQxNone	0.48	[0.85]	0.00	5.00	169	0.00	0.00	2.09	4.72
MQ+	0.44	1.05	0.00	4.00	99	0.00	0.00	2.35	4.26
MQo	2.38	1.65	0.00	9.00	486	2.00	1.00	0.79	0.63
MQu	0.58	0.80	0.00	5.00	227	0.00	0.00	1.43	2.19
MQ-	0.44	[0.73]	0.00	4.00	171	0.00	0.00	1.79	3.39
MQNone	0.00	[0.06]	0.00	1.00	2	0.00	0.00	16.30	264.98
S-	0.79	[1.00]	0.00	4.00	264	0.00	0.00	1.26	0.97
M	3.85	2.53	0.00	11.00	498	4.00	400	0.82	0.62
FM	2.56	1.85	0.00	13.00	477	2.00	2.00	0.96	1.71
m	1.28	1.27	0.00	7.00	346	1.00	0.00	1.00	1.01
FM+m	3.84	2.45	0.00	14.00	495	4.00	4.00	0.66	1.01
FC	1.37	1.35	0.00	7.00	388	1.00	1.00	1.36	1.99
CF	1.22	1.32	0.00	8.00	336	1.00	0.00	1.31	2.25
C	0.53	[0.88]	0.00	4.00	183	0.00	0.00	1.74	2.67
Cn	0.01	[0.11]	0.00	1.00	6	0.00	0.00	9.30	84.98
Sum Color	3.14	2.01	0.00	11.00	501	3.00	2.00	0.80	0.73
WSumC	2.71	1.91	0.00	10.00	501	2.50	1.50	1.04	1.59
Sum C′	1.01	[1.25]	0.00	7.00	303	1.00	0.00	1.60	2.72

（续上表）

变量	平均数	标准差	最小值	最大值	频数	中位数	众数	偏度系数	峰度系数
Sum T	0.52	[0.84]	0.00	3.00	191	0.00	0.00	1.70	2.23
Sum V	0.44	[0.77]	0.00	3.00	153	0.00	0.00	1.67	1.80
Sum Y	1.02	[1.14]	0.00	7.00	328	1.00	0.00	1.48	3.02
Sum Shading	2.99	2.72	0.00	12.00	463	2.00	1.00	1.10	0.55
Fr + rF	0.19	[0.63]	0.00	6.00	63	0.00	0.00	5.07	33.65
FD	0.91	[1.02]	0.00	5.00	317	1.00	0.00	1.53	3.06
F	9.22	4.90	2.00	30.00	535	8.00	7.00	1	2.12
(2)	7.85	3.71	1.00	23.00	535	7.00	5.00	1.21	1.88
3r + (2) /R	0.41	0.14	0.12	1.25	535	0.40	0.33	1.04	3.88
Lambda	1.14	1.26	0.11	7.67	535	0.78	1.00	3.21	12.06
EA	6.56	3.46	0.00	19.00	533	6.00	7.50	0.99	1.23
es	6.83	4.19	1.00	23.00	535	6.00	5.00	0.65	-0.20
D Score	-0.09	1.34	-4.00	5.00	535	0.00	0.00	-0.20	2.26
AdjD	0.25	1.16	-3.00	5.00	535	0.00	0.00	0.53	2.49
a (active)	4.22	2.69	0.00	17.00	510	4.00	3.00	0.89	1.18
p (passive)	3.48	2.46	0.00	13.00	483	3.00	2.00	0.54	-0.31
Ma	2.06	1.81	0.00	8.00	430	2.00	2.00	1.10	0.91
Mp	1.80	1.49	0.00	8.00	409	2.00	2.00	0.88	1.32
Intellect	1.66	1.74	0.00	10.00	363	1.00	0.00	1.20	1.20
Zf	11.09	3.83	2.00	26.00	535	11.00	10.00	0.53	1.48
Zd	0.27	4.54	-14.00	13.00	521	-0.50	5.00	0.06	-0.33
Blends	3.12	2.42	0.00	13.00	458	3.00	1.00	0.61	-0.21
Blends/R	0.16	0.12	0.00	0.57	458	0.14	0.00	0.63	-0.13
Col-Shd Blends	0.63	[0.80]	0.00	4.00	247	0.00	0.00	0.63	-0.13
Afr	0.58	0.19	0.13	1.25	535	0.55	0.50	1.31	1.84
Populars	5.73	2.17	0.00	10.00	529	6.00	4.00	-0.09	-0.61
XA%	0.82	0.11	0.50	1.00	535	0.82	0.94	-0.28	-0.36
WDA%	0.85	0.10	0.60	1.00	535	0.85	0.83	-0.46	-0.14
X + %	0.64	0.14	0.27	0.95	535	0.63	0.52	-0.16	-0.63
X-%	0.16	0.10	0.00	0.46	488	0.15	0.00	0.45	-0.30
Xu%	0.18	0.09	0.00	0.42	512	0.18	0.21	0.18	-0.49
Isolate/R	0.13	0.14	0.00	0.81	415	0.11	0.00	2.43	8.87
H	2.28	1.44	0.00	9.00	505	2.00	1.00	0.88	1.12
(H)	1.17	1.21	0.00	6.00	332	1.00	0.00	0.90	0.25

（续上表）

变量	平均数	标准差	最小值	最大值	频数	中位数	众数	偏度系数	峰度系数
HD	1.45	1.53	0.00	8.00	393	1.00	1.00	1.97	4.82
(Hd)	0.55	0.86	0.00	5.00	189	0.00	0.00	1.62	2.83
Hx	0.03	[0.21]	0.00	2.00	11	0.00	0.00	8.01	67.67
All H Cont	5.44	2.79	0.00	16.00	519	5.00	4.00	0.62	0.36
A	7.62	2.70	2.00	20.00	535	7.00	5.00	0.68	0.24
(A)	0.32	[0.64]	0.00	3.00	134	0.00	0.00	2.40	6.30
Ad	1.94	[1.89]	0.00	11.00	431	2.00	1.00	1.75	3.68
(Ad)	0.11	[0.33]	0.00	2.00	52	0.00	0.00	3.19	10.17
An	0.78	[1.21]	0.00	11.00	238	0.00	0.00	2.66	11.95
Art	1.06	1.13	0.00	5.00	318	1.00	0.00	0.86	-0.01
Ay	0.18	[0.41]	0.00	2.00	93	0.00	0.00	1.99	2.94
Bl	0.22	[0.55]	0.00	3.00	89	0.00	0.00	2.91	9.13
Bt	1.09	1.21	0.00	5.00	321	1.00	0.00	1.11	0.50
Cg	1.68	1.70	0.00	8.00	359	1.00	0.00	1.00	0.57
Cl	0.16	[0.44]	0.00	2.00	67	0.00	0.00	2.90	7.88
Ex	0.15	[0.40]	0.00	2.00	73	0.00	0.00	2.63	6.56
Fi	0.29	[0.51]	0.00	2.00	142	0.00	0.00	1.48	1.26
Food	0.25	[0.50]	0.00	2.00	116	0.00	0.00	1.88	2.77
Ge	0.07	[0.37]	0.00	4.00	24	0.00	0.00	7.95	74.77
Hh	0.64	0.93	0.00	4.00	204	0.00	0.00	1.33	1.15
Ls	0.68	1.09	0.00	6.00	205	0.00	0.00	2.12	5.55
Na	0.22	[0.67]	0.00	4.00	79	0.00	0.00	4.09	18.61
Sc	0.51	[0.78]	0.00	5.00	201	0.00	0.00	2.17	7.50
Sx	0.58	[0.99]	0.00	5.00	188	0.00	0.00	2.06	4.40
Xy	0.12	[0.33]	0.00	1.00	66	0.00	0.00	2.29	3.29
Idio	1.09	1.24	0.00	6.00	309	1.00	0.00	1.16	1.04
DV	0.80	[1.04]	0.00	5.00	272	1.00	0.00	1.81	4.40
INCOM	0.98	[1.11]	0.00	6.00	310	1.00	0.00	1.23	1.34
DR	0.26	[0.77]	0.00	5.00	74	0.00	0.00	3.55	13.47
FABCOM	0.41	[0.66]	0.00	3.00	173	0.00	0.00	1.49	1.56
DV2	0.09	[0.30]	0.00	2.00	45	0.00	0.00	3.34	10.88
INC2	0.17	[0.47]	0.00	2.00	69	0.00	0.00	2.83	7.26
DR2	0.14	[0.74]	0.00	10.00	45	0.00	0.00	9.94	121.29
FAB2	0.26	[0.64]	0.00	3.00	94	0.00	0.00	2.70	7.03

（续上表）

变量	平均数	标准差	最小值	最大值	频数	中位数	众数	偏度系数	峰度系数
ALOG	0.13	[0.42]	0.00	3.00	52	0.00	0.00	3.77	15.59
CONTAM	0.00	0.00	0.00	0.00	0	0.00	0.00	—	—
Sum 6 Sp Sc	3.24	2.91	0.00	21.00	484	3.00	1.00	1.83	5.74
Lvl 2 Sp Sc	0.66	[1.29]	0.00	11.00	200	0.00	0.00	4.07	24.14
WSum6	9.36	10.84	0.00	97.00	484	7.00	1.00	3.23	17.78
AB	0.21	[0.47]	0.00	3.00	98	0.00	0.00	2.43	6.75
AG	0.89	1.22	0.00	8.00	257	0.00	0.00	2.25	8.70
COP	0.97	1.10	0.00	6.00	304	1.00	0.00	1.38	2.76
CP	0.01	[0.09]	0.00	1.00	4	0.00	0.00	11.46	129.98
GOODHR	3.46	1.75	0.00	10.00	509	4.00	4.00	0.31	0.59
POORHR	2.58	2.15	0.00	12.00	466	2.00	2.00	1.44	2.83
MOR	1.06	[1.33]	0.00	7.00	314	1.00	0.00	1.69	2.70
PER	1.04	1.65	0.00	11.00	235	0.00	0.00	2.51	9.21
PSV	0.20	[0.58]	0.00	3.00	74	0.00	0.00	3.39	12.00

注意：加括弧的标准差，表明此数值可能是不可靠的和/或误导性的，不能用于估算预期范围。通常这些变量不用于大多数的参数分析。

表26 成年门诊病人的36个变量的频率（N=535）

人口统计学变量

婚姻状况			年龄			种族		
单身	170	32%	18~25	154	29%	白人	453	85%
同居	32	6%	26~35	194	36%	黑人	43	8%
已婚	264	49%	36~45	102	19%	西班牙和葡萄牙裔	27	5%
分居	28	5%	46~55	35	7%	亚裔	12	2%
离婚	37	7%	56~65	36	7%			
丧偶	4	1%	>65	14	3%			
性别						受教育程度		
男性	208	39%				少于12年	58	11%
女性	327	61%				12年	148	28%
						13~15年	224	42%
						16+年	105	20%

比率、百分数和特殊指数

风格			形状质量变异		
内向型	151	28%	XA% >.89	127	24%
普遍内向型	113	21%	XA% <.70	62	12%
中间型	110	21%	WDA% <.85	249	47%
外向型	73	14%	WDA% <.75	79	15%
普遍外向型	45	8%	X+% <.55	146	27%
回避型	201	38%	Xu% >.20	211	39%
			X-% >.20	164	31%
			X-% >.30	42	8%
D-分数			FC：CF+C比例		
D>0	125	23%	FC>（CF+C）+2	37	7%
D=0	262	49%	FC>（CF+C）+1	87	16%
D<0	148	28%	（CF+C）>FC+1	140	26%
D<-1	55	10%	（CF+C）>FC+2	71	13%
Adj D>0	168	31%			
Adj D=0	277	52%			
Adj D<0	90	17%			
Adj D<-1	27	5%	S-CON阳性	1	0%
Zd>+3.0（过度组合）	159	30%	HVI阳性	61	11%

（续上表）

Zd < -3.0（组合不足）	134	25%				OBS 阳性	44	8%
PTI = 5	3	1%	DEPI = 7	2	0%	CDI = 5	42	8%
PTI = 4	3	1%	DEPI = 6	24	4%	CDI = 4	123	23%
PTI = 3	7	1%	DEPI = 5	82	15%			

其他变量

R < 17	165	31%	（2AB + Art + Ay） > 5	22	4%
R > 27	65	12%	P < 4	76	14%
DQv > 2	89	17%	P > 7	131	24%
S > 2	206	39%	COP = 0	231	43%
Sum T = 0	344	64%	COP > 2	40	7%
Sum T > 1	56	10%	AG = 0	278	52%
3r + （2）/R < 0.33	141	26%	AG > 2	19	4%
3r + （2）/R > 0.44	166	31%	MOR > 2	70	13%
纯 > 0	63	12%	Level 2 Sp. Sc. > 0	200	37%
纯 C > 0	183	34%	GHR > PHR	328	61%
纯 C > 1	74	14%	纯 H < 2	188	35%
Afr < 0.40	109	20%	纯 H = 0	30	6%
Afr < 0.50	258	48%	p > a + 1	158	30%
（FM + m） < Sum Shading	164	31%	Mp > Ma	170	32%

表 27　内向风格门诊病人的描述性统计资料（N = 151）

变量	平均数	标准差	最小值	最大值	频数	中位数	众数	偏度系数	峰度系数
年龄	30.81	8.62	18.00	57.00	151	29.00	29.00	0.65	-0.02
受教育年限	14.19	3.70	11.00	20.00	151	14.00	14.00	0.92	1.31
R	20.64	5.81	14.00	38.00	151	18.00	16.00	1.15	0.32
W	7.95	2.71	4.00	15.00	151	7.00	7.00	0.96	0.27
D	9.46	5.58	2.00	30.00	151	7.00	7.00	1.47	1.35
Dd	3.23	[2.23]	0.00	12.00	127	4.00	4.00	0.39	0.51
S	2.31	[1.59]	0.00	7.00	138	2.00	1.00	0.87	0.69
DQ +	8.62	3.44	3.00	20.00	151	8.00	8.00	0.94	0.15
DQo	11.31	3.94	5.00	30.00	151	11.00	11.00	1.63	5.61
DQv	0.52	[1.10]	0.00	7.00	40	0.00	0.00	2.83	9.91
DQv/ +	0.19	[0.67]	0.00	5.00	18	0.00	0.00	5.49	35.51
FQx +	1.56	2.03	0.00	7.00	65	0.00	0.00	0.79	-1.02
FQxo	12.31	3.79	7.00	34.00	151	11.00	10.00	2.60	9.84
FQxu	3.87	3.01	0.00	11.00	139	3.00	2.00	0.81	-0.49
FQx-	2.72	2.00	0.00	13.00	141	3.00	1.00	1.54	4.65
FQxNone	0.18	[0.60]	0.00	5.00	17	0.00	0.00	4.76	29.44
MQ +	1.25	159	0.00	4.00	64	0.00	0.00	0.68	-1.26
MQo	3.37	1.63	1.00	9.00	151	3.00	2.00	0.71	0.22
MQu	0.93	0.99	0.00	3.00	87	1.00	0.00	0.75	-0.52
MQ-	0.79	[1.01]	0.00	4.00	68	0.00	0.00	1.06	0.40
MQNone	0.01	[0.11]	0.00	1.00	2	0.00	0.00	8.60	72.95
S-	0.99	[0.92]	0.00	4.00	107	1.00	1.00	1.31	2.01
M	6.36	2.30	4.00	11.00	151	6.00	6.00	0.78	-0.76
FM	2.95	1.95	0.00	13.00	147	3.00	2.00	1.60	4.20
m	1.60	1.30	0.00	5.00	106	2.00	2.00	0.36	-0.33
FM + m	4.55	2.35	1.00	13.00	151	4.00	4.00	1.21	2.41
FC	1.66	1.39	0.00	6.00	128	1.00	1.00	1.33	1.64
CF	1.02	0.76	0.00	3.00	117	1.00	1.00	0.70	0.64
C	0.22	[0.54]	0.00	3.00	25	0.00	0.00	2.68	7.30
Cn	0.01	[0.11]	0.00	1.00	2	0.00	0.00	8.60	72.95
FC + CF + C + Cn	2.91	1.81	0.00	8.00	139	2.00	2.00	0.71	0.38
WSumC	2.17	1.43	0.00	6.50	139	1.50	1.50	0.72	0.13
Sum C′	0.89	[1.09]	0.00	4.00	81	1.00	0.00	1.24	0.80

（续上表）

变量	平均数	标准差	最小值	最大值	频数	中位数	众数	偏度系数	峰度系数
Sum T	0.72	[0.95]	0.00	3.00	72	0.00	0.00	1.36	0.96
Sum V	0.62	[0.89]	0.00	3.00	61	0.00	0.00	1.28	0.68
Sum Y	1.20	[1.00]	0.00	7.00	125	1.00	1.00	2.07	7.90
Sum Shading	3.44	2.59	0.00	12.00	146	2.00	2.00	0.86	-0.15
Fr + rF	0.18	[0.75]	0.00	6.00	16	0.00	0.00	6.54	47.92
FD	1.09	[0.90]	0.00	4.00	114	1.00	1.00	0.93	0.83
F	7.30	2.97	2.00	15.00	151	7.00	7.00	0.50	-0.36
(2)	9.07	4.44	3.00	23.00	151	8.00	6.00	1.33	1.21
3r + (2) /R	0.46	0.16	0.12	1.25	151	0.44	0.28	1.47	6.26
Lambda	0.57	0.21	0.11	0.92	151	0.63	0.33	-0.35	-0.89
EA	8.53	3.47	4.00	16.50	151	7.50	5.50	0.74	-0.54
es	7.99	3.56	2.00	18.00	151	7.00	5.00	0.61	-0.54
D Score	0.03	1.40	-4.00	5.00	151	0.00	0.00	1.08	3.50
AdjD	0.40	1.20	-3.00	5.00	151	0.00	0.00	1.67	4.63
a (active)	5.37	2.70	3.00	17.00	151	5.00	3.00	1.14	1.25
p (passive)	5.54	2.24	1.00	13.00	151	6.00	7.00	0.13	0.42
Ma	3.22	1.94	0.00	8.00	149	2.00	2.00	0.85	-0.23
Mp	3.15	1.43	1.00	8.00	151	3.00	4.00	1.05	2.18
Intellect	1.56	1.35	0.00	7.00	117	2.00	2.00	1.34	2.92
Zf	13.11	3.70	7.00	26.00	151	12.00	12.00	0.95	0.72
Zd	2.62	4.73	-12.00	10.00	151	3.50	5.00	-0.53	-0.12
Blends	4.15	2.29	0.00	8.00	139	4.00	3.00	0.02	-0.90
Blends/R	0.20	0.11	0.00	0.50	139	0.21	0.23	0.40	0.56
Col-Shd Blends	1.01	[0.92]	0.00	3.00	102	1.00	1.00	0.71	-0.23
Afr	0.53	0.19	0.13	1.25	151	0.48	0.50	1.59	4.20
Populars	7.09	1.90	2.00	10.00	151	8.00	8.00	-0.72	-0.38
XA%	0.87	0.08	0.54	1.00	151	0.85	0.84	-0.97	1.79
WDA%	0.88	0.07	0.63	1.00	151	0.88	0.85	-0.81	1.59
X + %	0.69	0.13	0.27	0.89	151	0.73	0.52	-0.84	0.20
X-%	0.13	0.08	0.00	0.46	141	0.12	0.16	0.93	2.18
Xu%	0.18	0.11	0.00	0.35	139	0.14	0.11	0.13	-1.15
Isolate/R	0.14	0.10	0.00	0.50	138	0.12	0.11	1.21	1.79
H	3.02	1.46	1.00	8.00	151	3.00	2.00	0.97	0.86

（续上表）

变量	平均数	标准差	最小值	最大值	频数	中位数	众数	偏度系数	峰度系数
(H)	1.64	1.12	0.00	6.00	131	2.00	2.00	1.06	2.32
HD	1.74	1.90	0.00	8.00	106	2.00	2.00	1.66	2.55
(Hd)	0.44	0.68	0.00	2.00	51	0.00	0.00	1.24	0.23
Hx	0.00	[0.00]	0.00	0.00	0	0.00	0.00	—	—
All H Cont	6.84	2.65	3.00	14.00	151	7.00	7.00	0.58	-0.32
A	7.52	2.46	3.00	20.00	151	7.00	6.00	1.02	3.57
Ad	1.63	[1.17]	0.00	7.00	126	2.00	2.00	1.16	3.46
(A)	0.51	[0.95]	0.00	3.00	42	0.00	0.00	1.78	1.86
(Ad)	0.06	[0.29]	0.00	2.00	7	0.00	0.00	5.28	29.37
An	0.43	[0.79]	0.00	4.00	44	0.00	0.00	2.14	5.13
Art	0.99	0.91	0.00	3.00	93	1.00	0.00	0.23	-1.29
Ay	0.24	[0.44]	0.00	2.00	35	0.00	0.00	1.47	0.81
Bl	0.13	[0.44]	0.00	2.00	13	0.00	0.00	3.56	11.85
Bt	1.41	1.18	0.00	4.00	109	1.00	2.00	0.54	-0.35
Cg	2.29	1.80	0.00	8.00	117	2.00	2.00	0.52	-0.13
Cl	0.11	[0.39]	0.00	2.00	13	0.00	0.00	3.69	13.45
Ex	0.17	[0.38]	0.00	1.00	26	0.00	0.00	1.75	1.09
Fi	0.36	[0.53]	0.00	2.00	51	0.00	0.00	1.09	0.16
Food	0.11	[0.32]	0.00	1.00	17	0.00	0.00	2.47	4.19
Ge	0.05	[0.23]	0.00	1.00	8	0.00	0.00	4.03	14.44
Hh	0.99	1.02	0.00	3.00	80	1.00	0.00	0.31	-1.45
Ls	0.93	1.44	0.00	6.00	64	0.00	0.00	1.80	2.96
Na	0.13	[0.44]	0.00	3.00	16	0.00	0.00	4.37	22.89
Sc	0.85	1.02	0.00	5.00	83	1.00	0.00	1.81	4.97
Sx	0.58	[1.01]	0.00	4.00	48	0.00	0.00	1.86	3.09
Xy	0.28	[0.45]	0.00	1.00	42	0.00	0.00	1.00	-1.01
Idio	1.38	1.46	0.00	6.00	87	1.00	0.00	0.82	-0.06
DV	0.66	[0.77]	0.00	4.00	79	1.00	0.00	1.45	3.42
INCOM	1.25	[1.26]	0.00	4.00	94	1.00	0.00	0.70	-0.60
DR	0.19	[0.65]	0.00	3.00	15	0.00	0.00	3.62	12.37
FABCOM	0.51	[0.77]	0.00	3.00	56	0.00	0.00	1.46	1.53
DV2	0.03	[0.18]	0.00	1.00	5	0.00	0.00	5.27	26.13
INC2	0.25	[0.56]	0.00	2.00	29	0.00	0.00	2.13	3.52

（续上表）

变量	平均数	标准差	最小值	最大值	频数	中位数	众数	偏度系数	峰度系数
DR2	0.33	[1.29]	0.00	10.00	23	0.00	0.00	6.16	42.17
FAB2	0.32	[0.57]	0.00	2.00	40	0.00	0.00	1.62	1.68
ALOG	0.10	[0.41]	0.00	3.00	11	0.00	0.00	5.32	32.33
CONTAM	0.00	0.00	0.00	0.00	0	0.00	0.00	—	—
Sum 6 Sp Sc	3.64	3.60	0.00	21.00	147	3.00	1.00	2.21	6.79
Lvl 2 Sp Sc	0.93	[1.90]	0.00	11.00	68	0.00	0.00	3.68	14.92
WSum6	11.55	15.06	0.00	97.00	147	8.00	1.00	3.09	13.40
AB	0.17	[0.51]	0.00	3.00	18	0.00	0.00	3.63	14.46
AG	1.48	1.50	0.00	8.00	112	1.00	2.00	2.31	7.91
COP	1.23	1.33	0.00	6.00	90	1.00	0.00	1.25	2.28
CP	0.00	[0.00]	0.00	0.00	0	0.00	0.00	—	—
GHR	4.37	1.57	0.00	10.00	149	4.00	3.00	0.48	1.08
PHR	3.36	2.42	0.00	12.00	150	2.00	2.00	1.59	2.65
MOR	1.00	[1.05]	0.00	5.00	106	1.00	1.00	2.02	5.22
PER	0.82	1.17	0.00	4.00	62	0.00	0.00	1.33	0.84
PSV	0.05	[0.23]	0.00	1.00	8	0.00	0.00	4.03	14.44

注意：加括弧的标准差，表明此数值可能是不可靠的和/或误导性的，不能用于估算预期范围。通常这些变量不用于大多数的参数分析。

表 28 内向型门诊病人的 36 个变量的频率（N =151）

人口统计学变量

婚姻状况			年龄			种族		
单身	56	37%	18 ~25	44	29%	白人	129	85%
同居	8	5%	26 ~35	67	44%	黑人	9	6%
已婚	72	48%	36 ~45	31	21%	西班牙和葡萄牙裔	4	3%
分居	6	4%	46 ~55	7	5%	亚裔	9	6%
离婚	9	6%	56 ~65	2	1%			
丧偶	0	0%	>65	0	0%			
性别						**受教育程度**		
男性	75	50%				少于 12 年	8	5%
女性	76	50%				12 年	23	15%
						13 ~15 年	83	55%
						16 + 年	37	25%

比率、百分数和特殊指数

风格			形状质量变异		
内向型	151	100%	XA% >.89	64	42%
普遍内向型	113	75%	XA% <.70	5	3%
中间型	0	0%	WDA% <.85	33	22%
外向型	0	0%	WDA% <.75	5	3%
普遍外向型	0	0%	X + % <.55	29	19%
回避型	0	0%	Xu% >.20	55	36%
			X-% >.20	14	9%
			X-% >.30	5	3%

D-分数			FC：CF + C 比例		
D >0	30	20%	FC > （CF + C） +2	21	14%
D =0	82	54%	FC > （CF + C） +1	27	18%
D <0	39	26%	（CF + C） >FC + 1	7	5%
D < -1	15	10%	（CF + C） >FC +2	4	3%
Adj D >0	46	30%			
Adj D =0	85	56%			
Adj D <0	20	13%			
Adj D < -1	1	1%	S-CON 阳性	0	0%
Zd > +3.0（过度组合）	89	59%	HVI 阳性	20	13%

（续上表）

Zd < -3.0（组合不足）	24	16%				OBS 阳性	35	23%
PTI = 5	0	0%	DEPI = 7	2	1%	CDI = 5	0	0%
PTI = 4	3	2%	DEPI = 6	10	7%	CDI = 4	24	16%
PTI = 3	3	2%	DEPI = 5	10	7%			
			其他变量					
R < 17	44	29%				（2AB + Art + Ay） > 5	2	1%
R > 27	24	16%				P < 4	8	5%
DQv > 2	10	7%				P > 7	85	56%
S > 2	60	40%				COP = 0	61	40%
Sum T = 0	79	52%				COP > 2	22	15%
Sum T > 1	20	13%				AG = 0	39	26%
3r + （2） /R < 0.33	40	26%				AG > 2	12	8%
3r + （2） /R > 0.44	75	50%				MOR > 2	13	9%
Fr + rF > 0	16	11%				Level 2 Sp. Sc. > 0	68	45%
纯 C > 0	25	17%				GHR > PHR	108	72%
纯 C > 1	7	5%				纯 H < 2	15	10%
Afr < 0.40	22	15%				纯 H = 0	0	0%
Afr < 0.50	79	52%				p > a + 1	75	50%
（FM + m） < Sum Shading	48	32%				Mp > Ma	62	41%

表 29　外向风格门诊病人的描述性统计资料（N＝73）

变量	平均数	标准差	最小值	最大值	频数	中位数	众数	偏度系数	峰度系数
年龄	33.60	10.47	22.00	56.00	73	29.00	28.00	1.25	0.27
受教育年限	12.89	3.22	10.00	19.00	73	13.00	13.00	0.81	-0.64
R	20.49	5.92	14.00	40.00	73	19.00	16.00	0.84	0.05
W	9.97	3.64	4.00	19.00	73	10.00	13.00	-0.20	-0.70
D	7.22	5.27	0.00	22.00	63	6.00	14.00	0.41	-0.78
Dd	3.30	[3.74]	0.00	11.00	61	2.00	1.00	1.34	0.35
S	2.51	[2.02]	0.00	7.00	56	4.00	4.00	0.16	-1.09
DQ +	5.19	2.99	1.00	12.00	73	5.00	3.00	0.44	-0.72
DQo	12.36	5.36	5.00	31.00	73	11.00	9.00	0.95	0.52
DQv	2.59	[1.82]	0.00	6.00	67	2.00	1.00	0.32	-1.31
DQv/ +	0.36	[0.63]	0.00	3.00	22	0.00	0.00	2.26	6.53
FQx +	0.01	0.12	0.00	1.00	1	0.00	0.00	8.54	73.00
FQxo	12.69	3.61	7.00	24.00	73	12.00	11.00	0.65	0.92
FQxu	3.36	2.29	0.00	11.00	72	3.00	1.00	0.80	0.32
FQx-	3.27	2.07	0.00	6.00	71	2.00	2.00	0.34	-1.51
FQxNone	1.16	[1.17]	0.00	5.00	47	1.00	0.00	0.85	0.17
MQ +	0.01	0.12	0.00	1.00	1	0.00	0.00	8.54	73.00
MQo	1.80	1.80	0.00	7.00	61	1.00	1.00	1.91	3.50
MQu	0.30	0.46	0.00	1.00	22	0.00	0.00	0.88	-1.25
MQ-	0.00	[0.00]	0.00	0.00	0	0.00	0.00	—	—
MQNone	0.00	[0.00]	0.00	0.00	0	0.00	0.00	—	—
S-	0.55	[0.60]	0.00	2.00	36	0.00	0.00	0.59	-0.55
M	2.11	1.78	0.00	7.00	61	2.00	2.00	1.49	2.50
FM	2.77	1.30	1.00	7.00	73	2.00	2.00	0.48	-0.19
m	1.70	1.15	0.00	7.00	67	1.00	1.00	1.63	5.50
FM + m	4.47	2.06	1.00	14.00	73	5.00	5.00	1.19	5.01
FC	0.99	0.92	0.00	4.00	52	1.00	1.00	1.34	2.28
CF	2.60	1.68	0.00	6.00	62	3.00	2.00	0.33	-0.17
C	1.30	[1.23]	0.00	4.00	49	1.00	0.00	0.68	-0.48
Cn	0.00	[0.00]	0.00	0.00	0	0.00	0.00	—	—
FC + CF + C + Cn	4.89	1.74	3.00	9.00	73	4.00	4.00	1.22	0.56
WSumC	5.05	1.93	3.00	9.50	73	4.50	3.00	1.05	0.23
Sum C′	1.88	[1.62]	0.00	7.00	58	1.00	1.00	0.96	0.94

（续上表）

变量	平均数	标准差	最小值	最大值	频数	中位数	众数	偏度系数	峰度系数
Sum T	0.47	[0.58]	0.00	2.00	31	0.00	0.00	0.79	-0.33
Sum V	0.64	[0.77]	0.00	2.00	34	0.00	0.00	0.71	-0.94
Sum Y	1.18	[1.21]	0.00	5.00	47	1.00	0.00	0.91	0.18
Sum Shading	4.16	2.52	1.00	12.00	73	4.00	5.00	1.05	1.12
Fr + rF	0.27	[0.73]	0.00	4.00	11	0.00	0.00	3.02	9.92
FD	1.20	[1.17]	0.00	5.00	50	1.00	1.00	0.88	0.16
F	7.86	3.47	3.00	19.00	73	7.00	6.00	1.21	0.56
(2)	6.84	3.39	1.00	13.00	73	8.00	8.00	0.05	-1.12
3r + (2) /R	0.36	0.14	0.13	0.75	73	0.38	0.38	-0.09	0.21
Lambda	0.64	0.22	0.23	0.93	73	0.60	0.93	-0.30	-0.93
EA	7.16	3.60	3.00	16.50	73	6.50	6.00	1.31	1.47
es	8.63	3.41	3.00	23.00	73	9.00	11.00	0.88	3.35
D Score	-0.30	1.44	-4.00	2.00	73	0.00	-1.00	-0.48	0.66
AdjD	0.04	1.34	-2.00	3.00	73	0.00	-1.00	0.78	-0.03
a (active)	4.03	1.62	2.00	8.00	73	3.00	5.00	0.58	-0.39
p (passive)	2.55	2.14	0.00	9.00	62	2.00	1.00	0.77	-0.21
Ma	1.07	1.42	0.00	5.00	40	1.00	0.00	1.71	2.48
Mp	1.04	0.89	0.00	3.00	47	1.00	2.00	0.04	-1.48
Intellect	2.29	2.26	0.00	7.00	50	1.00	0.00	0.50	-1.32
Zf	11.08	2.19	9.00	21.00	73	10.00	10.00	1.97	5.04
Zd	-0.74	3.73	-14.00	8.50	71	-0.50	-0.50	-0.22	2.50
Blends	3.77	1.96	0.00	11.00	72	4.00	4.00	0.77	1.48
Blends/R	0.19	0.10	0.00	0.44	72	0.14	0.14	0.56	-0.34
Col-Shd Blends	0.75	[0.81]	0.00	2.00	38	1.00	0.00	0.48	-1.32
Afr	0.66	0.13	0.32	0.92	73	0.64	0.64	1.41	2.55
Populars	5.19	1.88	2.00	10.00	73	5.00	5.00	-0.06	-0.63
XA%	0.78	0.10	0.60	1.00	73	0.76	0.76	-0.10	-0.65
WDA%	0.79	0.11	0.60	1.00	73	0.83	0.83	-0.44	-0.92
X + %	0.63	0.09	0.41	0.80	73	0.63	0.63	0.10	-0.36
X-%	0.16	0.10	0.00	0.40	71	0.13	0.21	1.12	1.17
Xu%	0.16	0.08	0.00	0.35	72	0.19	0.21	0.04	-0.76
Isolate/R	0.23	0.25	0.04	0.81	73	0.14	0.07	1.73	1.58
H	1.29	0.91	0.00	5.00	60	1.00	1.00	1.00	3.33

（续上表）

变量	平均数	标准差	最小值	最大值	频数	中位数	众数	偏度系数	峰度系数
(H)	1.14	1.25	0.00	3.00	40	1.00	0.00	0.56	-1.36
HD	0.81	0.74	0.00	2.00	40	1.00	1.00	0.32	-1.09
(Hd)	0.36	0.56	0.00	2.00	24	0.00	0.00	1.32	0.83
Hx	0.06	[0.23]	0.00	1.00	4	0.00	0.00	3.99	14.35
All H Cont	3.59	2.01	0.00	7.00	64	4.00	4.00	-0.18	-0.39
A	7.04	2.14	4.00	14.00	73	6.00	6.00	0.70	0.20
(A)	0.37	[0.49]	0.00	1.00	27	0.00	0.00	0.55	-1.75
Ad	2.16	[2.72]	0.00	8.00	55	1.00	1.00	1.53	0.82
(Ad)	0.37	[0.54]	0.00	2.00	25	0.00	0.00	1.08	0.18
An	0.64	[1.12]	0.00	4.00	24	0.00	0.00	1.84	2.59
Art	1.52	1.41	0.00	5.00	50	1.00	0.00	0.51	-0.88
Ay	0.11	[0.36]	0.00	2.00	7	0.00	0.00	3.45	12.43
Bl	0.49	[0.90]	0.00	3.00	22	0.00	0.00	1.90	2.67
Bt	1.36	1.17	0.00	4.00	59	1.00	1.00	1.13	0.58
Cg	1.99	2.37	0.00	6.00	38	1.00	0.00	0.71	-1.14
Cl	0.21	[0.41]	0.00	1.00	15	0.00	0.00	1.48	0.22
Ex	0.30	[0.49]	0.00	2.00	21	0.00	0.00	1.24	0.38
Fi	0.23	[0.43]	0.00	1.00	17	0.00	0.00	1.29	-0.34
Food	0.26	[0.60]	0.00	2.00	13	0.00	0.00	2.16	3.48
Ge	0.04	[0.20]	0.00	1.00	3	0.00	0.00	4.72	20.86
Hh	0.88	1.26	0.00	4.00	30	0.00	0.00	1.31	0.73
Ls	0.81	1.01	0.00	6.00	40	1.00	0.00	2.23	8.62
Na	0.80	[1.37]	0.00	4.00	26	0.00	0.00	1.70	1.44
Sc	0.58	0.80	0.00	3.00	29	0.00	0.00	1.09	0.05
Sx	0.62	[0.86]	0.00	4.00	30	0.00	0.00	1.37	1.88
Xy	0.10	[0.30]	0.00	1.00	7	0.00	0.00	2.80	6.02
Idio	0.59	1.09	0.00	6.00	25	0.00	0.00	2.67	8.77
DV	1.78	[1.50]	0.00	5.00	60	2.00	2.00	1.06	0.48
INCOM	0.89	[0.57]	0.00	2.00	57	1.00	1.00	-0.02	0.12
DR	0.38	[0.83]	0.00	3.00	14	0.00	0.00	1.89	2.15
FABCOM	0.59	[0.70]	0.00	2.00	34	0.00	0.00	0.78	-0.60
DV2	0.14	[0.35]	0.00	1.00	10	0.00	0.00	2.15	2.72
INC2	0.06	[0.23]	0.00	1.00	4	0.00	0.00	3.99	14.35

（续上表）

变量	平均数	标准差	最小值	最大值	频数	中位数	众数	偏度系数	峰度系数
DR2	0.10	[0.38]	0.00	2.00	5	0.00	0.00	4.19	17.63
FAB2	0.00	[0.00]	0.00	0.00	0	0.00	0.00	—	—
ALOG	0.32	[0.66]	0.00	2.00	15	0.00	0.00	1.88	2.04
CONTAM	0.00	0.00	0.00	0.00	0	0.00	0.00	—	—
Sum 6 Sp Sc	4.25	2.37	0.00	9.00	71	4.00	4.00	0.65	0.18
Lvl 2 Sp Sc	0.29	[0.61]	0.00	3.00	17	0.00	0.00	2.74	8.98
WSum6	9.71	4.68	0.00	20.00	71	11.00	12.00	-0.31	-0.36
AB	0.33	[0.47]	0.00	1.00	24	0.00	0.00	0.74	-1.49
AG	0.49	0.71	0.00	2.00	27	0.00	0.00	1.10	-0.13
COP	0.51	0.71	0.00	2.00	28	0.00	0.00	1.05	-0.22
CP	0.06	[0.23]	0.00	1.00	4	0.00	0.00	3.99	14.35
GOODHR	2.69	1.49	0.00	8.00	63	3.00	3.00	0.20	1.68
POORHR	1.27	1.23	0.00	4.00	47	1.00	0.00	0.75	-0.06
MOR	1.25	[1.48]	0.00	5.00	49	1.00	1.00	1.54	1.44
PER	1.63	1.51	0.00	4.00	50	1.00	0.00	0.38	-1.41
PSV	0.37	[0.57]	0.00	2.00	24	0.00	0.00	1.24	0.63

注意：表格中的标准差表明数值可能是不可靠的和/或者误导性的，并且不应该用于估算有效范围。这些数据一般不用于大多数的参数分析。

表 30 内向风格门诊病人的描述性统计资料（N = 73）

人口统计学变量								
婚姻状况			**年龄**			**种族**		
单身	36	49%	18 ~ 25	16	22%	白人	58	79%
同居	2	3%	26 ~ 35	39	53%	黑人	8	11%
已婚	21	29%	36 ~ 45	4	6%	西班牙和葡萄牙裔	6	8%
分居	4	5%	46 ~ 55	6	8%	亚裔	1	1%
离婚	10	14%	56 ~ 65	8	11%			
丧偶	0	0%	> 65	0	0%			
性别						**受教育程度**		
男性	21	29%				少 12 年	13	18%
女性	52	71%				12 年	15	21%
						13 ~ 15 年	29	40%
						16 + 年	16	22%
比率、百分数和特殊指数								
风格						**形状质量变异**		
内向型	0	0%				XA% > .89	8	11%
普遍内向型	0	0%				XA% < .70	12	16%
中间型	0	0%				WDA% < .85	48	66%
外向型	73	100%				WDA% < .75	27	37%
普遍外向型	45	62%				X + % < .55	12	16%
回避型	0	0%				Xu% > .20	29	40%
						X − % > .20	24	33%
						X − % > .30	6	8%
D-分数						**FC：CF + C 比例**		
D > 0	17	23%				FC > （CF + C） + 2	0	0%
D = 0	24	33%				FC > （CF + C） + 1	0	0%
D < 0	32	44%				（CF + C） > FC + 1	65	89%
D < − 1	7	10%				（CF + C） > FC + 2		49%
Adj D > 0	21	29%						
Adj D = 0	22	30%				S-CON 阳性	1	1%
Adj D < 0	30	41%				HVI 阳性	11	15%
Adj D < − 1	5	7%				OBS 阳性	2	19%

（续上表）

Zd > +3.0（过度组合）	11	15%						
Zd < -3.0（组合不足）	16	22%						
PTI = 5	0	0%	DEPI = 7	0	0%	CDI = 5	12	16%
PTI = 4	0	0%	DEPI = 6	3	4%	CDI = 4	14	19%
PTI = 3	0	0%	DEPI = 5	33	45%			

其他变量

R < 17	28	38%	(2AB + Art + Ay) > 5	4	5%
R > 27	14	19%	P < 4	19	26%
DQv > 2	35	48%	P > 7	4	5%
S > 2	39	53%	COP = 0	45	62%
Sum T = 0	42	58%	COP > 2	0	0%
Sum T > 1	3	4%	AG = 0	46	63%
3r + (2) /R < 0.33	20	27%	AG > 2	0	0%
3r + (2) /R > 0.44	13	18%	MOR > 2	12	16%
Fr + rF > 0	11	15%	Level 2 Sp. Sc. > 0	17	23%
纯 C > 0	49	67%	GHR > PHR	54	74%
纯 C > 1	28	38%	纯 H < 2	44	60%
Afr < 0.40	13	18%	纯 H = 0	13	18%
Afr < 0.50	33	45%	p > a + 1	12	16%
(FM + m) < Sum Shading	19	26%	Mp > Ma	21	29%

表31 中间型门诊病人的描述性统计资料（N=110）

变量	平均数	标准差	最小值	最大值	频数	中位数	众数	偏度系数	峰度系数
年龄	37.08	15.22	18.00	70.00	110	34.00	23.00	1.01	-0.02
受教育年限	13.41	2.72	10.00	17.00	110	13.00	13.00	-1.85	10.69
R	18.91	4.44	14.00	35.00	110	18.00	16.00	1.19	1.01
W	8.80	3.19	4.00	24.00	110	9.00	7.00	1.60	5.53
D	7.03	3.89	2.00	19.00	110	7.00	4.00	0.98	0.32
Dd	3.08	[2.00]	0.00	11.00	110	3.00	4.00	0.66	1.26
S	2.08	[1.82]	0.00	9.00	79	2.00	0.00	0.77	0.77
DQ+	6.91	2.34	2.00	15.00	110	7.00	7.00	0.35	1.70
DQo	10.63	3.78	4.00	21.00	110	10.00	11.00	1.19	1.15
DQv	1.19	[1.25]	0.00	9.00	81	1.00	1.00	2.88	14.35
DQv/+	0.18	[0.39]	0.00	1.00	20	0.00	0.00	1.67	0.81
FQx+	0.48	0.80	0.00	4.00	39	0.00	0.00	2.20	6.09
FQxo	11.39	3.83	6.00	22.00	110	11.00	13.00	0.60	0.07
FQxu	3.51	2.02	0.00	12.00	107	3.00	2.00	1.17	2.82
FQx-	3.03	1.94	0.00	9.00	100	4.00	4.00	0.39	0.58
FQxNone	0.50	[0.65]	0.00	4.00	50	0.00	0.00	1.97	7.81
MQ+	0.28	0.54	0.00	3.00	27	0.00	0.00	2.16	5.65
MQo	2.79	1.22	0.00	7.00	108	3.00	3.00	0.07	0.29
MQu	0.56	0.89	0.00	5.00	37	0.00	0.00	1.79	4.27
MQ-	0.30	[0.53]	0.00	2.00	29	0.00	0.00	1.59	1.69
MQNone	0.00	[0.00]	0.00	0.00	0	0.00	0.00	—	—
S-	0.93	[1.20]	0.00	4.00	48	0.00	0.00	0.95	-0.29
M	3.93	1.51	0.00	10.00	108	4.00	4.00	1.00	4.36
FM	3.93	1.74	0.00	8.00	108	4.00	5.00	0.14	-0.34
m	1.58	1.32	0.00	6.00	82	2.00	2.00	0.78	0.74
FM+m	5.51	1.92	2.00	13.00	110	6.00	6.00	0.72	1.64
FC	1.98	1.66	0.00	7.00	87	2.00	2.00	0.84	0.35
CF	1.63	1.37	0.00	8.00	85	1.00	1.00	1.09	2.95
C	0.54	[0.77]	0.00	4.00	44	0.00	0.00	1.62	3.21
Cn	0.00	[0.00]	0.00	0.00	0	0.00	0.00	—	—
Sum Color	4.14	2.09	1.00	11.00	110	4.00	4.00	0.69	0.71

（续上表）

变量	平均数	标准差	最小值	最大值	频数	中位数	众数	偏度系数	峰度系数
WSumC	3. 42	1. 66	1. 50	10. 00	110	3. 50	3. 50	1. 44	3. 39
Sum C′	1. 47	[1. 46]	0. 00	5. 00	82	1. 00	1. 00	1. 19	0. 60
Sum T	0. 84	[1. 06]	0. 00	3. 00	51	0. 00	0. 00	0. 94	-0. 49
Sum V	0. 60	[0. 94]	0. 00	3. 00	36	0. 00	0. 00	1. 22	0. 05
Sum Y	1. 28	[1. 20]	0. 00	5. 00	71	1. 00	0. 00	0. 55	-0. 51
Sum Shading	4. 19	3. 30	0. 00	11. 00	96	3. 00	3. 00	0. 58	-0. 77
Fr + rF	0. 16	[0. 43]	0. 00	3. 00	15	0. 00	0. 00	3. 60	17. 11
FD	1. 18	[1. 32]	0. 00	5. 00	75	1. 00	1. 00	1. 69	2. 70
F	5. 53	2. 42	2. 00	12. 00	110	5. 00	4. 00	1. 22	0. 50
(2)	6. 81	2. 70	4. 00	16. 00	110	5. 00	5. 00	0. 98	0. 41
3r + （2）/R	0. 38	0. 11	0. 24	0. 93	110	0. 34	0. 33	1. 64	5. 66
Lambda	0. 43	0. 20	0. 15	0. 92	110	0. 36	0. 36	0. 97	0. 08
EA	7. 35	3. 03	1. 50	19. 00	110	7. 50	7. 50	1. 42	4. 44
es	9. 70	4. 13	2. 00	17. 00	110	9. 00	12. 00	0. 29	-1. 10
D Score	-0. 66	1. 38	-4. 00	2. 00	110	0. 00	0. 00	-0. 75	-0. 01
AdjD	-0. 11	1. 31	-3. 00	4. 00	110	0. 00	0. 00	-0. 27	1. 01
a（active）	5. 99	2. 43	2. 00	14. 00	110	6. 00	5. 00	0. 61	1. 58
p（passive）	3. 45	2. 18	0. 00	7. 00	105	3. 00	2. 00	0. 34	-1. 10
Ma	2. 56	1. 71	0. 00	7. 00	95	2. 00	2. 00	0. 48	-0. 08
Mp	1. 36	1. 12	0. 00	4. 00	75	1. 50	2. 00	0. 11	-1. 23
Intellect	1. 74	1. 97	0. 00	10. 00	72	1. 00	0. 00	1. 37	2. 00
Zf	12. 26	3. 31	5. 00	26. 00	110	12. 50	10. 00	1. 32	4. 54
Zd	0. 53	4. 52	-6. 50	13. 00	106	-0. 25	-3. 50	0. 37	-0. 72
Blends	4. 30	2. 47	1. 00	13. 00	110	4. 00	1. 00	0. 54	0. 01
Blends/R	0. 23	0. 13	0. 05	0. 57	110	0. 24	0. 07	0. 32	-0. 77
Col-Shd Blends	0. 69	[0. 85]	0. 00	4. 00	54	0. 00	0. 00	1. 36	2. 38
Afr	0. 56	0. 21	0. 18	1. 10	110	0. 58	0. 48	1. 24	0. 71
Populars	5. 14	2. 50	0. 00	10. 00	104	5. 00	5. 00	-0. 05	-0. 57
XA%	0. 81	0. 12	0. 60	1. 00	110	0. 83	0. 89	-0. 27	-0. 87
WDA%	0. 85	0. 09	0. 67	1. 00	110	0. 85	0. 94	-0. 17	-0. 92
X + %	0. 63	0. 15	0. 28	0. 95	110	0. 65	0. 68	-0. 03	-0. 74
X-%	0. 16	0. 11	0. 00	0. 36	100	0. 15	0. 27	0. 16	-1. 25
Xu%	0. 18	0. 09	0. 00	0. 41	107	0. 18	0. 21	0. 24	-0. 52

（续上表）

变量	平均数	标准差	最小值	最大值	频数	中位数	众数	偏度系数	峰度系数
Isolate/R	0.12	0.09	0.00	0.38	90	0.11	0.00	0.69	0.09
H	2.36	1.40	0.00	9.00	108	2.00	1.00	1.14	3.32
(H)	1.44	1.24	0.00	4.00	86	1.00	1.00	0.74	-0.50
HD	1.41	0.88	0.00	5.00	96	1.00	1.00	0.73	1.92
(Hd)	0.56	0.83	0.00	4.00	40	0.00	0.00	1.39	1.54
Hx	0.01	[0.10]	0.00	1.00	1	0.00	0.00	10.48	110.00
All H Cont	5.77	2.71	0.00	16.00	108	5.00	5.00	0.85	0.89
A	6.85	2.46	4.00	13.00	110	6.50	5.00	1.30	1.00
(A)	0.16	[0.37]	0.00	1.00	18	0.00	0.00	1.84	1.42
Ad	1.93	[1.58]	0.00	6.00	91	1.00	1.00	0.70	-0.27
(Ad)	0.06	[0.25]	0.00	1.00	7	0.00	0.00	3.62	11.35
An	0.74	[0.96]	0.00	5.00	57	1.00	0.00	2.05	5.91
Art	1.02	1.09	0.00	5.00	69	1.00	1.00	1.21	1.24
Ay	0.16	[0.36]	0.00	1.00	17	0.00	0.00	1.93	1.79
Bl	0.24	[0.45]	0.00	2.00	25	0.00	0.00	1.56	1.28
Bt	0.89	0.90	0.00	3.00	68	1.00	1.00	0.90	0.18
Cg	1.39	1.40	0.00	7.00	74	1.00	0.00	1.29	2.86
Cl	0.16	[0.36]	0.00	1.00	17	0.00	0.00	1.93	1.79
Ex	0.21	[0.53]	0.00	2.00	17	0.00	0.00	2.50	5.28
Fi	0.34	[0.53]	0.00	2.00	34	0.00	0.00	1.25	0.61
Food	0.23	[0.42]	0.00	1.00	25	0.00	0.00	1.32	-0.26
Ge	0.14	[0.68]	0.00	4.00	5	0.00	0.00	5.25	27.13
Hh	0.46	0.71	0.00	2.00	37	0.00	0.00	1.21	0.05
Ls	0.74	0.91	0.00	5.00	55	0.50	0.00	1.45	3.34
Na	0.15	[0.43]	0.00	3.00	14	0.00	0.00	3.78	18.75
Sc	0.11	[0.46]	0.00	4.00	9	0.00	0.00	6.33	49.31
Sx	0.62	[0.90]	0.00	3.00	47	0.00	0.00	1.61	1.91
Xy	0.05	[0.21]	0.00	1.00	5	0.00	0.00	4.42	17.90
Idio	1.25	1.01	0.00	6.00	93	1.00	1.00	1.59	3.92
DV	0.70	[1.04]	0.00	5.00	48	0.00	0.00	2.04	5.14
INCOM	0.66	[0.85]	0.00	3.00	53	0.00	0.00	1.46	1.78
DR	0.29	[0.88]	0.00	4.00	16	0.00	0.00	3.56	12.30
FABCOM	0.46	[0.70]	0.00	2.00	37	0.00	0.00	1.23	0.14

（续上表）

变量	平均数	标准差	最小值	最大值	频数	中位数	众数	偏度系数	峰度系数
DV2	0.12	[0.38]	0.00	2.00	11	0.00	0.00	3.38	11.63
INC2	0.13	[0.41]	0.00	2.00	11	0.00	0.00	3.39	11.34
DR2	0.01	[0.10]	0.00	1.00	1	0.00	0.00	10.48	110.00
FAB2	0.13	[0.47]	0.00	2.00	8	0.00	0.00	3.61	11.64
ALOG	0.04	[0.19]	0.00	1.00	4	0.00	0.00	5.02	23.65
CONTAM	0.00	0.00	0.00	0.00	0	0.00	0.00	—	—
Sum 6 Sp Sc	2.52	2.83	0.00	11.00	81	1.00	0.00	1.67	2.78
Lvl 2 Sp Sc	0.38	[0.85]	0.00	4.00	25	0.00	0.00	2.69	7.77
WSum6	6.57	9.72	0.00	40.00	81	3.50	0.00	2.46	5.89
AB	0.28	[0.47]	0.00	2.00	30	0.00	0.00	1.24	0.23
AG	1.14	1.30	0.00	6.00	60	1.00	0.00	1.31	2.32
COP	1.45	1.33	0.00	5.00	70	2.00	2.00	0.51	-0.35
CP	0.00	[0.00]	0.00	0.00	0	0.00	0.00	—	—
GOODHR	3.93	1.62	0.00	10.00	108	4.00	5.00	0.12	1.13
POODHR	2.56	1.95	0.00	10.00	98	2.00	2.00	1.06	1.40
MOR	1.18	[1.38]	0.00	4.00	62	1.00	0.00	0.98	-0.30
PER	0.70	1.46	0.00	11.00	35	0.00	0.00	3.91	22.61
PSV	0.13	[0.43]	0.00	2.00	10	0.00	0.00	3.51	11.76

注意：加括弧的标准差，表明此数值可能是不可靠的和/或误导性的，不能用于估算预期范围。通常这些变量不用于大多数的参数分析。

表 32 中间型门诊病人的 36 变量的频率（N = 110）

人口统计学变量

婚姻状况			年龄			种族		
单身	33	30%	18 ~ 25	31	28%	白人	93	85%
同居	12	11%	26 ~ 35	33	30%	黑人	11	10%
已婚	49	45%	36 ~ 45	22	20%	西班牙和葡萄牙裔	6	5%
分居	5	5%	46 ~ 55	4	4%	亚裔	0	0%
离婚	11	10%	56 ~ 65	8	7%			
丧偶	0	0%	> 65	12	11%			
性别						受教育程度		
男性	38	35%				少于 12 年	9	8%
女性	72	65%				12 年	38	35%
						13 ~ 15 年	46	42%
						16 + 年	17	15%

比率、百分数和特殊指数

风格			形状质量变异		
内向型	0	0%	XA% > .89	22	20%
普遍内向型	0	0%	XA% < .70	19	17%
中间型	110	100%	WDA% < .85	52	47%
外向型	0	0%	WDA% < .75	20	18%
普遍外向型	0	0%	X + % < .55	35	32%
回避型	0	0%	Xu% > .20	46	42%
			X-% > .20	43	39%
			X-% > .30	15	14%
D-分数			FC：CF + C 比例		
D > 0	21	19%	FC >（CF + C）+2	12	11%
D < 0	50	45%	FC >（CF + C）+1	22	20%
D < -1	25	23%	（CF + C）> FC + 1	28	25%
Adj D > 0	31	28%	（CF + C）> FC + 2	8	7%
Adj D = 0	50	45%			
Adj D < 0	29	26%			
Adj D < -1	16	15%	S-CON 阳性	0	0%
Zd > +3.0（过度组合）	31	28%	HVI 阳性	22	20%
Zd < -3.0（组合不足）	36	33%	OBS 阳性	6	5%

（续上表）

PTI =5	3	3%	DEPI =7	0	0%	CDI =5	2	2%
PTI =4	0	0%	DEPI =6	3	3%	CDI =4	21	19%
PTI =3	0	1%	DEPI =5	13	12%			

其他变量

R <17	38	35%	(2AB + Art + Ay) >5	8	7%
R >27	6	5%	P <4	26	24%
DQv >2	12	11%	P >7	21	19%
S >2	46	42%	COP =0	40	36%
Sum T =0	59	54%	COP >2	16	15%
Sum T >1	28	25%	AG =0	50	45%
3r + (2) /R <0. 33	24	22%	AG >2	6	5%
3r + (2) /R >0. 44	25	23%	MOR >2	20	18%
Fr + rF >0	15	14%	Level 2 Sp. Sc. >0	25	23%
纯 C >0	44	40%	GHR > PHR	74	67%
纯 C >1	12	11%	纯 H <2	40	36%
Afr <0. 40	34	31%	纯 H =0	2	2%
Afr <0. 50	51	46%	p > a +1	16	15%
(FM + m) < Sum Shading	26	24%	Mp > Ma	21	19%

表 33 成年中间型门诊病人的描述性统计资料（N =201）

变量	平均数	标准差	最小值	最大值	频数	中位数	众数	偏度系数	峰度系数
年龄	34. 35	12. 40	18. 00	66. 00	201	31. 00	23. 00	0. 83	-0. 15
受教育年限	12. 88	4. 13	10. 00	20. 00	201	12. 00	12. 00	-1. 53	2. 15
R	20. 61	5. 52	14. 00	41. 00	201	19. 00	16. 00	1. 32	1. 74
W	6. 58	3. 25	1. 00	18. 00	201	6. 00	4. 00	0. 46	-0. 35
D	10. 66	4. 97	4. 00	25. 00	201	10. 00	14. 00	0. 68	0. 09
Dd	3. 38	[3. 13]	0. 00	16. 00	177	2. 00	1. 00	1. 56	3. 59
S	1. 84	[1. 85]	0. 00	10. 00	143	1. 00	0. 00	1. 36	2. 75
DQ +	4. 08	2. 13	0. 00	10. 00	196	4. 00	5. 00	0. 40	0. 52
DQo	15. 11	5. 70	7. 00	32. 00	201	16. 00	16. 00	0. 76	0. 42
DQv	1. 28	[1. 42]	0. 00	6. 00	125	1. 00	0. 00	1. 33	1. 65
DQv/ +	0. 14	[0. 51]	0. 00	3. 00	19	0. 00	0. 00	4. 22	18. 88
FQx +	0. 10	0. 58	0. 00	4. 00	7	0. 00	0. 00	6. 25	38. 85
FQxo	12. 37	3. 89	6. 00	29. 00	201	12. 00	12. 00	1. 07	2. 21
FQxu	4. 06	2. 30	0. 00	12. 00	194	3. 00	3. 00	0. 87	0. 59
FQx-	3. 64	2. 62	0. 00	11. 00	176	3. 00	4. 00	0. 68	0. 11
FQxNone	0. 44	[0. 83]	0. 00	3. 00	55	0. 00	0. 00	1. 88	2. 60
MQ +	0. 08	0. 45	0. 00	3. 00	7	0. 00	0. 00	5. 94	34. 98
MQo	1. 63	1. 35	0. 00	8. 00	166	1. 00	1. 00	0. 97	1. 21
MQu	0. 44	0. 57	0. 00	2. 00	81	0. 00	0. 00	0. 87	-0. 23
MQ-	0. 41	[0. 57]	0. 00	2. 00	74	0. 00	0. 00	1. 02	0. 07
MQNone	0. 00	[0. 00]	0. 00	0. 00	1	0. 00	0. 00	—	—
S-	0. 66	[1. 02]	0. 00	4. 00	73	0. 00	0. 00	1. 42	0. 91
M	2. 56	1. 79	0. 00	11. 00	178	2. 00	2. 00	0. 76	1. 23
FM	1. 44	1. 26	0. 00	5. 00	149	1. 00	1. 00	0. 67	-0. 44
m	0. 72	1. 07	0. 00	5. 00	91	0. 00	0. 00	2. 01	4. 38
FM + m	2. 16	1. 86	0. 00	8. 00	161	2. 00	1. 00	0. 87	0. 20
FC	0. 96	1. 05	0. 00	5. 00	121	1. 00	0. 00	1. 27	1. 70
CF	0. 65	1. 01	0. 00	4. 00	72	0. 00	0. 00	1. 42	1. 07
C	0. 49	[0. 81]	0. 00	3. 00	65	0. 00	0. 00	1. 57	1. 56
Cn	0. 02	[0. 14]	0. 00	1. 00	4	0. 00	0. 00	6. 92	46. 45
Sum Color	2. 12	1. 44	0. 00	6. 00	179	2. 00	1. 00	0. 70	0. 38
WSumC	1. 87	1. 46	0. 00	7. 00	179	1. 50	1. 00	0. 84	0. 48
Sum C′	0. 53	[0. 74]	0. 00	3. 00	82	0. 00	0. 00	1. 46	1. 94

（续上表）

变量	平均数	标准差	最小值	最大值	频数	中位数	众数	偏度系数	峰度系数
Sum T	0.22	[0.53]	0.00	3.00	37	0.00	0.00	2.94	10.32
Sum V	0.13	[0.41]	0.00	2.00	22	0.00	0.00	3.19	9.94
Sum Y	0.69	[1.10]	0.00	6.00	85	0.00	0.00	2.40	7.17
Sum Shading	1.58	1.72	0.00	8.00	148	1.00	1.00	1.57	2.21
Fr + rF	0.17	[0.58]	0.00	3.00	21	0.00	0.00	3.73	13.95
FD	0.51	[0.70]	0.00	2.00	78	0.00	0.00	1.02	-0.26
F	13.18	4.82	7.00	30.00	201	12.00	11.00	1.24	1.81
(2)	7.88	3.43	3.00	21.00	201	7.00	6.00	0.94	0.70
3r + (2) /R	0.41	0.14	0.14	0.79	201	0.39	0.39	0.57	0.15
Lambda	2.14	1.59	1.00	7.67	201	1.75	1.00	2.23	4.58
EA	4.43	2.29	0.00	14.50	199	4.00	2.50	0.59	0.66
es	3.74	2.77	1.00	14.00	201	3.00	2.00	1.62	3.05
D Score	0.20	1.11	-4.00	2.00	201	0.00	0.00	-0.94	3.68
AdjD	0.42	0.89	-2.00	4.00	201	0.00	0.00	0.47	1.37
a (active)	2.45	1.94	0.00	13.00	176	2.00	2.00	1.37	3.63
p (passive)	2.28	1.79	0.00	7.00	165	2.00	2.00	0.74	-0.14
Ma	1.27	1.22	0.00	8.00	146	1.00	1.00	1.54	4.48
Mp	1.29	1.23	0.00	4.00	136	1.00	0.00	0.81	-0.08
Intellect	1.45	1.59	0.00	6.00	124	1.00	0.00	1.13	0.81
Zf	8.95	3.59	2.00	21.00	201	9.00	11.00	0.30	0.37
Zd	-1.26	3.92	-11.50	9.50	193	-1.00	-1.00	-0.06	-0.40
Blends	1.46	1.57	0.00	7.00	137	1.00	1.00	1.20	0.86
Blends/R	0.07	0.08	0.00	0.29	137	0.05	0.00	1.11	0.40
Col-Shd Blends	0.27	[0.46]	0.00	2.00	53	0.00	0.00	1.21	-0.10
Afr	0.48	0.20	0.23	1.13	201	0.50	0.46	1.07	0.73
Populars	5.21	1.78	1.00	10.00	201	5.00	4.00	0.33	-0.06
XA%	0.80	0.11	0.50	1.00	201	0.80	1.00	0.14	-0.11
WDA%	0.85	0.10	0.64	1.00	201	0.83	1.00	—	-0.76
X + %	0.61	0.13	0.33	0.89	201	0.60	0.52	0.11	-0.56
X-%	0.17	0.11	0.00	0.44	176	0.19	0.00	0.07	-0.66
Xu%	0.19	0.09	0.00	0.42	194	0.19	0.14	0.31	0.22
Isolate/R	0.09	0.11	0.00	0.36	114	0.06	0.00	1.10	0.24
H	2.03	1.33	0.00	5.00	186	2.00	1.00	0.55	-0.70

（续上表）

变量	平均数	标准差	最小值	最大值	频数	中位数	众数	偏度系数	峰度系数
(H)	0.68	1.07	0.00	4.00	75	0.00	0.00	1.51	1.23
HD	1.49	1.66	0.00	8.00	146	1.00	1.00	1.78	3.46
(Hd)	0.69	1.04	0.00	5.00	75	0.00	0.00	1.46	1.90
Hx	0.05	[0.30]	0.00	2.00	6	0.00	0.00	6.11	36.98
All H Cont	4.89	2.64	0.00	15.00	197	4.00	3.00	0.74	0.63
A	8.33	3.00	2.00	16.00	201	8.00	7.00	0.16	-0.90
(A)	0.29	[0.45]	0.00	2.00	47	0.00	0.00	1.52	1.15
Ad	2.09	[2.09]	0.00	11.00	159	2.00	2.00	1.66	3.26
(Ad)	0.07	[0.25]	0.00	1.00	13	0.00	0.00	3.56	10.83
An	1.10	[1.50]	0.00	11.00	113	1.00	0.00	2.46	9.77
Art	0.98	1.14	0.00	4.00	106	1.00	0.00	0.90	-0.36
Ay	0.18	[0.41]	0.00	2.00	34	0.00	0.00	2.11	3.67
Bl	0.18	[0.48]	0.00	3.00	29	0.00	0.00	2.99	9.76
Bt	0.87	1.33	0.00	5.00	85	0.00	0.00	1.59	1.41
Cg	1.28	1.28	0.00	6.00	130	1.00	0.00	1.03	1.19
Cl	0.17	[0.52]	0.00	2.00	22	0.00	0.00	2.92	7.13
Ex	0.05	[0.24]	0.00	2.00	9	0.00	0.00	5.22	29.65
Fi	0.23	[0.49]	0.00	2.00	40	0.00	0.00	2.05	3.49
Food	0.35	[0.57]	0.00	2.00	61	0.00	0.00	1.39	0.97
Ge	0.05	[0.23]	0.00	2.00	8	0.00	0.00	5.61	34.47
Hh	0.39	0.71	0.00	4.00	57	0.00	0.00	2.19	5.93
Ls	0.40	0.82	0.00	3.00	46	0.00	0.00	1.93	2.59
Na	0.12	[0.36]	0.00	2.00	23	0.00	0.00	2.92	8.37
Sc	0.44	[0.57]	0.00	2.00	80	0.00	0.00	0.89	-0.20
Sx	0.55	[1.06]	0.00	5.00	63	0.00	0.00	2.50	6.37
Xy	0.06	[0.24]	0.00	1.00	12	0.00	0.00	3.74	12.14
Idio	0.98	1.17	0.00	4.00	104	1.00	0.00	0.95	-0.15
DV	0.61	[0.78]	0.00	2.00	85	0.00	0.00	0.81	-0.88
INCOM	0.99	[1.23]	0.00	6.00	106	1.00	0.00	1.33	1.75
DR	0.25	[0.76]	0.00	5.00	29	0.00	0.00	4.17	19.91
FABCOM	0.25	[0.48]	0.00	2.00	46	0.00	0.00	1.71	2.08
DV2	0.10	[0.29]	0.00	1.00	19	0.00	0.00	2.79	5.86
INC2	0.17	[0.48]	0.00	2.00	25	0.00	0.00	2.88	7.45

（续上表）

变量	平均数	标准差	最小值	最大值	频数	中位数	众数	偏度系数	峰度系数
DR2	0. 10	[0. 34]	0. 00	2. 00	16	0. 00	0. 00	3. 86	15. 44
FAB2	0. 39	[0. 82]	0. 00	3. 00	46	0. 00	0. 00	2. 20	3. 89
ALOG	0. 12	[0. 37]	0. 00	2. 00	22	0. 00	0. 00	3. 12	9. 76
CONTAM	0. 00	0. 00	0. 00	0. 00	0	0. 00	0. 00	—	—
Sum 6 Sp Sc	2. 97	2. 39	0. 00	11. 00	185	2. 00	1. 00	1. 27	1. 76
Lvl 2 Sp Sc	0. 75	[1. 02]	0. 00	4. 00	90	0. 00	0. 00	1. 37	1. 13
WSum6	9. 10	8. 74	0. 00	48. 00	185	7. 00	8. 00	1. 96	4. 96
AB	0. 15	[0. 41]	0. 00	2. 00	26	0. 00	0. 00	2. 82	7. 69
AG	0. 47	0. 80	0. 00	4. 00	58	0. 00	0. 00	1. 49	1. 31
COP	0. 68	0. 67	0. 00	3. 00	116	1. 00	1. 00	0. 67	0. 25
CP	0. 00	[0. 00]	0. 00	0. 00	0	0. 00	0. 00	—	—
GOODHR	2. 81	1. 65	0. 00	9. 00	189	3. 00	4. 00	0. 58	0. 95
POORHR	2. 48	2. 06	0. 00	11. 00	171	2. 00	2. 00	1. 22	1. 82
MOR	0. 96	[1. 43]	0. 00	7. 00	97	0. 00	0. 00	1. 95	3. 80
PER	1. 18	2. 01	0. 00	10. 00	88	0. 00	0. 00	2. 52	7. 54
PSV	0. 29	[0. 78]	0. 00	3. 00	32	0. 00	0. 00	2. 81	6. 86

表34 高 LAMBDA 门诊病人的 36 个变量的频率（N=201）

人口统计学变量

婚姻状况			年龄			种族		
单身	45	22%	18～25	63	31%	白人	173	86%
同居	10	5%	26～35	51	25%	黑人	15	7%
已婚	122	61%	36～45	49	24%	西班牙和葡萄牙裔	11	5%
分居	13	6%	46～55	18	9%	亚裔	2	1%
离婚	7	3%	56～65	18	9%			
丧偶	4	2%	>65	2	1%			
性别						**受教育程度**		
男性	74	37%				少于12年	28	14%
女性	127	63%				12年	72	36%
						13－15年	66	33%
						16+年	35	17%

比率、百分数和特殊指数

风格			形状质量变异		
内向型	0	0%	XA% >.89	33	16%
普遍内向型	0	0%	XA% <.70	26	13%
中间型	0	0%	WDA% <.85	116	58%
外向型	0	0%	WDA% <.75	27	13%
普遍外向型	0	0%	X+% <.55	70	35%
回避型	201	100%	Xu% >.20	81	40%
			X－% >.20	83	41%
			X-% >.30	16	8%
D-分数			**FC：CF+C 比例**		
D>0	57	28%	FC>（CF+C）+2	4	2%
D=0	117	58%	FC>（CF+C）+1	38	19%
D<0	27	13%	（CF+C）>FC+1	40	20%
D< -1	8	4%	（CF+C）>FC+2	23	11%
Adj D>0	70	35%			
Adj D=0	120	60%	S-CON 阳性	0	0%
Adj D<0	11	5%	HVI 阳性	8	4%
Adj D< -1	5	2%	OBS 阳性	1	0%
Zd> +3.0（过度组合）	28	14%			

（续上表）

Zd < -3.0（组合不足）	58	29%						
PTI = 5	0	0%	DEPI = 7	0	0%	CDI = 5	28	14%
PTI = 4	0	0%	DEPI = 6	8	4%	CDI = 4	64	32%
PTI = 3	4	2%	DEPI = 5	26	13%			

其他变量

R < 17	55	27%	(2AB + Art + Ay) > 5	8	4%
R > 27	21	10%	P < 4	23	11%
DQv > 2	32	16%	P > 7	21	10%
S > 2	61	30%	COP = 0	85	42%
Sum T = 0	164	82%	COP > 2	2	1%
Sum T > 1	5	2%	AG = 0	143	71%
3r + (2) /R < 0.33	5	28%	AG > 2	1	0%
3r + (2) /R > 0.44	53	26%	MOR > 2	25	12%
Fr + rF > 0	21	10%	Level 2 Sp. Sc. > 0	90	45%
纯 C > 0	65	32%	GHR > PHR	92	46%
纯 C > 1	27	13%	纯 H < 2	89	44%
Afr < 0.40	49	24%	纯 H = 0	15	7%
Afr < 0.50	98	49%	p > a + 1	55	27%
(FM + m) < Sum Shading	71	35%	Mp > Ma	66	33%

表 35　住院抑郁症病人的描述性统计资料 LAMBDA <1.0（N =193）

变量	平均数	标准差	最小值	最大值	频数	中位数	众数	偏度系数	峰度系数
年龄	40.02	13.01	18.00	71.00	193	40.00	46.00	0.19	-0.80
受教育年限	11.83	6.02	10.00	20.00	193	12.50	12.00	-1.09	0.04
R	22.56	7.20	14.00	43.00	193	21.00	17.00	0.99	0.52
W	9.33	4.27	0.00	18.00	184	10.00	11.00	-0.52	-0.52
D	9.75	5.94	1.00	27.00	193	8.00	4.00	0.95	0.76
Dd	3.49	[3.88]	0.00	14.00	157	2.00	0.00	1.67	2.07
S	2.24	[2.07]	0.00	9.00	148	2.00	0.00	0.97	0.74
DQ +	6.83	3.33	1.00	18.00	193	6.00	4.00	0.77	0.71
DQo	12.82	6.51	4.00	33.00	193	11.00	11.00	1.44	2.25
DQv	2.60	[2.10]	0.00	7.00	155	2.00	0.00	0.57	-0.52
DQv/ +	0.31	[0.65]	0.00	3.00	42	0.00	0.00	2.10	3.71
FQx +	0.04	0.27	0.00	3.00	6	0.00	0.00	8.39	82.67
FQxo	11.65	3.79	5.00	20.00	193	11.00	11.00	0.21	-0.61
FQxu	5.49	3.20	1.00	13.00	193	6.00	2.00	0.51	-0.32
FQx-	4.35	2.82	0.00	11.00	180	4.00	2.00	0.53	-0.41
FQxNone	1.03	[1.31]	0.00	4.00	103	1.00	0.00	1.26	0.44
MQ +	0.03	0.19	0.00	2.00	4	0.00	0.00	8.13	72.02
MQo	2.65	1.50	0.00	6.00	185	2.00	2.00	0.55	-0.26
MQu	0.73	1.04	0.00	5.00	88	0.00	0.00	2.00	5.35
MQ-	0.52	[0.83]	0.00	4.00	67	0.00	0.00	1.76	3.39
MQNone	0.05	[0.22]	0.00	1.00	10	0.00	0.00	4.07	14.77
S-	0.84	[1.05]	0.00	4.00	96	0.00	0.00	1.19	0.84
M	3.98	2.10	1.00	9.00	193	4.00	4.00	0.59	-0.17
FM	3.97	2.92	0.00	14.00	187	3.00	2.00	1.82	4.11
m	1.89	2.15	0.00	11.00	139	1.00	0.00	2.14	6.29
FM + m	5.68	3.76	0.00	15.00	190	5.00	3.00	0.92	0.35
FC	1.75	1.98	0.00	11.00	124	1.00	0.00	1.59	3.73
CF	1.79	1.42	0.00	8.00	156	2.00	1.00	0.87	1.19
C	0.73	[1.01]	0.00	4.00	85	0.00	0.00	1.50	2.02
Cn	0.03	[0.16]	0.00	1.00	5	0.00	0.00	6.01	34.55
Sum Color	4.29	2.53	0.00	12.00	181	4.00	2.00	0.28	-0.33

（续上表）

变量	平均数	标准差	最小值	最大值	频数	中位数	众数	偏度系数	峰度系数
WSumC	3.76	2.19	0.00	9.00	181	4.00	2.00	0.22	-0.78
Sum C´	2.44	[1.92]	0.00	8.00	158	2.00	1.00	0.61	-0.12
Sum T	0.90	[1.50]	0.00	7.00	84	0.00	0.00	2.43	6.34
Sum V	1.27	[1.29]	0.00	5.00	121	1.00	0.00	0.82	-0.04
Sum Y	2.03	[1.22]	0.00	4.00	170	2.00	3.00	-0.18	-1.20
Sum Shading	6.64	3.76	1.00	18.00	193	6.00	4.00	0.90	0.08
WSumC	3.76	2.19	0.00	9.00	181	4.00	2.00	0.22	-0.78
Fr + rF	0.12	[0.36]	0.00	2.00	21	0.00	0.00	3.04	9.24
FD	1.04	[1.14]	0.00	4.00	114	1.00	0.00	0.99	0.15
F	7.56	3.85	2.00	21.00	193	7.00	4.00	1.56	3.34
(2)	7.49	3.39	3.00	18.00	193	7.00	5.00	0.86	0.11
3r +（2）/R	0.36	0.14	0.16	0.67	193	0.33	0.21	0.56	-0.59
Lambda	0.52	0.21	0.15	0.95	193	0.50	0.50	0.14	-1.05
EA	7.74	3.64	2.00	18.00	193	6.50	5.00	0.80	0.26
es	12.51	5.08	4.00	27.00	193	12.00	9.00	0.52	0.31
D Score	-1.54	1.87	-6.00	3.00	193	-2.00	-2.00	-0.41	0.04
AdjD	-0.81	1.74	-6.00	3.00	193	-1.00	-1.00	-0.90	1.81
a（active）	5.80	3.05	0.00	14.00	186	6.00	6.00	0.22	-0.20
p（passive）	4.11	2.48	0.00	11.00	188	3.00	3.00	0.96	0.77
Ma	2.29	1.66	0.00	7.00	160	2.00	2.00	0.74	0.61
Mp	1.71	1.25	0.00	5.00	159	2.00	1.00	0.53	-0.15
Intellect	2.47	2.01	0.00	10.00	150	2.00	0.00	0.64	0.16
Zf	12.45	4.31	4.00	25.00	193	13.00	14.00	-0.02	-0.28
Zd	-1.16	5.05	-12.00	13.00	180	-0.50	-2.50	-0.08	-0.12
Blends	5.46	3.09	1.00	15.00	193	6.00	6.00	0.59	0.14
Blends/R	0.25	0.14	0.04	0.61	193	0.27	0.32	0.28	-0.37
Col-Shd Blends	1.19	[1.23]	0.00	5.00	127	1.00	1.00	1.21	1.21
Afr	0.46	0.16	0.16	0.94	193	0.40	0.36	0.65	0.04
Populars	5.42	2.00	2.00	8.00	193	5.00	8.00	-0.06	-1.26
XA%	0.76	0.10	0.59	1.00	193	0.77	0.71	0.25	-0.39
WDA%	0.80	0.10	0.57	1.00	193	0.79	0.71	0.22	-0.19
X + %	0.53	0.12	0.28	0.80	193	0.53	0.47	0.00	-0.51
X-%	0.19	0.10	0.00	0.41	180	0.17	0.13	0.13	-0.73

（续上表）

变量	平均数	标准差	最小值	最大值	频数	中位数	众数	偏度系数	峰度系数
Xu%	0.24	0.11	0.04	0.47	193	0.25	0.32	-0.10	-0.75
Isolate/R	0.19	0.11	0.00	0.52	178	0.17	0.32	0.26	-0.41
H	1.96	1.34	0.00	7.00	179	2.00	1.00	1.13	1.75
(H)	1.10	0.91	0.00	3.00	144	1.00	1.00	0.68	-0.17
HD	1.23	1.38	0.00	6.00	115	1.00	0.00	1.17	1.15
(Hd)	0.71	0.90	0.00	4.00	93	0.00	0.00	1.43	2.24
Hx	0.03	[0.17]	0.00	1.00	6	0.00	0.00	5.44	27.95
All H Cont	5.00	2.50	1.00	15.00	193	5.00	7.00	0.96	1.52
A	7.91	3.06	3.00	14.00	193	8.00	8.00	0.37	-0.81
(A)	0.61	[1.16]	0.00	5.00	65	0.00	0.00	2.63	7.16
Ad	1.97	[1.65]	0.00	6.00	156	2.00	1.00	0.72	-0.41
(Ad)	0.25	[0.48]	0.00	2.00	44	0.00	0.00	1.73	2.15
An	0.84	[1.15]	0.00	5.00	92	0.00	0.00	1.65	2.73
Art	1.73	1.64	0.00	5.00	130	1.00	0.00	0.49	-1.13
Ay	0.29	[0.45]	0.00	1.00	55	0.00	0.00	0.96	-1.09
Bl	0.57	[1.19]	0.00	6.00	51	0.00	0.00	2.84	9.28
Bt	1.13	1.25	0.00	4.00	110	1.00	0.00	0.82	-0.53
Cg	1.79	1.48	0.00	8.00	161	1.00	1.00	1.18	2.10
Cl	0.35	[0.60]	0.00	2.00	54	0.00	0.00	1.54	1.29
Ex	0.11	[0.39]	0.00	2.00	16	0.00	0.00	3.76	13.99
Fi	0.64	[0.73]	0.00	3.00	100	1.00	0.00	1.07	1.10
Food	0.37	[0.63]	0.00	3.00	58	0.00	0.00	1.88	3.78
Ge	0.11	[0.33]	0.00	2.00	20	0.00	0.00	2.96	8.40
Hh	0.48	0.64	0.00	2.00	78	0.00	0.00	0.98	-0.12
Ls	1.18	1.21	0.00	5.00	118	1.00	0.00	0.88	0.27
Na	0.50	[0.73]	0.00	3.00	71	0.00	0.00	1.16	0.18
Sc	0.78	[1.23]	0.00	5.00	73	0.00	0.00	1.73	2.65
Sx	0.91	[1.41]	0.00	5.00	74	0.00	0.00	1.41	0.84
Xy	0.16	[0.41]	0.00	2.00	28	0.00	0.00	2.53	6.01
Idio	2.08	1.69	0.00	7.00	162	2.00	1.00	0.99	0.81
DV	0.78	[1.07]	0.00	6.00	91	0.00	0.00	2.11	7.02
INCOM	1.25	[1.18]	0.00	4.00	127	1.00	0.00	0.63	-0.55
DR	1.15	[1.63]	0.00	5.00	78	0.00	0.00	1.01	-0.59

（续上表）

变量	平均数	标准差	最小值	最大值	频数	中位数	众数	偏度系数	峰度系数
FABCOM	0.61	[1.20]	0.00	5.00	59	0.00	0.00	2.52	6.25
DV2	0.29	[0.69]	0.00	4.00	38	0.00	0.00	3.21	12.36
INC2	0.74	[1.08]	0.00	5.00	88	0.00	0.00	1.81	3.19
FAB2	0.58	[0.90]	0.00	5.00	78	0.00	0.00	2.12	5.22
ALOG	0.17	[0.39]	0.00	2.00	32	0.00	0.00	2.02	2.92
CONTAM	0.00	0.00	0.00	0.00	0	0.00	0.00	—	—
Sum 6 Sp Sc	6.40	2.73	1.00	13.00	193	7.00	4.00	0.15	-0.60
Lvl 2 Sp Sc	2.44	[2.40]	0.00	12.00	159	2.00	1.00	1.41	2.02
WSum6	22.62	13.65	2.00	65.00	193	22.00	39.00	0.65	-0.14
AB	0.23	[0.62]	0.00	3.00	26	0.00	0.00	2.71	6.37
AG	0.71	1.06	0.00	4.00	75	0.00	0.00	1.44	1.24
COP	0.86	0.92	0.00	3.00	105	1.00	0.00	0.66	-0.71
CP	0.07	[0.25]	0.00	1.00	13	0.00	0.00	3.47	10.21
GOODHR	2.56	1.38	0.00	8.00	190	2.00	3.00	0.98	1.64
POORHR	3.35	2.20	0.00	8.00	176	3.00	5.00	0.37	-0.63
MOR	1.80	[2.00]	0.00	7.00	135	1.00	1.00	1.28	0.74
PER	1.98	2.09	0.00	8.00	133	1.00	0.00	0.90	-0.38
PSV	0.28	[0.66]	0.00	2.00	32	0.00	0.00	2.08	2.61

注意：表格中的标准差表明数值可能是不可靠的和/或者误导性的，并且不应该用于估算有效范围。这些数据一般不用于大多数的参数分析。

表 36　住院抑郁症病人的 36 个变量的频率 LAMBDA <1.0　（N =193）

人口统计学变量

婚姻状况			年龄			种族		
单身	67	35%	18～25	37	19%	白人	154	80%
同居	0	0%	26～35	34	18%	黑人	16	8%
已婚	95	49%	36～45	42	22%	西班牙和葡萄牙裔	13	7%
分居	12	6%	46～55	56	29%	亚裔	10	5%
离婚	16	8%	56～65	18	9%			
丧偶	3	2%	>65	6	3%			
性别						受教育程度		
男性	94	49%				少于 12 年	4	2%
女性	127	51%				12 年	57	30%
						13～15 年	66	34%
						16 + 年	66	34%

比率、百分数和特殊指数

风格			形状质量变异		
内向型	53	27%	XA% >.89	15	8%
普遍内向型	21	11%	XA% <.70	39	20%
中间型	104	54%	WDA% <.85	129	67%
外向型	36	19%	WDA% <.75	55	28%
普遍外向型	17	9%	X + % <.55	102	53%
回避型	0	0%	Xu% >.20	129	67%
			X-% >.20	80	41%
			X-% >.30	24	12%
D-分数			FC：CF + C 比例		
D >0	25	13%	FC >（CF + C）+2	25	13%
D =0	41	21%	FC >（CF + C）+1	37	19%
D <0	127	66%	（CF + C）>FC + 1	75	39%
D < -1	107	55%	（CF + C）>FC +2	36	19%
Adj D >0	39	20%			
Adj D =0	48	25%			
Adj D <0	106	55%			
Adj D < -1	55	28%	S-CON 阳性	0	0%
Zd > +3.0（过度组合）	46	24%	HVI 阳性	18	9%
Zd <-3.0（组合不足）	57	30%	OBS 阳性	0	0%

PTI =5	1	1%	DEPI =7	19	9%	CDI =5	29	15%

（续上表）

PTI=4	5	3%	DEPI=6	54	28%	CDI=4	62	32%
PTI=3	12	6%	DEPI=5	66	34%			
			其他变量					
R<17	41	21%				(2AB+Art+Ay) >5	13	7%
R>27	49	25%				P<4	35	18%
DQv>2	90	47%				P>7	51	26%
S>2	72	37%				COP=0	88	46%
Sum T=0	109	56%				COP>2	9	5%
Sum T>1	39	20%				AG=0	118	61%
3r+（2）/R<0.33	84	44%				AG>2	16	8%
3r+（2）/R>0.44	54	28%				MOR>2	53	27%
Fr+rF>0	21	11%				Level 2 Sp. Sc. >0	159	82%
纯 C>0	85	44%				GHR>PHR	60	31%
纯 C>1	39	20%				纯 H<2	86	45%
Afr<0.40	79	41%				纯 H=0	14	7%
Afr<0.50	114	59%				p>a+1	48	25%
(FM+m) <Sum Shading	110	57%				Mp>Ma	57	30%

表 37　住院抑郁症病人的描述性统计资料 LAMBDA >0.99（N =86）

变量	平均数	标准差	最小值	最大值	频数	中位数	众数	偏度系数	峰度系数
年龄	38.30	11.64	18.00	63.00	86	37.00	33.00	0.11	-0.68
受教育年限	12.95	4.93	11.00	16.00	86	13.00	16.00	-1.79	2.18
R	24.55	11.21	14.00	55.00	86	21.50	16.00	1.49	1.39
W	6.39	2.91	1.00	14.00	86	6.00	7.00	0.74	0.89
D	11.57	6.16	4.00	30.00	86	10.00	7.00	1.15	1.09
Dd	6.58	[7.48]	0.00	30.00	83	4.00	4.00	1.96	3.36
S	2.93	[2.80]	0.00	10.00	78	2.00	1.00	1.61	1.77
DQ +	3.38	1.95	0.00	8.00	79	3.00	2.00	0.23	-0.47
DQo	18.61	9.85	7.00	46.00	86	14.50	13.00	1.36	1.41
DQv	2.34	[1.85]	0.00	8.00	74	2.00	1.00	0.98	1.14
DQv/ +	0.22	[0.54]	0.00	2.00	14	0.00	0.00	2.41	4.84
FQx +	0.04	0.19	0.00	1.00	3	0.00	0.00	5.16	25.21
FQxo	12.87	5.27	4.00	28.00	86	11.00	17.00	1.02	0.90
FQxu	4.95	3.44	1.00	14.00	86	4.00	3.00	1.00	0.57
FQx-	5.87	4.31	1.00	18.00	86	5.00	2.00	1.42	1.64
FQxNone	0.81	[1.23]	0.00	6.00	42	0.00	0.00	2.68	9.03
MQ +	0.04	0.19	0.00	1.00	3	0.00	0.00	5.16	25.21
MQo	1.48	1.11	0.00	5.00	71	1.00	1.00	0.79	0.69
MQu	0.28	0.64	0.00	2.00	15	0.00	0.00	2.09	2.82
MQ-	0.58	[0.73]	0.00	2.00	38	0.00	0.00	0.83	-0.63
MQNone	0.00	[0.00]	0.00	0.00	0	0.00	0.00	—	—
S-	1.51	[1.55]	0.00	5.00	58	1.00	0.00	0.88	-0.33
M	2.37	1.70	0.00	6.00	74	2.00	2.00	0.56	-0.23
FM	1.64	2.03	0.00	8.00	55	1.00	0.00	1.78	3.24
m	0.92	1.05	0.00	3.00	45	1.00	0.00	0.78	-0.69
FM + m	2.56	2.73	0.00	11.00	68	1.00	1.00	1.67	3.03
FC	1.28	1.55	0.00	6.00	49	1.00	0.00	1.29	1.16
CF	0.94	1.06	0.00	3.00	46	1.00	0.00	0.73	-0.77
C	0.66	[1.00]	0.00	4.00	38	0.00	0.00	1.95	3.56
Cn	0.05	[0.21]	0.00	1.00	4	0.00	0.00	4.38	17.63
Sum Color	2.93	2.10	0.00	8.00	76	2.00	2.00	0.44	-0.59
WSumC	2.58	1.83	0.00	6.00	76	2.00	4.00	0.18	-1.24

（续上表）

变量	平均数	标准差	最小值	最大值	频数	中位数	众数	偏度系数	峰度系数
Sum C′	1.31	[1.29]	0.00	4.00	54	1.00	0.00	0.47	-1.19
Sum T	0.81	[1.08]	0.00	4.00	39	0.00	0.00	1.24	0.89
Sum V	0.57	[0.91]	0.00	3.00	32	0.00	0.00	1.72	2.12
Sum Y	1.40	[1.77]	0.00	8.00	50	1.00	0.00	1.97	4.87
Sum Shading	4.09	3.30	0.00	16.00	83	3.00	2.00	1.67	3.86
Fr + rF	0.04	[0.19]	0.00	1.00	3	0.00	0.00	5.16	25.21
FD	0.36	[0.59]	0.00	2.00	26	0.00	0.00	1.43	1.06
F	14.43	6.28	7.00	33.00	86	12.00	9.00	1.51	2.24
(2)	6.71	4.85	1.00	21.00	86	6.00	7.00	1.63	2.54
3r + (2) /R	0.27	0.12	0.06	0.63	86	0.27	0.19	0.28	-0.35
Lambda	2.09	2.91	1.00	15.00	86	1.34	1.18	4.19	16.50
EA	4.95	2.19	0.00	9.00	82	5.50	6.00	-0.44	-0.52
es	6.65	4.72	1.00	17.00	86	4.00	4.00	0.81	-0.55
D Score	-0.67	1.39	-4.00	1.00	86	0.00	0.00	-1.00	—
AdjD	-0.22	0.91	-3.00	1.00	86	0.00	0.00	-1.15	1.72
a (active)	2.49	2.01	0.00	6.00	70	2.00	2.00	0.49	-1.04
p (passive)	2.50	2.15	0.00	7.00	69	2.00	2.00	0.74	-0.55
Ma	1.24	1.33	0.00	5.00	61	1.00	1.00	1.63	2.47
Mp	1.19	1.07	0.00	4.00	56	1.00	2.00	0.50	-0.26
Intellect	1.95	2.02	0.00	9.00	65	1.00	1.00	1.60	3.23
Zf	8.51	3.09	1.00	16.00	86	9.00	9.00	-0.23	0.93
Zd	0.04	3.91	-12.50	5.00	80	1.75	3.00	-1.34	1.83
Blends	1.90	1.65	0.00	6.00	63	2.00	0.00	0.51	-0.59
Blends/R	0.08	0.07	0.00	0.19	64	0.09	0.00	0.14	-1.30
Col-Shd Blends	0.45	[0.50]	0.00	1.00	39	0.00	0.00	0.19	-2.01
Afr	0.49	0.17	0.27	1.00	86	0.45	0.45	1.54	3.06
Populars	5.13	1.86	2.00	10.00	86	5.00	4.00	0.47	-0.21
XA%	0.73	0.11	0.47	0.90	86	0.73	0.73	-0.45	-0.30
WDA%	0.81	0.11	0.50	1.00	86	0.81	0.81	-0.81	1.11
X + %	0.54	0.11	0.27	0.81	86	0.50	0.65	-0.20	-0.08
X-%	0.23	0.09	0.06	0.44	86	0.23	0.13	0.28	-0.67
Xu%	0.20	0.09	0.04	0.38	86	0.21	0.24	-0.10	-0.72
Isolate/R	0.10	0.10	0.00	0.29	55	0.09	0.00	0.41	-1.11

（续上表）

变量	平均数	标准差	最小值	最大值	频数	中位数	众数	偏度系数	峰度系数
H	1.87	1.41	0.00	5.00	81	1.00	1.00	1.15	0.26
(H)	0.98	1.25	0.00	6.00	52	1.00	1.00	2.39	7.39
HD	1.55	1.61	0.00	6.00	61	1.00	0.00	1.37	1.46
(Hd)	1.09	1.51	0.00	5.00	47	1.00	0.00	1.73	2.17
Hx	0.00	[0.00]	0.00	0.00	0	0.00	0.00	—	—
All H Cont	5.49	3.60	1.00	15.00	86	4.00	4.00	0.77	-0.15
A	7.41	3.75	3.00	17.00	86	6.00	5.00	1.49	1.13
(A)	0.29	[0.46]	0.00	1.00	25	0.00	0.00	0.93	-1.15
Ad	3.44	[4.27]	0.00	19.00	70	3.00	3.00	2.79	8.11
(Ad)	0.06	[0.24]	0.00	1.00	5	0.00	0.00	3.84	13.08
An	1.74	[2.26]	0.00	7.00	45	1.00	0.00	1.15	0.06
Art	1.40	1.80	0.00	9.00	62	1.00	1.00	2.79	9.28
Ay	0.30	[0.65]	0.00	2.00	17	0.00	0.00	1.94	2.29
Bl	0.38	[0.90]	0.00	3.00	14	0.00	0.00	2.06	2.70
Bt	0.74	1.27	0.00	5.00	34	0.00	0.00	2.27	5.14
Cg	1.59	1.29	0.00	5.00	71	1.00	1.00	1.11	1.24
Cl	0.09	[0.29]	0.00	1.00	8	0.00	0.00	2.85	6.28
Ex	0.22	[0.50]	0.00	2.00	16	0.00	0.00	2.21	4.27
Fi	0.20	[0.40]	0.00	1.00	17	0.00	0.00	1.54	0.40
Food	0.41	[0.66]	0.00	2.00	27	0.00	0.00	1.36	0.64
Ge	0.30	[0.70]	0.00	4.00	20	0.00	0.00	3.63	16.35
Hh	0.78	1.28	0.00	4.00	32	0.00	0.00	1.67	1.66
Ls	0.42	0.58	0.00	2.00	32	0.00	0.00	1.05	0.15
Na	0.35	[0.55]	0.00	2.00	27	0.00	0.00	1.28	0.74
Sc	0.40	[0.56]	0.00	2.00	31	0.00	0.00	1.04	0.12
Sx	0.48	[0.73]	0.00	2.00	29	0.00	0.00	1.19	-0.07
Xy	0.22	[0.60]	0.00	2.00	11	0.00	0.00	2.52	4.72
Idio	1.07	1.01	0.00	3.00	56	1.00	1.00	0.61	-0.70
DV	0.24	[0.55]	0.00	2.00	16	0.00	0.00	2.20	3.89
INCOM	0.98	[1.31]	0.00	6.00	47	1.00	0.00	2.13	5.64
DR	0.49	[0.66]	0.00	2.00	34	0.00	0.00	1.03	-0.09
FABCOM	0.28	[0.52]	0.00	2.00	21	0.00	0.00	1.73	2.19
DV2	0.09	[0.29]	0.00	1.00	8	0.00	0.00	2.85	6.28

（续上表）

变量	平均数	标准差	最小值	最大值	频数	中位数	众数	偏度系数	峰度系数
INC2	0.40	[0.67]	0.00	2.00	25	0.00	0.00	1.45	0.78
DR2	0.07	[0.26]	0.00	1.00	6	0.00	0.00	3.43	10.05
FAB2	0.22	[0.54]	0.00	2.00	14	0.00	0.00	2.41	4.84
ALOG	0.06	[0.24]	0.00	1.00	5	0.00	0.00	3.84	13.08
CONTAM	0.00	0.00	0.00	0.00	0	0.00	0.00	—	—
Sum 6 Sp Sc	2.83	2.48	0.00	11.00	75	2.00	2.00	1.65	2.91
Lvl 2 Sp Sc	0.78	[1.08]	0.00	4.00	40	0.00	0.00	1.60	2.33
WSum6	8.80	9.02	0.00	34.00	75	6.00	6.00	1.60	1.96
AB	0.13	[0.43]	0.00	2.00	8	0.00	0.00	3.50	11.81
AG	0.17	0.54	0.00	3.00	11	0.00	0.00	3.90	17.10
COP	0.45	0.50	0.00	1.00	39	0.00	0.00	0.19	-2.01
CP	0.00	[0.00]	0.00	0.00	0	0.00	0.00	—	—
GOODHR	3.16	1.77	1.00	9.00	86	3.00	2.00	1.17	2.08
POORHR	2.69	2.43	0.00	7.00	62	2.00	0.00	0.38	-1.28
MOR	0.99	[0.73]	0.00	2.00	63	1.00	1.00	0.01	-1.08
PER	1.87	3.05	0.00	9.00	35	0.00	0.00	1.56	1.02
PSV	0.55	[0.76]	0.00	2.00	33	0.00	0.00	0.98	-0.56

注意：表格中的标准差表明数值可能是不可靠的和/或者误导性的，并且不应该用于估算有效范围。这些数据一般不用于大多数的参数分析。

表38 住院抑郁症病人的36个变量的频率 LAMBDA >0. 99（N =86）

人口统计学变量

婚姻状况			年龄			种族		
单身	14	16%	18～25	18	21%	白人	75	87%
同居	0	0%	26～35	22	26%	黑人	6	7%
已婚	60	70%	36～45	26	30%	西班牙和葡萄牙裔	5%	6%
分居	1	1%	46～55	15	17%	亚裔	0	0%
离婚	6	7%	56～65	5	6%			
丧偶	5	6%	>65	0	0%			

性别			受教育程度		
男性	10	12%	少于12年	3	3%
女性	76	88%	12年	24	28%
			13～15年	26%	30%
			16+年	33	38%

比率、百分数和特殊指数

风格			形状质量变异		
内向型	0	0%	XA% >.89	1	1%
普遍内向型	0	0%	XA% <.70	26	30%
中间型	0	0%	WDA% <.85	47	55%
外向型	0	0%	WDA% <.75	14	16%
普遍外向型	0	0%	X+% <.55	44	51%
回避型	86	100%	Xu% >.20	43	50%
			X-% >.20	46	53%
			X-% >.30	20	23%

D-分数			FC：CF+C 比例	
D >0	11	13%	FC >（CF+C）+2	3
D =0	47	55%	FC >（CF+C）+1	14
D <0	28	33%	（CF+C）>FC+ 1	24
D < -1	25	29%	（CF+C）>FC+2	13
Adj D >0	14	16%		
Adj D =0	50	58%		

（续上表）

Adj D<0	22	26%						
Adj D< -1	8	9%						
Zd> +3.0（过度组合）	9	10%				S-CON 阳性	0	0%
Zd<-3.0（组合不足）	18	21%				HVI 阳性	5	6%
						OBS 阳性	0	0%
PTI=5	0	0%	DEPI=7	0	0%	CDI=5	16	19%
PTI=4	0	0%	DEPI=6	8	9%	CDI=4	41	48%
PTI=3	0	0%	DEPI=5	48	56%			
			其他变量					
R<17	24	28%				(2AB+Art+Ay) >5	3	3%
R>27	20	23%				P<4	20	23%
DQv>2	33	38%				P>7	6	7%
S>2	37	43%				COP=0	47	55%
Sum T=0	47	55%				COP>2	0	0%
Sum T>1	22	26%				AG=0	75	87%
3r+（2）/R<0.33	60	70%				AG>2	2	2%
3r+（2）/R>0.44	7	8%				MOR>2	0	0%
Fr+rF>0	3	3%				Level 2 Sp. Sc. >0	40	47%
纯C>0	38	44%				GHR>PHR	42	49%
纯C>1	8	9%				纯H<2	49	57%
Afr<0.40	18	21%				纯H=0	5	6%
Afr<0.50	50	58%				p>a+1	12	14%
(FM+m)<Sum Shading	59	69%				Mp>Ma	33	38%

表 39 住院精神分裂症病人的描述性统计资料 LAMBDA <1.0（N =200）

变量	平均数	标准差	最小值	最大值	频数	中位数	众数	偏度系数	峰度系数
年龄	29.15	11.02	18.00	66.00	200	25.00	21.00	1.37	1.22
受教育年限	12.8	4.16	11.00	19.00	200	14.00	12.00	-1.90	3.72
R	24.80	9.46	14.00	55.00	200	22.00	28.00	1.20	1.10
W	10.11	5.38	2.00	22.00	200	10.00	10.00	0.52	-0.33
D	9.62	6.91	0.00	32.00	196	9.00	4.00	1.08	1.22
Dd	5.07	[5.50]	0.00	21.00	192	3.00	2.00	1.97	3.07
S	2.99	[2.35]	0.00	10.00	176	2.00	1.00	0.83	0.12
DQ +	8.76	3.85	1.00	19.00	200	9.00	7.00	0.22	-0.26
DQo	14.35	8.42	3.00	42.00	200	12.00	13.00	1.74	2.45
DQv	1.49	[2.04]	0.00	8.00	128	1.00	0.00	2.05	3.69
DQv/ +	0.20	[0.47]	0.00	2.00	34	0.00	0.00	2.34	4.87
FQx +	0.07	0.33	0.00	2.00	10	0.00	0.00	4.95	24.80
FQxo	9.32	3.72	2.00	20.00	200	9.00	8.00	0.31	-0.09
FQxu	5.37	3.37	1.00	14.00	200	4.00	3.00	0.70	-0.44
FQx-	9.35	5.79	1.00	27.00	200	7.00	7.00	1.26	1.15
FQxNone	0.69	[1.06]	0.00	4.00	86	0.00	0.00	1.93	3.40
MQ +	0.06	0.31	0.00	2.00	8	0.00	0.00	5.46	29.94
MQo	3.29	1.98	0.00	7.00	194	3.00	1.00	0.28	-0.98
MQu	1.34	1.26	0.00	5.00	148	1.00	1.00	1.24	1.46
MQ-	2.88	[2.67]	0.00	10.00	180	2.00	1.00	1.21	0.35
MQNone	0.12	[0.41]	0.00	3.00	20	0.00	0.00	4.46	24.71
S-	1.57	[1.69]	0.00	6.00	126	1.00	0.00	1.03	0.34
M	7.69	4.10	0.00	19.00	198	7.00	8.00	0.44	-0.05
FM	3.23	2.85	0.00	13.00	174	2.00	1.00	1.20	1.37
m	1.39	1.17	0.00	5.00	146	1.00	2.00	0.65	0.08
FM + m	4.62	3.26	0.00	15.00	188	4.00	3.00	1.01	0.78
FC	2.07	1.73	0.00	7.00	164	1.50	1.00	0.72	-0.25
CF	1.63	1.52	0.00	5.00	144	1.00	0.00	0.75	-0.47
C	0.44	[078.]	0.00	3.00	62	0.00	0.00	1.99	3.57
Cn	0.02	[0.14]	0.00	1.00	4	0.00	0.00	6.90	46.20
Sum Color	4.16	2.73	0.00	11.00	186	4.00	4.00	0.59	-0.03
WSumC	333.	2.45	0.00	10.50	186	3.00	2.00	0.82	0.38
Sum C′	2.03	[1.82]	0.00	7.00	162	1.50	1.00	0.92	-0.14

（续上表）

变量	平均数	标准差	最小值	最大值	频数	中位数	众数	偏度系数	峰度系数
Sum T	0.66	[1.29]	0.00	7.00	76	0.00	0.00	3.32	12.74
Sum V	0.69	[1.19]	0.00	7.00	78	0.00	0.00	2.81	10.33
Sum Y	2.78	[2.87]	0.00	9.00	130	2.00	0.00	0.69	-0.81
Sum Shading	6.16	4.80	0.00	23.00	180	6.00	6.00	1.27	2.29
Fr + rF	0.27	[0.62]	0.00	2.00	36	0.00	0.00	2.11	2.98
FD	0.79	[1.07]	0.00	6.00	94	0.00	0.00	1.75	4.39
F	8.19	5.78	1.00	27.00	200	6.50	5.00	1.58	2.07
(2)	9.73	5.12	0.00	29.00	196	9.00	9.00	0.90	2.42
3r + (2) /R	0.42	0.17	0.00	0.75	196	0.41	0.33	-0.25	-0.24
Lambda	0.49	0.28	0.05	0.96	200	0.41	0.96	0.33	-1.25
EA	11.02	4.93	0.50	26.00	200	10.50	8.00	0.63	0.86
es	10.78	5.95	2.00	28.00	200	9.00	8.00	0.59	-0.40
D Score	0.12	2.10	-7.00	7.00	200	0.00	0.00	-0.39	2.56
AdjD	0.91	1.77	-4.00	7.00	200	0.00	0.00	0.42	0.94
a (active)	7.27	3.72	1.00	20.00	200	6.50	6.00	0.90	0.88
p (passive)	5.26	3.50	0.00	14.00	196	4.00	4.00	0.76	-0.33
Ma	4.61	2.86	0.00	19.00	194	4.00	6.00	1.40	4.93
Mp	3.26	2.67	0.00	9.00	172	2.00	1.00	0.66	-0.61
Intellect	1.84	3.32	0.00	28.00	112	1.00	0.00	5.22	37.55
Zf	14.70	4.91	6.00	26.00	200	13.00	13.00	0.87	-0.14
Zd	1.38	4.83	-9.00	13.50	196	2.00	0.50	0.06	-0.17
Blends	5.68	3.57	0.00	19.00	196	5.00	3.00	1.18	1.55
Blends/R	0.23	0.13	0.00	0.61	196	0.20	0.14	1.10	1.43
Col-Shd Blends	0.81	[1.25]	0.00	7.00	86	0.00	0.00	2.11	5.63
Afr	0.53	0.20	0.18	1.00	200	0.50	0.33	0.52	-0.54
Populars	4.96	2.04	1.00	10.00	200	5.00	6.00	0.21	-0.11
XA%	0.61	0.14	0.30	0.95	200	0.61	0.73	-0.17	-0.43
WDA%	0.67	0.13	0.38	1.00	200	0.70	0.71	-0.47	0.15
X + %	0.40	0.15	0.13	0.74	200	0.40	0.25	0.26	-0.68
X-%	0.36	0.13	0.05	0.67	200	0.33	0.25	0.17	-0.54
Xu%	0.21	0.10	0.05	0.43	200	0.21	0.27	0.28	-0.57
Isolate/R	0.18	0.14	0.00	0.54	176	0.14	0.11	0.99	0.46
H	3.81	2.45	0.00	9.00	176	4.00	5.00	0.27	-0.58
(H)	1.90	1.53	0.00	8.00	188	1.00	1.00	1.90	4.13
HD	1.62	2.09	0.00	8.00	124	1.00	0.00	1.81	2.96
(Hd)	0.88	0.98	0.00	4.00	114	1.00	0.00	1.16	1.30

（续上表）

变量	平均数	标准差	最小值	最大值	频数	中位数	众数	偏度系数	峰度系数
Hx	0.27	[0.71]	0.00	4.00	32	0.00	0.00	3.01	9.64
All H Cont	8.21	3.94	3.00	21.00	200	8.00	8.00	0.66	0.84
A	8.51	4.15	2.00	27.00	200	7.00	7.00	2.02	6.22
(A)	0.62	[0.91]	0.00	3.00	78	0.00	0.00	1.32	0.68
Ad	2.42	[1.96]	0.00	8.00	156	2.00	0.00	0.50	-0.40
(Ad)	0.23	[0.57]	0.00	2.00	32	0.00	0.00	2.36	4.31
An	1.08	[1.39]	0.00	8.00	104	1.00	0.00	1.76	4.79
Art	0.83	1.52	0.00	7.00	72	0.00	0.00	2.42	5.94
Ay	0.21	[0.43]	0.00	2.00	40	0.00	0.00	1.80	2.24
Bl	0.34	[0.73]	0.00	5.00	50	0.00	0.00	3.35	16.13
Bt	0.87	1.11	0.00	4.00	100	0.50	0.00	1.31	1.09
Cg	2.31	1.89	0.00	9.00	174	2.00	1.00	1.22	1.74
Cl	0.41	[0.89]	0.00	4.00	46	0.00	0.00	2.50	6.34
Ex	0.08	[0.27]	0.00	1.00	16	0.00	0.00	3.12	7.81
Fi	0.44	[0.59]	0.00	2.00	78	0.00	0.00	0.97	-0.03
Food	0.25	[0.57]	0.00	3.00	40	0.00	0.00	2.84	9.33
Ge	0.24	[0.59]	0.00	2.00	32	0.00	0.00	2.31	3.93
Hh	0.39	0.83	0.00	3.00	48	0.00	0.00	2.30	4.44
Ls	0.65	0.99	0.00	4.00	78	0.00	0.00	1.57	1.87
Na	0.89	[1.11]	0.00	4.00	100	0.50	0.00	1.14	0.36
Sc	0.56	[0.77]	0.00	3.00	84	0.00	0.00	1.34	1.36
Sx	1.51	[2.24]	0.00	8.00	102	1.00	0.00	1.76	2.27
Xy	0.20	[0.55]	0.00	3.00	28	0.00	0.00	3.01	9.18
Idio	3.02	2.46	0.00	10.00	172	3.00	1.00	1.09	1.30
DV	1.00	[1.44]	0.00	7.00	98	0.00	0.00	2.12	5.40
INCOM	1.56	[1.54]	0.00	6.00	134	1.00	0.00	0.88	0.25
DR	1.11	[1.61]	0.00	7.00	102	1.00	0.00	2.02	4.15
FABCOM	0.69	[1.16]	0.00	5.00	70	0.00	0.00	1.80	2.62
DV2	0.38	[0.88]	0.00	5.00	48	0.00	0.00	3.42	13.83
INC2	1.48	[1.82]	0.00	7.00	118	1.00	0.00	1.43	1.42
DR2	1.92	[2.65]	0.00	10.00	124	1.00	0.00	1.67	1.89
FAB2	2.38	[2.13]	0.00	9.00	152	2.00	2.00	0.91	0.38
ALOG	1.21	[2.00]	0.00	14.00	94	0.00	0.00	3.27	16.04
CONTAM	0.17	0.43	0.00	2.00	30	0.00	0.00	2.52	5.92
Sum 6 Sp Sc	11.90	7.44	2.00	32.00	200	11.00	8.00	0.88	0.31
Lvl 2 Sp Sc	6.16	[5.48]	0.00	25.00	184	4.00	3.00	1.25	1.41

（续上表）

变量	平均数	标准差	最小值	最大值	频数	中位数	众数	偏度系数	峰度系数
WSum6	52.31	38.94	4.00	173.00	200	35.00	23.00	1.16	0.92
AB	0.40	[1.47]	0.00	14.00	46	0.00	0.00	8.14	73.63
AG	1.62	2.00	0.00	9.00	122	1.00	0.00	1.67	2.97
COP	1.12	1.00	0.00	4.00	142	1.00	1.00	0.89	0.51
CP	0.05	[0.22]	0.00	1.00	10	0.00	0.00	4.16	15.47
GOORHR	3.14	2.00	0.00	9.00	188	3.00	3.00	0.81	0.83
POORHR	6.79	4.38	0.00	18.00	194	6.00	6.00	0.88	0.25
MOR	1.77	[1.82]	0.00	7.00	128	2.00	0.00	1.04	0.80
PER	1.69	2.61	0.00	15.00	120	1.00	0.00	3.10	12.14
PSV	0.08	[0.34]	0.00	2.00	12	0.00	0.00	4.53	20.83

注意：表格中的标准差表明数值可能是不可靠的和/或者误导性的，并且不应该用于估算有效范围。这些数据一般不用于大多数的参数分析。

表 40　住院精神分裂症病人的 36 个变量的频率 LAMBDA <1.0（N =200）

人口统计学变量

婚姻状况			年龄			种族		
单身	136	68%	18 ~ 25	102	51%	白人	190	95%
同居	0	0%	26 ~ 35	54	27%	黑人	8	4%
已婚	54	27%	36 ~ 45	22	11%	西班牙和葡萄牙裔	2	1%
分居	4	2%	46 ~ 55	12	6%	亚裔	0	0%
离婚	4	2%	56 ~ 65	8	4%			
丧偶	2	1%	>65	2	1%			
性别						受教育程度		
男性	96	48%				少于 12 年	8	4%
女性	104	52%				12 年	98	49%
						13 ~ 15 年	51	26%
						16 + 年	43	22%

比率、百分数和特殊指数

风格			形状质量变异		
内向型	142	71%	XA% >.89	2	1%
普遍内向型	90	45%	XA% <.70	134	67%
中间型	38	19%	WDA% <.85	184	92%
外向型	20	10%	WDA% <.75	142	71%
普遍外向型	16	8%	X + % <.55	168	84%
回避型	0	0%	Xu% >.20	100	50%
			X-% >.20	180	90%
			X-% >.30	118	59%
D-分数			FC：CF + C 比例		
D >0	68	34%			
D =0	78	39%			
D <0	54	27%	FC >（CF + C）+2	34	17%
D < -1	24	12%	FC >（CF + C）+1	52	26%
Adj D >0	94	47%	（CF + C）>FC + 1	52	26%
Adj D =0	82	41%	（CF + C）>FC +2	38	19%
Adj D <0	24	12%			
Adj D < -1	10	5%			
			S-CON 阳性	2	1%

（续上表）

Zd > +3.0（过度组合）	76	38%				HVI 阳性	44	22%
Zd < -3.0（组合不足）	50	25%				OBS 阳性	0	0%
PTI = 5	74	37%	DEPI = 7	6	3%	CDI = 5	6	3%
PTI = 4	49	25%	DEPI = 6	20	10%	CDI = 4	22	11%
PTI = 3	24	12%	DEPI = 5	34	17%			

其他变量

R < 17	42	21%	(2AB + Art + Ay) > 5	14	7%
R > 27	68	34%	P < 4	50	25%
DQv > 2	30	15%	P > 7	14	7%
S > 2	96	48%	COP = 0	58	29%
Sum T = 0	124	62%	COP > 2	20	10%
Sum T > 1	22	11%	AG = 0	78	39%
3r + (2) /R < 0.33	48	24%	AG > 2	52	26%
3r + (2) /R > 0.44	84	42%	MOR > 2	60	30%
Fr + rF > 0	36	18%	Level 2 Sp. Sc. > 0	184	92%
纯 C > 0	62	31%	GHR > PHR	32	16%
纯 C > 1	16	89%	纯 H < 2	34	17%
Afr < 0.40	62	31%	纯 H = 0	24	12%
Afr < 0.50	90	45%	p > a + 1	36	18%
(FM + m) < Sum Shading	100	50%	Mp > Ma	70	35%

表 41 住院精神分裂症病人的描述性统计资料 LAMBDA >0. 99（N =128）

变量	平均数	标准差	最小值	最大值	频数	中位数	众数	偏度系数	峰度系数
年龄	30. 19	21. 28	18. 00	179. 00	128	23. 50	19. 00	5. 48	36. 55
受教育年限	11. 69	5. 22	10. 00	18. 00	128	12. 00	12. 00	-1. 24	0. 43
R	21. 27	8. 10	14. 00	45. 00	128	19. 00	14. 00	1. 55	1. 72
W	7. 20	4. 48	1. 00	28. 00	128	6. 00	4. 00	1. 86	5. 96
D	9. 89	6. 64	0. 00	28. 00	126	9. 00	9. 00	1. 04	0. 84
Dd	4. 17	[3. 51]	0. 00	16. 00	120	3. 00	2. 00	1. 55	2. 34
S	2. 38	[2. 24]	0. 00	9. 00	92	2. 00	0. 00	0. 80	-0. 04
DQ +	3. 42	2. 95	0. 00	10. 00	92	3. 00	0. 00	0. 39	-0. 82
DQo	16. 34	7. 01	6. 00	36. 00	128	15. 50	11. 00	1. 11	0. 89
DQv	1. 30	[1. 49]	0. 00	9. 00	82	1. 00	0. 00	2. 33	9. 44
DQv/ +	0. 20	[0. 48]	0. 00	2. 00	22	0. 00	0. 00	2. 33	4. 86
FQx +	0. 00	0. 00	0. 00	0. 00	0	0. 00	0. 00	—	—
FQxo	8. 92	3. 60	4. 00	18. 00	128	8. 00	8. 00	0. 99	0. 15
FQxu	3. 81	2. 88	0. 00	13. 00	120	3. 00	4. 00	1. 13	1. 39
FQx-	8. 03	4. 31	1. 00	23. 00	128	8. 00	8. 00	1. 18	2. 24
FQxNone	0. 50	[0. 87]	0. 00	4. 00	40	0. 00	0. 00	1. 89	3. 52
MQ +	0. 00	0. 00	0. 00	0. 00	0	0. 00	0. 00	—	—
MQo	0. 91	0. 97	0. 00	4. 00	76	1. 00	0. 00	1. 14	1. 40
MQu	0. 45	0. 73	0. 00	2. 00	40	0. 00	0. 00	1. 27	0. 09
MQ-	0. 95	[1. 26]	0. 00	7. 00	70	1. 00	0. 00	2. 34	7. 91
MQNone	0. 2	[0. 13]	0. 00	1. 00	2	0. 00	0. 00	7. 90	61. 44
S-	1. 64	[1. 56]	0. 00	6. 00	86	1. 50	0. 00	0. 76	-0. 02
M	2. 33	2. 04	0. 00	10. 00	100	2. 00	0. 00	1. 06	1. 61
FM	1. 34	1. 69	0. 00	6. 00	70	1. 00	0. 00	1. 24	0. 71
m	0. 72	1. 07	0. 00	5. 00	56	0. 00	0. 00	1. 83	3. 35
FM + m	2. 06	2. 40	0. 00	9. 00	86	1. 00	0. 00	1. 38	1. 33
FC	0. 75	0. 77	0. 00	3. 00	72	1. 00	0. 00	0. 67	-0. 35
CF	0. 83	1. 06	0. 00	4. 00	64	0. 50	0. 00	1. 24	0. 61
C	0. 28	[0. 65]	0. 00	3. 00	24	0. 00	0. 00	2. 42	5. 34
Cn	0. 09	[0. 39]	0. 00	2. 00	8	0. 00	0. 00	4. 27	17. 68
Sum Color	1. 95	1. 83	0. 00	10. 00	100	2. 00	1. 00	1. 57	4. 21
WSumC	1. 63	1. 71	0. 00	10. 00	100	1. 25	0. 00	2. 13	7. 38
Sum C´	0. 77	[1. 09]	0. 00	5. 00	60	0. 00	0. 00	1. 81	3. 37

（续上表）

变量	平均数	标准差	最小值	最大值	频数	中位数	众数	偏度系数	峰度系数
Sum T	0.06	[0.24]	0.00	1.00	8	0.00	0.00	3.65	11.56
Sum V	0.16	[0.37]	0.00	1.00	20	0.00	0.00	1.91	1.70
Sum Y	0.89	[1.50]	0.00	7.00	56	0.00	0.00	2.39	5.87
Sum Shading	1.88	2.07	0.00	10.00	86	1.50	0.00	1.59	3.20
Fr + rF	0.03	[0.18]	0.00	1.00	4	0.00	0.00	5.45	28.17
FD	0.17	[0.42]	0.00	2.00	20	0.00	0.00	2.39	5.26
F	14.28	5.43	7.00	32.00	128	13.00	10.00	1.29	1.70
(2)	6.38	4.90	0.00	21.00	114	6.00	0.00	1.14	1.48
3r + (2) /R	0.29	0.18	0.00	0.71	114	0.32	0.00	-0.08	-0.93
Lambda	3.49	4.76	1.00	29.00	128	1.80	1.11	3.57	13.99
EA	3.95	2.73	0.00	12.00	124	3.50	2.00	1.07	0.63
es	3.94	3.39	0.00	13.00	110	3.00	2.00	1.00	0.42
D Score	-0.02	0.95	-3.00	3.00	128	0.00	0.00	-0.08	3.26
AdjD	0.16	0.84	-2.00	3.00	128	0.00	0.00	0.51	2.31
a (active)	2.34	2.14	0.00	8.00	96	2.00	2.00	0.94	0.44
p (passive)	2.09	2.04	0.00	10.00	98	2.00	2.00	1.56	3.03
Ma	1.17	1.30	0.00	5.00	72	1.00	0.00	0.90	0.02
Mp	1.20	1.35	0.00	6.00	84	1.00	1.00	1.59	2.58
Intellect	1.11	1.71	0.00	9.00	64	0.50	0.00	2.38	6.67
Zf	9.47	4.13	2.00	23.00	128	10.50	11.00	0.45	0.29
Zd	0.46	3.77	-6.00	9.00	124	0.75	1.50	0.08	-0.98
Blends	1.20	1.42	0.00	6.00	72	1.00	0.00	1.37	2.05
Blends/R	0.06	0.06	0.00	0.21	72	0.04	0.00	0.76	-0.57
Col-Shd Blends	0.28	[0.63]	0.00	3.00	26	0.00	0.00	2.44	5.87
Afr	0.49	0.18	0.27	1.25	128	0.48	0.27	1.36	3.43
Populars	3.67	1.81	1.00	8.00	128	4.00	4.00	0.30	-0.62
XA%	0.60	0.13	0.28	0.89	128	0.60	0.53	0.18	0.57
WDA%	0.65	0.14	0.35	0.88	128	0.67	0.50	-0.39	-0.57
X + %	0.43	0.11	0.14	0.77	128	0.41	0.36	0.78	1.54
X-%	0.38	0.14	0.05	0.72	128	0.39	0.47	-0.18	0.55
Xu%	0.17	0.10	0.00	0.42	120	0.28	0.07	0.48	-0.09
Isolate/R	0.11	0.10	0.00	0.43	92	0.06	0.00	0.83	-0.07
H	1.67	1.78	0.00	9.00	90	1.00	0.00	1.64	3.56

（续上表）

变量	平均数	标准差	最小值	最大值	频数	中位数	众数	偏度系数	峰度系数
(H)	0.91	0.97	0.00	3.00	76	1.00	0.00	0.93	-0.05
HD	1.73	1.99	0.00	9.00	82	1.00	0.00	1.68	3.45
(Hd)	0.56	1.06	0.00	6.00	42	0.00	0.00	2.87	10.49
Hx	0.03	[0.18]	0.00	1.00	4	0.00	0.00	5.45	28.17
All H Cont	4.88	3.55	0.00	19.00	118	4.00	3.00	1.12	2.51
A	8.17	3.44	3.00	19.00	128	8.00	5.00	0.84	0.36
(A)	0.55	[1.14]	0.00	7.00	40	0.00	0.00	3.45	15.41
Ad	1.42	[1.82]	0.00	10.00	76	1.00	0.00	2.10	6.50
(Ad)	0.16	[0.51]	0.00	3.00	14	0.00	0.00	3.89	16.52
An	1.19	[1.52]	0.00	6.00	76	1.00	0.00	1.70	2.46
Art	0.56	0.83	0.00	3.00	46	0.00	0.00	1.14	-0.05
Ay	0.23	[0.70]	0.00	5.00	22	0.00	0.00	5.13	31.81
Bl	0.34	[0.78]	0.00	5.00	32	0.00	0.00	3.79	18.92
Bt	0.81	1.22	0.00	5.00	58	0.00	0.00	2.02	4.34
Cg	1.05	1.41	0.00	7.00	72	1.00	0.00	2.22	5.98
Cl	0.23	[0.46]	0.00	2.00	28	0.00	0.00	1.74	2.18
Ex	0.13	[0.33]	0.00	1.00	16	0.00	0.00	2.29	3.32
Fi	0.17	[0.45]	0.00	2.00	18	0.00	0.00	2.71	6.88
Food	0.36	[0.88]	0.00	4.00	26	0.00	0.00	2.93	8.61
Ge	0.06	[0.24]	0.00	1.00	8	0.00	0.00	3.65	11.56
Hh	0.44	1.36	0.00	6.00	18	0.00	0.00	3.38	10.32
Ls	0.30	0.88	0.00	5.00	20	0.00	0.00	3.86	15.95
Na	0.36	[0.74]	0.00	3.00	30	0.00	0.00	2.15	4.02
Sc	0.48	[0.71]	0.00	2.00	46	0.00	0.00	1.13	-0.11
Sx	1.06	[1.64]	0.00	5.00	50	0.00	0.00	1.30	0.16
Xy	0.13	[0.33]	0.00	1.00	16	0.00	0.00	2.29	3.32
Idio	1.66	2.03	0.00	9.00	82	1.00	0.00	1.83	3.73
DV	0.83	[1.24]	0.00	6.00	62	0.00	0.00	2.16	5.01
INCOM	1.41	[1.47]	0.00	6.00	90	1.00	1.00	1.37	1.65
DR	0.58	[0.79]	0.00	2.00	50	0.00	0.00	0.90	-0.79
FABCOM	0.48	[0.62]	0.00	2.00	54	0.00	0.00	0.88	-0.21
DV2	0.42	[1.19]	0.00	9.00	36	0.00	0.00	6.05	41.90
INC2	0.64	[1.13]	0.00	4.00	42	0.00	0.00	1.88	2.73

（续上表）

变量	平均数	标准差	最小值	最大值	频数	中位数	众数	偏度系数	峰度系数
DR2	1.48	[3.05]	0.00	14.00	50	0.00	0.00	2.80	7.91
FAB2	0.64	[1.13]	0.00	6.00	44	0.00	0.00	2.35	6.90
ALOG	0.27	[0.65]	0.00	3.00	22	0.00	0.00	2.53	5.86
CONTAM	0.13	0.42	0.00	2.00	12	0.00	0.00	3.49	11.83
Sum 6 Sp Sc	6.88	5.96	0.00	31.00	118	5.00	3.00	1.92	4.34
Lvl 2 Sp Sc	3.19	[4.30]	0.00	18.00	88	2.00	0.00	2.05	4.11
WSum6	26.31	28.35	0.00	129.00	118	18.00	6.00	2.01	4.03
AB	0.16	[0.54]	0.00	3.00	12	0.00	0.00	3.79	14.57
AG	0.50	0.89	0.00	3.00	36	0.00	0.00	1.58	1.22
COP	0.33	0.69	0.00	3.00	28	0.00	0.00	2.11	3.70
CP	0.03	[0.18]	0.00	1.00	4	0.00	0.00	5.45	28.17
GOODHR	1.73	1.41	0.00	5.00	100	1.50	1.00	0.62	-0.27
POORHR	3.84	3.08	0.00	17.00	118	4.00	1.00	1.39	3.60
MOR	0.81	[1.30]	0.00	5.00	54	0.00	0.00	2.00	3.57
PER	1.08	2.30	0.00	11.00	52	0.00	0.00	3.27	10.94
PSV	0.28	[0.52]	0.00	2.00	32	0.00	0.00	1.65	1.91

注意：表格中的标准差表明数值可能是不可靠的和/或者误导性的，并且不应该用于估算有效范围。这些数据一般不用于大多数的参数分析。

表 42 住院精神分裂症病人的 36 个变量的频率 LAMBDA >0. 99（N =128）

人口统计学变量

婚姻状况			年龄			种族		
单身	82	64%	18 ~ 25	70	55%	白人	120	94%
同居	0	0%	26 ~ 35	24	19%	黑人	4	2%
已婚	36	28%	36 ~ 45	22	17%	西班牙和葡萄牙裔	4	3%
分居	2	2%	46 ~ 55	8	6%	亚裔	0	0%
离婚	8	6%	56 ~ 65	2	2%			
丧偶	0	0%	>65	2	2%			
性别						受教育程度		
男性	72	56%				少于 12 年	23	18%
女性	56	44%				12 年	64	50%
						13 ~ 15 年	19	15%
						16 + 年	22	17%

比率、百分数和特殊指数

风格			形状质量变异		
内向型	0	0%	XA% >.89	0	0%
普遍内向型	0	0%	XA% <.70	110	86%
中间型	0	0%	WDA% <.85	114	89%
外向型	0	0%	WDA% <.75	94	73%
普遍外向型	0	0%	X + % <.55	110	86%
回避型	128	100%	Xu% >.20	36	28%
			X-% >.20	114	89%
			X-% >.30	100	78%
D-分数			FC：CF + C 比例		
D >0	22	17%	FC >（CF + C）+2	0	0%
D =0	80	63%	FC >（CF + C）+1	4	3%
D <0	26	20%	（CF + C）>FC + 1	22	17%
D < −1	4	3%	（CF + C）>FC +2	8	6%
Adj D >0	30	23%			
Adj D =0	82	64%			
Adj D <0	16	13%			
Adj D < −1	4	3%			
			S-CON 阳性	0	0%

（续上表）

Zd > +3.0（过度组合）	36	28%				HVI 阳性	10	8%
Zd < -3.0（组合不足）	28	22%				OBS 阳性	0	0%
PTI = 5	10	8%	DEPI = 7	0	0%	CDI = 5	14	11%
PTI = 4	26	20%	DEPI = 6	10	8%	CDI = 4	56	44%
PTI = 3	56	44%	DEPI = 5	18	14%			

其他变量

R < 17	42	33%	(2AB + Art + Ay) > 5	2	2%
R > 27	18	14%	P < 4	60	47%
DQv > 2	20	16%	P > 7	2	2%
S > 2	50	39%	COP = 0	100	78%
Sum T = 0	120	94%	COP > 2	2	2%
Sum T > 1	0	0%	AG = 0	92	72%
3r + (2) /R < 0.33	70	55%	AG > 2	6	5%
3r + (2) /R > 0.44	32	25%	MOR > 2	10	8%
Fr + rF > 0	4	3%	Level 2 Sp. Sc. > 0	88	69%
纯 C > 0	24	19%	GHR > PHR	16	13%
纯 C > 1	10	8%	纯 H < 2	72	56%
Afr < 0.40	40	31%	纯 H = 0	38	30%
Afr < 0.50	68	53%	p > a + 1	20	16%
(FM + m) < Sum Shading	48	38%	Mp > Ma	44	34%

第三部分

编码练习

12. 编码练习

本手册的这一部分有300个反应，给使用者用来练习准确地使用各种编码和记分。这些反应分为8个部分，每个部分包括25～50个反应。使用者完成这300个反应的编码所获得的经验大致相当于编码15份测验记录。对新手来说，如果想在编码过程中感到轻松并能胜任此项工作，完成这样数量的编码练习是必须的。

每个部分的反应均按照4个等级难度或复杂性挑选。它们也提供了具体案例来说明什么时刻和什么类型的询问是重要的。

第一和第二部分有75个非常简单的反应，它们所反映的反应类型构成了罗夏测验全部反应的50%。挑选这些反应是为了给每种基本编码或记分提供经验，例如部位、发展质量（DQ）、决定因子、内容、常见反应P和Z分数，其中某些反应还包括了特殊分数。练习诸如此类的反应，能够帮助施测者轻松辨别各种各样的决定因子，这是一种对平稳施测至关重要的技能。

第三和第四部分包括了65个难度或复杂性更高的反应。它们多是混合反应，其中点缀了更多的特殊分数。它们也是罗夏测验反应中所占比例较高的反应类型。

第五和第六部分包括了90个反应，与第三和第四部分的反应相比，其编码的复杂性进一步增加。这些反应不比前两部分的反应难，但是需要编码特殊分数的反应增多了。

第七和第八部分有70个反应，这些反应对任何一个罗夏测验编码者都具有挑战性。附录中列出了每个部分反应的答案要点。

最佳做法是每次先编码一些反应，然后按照给出的答案要点来核对编码。无论何时，一旦所给的编码与答案不一样，编码者就应该带着分析错误的目的再次复习工作手册中的材料。如果在某一部分出现大量的错误，编码者应在适当复习工作手册中的材料后，重新做这部分的练习。

需要注意的是，有时不同编码者对某些问题存在合理的分歧，例如记CF还是C，记FC还是CF，记FY还是YF，等等。这些问题中的某些是无法解决的，但是只要编码者仔细彻底地研究所涉及的标准并且认真地使用，几乎所有的问题都是可以解决的。

遗漏是一个比记为FT或是TF还要严重的问题。虽然这两个结果都是我们不想看到的，但是遗漏会增加导致被试许多心理特征出现结构化误导或歪曲的风险。

前面六个部分的反应是为了学习而练习，后两个部分的反应则可作为对学习的检验。如果一个人能够正确地编码第七和第八部分的70个反应，或者其编码过程中只有几个错误，那么他就应该在一份真实测验纪录的编码中，对其编码能够真正代表被试给出的反应特征而感到相当自信。

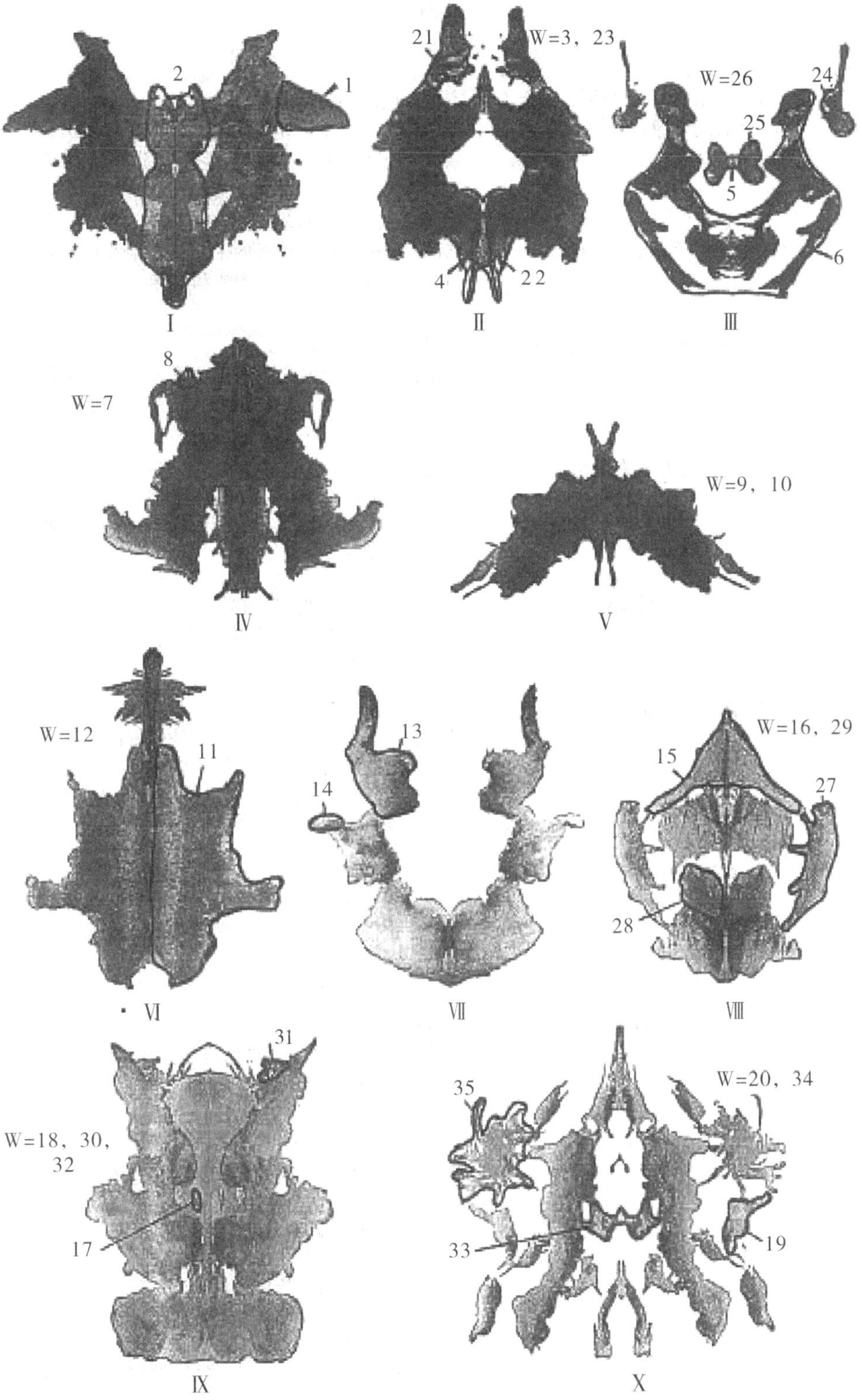
2
1
21
W=3，23
4
22
W=26
24
25
5
6
Ⅰ
Ⅱ
Ⅲ
8
W=7
W=9，10
Ⅳ
Ⅴ
W=12
11
13
14
W=16，29
15
27
28
Ⅵ
Ⅶ
Ⅷ
31
W=18，30，
32
17
35
W=20，34
33
19
Ⅸ
Ⅹ

第一部分

练习一

图卡	反应	询问	编码
Ⅰ	< 1. 如果这样看的话，这部分看起来像常青树。	主试：（重复被试的反应） 被试：嗯，它确实有常青树的形状，你知道某种常青树，就像云杉木，非常庄严的样子。	
Ⅰ	2. 这可能是一个人，在中间，她的手是举起来的。	主试：（重复被试的反应） 被试：这里是她举起来的手，就像她在挥动着手臂，这里是她的腿和身体。	
Ⅱ	3. 整个东西看起来像一张脸。	主试：（重复被试的反应） 被试：嗯，红色的是眼睛，这里是脸颊（黑色的），白色部分是嘴巴，这只是脸的形状。	
Ⅱ	4. 这部分看起来像蜡烛。	主试：（重复被试的反应） 被试：是的，像蜡烛一样又长又细，这里就像蜡在滴下来。这下面的部分是烛台，蜡烛插在上面。	
Ⅲ	5. 这看起来像蝴蝶。	主试：（重复被试的反应） 被试：这里，翅膀和身体。它正在飞，看，翅膀是伸展开来的。	
Ⅲ	6. 两个人在抬什么东西。	主试：（重复被试的反应） 被试：两个人，头和身体，背是弓着的，这里是他们的腿，他们的手臂向下，在抬什么东西，很重，看，他们多么愁苦的脸，他们的手在紧紧地抓着它。	
Ⅳ	7. 可能是一棵树。	主试：（重复被试的反应） 被试：它有树的基本形状，所有的树枝都是下垂的，可以说是无精打采的，就像有很多重物压在它们上面（勾勒轮廓），树干在这里。	
Ⅳ	8. 这个小的部分可能是帽子。	主试：（重复被试的反应） 被试：你知道，有一种帽子是尖顶的，就是那种形状。	
Ⅴ	9. 这看起来像蝙蝠，正在滑翔。	主试：（重复被试的反应） 被试：这里是伸展的翅膀，中间是身体。	
Ⅴ	10. 嗯，它可能是某种器官。	主试：（重复被试的反应） 被试：是的，某种器官。 主试：我没看到，帮帮我。 被试：这里全部，我不知道是哪一个器官，对我来说，它就是体内的某个部分，像某种器官，可能是胃，可以说它的形状像胃，可能是。	

（续上表）

图卡		反应	询问	编码
Ⅵ	<	11. 这让我想起潜水艇。	主试：（重复被试的反应） 被试：潜水艇的外形很漂亮，长长的弧形，这里是船头，指挥塔，顶部可能是潜望镜的顶端，它没有移动。	
Ⅵ	v	12. 这样看，可能是海洋生物，像是鱼或者黄貂鱼。	主试：（重复被试的反应） 被试：它有长长的尾巴，扁平的身体，上面这里是嘴巴，它就像黄貂鱼，正向前游。	
Ⅶ		13. 上面这部分看起来像两个互相交谈的天使。	主试：（重复被试的反应） 被试：脸，眼睛，鼻子，嘴巴，就像正在互相交谈的天使。	
Ⅶ		14. 这里就像两只动物，正在跑开。	主试：（重复被试的反应） 被试：只是这小的部分，头在这外面，其他的是身体，有两只，跑得非常快。	
Ⅷ		15. 这上面可能是个男人，上半部分，手臂向外伸。	主试：（重复被试的反应） 被试：他的头在上面，这些是他的手臂，伸向两边，就像他正在伸出。 主试：我想我没看到，你帮帮我。 被试：就像一个男人，头在这里，以及他的手臂。	
Ⅷ		16. 看起来像两只动物，正在爬山。	主试：（重复被试的反应） 被试：一边一只，头、腿、身体。后腿看起来较大，有很多肌肉，就像要离开这下面的岩石，奋力爬上这突出的悬崖。	
Ⅸ		17. 这椭圆形的看起来像湖。	主试：（重复被试的反应） 被试：某种长而窄的湖，这让我想到那种湖，又长又窄。	
Ⅸ		18. 整个部分可能是云，漂浮在山的上面，这里是山脚。	主试：（重复被试的反应） 被试：上面这部分就像是云，有点不成形的。 主试：你说在山上面？ 被试：就在它上面，漂浮过去，云遮住了它的大部分，你只能看到它的底部（D6），上面的部分被云覆盖了。	
Ⅹ		19. 看起来像是一个人，在篮球场上，跳起来投球。	主试：（重复被试的反应） 被试：就在这里（D15），手臂举起，跳到空中像要投球。 主试：我一下子看不出来。 被试：他就在这里，他的身体和举起的手臂，正在跳起投篮。 主试：球呢？ 被试：就在他手臂的末端。	

（续上表）

图卡		反应	询问	编码
Ⅹ		20. 噢，整个部分让我想到七月四日的烟花。	主试：（重复被试的反应） 被试：是的，烟花，它们都正在爆炸。 主试：我不确定是什么让它看起来像烟花。 被试：嗯，它们向外爆开，像是五彩缤纷的图案，就像烟花爆开那样。	
Ⅱ		21. 我猜这红色的可能是肺。	主试：（重复被试的反应） 被试：它让我想起肺，它是红色的，里面有血，我想肺就是那样构成的。	
Ⅱ		22. 这看起来像血。	主试：（重复被试的反应） 被试：是的，这红色的地方，对我来说，它看起来就像血，看，它是红的。	
Ⅱ		23. 两个人，脸，手，他们戴着帽子。	主试：（重复被试的反应） 被试：对我来说，它看起来像两个人，头在这上面，戴着大大的红色帽子，其他的是身体。看，手臂、背和腿。	
Ⅲ		24. 这看起来像块肉。	主试：（重复被试的反应） 被试：它就像煨好的肉，一边一块，就像你把肉放到平底锅里烹饪前的样子，还是红的。	
Ⅲ	<	25. 红色部分让我想到情人节礼物。	主试：（重复被试的反应） 被试：对我来说，它就像情人节礼物。 主试：我不确定是什么让它看起来像情人节礼物？ 被试：它有心的形状，情人节礼物就是心形的，我已经送过不少这种情人节礼物了。	
Ⅲ		26. 人们在舞会上跳舞。	主试：（重复被试的反应） 被试：是的，这里是两个人，看，这里是身体和头，他们像在跳布吉舞，这红色的就像舞会上五彩缤纷的装饰品。	
Ⅷ		27. 这可能是阴茎。	主试：（重复被试的反应） 被试：它有那种大致的形状，据我所知它们就是那种颜色。	
Ⅷ		28. 一朵花，在这里。	主试：（重复被试的反应） 被试：这漂亮的颜色让我想起一朵花，它可能是花蕾，花蕾通常是那种圆形的。	
Ⅷ		29. 它可能是个花瓶，如果你把粉红色的想象成手柄，那就像个埃及花瓶。	主试：（重复被试的反应） 被试：手柄和形状，像花瓶，所有不同的颜色就像是图案，非常漂亮。	

（续上表）

图卡	反应	询问	编码
Ⅸ	30. 噢，那个很漂亮。一些粉色、绿色和橙色。	主试：（重复被试的反应） 被试：它们的颜色非常漂亮。只有粉色、橙色和绿色。	
Ⅸ	31. 这些像枪，就这小的橘色的部分。	主试：（重复被试的反应） 被试：这里长的是枪管，末端这小的东西是用来瞄准的，弯曲的手柄，像是一把装饰华丽的西方手枪，扳机在这里，每边各有一把。	
Ⅸ	32. 那就像是被压扁的苍蝇的内脏。	主试：（重复被试的反应） 被试：它们的颜色非常丰富，粉红色的是器官，其他的就是内脏，我不能很好地把它指出来，但你要是碾死一只苍蝇的话，它看起来就是那样子。	
Ⅹ	33. 中间部分看起来像一个特别的乳罩。	主试：（重复被试的反应） 被试：如果你把它拿起来，它就是这种形状，它是蓝色的，所以它一定是特别的。 主试：特别的？ 被试：当然，蓝色的特别，白色的就不特别。	
Ⅹ	34. 它看起来像一大片颜料，非常好看，像抽象派作品，就像艺术家想要表现这世界的色彩美。	主试：（重复被试的反应） 被试：整个看起来就像某人拿起一个刷子弄的，有蓝色、绿色、黄色、粉红色，它们都非常漂亮，就像一幅抽象画，象征色彩是怎么美化世界的。	
Ⅹ	35. 这蓝色的可能是螃蟹。	主试：（重复被试的反应） 被试：蓝色的部分，它看起来就像是一只螃蟹，有很多腿，尽管螃蟹一般不是蓝色的，我想应该是褐色或者绿色，但我想在马里兰州他们会谈到蓝色螃蟹，但我不认为它们是蓝色的，我不确定，我猜它们很好吃，但我不认为这里的是蓝色螃蟹，只是螃蟹，不看这蓝色的。	

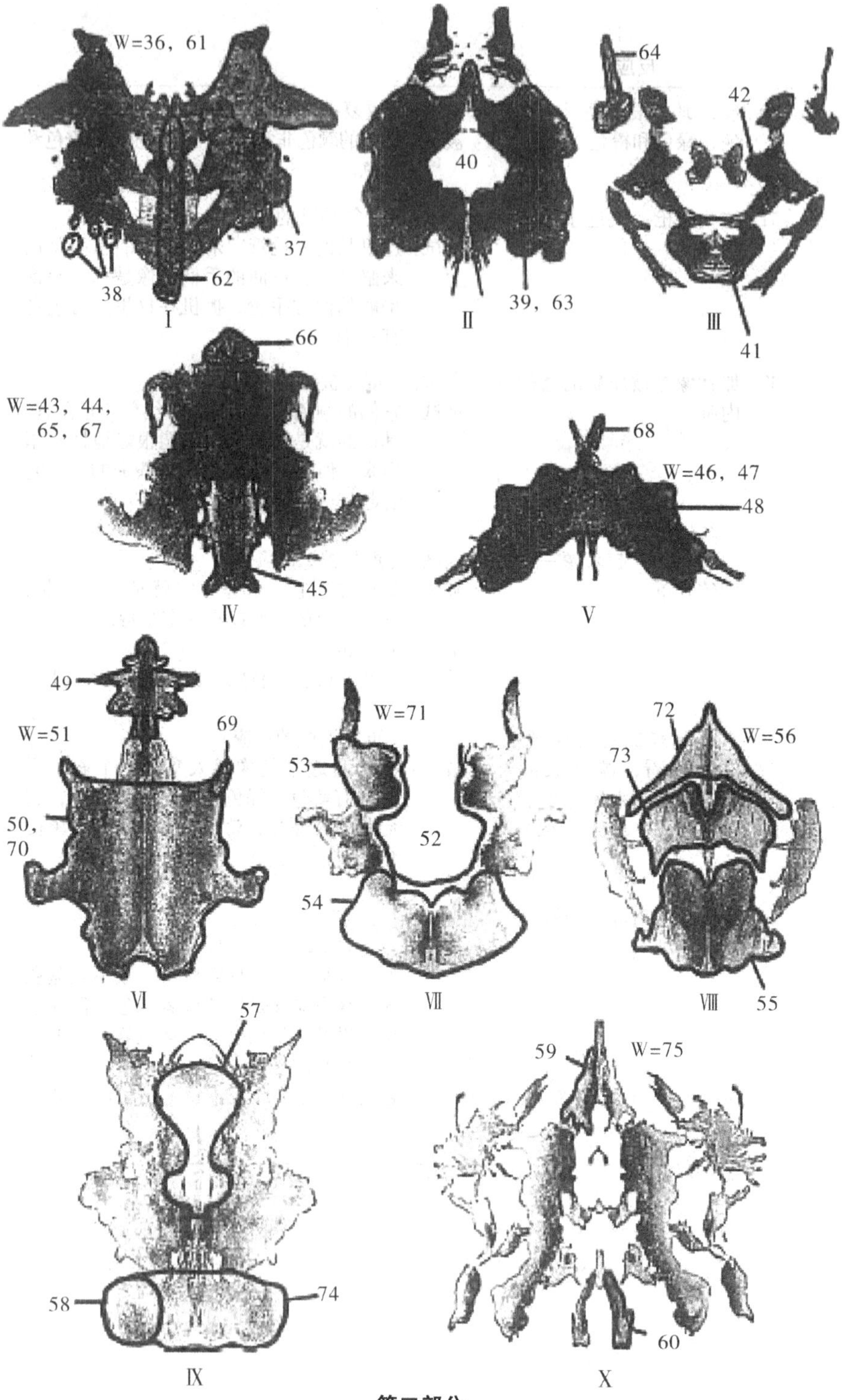
W=36，61
37
38
62
Ⅰ
40
39，63
Ⅱ
64
42
41
Ⅲ
66
W=43，44，
65，67
45
Ⅳ
68
W=46，47
48
Ⅴ
49
W=51
69
50，
70
Ⅵ
W=71
53
52
54
Ⅶ
72
W=56
73
55
Ⅷ
57
58
74
Ⅸ
59
W=75
60
Ⅹ

第二部分

练习二

图卡	反应	询问	编码
Ⅰ	36. 它可能是张脸，是一张有白色大牙齿的傻瓜脸。	主试：(重复被试的反应) 被试：看这大牙和眼睛，不是一张真实的脸，像个面具，有脸颊和有趣的大耳朵。	
Ⅰ	37. 两边有云彩。	主试：(重复被试的反应) 被试：深黑色和浅黑色让我想到暴风云的样子。 主试：你说在两边？ 被试：是的，一个在这，一个在这（用手指）。	
Ⅰ	38. 这些看起来像一块块煤。	主试：(重复被试的反应) 被试：它们是黑色的，像煤，就是小圆块的煤。	
Ⅱ	39. 这黑色的可能是两只小熊，正在触碰它们的鼻子。	主试：(重复被试的反应) 被试：就是黑色的部分，它可能是熊，这里是头、耳朵、前爪、身体和后腿。 主试：你说它们在触碰鼻子？ 被试：是的。像是在互相嗅对方。	
Ⅱ	40. 那里有雪花。	主试：(重复被试的反应) 被试：中间的部分，像白色的雪花一样，每个边都是相等的。你知道，有的东西所有的边都相同，我认为它们一般有 4 个或 6 个边。	
Ⅲ	41. 可能是 X 光片。	主试：(重复被试的反应) 被试：它全是黑色，就像 X 光片，我不知道是什么，可能是胸部，也可能不是，对我来说它就像 X 光片。	
Ⅲ	42. 这看起来有点像豆形软糖。	主试：(重复被试的反应) 被试：有点圆圆的，像一颗黑色的豆形软糖，是的，就像那样，像里根总统过去常常放在他桌面上的那种。他是个痴迷豆形软糖的人，但我不喜欢它们，最起码不喜欢黑色的。	
Ⅳ	43. 我觉得它看起来像墨水。	主试：(重复被试的反应) 被试：就是一些墨水，一些部分要比其他部分干，看，中间的比较深，周围的比较淡。	
Ⅳ	44. 也许是一朵云，像是在晚上。	主试：(重复被试的反应) 被试：当你晚上看天空的时候，它们就像这样是黑的，它们就像这样的云，就是一块云，整个，就像我曾在晚上看到过的。	
Ⅳ	45. 这部分可能是一条鱼。	主试：(重复被试的反应) 被试：鱼头在下面，剩下的就是有斑纹的身体，暗的线条看起来像斑纹。	
Ⅴ	46. 可能是只蝙蝠。	主试：(重复被试的反应) 被试：确实，翅膀和头，它是黑色的，像蝙蝠。	

（续上表）

图卡		反应	询问	编码
Ⅴ		47. 它就像那种滚滚的烟雾，正在蔓延开来。	主试：（重复被试的反应） 被试：看起来烟雾弥漫的，不全是一种颜色，就像是一缕烟雾，正在弥漫开来。	
Ⅴ	v	48. 这样看，它可能是胸部的X光片。	主试：（重复被试的反应） 被试：就是这部分，像胸骨一样对称，都是深黑和灰，就像X光片。	
Ⅵ		49. 我猜是一根图腾柱。	主试：（重复被试的反应） 被试：柱和它下面的地面，它的形状像一个有翅膀的图腾，它上面涂有深色的斑点，我们去西部旅行的时候看到很多这样的图腾柱。	
Ⅵ		50. 这部分看起来像一个旧的铁壶，我祖母曾有过像它一样的铁壶。	主试：（重复被试的反应） 被试：只是下面的部分，它的形状像那种旧的壶，我猜每人都有过，它有手柄，全是黑的。这个壶看起来像用了很久，因为到处是那种不同深浅的黑色。	
Ⅵ	v	51. 它让我想起已死的大脑，这是脑干。	主试：（重复被试的反应） 被试：整个都是暗淡的，像死了的大脑。活的大脑全部是一个颜色，但这个是不同深浅的灰色。我曾经看过像这样的图片，它可以说是圆的，下面这里是脑干。	
Ⅶ	v	52. 像孩子们做的雪雕像。	主试：（重复被试的反应） 被试：它是白色的，就像雪，我不确定它是什么，就是底部比较小，顶部比较圆。	
Ⅶ		53. 这可能是两张脸。	主试：（重复被试的反应） 被试：这灰色的可能是一个人的脸，突出的是刘海，凹进去的眼睛，小鼻子，坚挺的下巴，图中有两张脸，一边一个。	
Ⅶ		54. 一双青铜色的婴儿鞋。	主试：（重复被试的反应） 被试：它们有那样的形状，像小婴儿的鞋。 主试：你说它们是青铜色的？ 被试：它的色彩让它看起来有光泽，就像是青铜色的。	
Ⅷ		55. 什么东西燃烧着，篝火。	主试：（重复被试的反应） 被试：嗯，它就像火焰，它是橙色的，像火，它的形状让我想起篝火。	

（续上表）

图卡	反应	询问	编码
Ⅷ	56. 噢，一只死了的螃蟹，全部都打开了。	主试：（重复被试的反应） 被试：是的，一只螃蟹，整个看起来就像一只死了的螃蟹。 主试：我不确定为什么它看来像。 被试：就是那样的形状。 主试：我不确定为什么它看起来像死的。 被试：它有白色骨头，你可以看到各种颜色的内脏，就像是壳被揭掉了，你看到的是各种颜色的内脏。	
Ⅸ	57. 这白色的部分看起来像一个盐瓶。	主试：（重复被试的反应） 被试：它有瓶子的形状，是白色的，看起来就像有盐在里面。如果它是黑色的，那可能就是一个胡椒瓶。任何一个人都能区别这两种东西，因为盐是白色的，而胡椒是黑色的。	
Ⅸ	58. 它看起来是圆的，像苹果。	主试：（重复被试的反应） 被试：嗯，它是红色的，圆的，像一个苹果。 主试：圆的？ 被试：像一个圆形，像一个苹果或者是樱桃，我想是苹果。	
Ⅹ	59. 这些看起来像两块岩石，灰色的岩石。	主试：（重复被试的反应） 被试：灰色让我想到岩石的颜色，它们是圆的，不是非常圆，但它们可能是岩石。	
Ⅹ	60. 这看起来像个钩子，鱼钩。	主试：（重复被试的反应） 被试：它有鱼钩的形状，它有光泽，像是金属的。 主试：光泽？ 被试：不同深浅的色彩让它看起来像那样。	
Ⅰ	61. 它看起来像一只蝙蝠，正在飞。	主试：（重复被试的反应） 被试：整个是黑色的，翅膀向外展开，身体在中间。	
Ⅰ	62. 也是一个阴道。	主试：（重复被试的反应） 被试：对我来说，就是中间有缝隙的部分看起来像阴道。 主试：我想我没像你一样看出来，帮帮我。 被试：看这里（用手指勾画）。 主试：缝隙呢？ 被试：中间的深色线，那就是开口。	

（续上表）

图卡	反应	询问	编码
Ⅱ	63. 这看起来像两只泰迪熊相互靠在一起，以便鼻子挨在一起。	主试：（重复被试的反应） 被试：它们看起来像两只小泰迪熊，你可以看到头、鼻子和毛皮，看起来像是某人把它们摆成这样的姿势，这样它们的鼻子能挨在一起，触碰着。 主试：你说你看到毛皮？ 被试：那里颜色组合的样子，让它看起来像毛皮。	
Ⅲ	64. 这红色的代表艺术家的音符。	主试：（重复被试的反应） 被试：它们有那样的形状，就像你在卡通片中看到的，代表正在播放音乐。	
Ⅳ	65. 看上去像一块天鹅绒。	主试：（重复被试的反应） 被试：它看起来很柔软。看那不同的斑点，看起来像是一块，不是一件大衣，不是帽子，就是一块天鹅绒。	
Ⅳ	66. 上面这里是一朵花。	主试：（重复被试的反应） 被试：它看起来像一朵花，柔软的花瓣从中间长出来。 主试：我不知道是什么使它看起来很柔软。 被试：那里的颜色让它看起来很柔软。	
Ⅳ	67. 它让我想到巧克力冰淇淋卷筒，我是个对巧克力上瘾的人。	主试：（重复被试的反应） 被试：底部是卷筒，我想有些人不喜欢巧克力，但是如果你喜欢就会对它很疯狂，它比香草味或枫糖胡桃味的要好很多。 主试：我想我还没看出来，帮帮我。 被试：这整个看起来像巧克力冰淇淋，就像堆在这边上。 主试：什么使它看起来像巧克力冰淇淋？ 被试：它就是像，这不同的阴影使它看起来黏黏的，像巧克力。	
Ⅴ	68. 它看起来像毛毛虫的头。	主试：（重复被试的反应） 被试：就是毛茸茸的毛毛虫的形状。 主试：毛茸茸的？ 被试：这些墨迹图中的斑点让它看起来毛茸茸的，就像毛毛虫。	
Ⅵ	69. 这些小点点可能是狗的爪子或者是兔子的脚。	主试：（重复被试的反应） 被试：这里，它看起来像狗的爪子或者是兔子的脚。 主试：我不确定是什么使它看起来像。 被试：嗯，它的形状和阴影使它看起来像兔子脚上的毛。	

（续上表）

图卡	反应	询问	编码
Ⅵ	70. 底部看起来像毛皮，可能是小地毯，就是非常漂亮的毛皮。	主试：（重复被试的反应） 被试：看上去确实像毛皮，墨迹图的样子就像（用手触摸图卡），可能是一块形状有趣的小地毯。	
Ⅶ	71. 这可能是两个印第安小孩蹲在一块岩石上。	主试：（重复被试的反应） 被试：像有两个人，看这前额、鼻子、下巴和脖子，身体是圆的，就像你蹲下来那样，看起来就像他们把手伸到后面，每人在头上插着一根羽毛，像是印第安人戴的那种，但他们的脸看起来很年轻，像是孩子们在玩游戏或者一起在做什么特别的活动。	
Ⅷ	72. 我猜这是冰。	主试：（重复被试的反应） 被试：我猜混合在一起的颜色让它看起来很冷，像冰，就像你要摸它，你的手会黏在上面，因为它很冷。	
Ⅷ	73. 中间这些看起来像旗帜，挂在旗杆上。	主试：（重复被试的反应） 被试：正方形的，边上有流苏，就像它们挂在中间的杆子上，它们甚至有布料的质感。 主试：质感？ 被试：墨迹图使它们看起来像布料那么柔软。	
Ⅸ	74. 一些棉花球（用手触摸图卡）。	主试：（重复被试的反应） 被试：有四个，每边有两个，上面这些斑点使它们看起来就像棉花那样柔软。	
Ⅹ	75. 所有这些可能是岛屿，白色的是水。	主试：（重复被试的反应） 被试：只是不同的陆地块，白色的是水，岛屿，水在它们之间。	

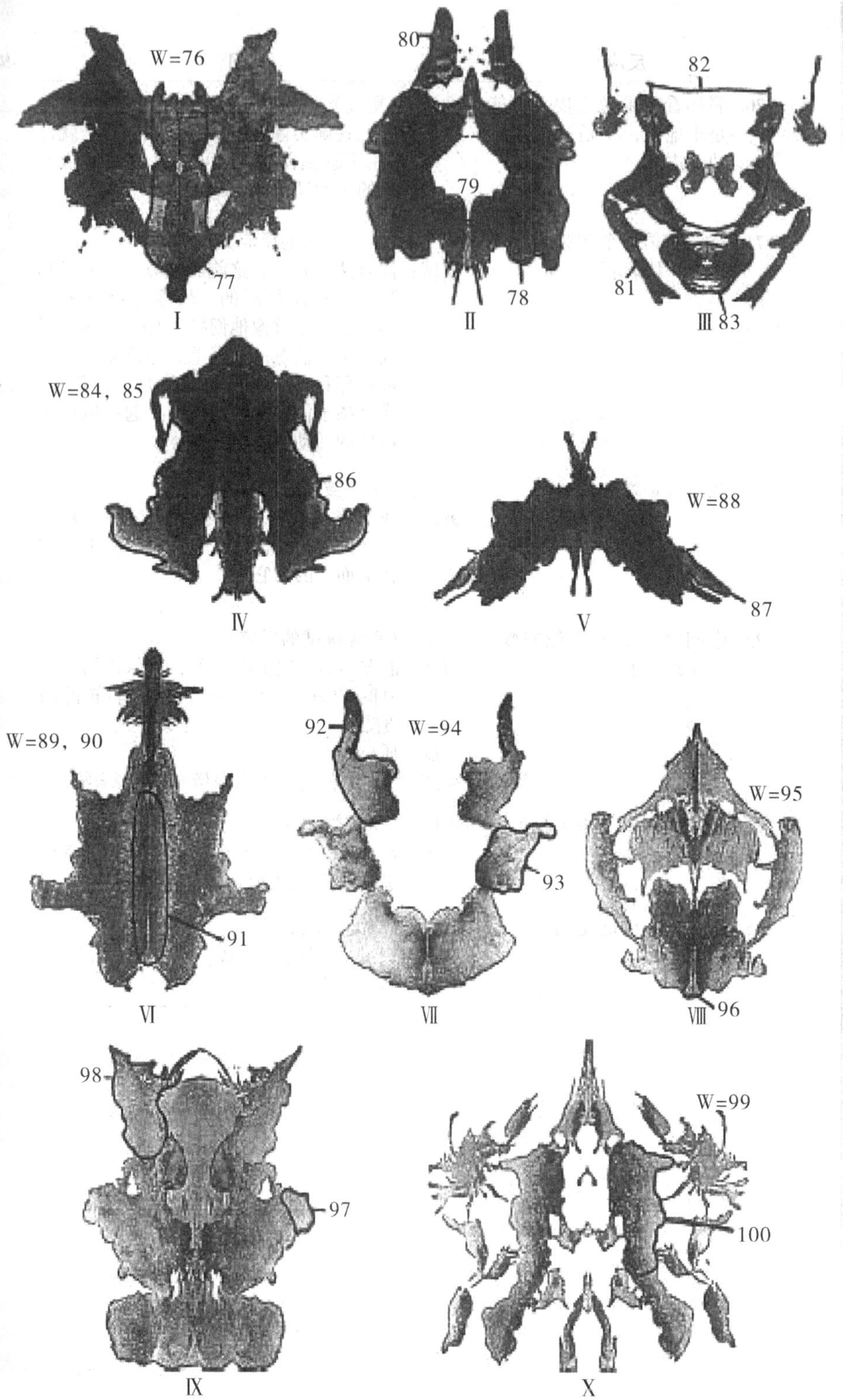
W=76
77
I
80
79
78
II
82
81
III 83
W=84，85
86
IV
W=88
87
V
W=89，90
91
VI
92
W=94
93
VII
W=95
96
VIII
98
97
IX
W=99
100
X

第三部分

练习三

图卡		反应	询问	编码
Ⅰ		76. 我想是一只螃蟹或者是龙虾，可能是螃蟹。	主试：（重复被试的反应） 被试：中间是身体，外面是手臂和钳，它看起来就像一只螃蟹。	
Ⅰ		77. 这部分可能是个女人，你可以看透她的裙子。	主试：（重复被试的反应） 被试：这里是她的头、身体、细细的腰，你能看透她的裙子，比较浅的部分，她的屁股相当大，就在这里，比较深的这里。	
Ⅱ		78. 如果不看红色的，它可能是骨头、骨盆。	主试：（重复被试的反应） 被试：它的形状就像骨盆，中间有一个洞（用手指着）。 主试：中间有个洞？ 被试：白色的，那里什么也没有，就像骨盆里的洞，向后伸展。	
Ⅱ		79. 中间的看起来像井或水坑，里面有水。	主试：（重复被试的反应） 被试：白色部分是水，它在这个井的里面，围绕在它的周边好像是凹进去了一样。 主试：我不确定是什么使它看起来像那样。 被试：不同的颜色使它看起来有深度感。	
Ⅱ		80. 这看起来像两个皱皱的连指手套。	主试：（重复被试的反应） 被试：它们的形状就像连指手套，顶部是圆的。 主试：你说它们是皱皱的？ 被试：这里较浅的地方看起来像是褶皱，可以说是折进去了，像褶皱。	
Ⅲ		81. 这里是一个人，这里是他的镜像。	主试：（重复被试的反应） 被试：头、手臂、身体、腿，还有这边是他的镜像。	
Ⅲ	v	82. 这样看，像一只巨大的红色蝴蝶，在山洞前。	主试：（重复被试的反应） 被试：这红色的是蝴蝶，白色的是山洞，黑色的是山洞的边，像蝴蝶在它前面，看翅膀。 主试：你说它是一只巨大的蝴蝶？ 被试：肯定是，它看起来很大，像巨大的蝴蝶。	
Ⅲ		83. 男人脸的一部分，鼻子。	主试：（重复被试的反应） 被试：这是鼻子，你可以看到鼻孔，看得到吗？ 主试：鼻孔？ 被试：这较黑的部分看起来像是鼻子的里面，你能看到里面，它比较暗，就是一个鼻子。	

（续上表）

图卡		反应	询问	编码
Ⅳ	v	84. 一片遍布褶皱的叶子。	主试：（重复被试的反应） 被试：整个东西看起来就像一片大叶子，叶子上到处都是这样的褶皱。 主试：褶皱？ 被试：看那较深的就像上面的褶皱，像皱纹，叶子要是落下来或枯萎了就会是那样子。	
Ⅳ		85. 像是科幻电影里的某个东西，感觉像是仰视着他。	主试：（重复被试的反应） 被试：这里是腿和奇怪的头，一个大的、肥的、笨重的东西，就像他站在那里，你在仰视着他。 主试：仰视着他？ 被试：看上去有一种透视感。	
Ⅳ		86. 哇，这很丑，它看起来像一只有着奇怪手臂的青蛙。	主试：（重复被试的反应） 被试：你可以说它是一只青蛙，因为小小的头、大大的脚、奇怪的手臂，整个是坑坑洼洼的。 主试：坑坑洼洼的？ 被试：这些颜色使它看上去像凸起来的。	
Ⅴ		87. 这看起来像两只鳄鱼，正准备咬什么东西。	主试：（重复被试的反应） 被试：就是这个末端，这里是上腭、下腭，只有头，它们的嘴是张开的，像要咬什么东西。	
Ⅴ		88. 可能是个男孩，在帐篷里。	主试：（重复被试的反应） 被试：这整个就像透明的帐篷，你可以看到他的轮廓，头和身体，末端是把帐篷支撑起来的支柱。 主试：你说它是透明的？ 被试：你可以看透它，可能它后面有光吧，这样就产生了不同的颜色，不管怎样，你几乎可以看透它。	
Ⅵ		89. 它让我想起很深的东西，我不确定是什么。	主试：（重复被试的反应） 被试：它看起来有深度，中间较暗的地方较深，就是一个很深的地方。	
Ⅵ	<	90. 侧过来看，像是一些树在水中的倒影。	主试：（重复被试的反应） 被试：它是水中的倒影，看，这里是一样的。这些可能是树，各式各样的树，有一些比另一些高。	
Ⅵ		91. 中间的下面，可能是条河，像峡谷。	主试：（重复被试的反应） 被试：这看上去像围绕着它的陆地，有很多树和别的东西。 主试：我不确定为什么它看起来像。 被试：它看起来就在里面，所有中间较深色的那里。	

（续上表）

图卡		反应	询问	编码
Ⅶ		92. 小女孩的头，留着马尾辫，一个黑人小女孩。	主试：（重复被试的反应） 被试：她的鼻子、前额，她的马尾辫。 主试：你说一个黑人小女孩？ 被试：她是黑色的。	
Ⅶ		93. 它看起来像两个山羊头。	主试：（重复被试的反应） 被试：这里和这里，它看起来像一只山羊，角、嘴和鼻子。	
Ⅶ		94. 薄脆饼干的碎片，像是被浸泡在水里。	主试：（重复被试的反应） 被试：它们膨胀了，一部分鼓起来了，阴影使它们看起来厚了很多。	
Ⅷ	<	95. 侧过来看，它像一只野生动物在水中的倒影。	主试：（重复被试的反应） 被试：这里站着一只动物，头、四条腿，这些形状像岩石、灌木，蓝色的是水。 主试：你是说被反射的？ 被试：下面这里是水，这样看起来就像是其他东西的倒影。	
Ⅷ		96. 像阴道，它里面粉红色的肉都露出来了。	主试：（重复被试的反应） 被试：这里是缝隙，开口，它比较深，因为它较暗，像是它的褶皱。我觉得形状很像阴道，它的颜色也像。	
Ⅸ		97. 这里可能是两丛灌木。	主试：（重复被试的反应） 被试：我觉得它看起来像灌木，有点圆圆的就像灌木。	
Ⅸ		98. 上面这里看起来像两个女巫，她们向后仰，像是笑得很开心。	主试：（重复被试的反应） 被试：她们穿着橙色衣服，戴着尖帽，有长长的尖指甲，一个有趣的弯曲的鼻子，宽大肥胖的身体，看起来像是正向后面仰，像是对某个东西捧腹大笑，她们正在笑什么东西，笑她们想到的或一个人对另一个人说的东西。	
X	v	99. 它看起来像是一束漂亮的花。	主试：（重复被试的反应） 被试：有各种各样的花，粉红色的、蓝色的、黄色的，它们都捆在下面这里（D11），粉红色的可能是剑兰，蓝色的我猜可能是蓝菊，它们都非常漂亮。	
X		100. 它看起来像是邪恶的人的胰脏。	主试：（重复被试的反应） 被试：它形状就像胰脏，我知道它，我研究过邪恶的人的内脏。 主试：你怎么知道他是一个邪恶的人？ 被试：粉色不只是一种颜色，有不同深浅的粉色，当你看到不同深浅的粉色时，你就知道他是个邪恶的人。	

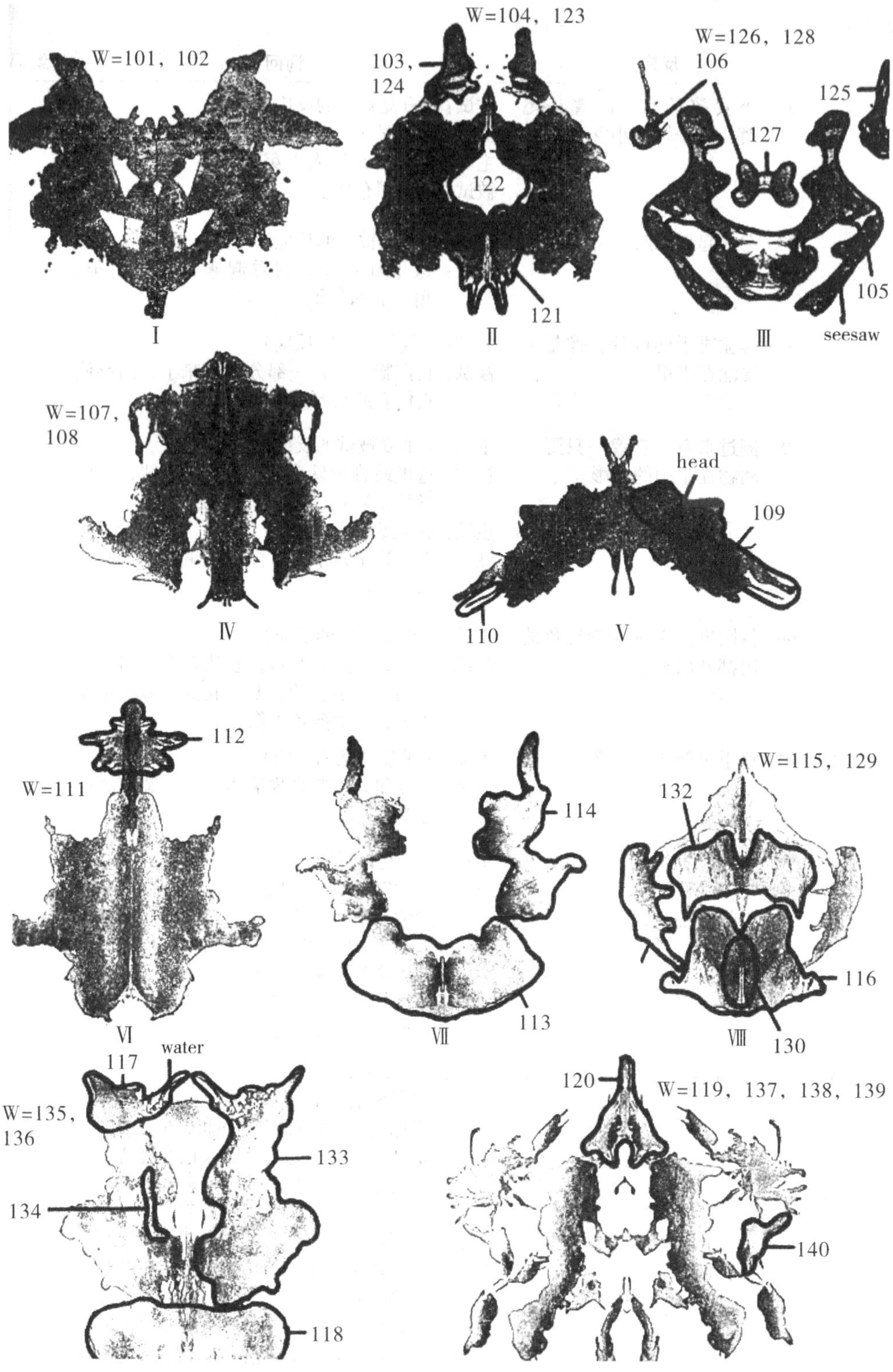
W=101，102
Ⅰ
W=104，123
103，
124
122
121
Ⅱ
W=126，128
106
125
127
105
seesaw
Ⅲ
W=107，
108
Ⅳ
head
109
110
Ⅴ
112
W=111
Ⅵ
114
113
Ⅶ
W=115，129
132
116
130
Ⅷ
117
water
W=135，
136
133
134
118
Ⅸ
120
W=119，137，138，139
140
Ⅹ

第四部分

练习四

图卡	反应	询问	编码
I	101. 有四只眼睛的狗的脸，它很愤怒。	主试：（重复被试的反应） 被试：这是狗的头、耳朵、眼睛，四只眼睛，一只奇怪的狗，它的嘴张开，就像在狂吠，就像狗对什么愤怒时那样。	
I	102. 像在神话里，中间一个女神，一边有一只有翅膀的动物。	主试：（重复被试的反应） 被试：她举起双手站在这里，两只有翅膀的动物用它们的后腿站在她周围，就像它们正在做她想要它们做的，它们就像她的仆人。 主试：我没看到动物。 被试：在她的两边，看翅膀和后腿，下面这里，前腿、头，它们跳起来了，因为她举起了手臂，就像一个让它们那样做的信号。	
II	103. 看起来像一只鸡，它在跑。	主试：（重复被试的反应） 被试：上面红色的可能是一只鸡，圆圆的身体，小小的腿，就像在跑，这儿也有一只。	
II	104. 两个人坐在篝火旁取暖。	主试：（重复被试的反应） 被试：两个人坐着，弓起背，他们戴着红色的帽子，看，背弯着，把手放在火的上方取暖。 主试：我不确定是什么使它看起来像火。 被试：它是红的，像火一样，它的形状看起来像火焰在跳跃。	
III	105. 看起来像两个人在跷跷板上，它有一个发动机，所以，你要做的就是坐在那儿。	主试：（重复被试的反应） 被试：他们的头在这里，身子坐在下面这里的跷跷板上，这是发动机（D7），它上上下下。 主试：我没看到人。 被试：他们的头、腿在跷跷板上，像是蹲着。	
III	106. 那儿有动物的血。	主试：（重复被试的反应） 被试：这儿有一些，这儿（D2），下面这儿（D3）更多。 主试：我不确定为什么它看起来像动物的血。 被试：都是红色的，但是不像人的血那么红，所以是动物的血。	
IV	107. 这让我想起了愤怒。	主试：（重复被试的反应） 被试：全部，我不知道为什么，但是它让我想到了愤怒。 主试：我不确定是否像你一样看到它。 被试：我不知道，没有什么特别的，我只是想到了愤怒。	

（续上表）

图卡	反应	询问	编码
IV	108. 一个男人骑着摩托车。	主试：（重复被试的反应） 被试：这是人的头、身体和腿。 主试：摩托车呢？ 被试：下面这里，你可以看到轮子，这些可能是车把。	
V	109. 看起来像一个人躺着。	主试：（重复被试的反应） 被试：看起来像一个人躺着的轮廓，这一定是在晚上。 主试：我没看到那个人。 被试：这是头、腿和身体。 主试：你说在晚上？ 被试：嗯，看起来像一个轮廓，都是黑色的，所以我想可能是在晚上。	
V	110. 一条爬行的虫子。	主试：（重复被试的反应） 被试：是的，长长的，细细的，就像虫子，它正在那爬，只是这一小部分，对我来说它看起来像是那样。	
VI	111. 它看起来像一架它们很昂贵的轰炸机。	主试：（重复被试的反应） 被试：是的，它们很昂贵，因为雷达不能发现它们，这架正在飞行的轰炸机，它的翅膀很怪，还有一个尖尖的鼻子。	
VI	112. 某种小动物，像水獭，突然从水里出来。	主试：（重复被试的反应） 被试: 看起来水好像溅起来了。 主试：指给我看。 被试：这是溅起的水，就像它刚从水里出来，这是头、眼睛、胡须。	
VII	113. 这部分可能是只蝴蝶，漂浮在风中。	主试：（重复被试的反应） 被试：是的，中间的是身体，它的翅膀展开了，就像漂浮在风中。	
VII	114. 两个小女孩在玩耍。	主试：（重复被试的反应） 被试：她们跪着，每人都将一只手放在身后，就像她们在玩那种将什么藏起来的游戏，看，头、鼻子和手臂，她们的头发扎着马尾辫。	
VIII	115. 一个野生动物俱乐部的徽章。	主试：（重复被试的反应） 被试：这两边是熊，这像一座山，它们站在上面，这些看起来像人的手，向下伸向它们，象征着人与动物和谐相处。	

（续上表）

图卡		反应	询问	编码
VIII		116. 下面的部分看起来像一个人的脸，笑着，一个小丑。	主试：（重复被试的反应） 被试：就是这里（用手指），眼睛在上面，下面这里是微笑，看起来就像一张笑脸。 主试：你说小丑？ 被试：图像全被涂成了橘黄色和粉色，就像小丑的脸。	
IX		117. 看起来像两个生物，使用水枪相互射水。	主试：（重复被试的反应） 被试：在上面这里，这是一个生物的上半部分，肩膀以上，在它们手里的是水枪，这看起像它们互相射对方的水。	
IX		118. 这可能是飘着的一朵云彩。	主试：（重复被试的反应） 被试：有点圆，像云彩，在天空中飘着，就像在无风的日子里。 主试：你说像云一样圆？ 被试：它看起来很饱满，它的形状使它看起来像云那么厚，云有时很厚。	
X		119. 一大堆昆虫围着这两个死的东西爬行。	主试：（重复被试的反应） 被试：对我来说它们看起来像昆虫，不同的昆虫围着这两个大的东西蠕动着，蟹、蜘蛛和其他昆虫。 主试：你说这些是死的东西？ 被试：嗯，它们都是红色的，像死了的动物的部分。 主试：你能否给我指一下昆虫？ 被试：嗯，蓝色的看起来像蟹（D1），其他蟹在下面，可能是蚂蚁和什么东西，下面这里是虫子（D5）。	
X		120. 两件上衣挂在衣帽架上。	主试：（重复被试的反应） 被试：这个灰色的部分是两件上衣，相当没有造型，它们挂在中间的这个衣帽架上。	
II	v	121. 一个红发男人，看起来很尴尬。	主试：（重复被试的反应） 被试：眼睛、鼻子，很尴尬，看，红色的面颊，他将手放在脸的两边。	
II		122. 一艘火箭正在发射升空。	主试：（重复被试的反应） 被试：白色的部分可能是火箭，这是喷出的废气体。 主试：什么使它看起来像喷出的气体？ 被试：它是火焰，看，红色的像火。	

（续上表）

图卡	反应	询问	编码
II	123. 马戏团里的两只熊在试图平衡鼻子上的东西。	主试：（重复被试的反应） 被试：中间是它们试图平衡的东西，这些是熊，它们的头和身体。 主试：你提到马戏团？ 被试：它们在做动作，红色是灯光，像照射下来的，你知道，当它们做动作时，就打开这些灯光。	
II	124. 这些可能是一些将要盛开的花。	主试：（重复被试的反应） 被试：上面红色的，两朵花，看起来就像要开放，两朵红色的花。	
III	125. 两边像是挂在冰箱里的牛肉。	主试：（重复被试的反应） 被试：看起来像牛肉，就像挂在冰箱里的，只是挂着。 主试：我不确定为什么它看起来像。 被试：它们是红色的，就像生肉，它们的形状看起来像牛肉的侧面，就像是在挂着，被拉长了。	
III	126. 两个女人在搬家具，她们一定是在重新装修。	主试：（重复被试的反应） 被试：这像是女人，穿着高跟鞋，她们在搬一件家具。 主试：你说她们一定是在重新装修？ 被试：嗯，背景上有些红色的装饰或油画，所以我猜她们是重新装修公寓或房间。	
III	127. 一只红色的昆虫在中间飞。	主试：（重复被试的反应） 被试：它是红色的，看起来像蝴蝶，翅膀张开了，好像在飞。	
III	128. 一张小丑的脸，他在笑。	主试：（重复被试的反应） 被试：他的鼻子是红的，耳朵也是，他的脸大部分被涂成白色。这些是眼睛和嘴，好像他在笑。	
VIII	129. 两个动物在爬山，很漂亮。	主试：（重复被试的反应） 被试：这儿，四条腿和头，这中间可能是岩石或山。 主试：你说它们很漂亮？ 被试：是的，山上有不同颜色的石头和灌木，很漂亮。	

（续上表）

图卡		反应	询问	编码
VIII		130. 下面可能是一座火山的内部。	主试：（重复被试的反应） 被试：就像你从一架飞机上向下看一座火山里面，它就像一个熔浆沸腾的圆池，这是熔浆的颜色。 主试：沸腾的？ 被试：看起来都在动，就像熔岩沸腾了一样。 主试：你说就像从飞机上向下看？ 被试：是的，我们在夏威夷就那么做过，它看起来就像这样，你正好可以像这样看到火山内部，它看起来像一个小池子，当然不是小池子，看起来就像那样，因为你在高处。	
VIII		131. 一只粉色的老虎。	主试：（重复被试的反应） 被试：对我来说，它就像一个老虎，头、腿和尾巴，尽管我还从未见过粉色的老虎。	
VIII		132. 一只大鸟扇动翅膀，不是一只真的鸟，是某种神话中的。	主试：（重复被试的反应） 被试：大的近似方形的翅膀和它的蓝色让我觉得是神话中的生物，正扇动它的翅膀。	
IX	<	133. 一个骑着摩托车的家伙，正往这山上驶去，你可以看到他的头，就在车把的上面。	主试：（重复被试的反应） 被试：绿色的部分是那家伙，这里是摩托车的轮子，这前面的就像沙子，都是橙色的，就是沙子的颜色，像你在一些山坡上看到的，就像他正在那里快速无声地行驶，头弓着。	
IX	>	134. 短吻鳄，一边一只，躺在草丛中。	主试：（重复被试的反应） 被试：只是头和一点肩的部分，像正藏在那儿，它身体的大部分被草盖住，所以你只能看到它的一部分。	
IX		135. 它让我想起了幸福和满足。	主试：（重复被试的反应） 被试：所有漂亮的颜色让我想到满足和幸福，平和的画面给我一种美好的感觉。	
IX	<	136. 它可能是丛林在水中的倒影。	主试：（重复被试的反应） 被试：五颜六色的灌木丛，有灌木，这里是一些粉红色的灌木，各种各样的颜色，中间是水，蓝色的，下面这里都是倒影。	

（续上表）

图卡	反应	询问	编码
X	137. 整个看起来像很多昆虫在聚会。	主试：（重复被试的反应） 被试：他们都在跳舞，在寻找乐趣和食物，蓝色的像蜘蛛、小绿虫子、蟹、蚂蚁，其他的可能是叶子。	
X	138. 焰火表演。	主试：（重复被试的反应） 被试：要结束了，所有单个的烟花同时爆炸，美丽的景象。 主试：我不知道是什么使它看起来像那样。 被试：所有不同的颜色，以一种设计完好的图案，突然迸发出来，就像专业烟火表演的样子。	
X	v139. 一张老太太的脸。她正摇着蓝色的耳环试图吸引注意。	主试：（重复被试的反应） 被试：她的眉毛是斜的（D10），眼睛也是斜的（D2），小小的嘴（D3）蓝色的耳环好像在前后摆动，像是她要人们看她，当然她有那种胡须（D11） 主试：你说她是老太太 被试：老太太有胡须	
X	140. 看起来像一只鸟栖息在那里，感觉有点难过，我猜。	主试：（重复被试的反应） 被试：就是鸟的形状，黄色的，看起来像一只金翅雀，它看起来不像在飞，只是栖息在那里。 主试：你说感觉有点难过？ 被试：是的，它看起来有点斜着，像是觉得难过，不像是非常美好的一天。	

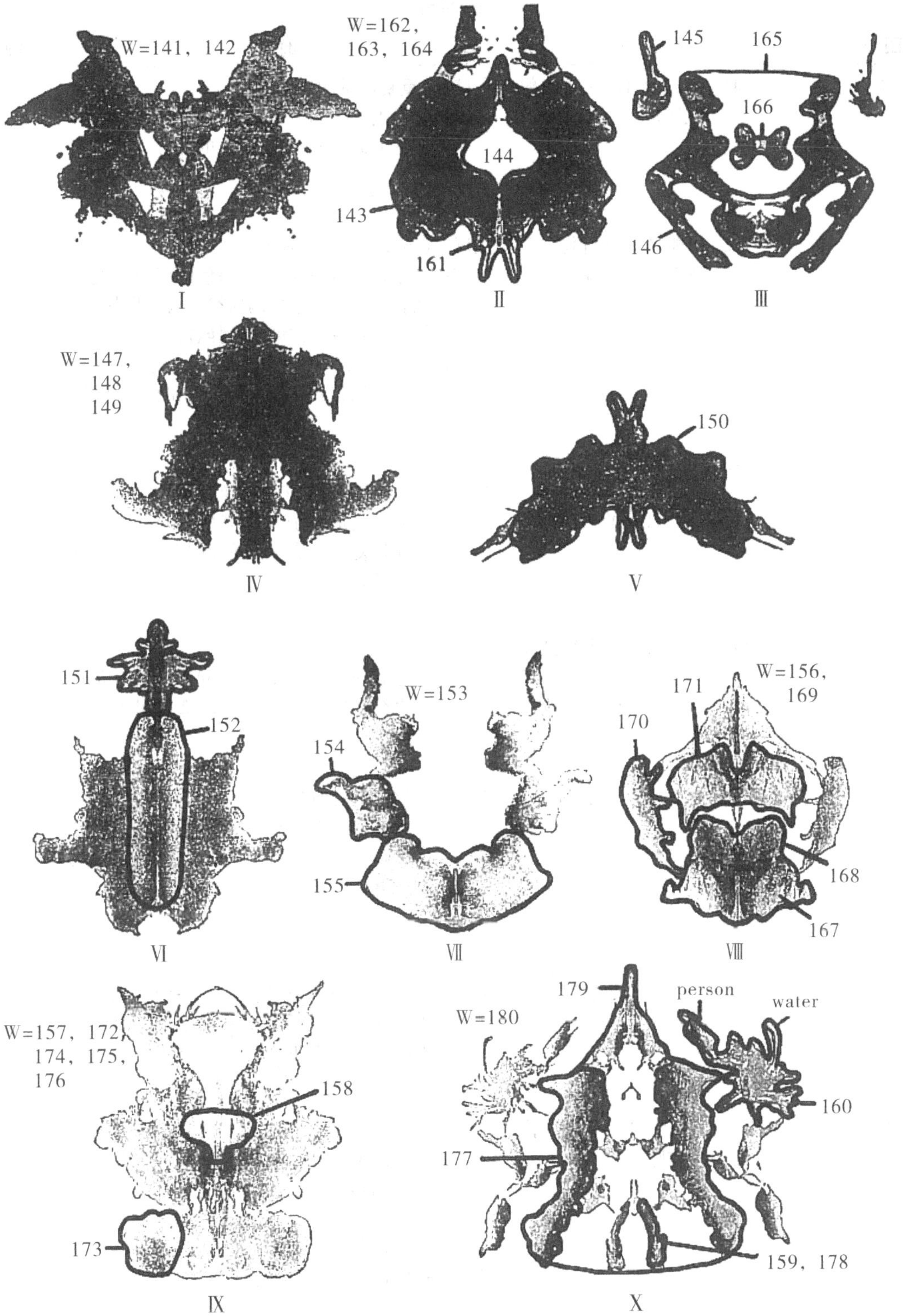
W=141，142
Ⅰ
W=162，
163，164
144
143
161
Ⅱ
145
165
166
146
Ⅲ
W=147，
148
149
Ⅳ
150
Ⅴ
151
152
Ⅵ
W=153
154
155
Ⅶ
W=156，
169
171
170
168
167
Ⅷ
W=157，172，
174，175，
176
158
173
Ⅸ
179
person
water
W=180
160
177
159，178
Ⅹ

第五部分

练习五

图卡	反应	询问	编码
I	141. 看起来像一只蝴蝶在飞。	主试：（重复被试的反应） 被试：这是身体、手，外面这里是它的翅膀，翅膀上面有斑点，白色的斑点，像一种图案。	
I	142. 可能是个飞行物，就像空中的风筝。	主试：（重复被试的反应） 被试：整个，线在这儿，看深色的线就像是悬挂着，它像一个中国风筝，鸟或是龙。 主试：我没看到线，你说它悬挂着？ 被试：就是这较深的线条，那就是线，它更深一些，让它看起来像是悬挂在它的前面。	
II	143. 两个毛茸茸的狮子狗，在接吻，以表达它们彼此的爱。	主试：（重复被试的反应） 被试：看这些深色的斑，它像狮子狗一样有很多毛，这是鼻子和漂亮的耳朵，它们深深地相爱着，它们可能刚打完架，现在和好了。	
II	144. 中间的是一个很漂亮的人，正在做皮鲁埃特旋转（竖趾旋转）。	主试：（重复被试的反应） 被试：脚趾在下面这儿，手举起来，戴着灰色的手套，胳膊举起来，这都是裙子（勾画）。	
III	145. 女孩的一缕头发。	主试：（重复被试的反应） 被试：基本上是阴影让我想到头发，对我来说，这里触摸起来像头发的质地，垂下来，有点下垂，在末梢有一点卷曲。	
III	146. 两个人在挖一堆泥土，真正的黑泥土。	主试：（重复被试的反应） 被试：这里和这里，手向下伸，脖子向前弯，头，鼻子，背弓起来绷得很紧，他们的脚稳稳地立在下面这里，他们正在搬走这堆土，以作他用。	
IV	147. 一张展开的牛皮，像是在晾干。	主试：（重复被试的反应） 被试：它被修剪过了，前爪，后背，脊椎骨的地方相当清晰，看，这里暗一些，它就在这里。 主试：我不确定为什么它看起来像一张牛皮。 被试：我想它的形状就是那样。	

（续上表）

图卡	反应	询问	编码
IV	148. 生长在水中的海绵。	主试：（重复被试的反应） 被试：生长在水里，看，中间的是根基并延伸出去，有点像是漂浮着，暗的点可能是它里面的洞。 主试：洞？ 被试：是的，深色的点看起来像洞。	
IV	149. 它让我想起了邪恶，你知道，偏见和仇恨。	主试：（重复被试的反应） 被试：它全是黑色的，对我来说，那象征着所有邪恶的东西，像仇恨、战争、侵犯权利，都是邪恶的东西。	
V	150. 一只蝴蝶的轮廓。	主试：（重复被试的反应） 被试：蝴蝶的形状，像是在飞，不包括这末端。 主试：你说轮廓？ 被试：它全是黑色的，就像一个轮廓，你不能看清所有的细节。	
VI	151. 它可能是火，就像你划火柴。	主试：（重复被试的反应） 被试：这是火柴，所有这些可能是火，喷了出来，就像它点着时那样，有各种不同的橙色，就像这样。 主试：橙色？ 被试：是的，它看起来像深浅不同的淡橙色，几乎是白色的，但是你知道它是橙色的。	
VI	152. 它让我想起了肌肉组织。	主试：（重复被试的反应） 被试：它的纹理让我想起了肌肉组织，像纤维，让我想起包裹在脊髓外面的小东西，看，就是这里（勾画轮廓）。 主试：你说看起来像肌肉组织？ 被试：像肌肉拉紧，像是在收缩。	
VII	153. 两个天使坐在云上。	主试：（重复被试的反应） 被试：这可能是一个光晕，脸，这后边的是翅膀，相互看着，下面是灰色的，像云，他们坐在那上面。	
VII	154. 一对两个狗头。	主试：（重复被试的反应） 被试：这部分看起来像一个狗的头，好像它有一个角或是什么在前面凸出来。 主试：我还没看到。 被试：这里（D3），鼻子、眼睛，上面长着角。	

（续上表）

图卡		反应	询问	编码
Ⅶ	v	155. 它看起来像一只羊的臀部。	主试：（重复被试的反应） 被试：它看起来很柔软，像羊毛，边缘让它看起来像一只羊，你可以看到肛门，那里的暗点。 主试：我不确定为什么它看起来像柔软的羊毛。 被试：那里的颜色，它有一种羊毛的外观。	
Ⅷ		156. 看起来像一艘大船正向你驶来。	主试：（重复被试的反应） 被试：它就是一艘船，有着大而多彩的帆，这是船桅（中间的线）和船身（D2）。 主试：你说它正驶向你？ 被试：嗯，或是驶向你或是离开你，好像在远处。	
Ⅸ		157. 是爆炸，什么东西炸毁了。	主试：（重复被试的反应） 被试：中间这个部分正在爆炸，火和烟遍及各处。 主试：我没看到，你说火和烟？ 被试：橙色的是火，粉色的也是，我想带绿色的部分可能是烟，它不像真的烟，它是绿色的，烟通常不是绿色的，因为某种东西爆炸了，它可能就是那种颜色，这东西在中间的后面。 主试：你说中间的后面？ 被试：是的，它的一部分被烟和火遮挡住了，所以它在后面，看起来像个圆的建筑物或是其他什么圆的东西。	
Ⅸ		158. 它看起来像一张小脸，正透过窗口向外凝视。	主试：（重复被试的反应） 被试：一张小脸，白色的是眼睛，正向外偷看，这部分看起来像半透明的，就像你可以看穿它，他就在后面。 主试：我不知道为什么它看起来像半透明的？ 被试：我不知道，我猜是颜色，有点浅蓝，你看不到整张脸，有点模糊，就像透过某种半透明的东西看到的一样。	
Ⅹ		159. 看起来像两条正在爬行的蛇。	主试：（重复被试的反应） 被试：它们的身体弯着，就像它们爬行时那样，我猜他们是果园里的蛇。 主试：果园里的蛇？ 被试：是的，我想它们通常是绿色的。	

（续上表）

图卡		反应	询问	编码
X		160. 一个人从水洼中潜出来。	主试：（重复被试的反应） 被试：绿色的是人，他正从这个大水洼潜出来，看，蓝色的是水，水是蓝色的。 主试：我不知道你是如何看到那个人的。 被试：就在这里（D12），他的胳膊伸着，像在潜水。	
II		161. 一艘宇宙飞船在穿越太空。	主试：（重复被试的反应） 被试：白色的是飞船，这是排出的红色的气体，它的周围是黑色的太空。	
II		162. 可能是一个死了的动物或什么东西。	主试：（重复被试的反应） 被试：这可能是一个器官和毛皮。 主试：帮帮我，让我也像你那样看到它。 被试：器官是红色的，就像这样，这是动物毛皮的部分。 主试：我不知道为什么看起来像毛皮。 被试：上面的线条，让它有一种毛皮的外观。	
II		163. 看起来像两个人，他们在跳某种舞，玩得很高兴。	主试：（重复被试的反应） 被试：他们有红色的帽子和鞋，他们的手放在一起，好像在跳波尔卡舞或其他什么，看，头和尖尖的帽子。 主试：你说他们玩得很高兴？ 被试：对我来说，他们看起来真的很高兴。	
II		164. 某种脸，一个人张开嘴。	主试：（重复被试的反应） 被试：白色的是嘴，舌头伸出来，上面白色的是眼睛。 主试：我没有看到舌头。 被试：这个红的，它是红色的，就像一个舌头，它伸出来，好像你可以看到它蜷在下嘴唇上，颜色使它看起来很厚，就像人们伸出他们的舌头。	
III	v	165. 这样看，它看起来像某种生物，只是上半部分。	主试：（重复被试的反应） 被试：这是手和黑色的眼睛，这个红色的可能是它的肺。它的肺是红的，但是它的胸部是白色的。它很奇怪，好像是来自外太空。	

（续上表）

图卡		反应	询问	编码
III		166. 这中间的可能会是一只蝴蝶。	主试：（重复被试的反应） 被试：它的形状像蝴蝶，一只很漂亮的蝴蝶，看，翅膀和身体。 主试：你说它很漂亮？ 被试：它有很漂亮的红色。	
VIII	v	167. 这样看，上面可能是熔岩，很热。	主试：（重复被试的反应） 被试：它看起来像火一样，颜色混合在一起，使它像熔岩那样沸腾起来了。 主试：沸腾，我不确定。 被试：它有不同的颜色，粉色、橙色，它们深浅不同，看起来就像一起沸腾了。	
VIII		168. 这部分看起来像冰冻果子露，有不同的种类，橘子和黑莓。	主试：（重复被试的反应） 被试：看起来像有人将橘子和黑莓混在一起，弄了一勺。 主试：一勺？ 被试：嗯，只是一勺那么大，但是两种混在了一起。	
VIII		169. 一片叶子，整片，像是落下之后的。	主试：（重复被试的反应） 被试：叶尖在上面，两边圆的像桦树的叶子，好像落叶，原因是颜色和它们混合在一起的方式。就像老师在万圣节前夜或感恩节放在教室窗户上的，很漂亮。	
VIII		170. 边上的让我想到了唇膏。	主试：（重复被试的反应） 被试：它是粉色的，就像涂抹的唇膏，我的唇膏就像那样的，在我用面巾纸擦它时就是那样。	
VIII		171. 有一些蓝色的衣服。	主试：（重复被试的反应） 被试：中间的看起来像蓝色的衣服，软软的像蓝色的天鹅绒。 主试：软软的？ 被试：它看起来很柔软，它的颜色说明了这点（触摸），就像一块蓝色的天鹅绒。	
IX		172. 瀑布在丛林后面。	主试：（重复被试的反应） 被试：中间的看起来像瀑布，在许多树和叶子的后面，它有几分青白色，好像水落下时飞溅起来，在它前面还有绿色的大树，我猜上面这里橙色的部分是岩层。	

（续上表）

图卡		反应	询问	编码
Ⅸ	>	173. 婴儿的脸，像是新生儿的，还皱巴巴的。	主试：（重复被试的反应） 被试：前额、鼻子、小下巴，它是粉色的，像新生儿。 主试：你说还皱巴巴的？ 被试：那里小小的线条使得它看起来皱巴巴的，有小小凹痕。	
Ⅸ		174. 一幅现代艺术油画。	主试：（重复被试的反应） 被试：看起来像有人只是把颜料丢在那上面，绿色、白色、粉色、橙色，就是一幅现代油画。	
Ⅸ		175. 偏头痛。	主试：（重复被试的反应） 被试：所有的颜色都混合在一起，橙色的是阵痛，红色的是源头，绿色的是其他的，所有的都是令人恐惧的感觉，就像有偏头痛或得了经前综合征一样。	
Ⅸ		176. 一个装饰灯，像陶器，全部都有不同的颜色。	主试：（重复被试的反应） 被试：粉色的是底座，上面白色的是白色灯的本身，其他的是它上面的装饰图案。	
Ⅹ		177. 粉色的是一个痂。	主试：（重复被试的反应） 被试：看起来好像某人伤了自己，伤口已开始愈合了，它通常是粉色的，就像这样，开始变硬了。 主试：开始变硬？ 被试：颜色不一致，有些是浅粉色，有些是深粉色。	
Ⅹ		178. 可能是绿色的毛毛虫。	主试：（重复被试的反应） 被试：它们有两只，小小的腿在边上，头蜷曲着。	
Ⅹ		179. 对我来说，这看起来像一张脸。	主试：（重复被试的反应） 被试：上面这里是灰色的帽子，长长的红头发在两边，这些是眼睛，他戴着蓝色的眼镜，下面这是胡须。	
Ⅹ		180. 许多拼板玩具。	主试：（重复被试的反应） 被试：主要是因为它五彩缤纷，看，每一种颜色都有很多变种，它也让我想到了许多形状有趣的智力玩具。	

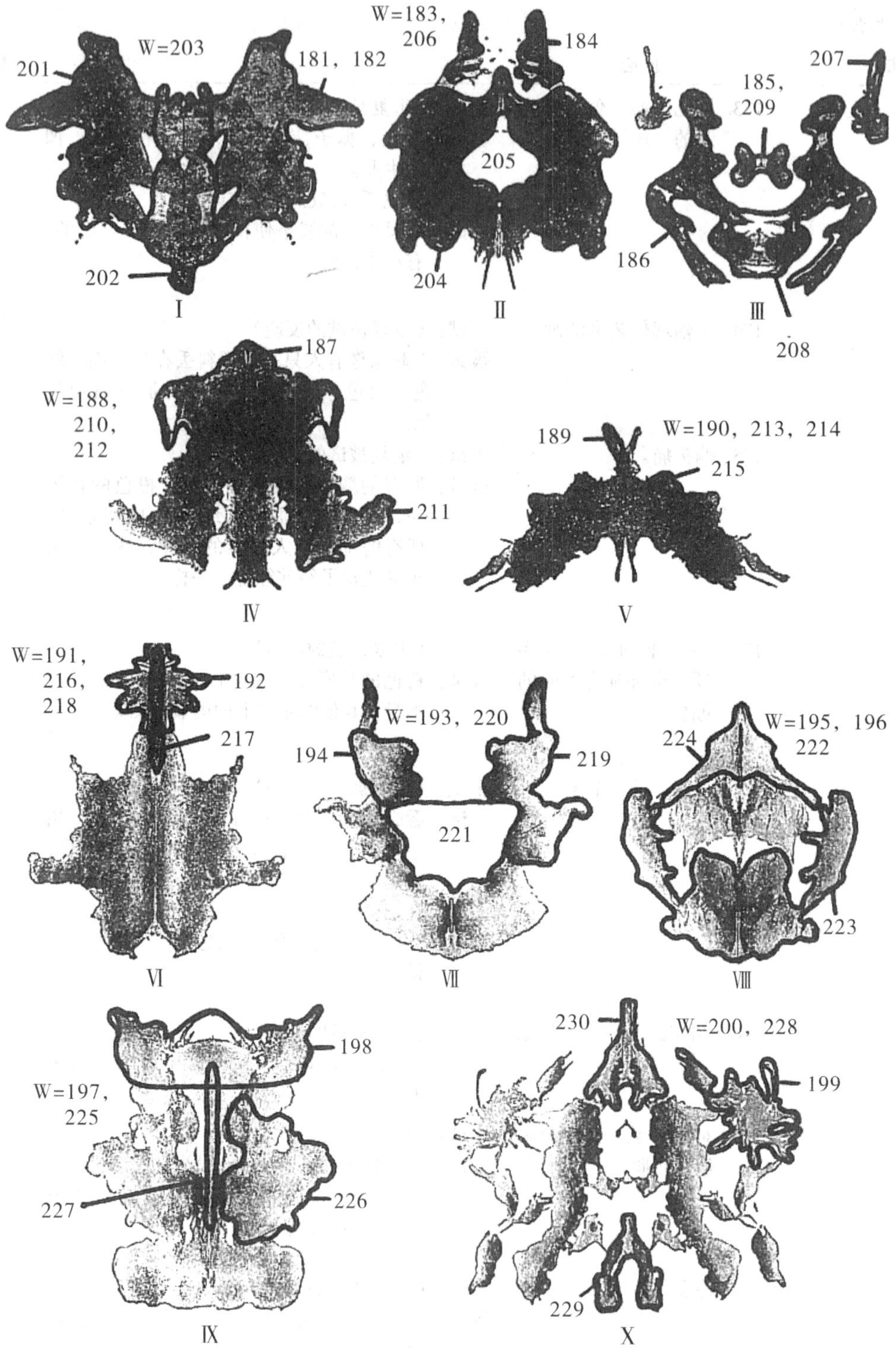
W=203
201
181，182
202
I
W=183，
206
184
205
204
II
207
185，
209
186
208
III
187
W=188，
210，
212
211
IV
189
W=190，213，214
215
V
W=191，
216，
218
192
217
VI
W=193，220
194
219
221
VII
224
W=195，196
222
223
VIII
198
W=197，
225
227
226
IX
230
W=200，228
199
229
X

第六部分

练习六

图卡		反应	询问	编码
I		181. 看起来像一个人，正在看镜子中的自己。	主试：（重复被试的反应） 被试：鼻子、有趣的嘴巴、肚子，他一只脚站着，戴着形状滑稽的帽子和围巾，这边也是一样。	
I	<	182. 看起来像一头小象站在那儿。	主试：（重复被试的反应） 被试：一个尖鼻子、头、脚、短尾巴、隆起的背、巨大的耳朵。 主试：你说一头小象？ 被试：它看起来那么小，所以一定是小象。	
II		183. 两头大象用后腿站着，它们戴着帽子。	主试：（重复被试的反应） 被试：它们的脚在红色的桶上，好像是马戏表演，象鼻连在一起，好像向后仰，桶在它们的前面，它们在向后仰时，把象鼻连在一起。	
II	<	184. 这个看起来像两只鸟的头，它们正在相互吐唾沫。	主试：（重复被试的反应） 被试：样子像鸟的脸，你知道，嘴、鼻子，它们在相互吐口水，好像在生对方的气。吐口水，你可以看到口水在那里飞舞。	
III		185. 一个女人，正准备接受贞洁检查。	主试：（重复被试的反应） 被试：她的腿分开，就像放在分娩床支架上，准备接受检查，她的大腿在这里，在这里的后面那部分是她的性器官部位。看，它比较小，在那里面。	
III		186. 一个服务员，正在练习鞠躬。	主试：（重复被试的反应） 被试：他穿着黑色的套装，就像服务员通常穿的那样，在照镜子，他在检查自己，看，他的镜像在这里。	
IV		187. 一个有着大耳朵的毛茸茸的狗的轮廓，只是头。	主试：（重复被试的反应） 被试：这是它的鼻子（D3）和大耳朵，我不知道是哪一种狗，这是它的顶视图，所以你看不到脸。 主试：你说它毛茸茸的？ 被试：颜色给人一种毛茸茸的感觉，它几乎像是一个大的毛团，你只能看到鼻子和耳朵的轮廓。	
IV	<	188. 一堆油或是油脂。	主试：（重复被试的反应） 被试：是的，它全是黑的，看起来是油腻的或是黏手的。 主试：油腻的或黏手的？ 被试：是的，你不想碰它，因为它会黏住你。	

（续上表）

图卡		反应	询问	编码
V		189. 这让我想起男性的性器官。	主试：（重复被试的反应） 被试：这部分（勾画）看起来像男人的阴茎，好像勃起了，它们看上去就像这样。	
V		190. 它是一只蝴蝶，翅膀伸出来，好像在飞。	主试：（重复被试的反应） 被试：翅膀张开就像在飞，好像有一种透视效果，像我在向下看着它，所以有一种角度的效果。 主试：角度效果？ 被试：是的，腿在后面，看起来更近一些，更大一些，在它向前飞时，就像我从某个角度看。	
VI		191. 就像在空中俯视一艘快艇。	主试：（重复被试的反应） 被试：快艇是上面这个深色的部分（D2），看，它快速驶过水面，溅起大的水花，在它的后面，是拖拽的尾迹，是它留在后面的痕迹，就像水中的褶痕（勾画中线），看，它越来越暗，好像是陷下去了，就像发生在船高速行驶时。	
VI	<	192. 看起来像什么的倒影，可能是湖边的篝火。	主试：（重复被试的反应） 被试：这些看起来像火焰迅速上升，它倒映在下面的湖里。	
VII	v	193. 看起来像跳舞，两个女孩背对着背跳舞，但她们的头触碰在一起。	主试：（重复被试的反应） 被试：就像是同步舞蹈，她们用一条腿跳舞，双臂伸向她们的前面，她们的头向后甩，几乎要触碰到了。	
VII		194. 有人在照镜子，在看她镜中的像。	主试：（重复被试的反应） 被试：它们是一样的，这里和这里，这是那个人，这（左边）是脸的镜像，看鼻子和下巴。	
VIII		195. 好像巫师使用的水晶球。	主试：（重复被试的反应） 被试：它是圆的（双手成圆状），它的边缘和顶部看起来是圆的，看，这形状使它有一种圆的效果。 主试：我不确定为什么它看起来像水晶球。 被试：它们也有这些怪异的颜色，橙黄色、蓝色、粉色，在它的里面还有白色，只是颜色不同。	
VIII	<	196. 这样看，它看起来像海狸，站在那里，这里是倒影。	主试：（重复被试的反应） 被试：这里，看起来像海狸，看头和腿，它只是站在那里，这里是它的倒影，或它在等什么，它倒映在这里，还有一些灌木、岩石和一些东西也是一样倒映着。	

（续上表）

图卡		反应	询问	编码
IX		197. 我想是某种海洋植物，是的。	主试：（重复被试的反应） 被试：看起来像深水中的藻类或什么东西。 主试：帮我一下，让我也像你一样能看到。 被试：就是整个东西给人的印象。 主试：我知道你看到了，但帮我一下，使我能像你那样看到它。 被试：它有很多颜色，就像水下植物或是某种水下生长的东西，像海藻或水藻之类的。	
IX		198. 一艘宇宙飞船喷着火焰升起了。	主试：（重复被试的反应） 被试：飞船是圆顶状的，这里白色的（勾画），这些像火焰从两边喷射出来。 主试：我不确定为什么看起来像火焰。 被试：这里（指着 D3），从两边喷出，飞船穿过它们升起，这大的橘黄色的火焰喷向两边，好像它们在飞船的前面，也在后面，看起来飞船在它们中间升起。	
X		199. 这个看起来像龙虾在攻击一只螂螳。	主试：（重复被试的反应） 被试：是一只有爪子的蓝色的龙虾，前爪大些，比后爪更有力，它正在抓这只螂螳，看这里绿色的，它有一个小头，尖尖的触角，它们是绿色的，就像这个。	
X	v	200. 倒过来看，可能是一幅花的画，好像一本植物书上的。	主试：（重复被试的反应） 被试：它是画的，所以每个细节都可以检查，有些与另一些更近，表示不同的关系，看，它们更大些，就像侧面，这是雄蕊和茎，无论是谁画，都会用不同的颜色衬托不同的部分。	
I		201. 它是一只蝙蝠。	主试：（重复被试的反应） 被试：在我们那里，我看到过正在飞的蝙蝠，它们看上去就像那样，但不是下面的这部分（勾画），它是一只蝙蝠。 主试：我不确定是什么使它看起来像蝙蝠。 被试：这是它的躯体、头、翅膀、小手。	
I		202. 中间部分也许是蜗牛。	主试：（重复被试的反应） 被试：它是灰色的，像蜗牛一样，这里是躯体，这些可能是角。	

（续上表）

图卡		反应	询问	编码
I		203. 一个南瓜面具，像是为万圣节雕刻的。	主试：（重复被试的反应） 被试：这是两只眼睛，这是嘴巴，牙齿有点儿腐蚀了，它就是很普通的形状，都是模糊的。 主试：模糊的？ 被试：它的暗淡给人一种模糊的样子。	
II		204. 两只小狗，它们的头靠在一起，好像正在接吻。	主试：（重复被试的反应） 被试：头在这里，看耳朵、嘴巴，它们在一起接吻，像两只毛茸茸的小狗。 主试：什么使它们看起来像毛茸茸的？ 被试：这里的这些线条使它看起来像毛一样柔软。	
II		205. 一块弹片，像从伤员身上取出来的。	主试：（重复被试的反应） 被试：我在部队看到很多这样的东西，那些东西看上去就像弹片，像我以前看到过的从伤员身上取出来的弹片。	
II	v	206. 可能是一只蝴蝶。	主试：（重复被试的反应） 被试：它是双中心的，你知道的，两边是同样的，头、触角，翅膀张开，它好像正在滑翔。	
III		207. 红色是血的颜色，几乎就像真正的血，变干了。	主试：（重复被试的反应） 被试：干了的血看上去就是这样，它不是鲜红色，是暗红色的，它没有形状，血也不需要有什么形状。当血出现时，它可以是任何形状。	
III	v	208. 往下看，一只令人毛骨悚然的蜘蛛。	主试：（重复被试的反应） 被试：像是顶视图，从上往下看的蜘蛛，这是眼睛，两块很大的墨渍，锋利的嘴，身体在头的后面，肩，爪子的末端带有标签的东西，它是黑色的，对我来说看上去毛骨悚然，我讨厌蜘蛛。	
III		209. 这些对我来说就像肺，它们是红色的，所以它们肯定是肺。	主试：（重复被试的反应） 被试：形状像肺，顶部是圆的，底部在气管连接处有小的连接，它们呈现不同深浅的红色，就像你在肺里看到的一样。	

（续上表）

图卡	反应	询问	编码
IV	210. 它像一只大猩猩，正坐在树桩上。	主试：（重复被试的反应） 被试：一只毛茸茸的大猩猩，看那头、手臂、腿和大脚，它看起来像向后靠着，因为你可以看到它的脚底，就像它的头远远地在后面，中间的是树桩。 主试：你说它是毛茸茸的？ 被试：对，它看起来毛茸茸的，看这里（中间），阴影的样子使之看上去像毛皮。	
IV	211. 这里有一双两只脚，上面有泥。	主试：（重复被试的反应） 被试：就是这里，脚趾，脚后跟，是两只大脚，有些部分更暗一点，像有泥或有污物在上面，它就像你看到的，是一个人的下半部分，是脚。	
IV	212. 看起来像一只有毛皮的动物。	主试：（重复被试的反应） 被试：看起来像某种类型的寄居蟹，它的毛皮和身形使我想起那东西。 主试：毛皮？ 被试：颜色深浅不一使它看起来像有毛皮的质感，我认为寄居蟹身上有毛皮，用来保证它们的安全。	
V	213. 一只猛扑下去咬人的蚊子。	主试：（重复被试的反应） 被试：它是黑色的，像蚊子，它把它的翅膀展开，像正在向下飞，像是要去咬人。	
V	214. 那是一只兔子，在锻炼。	主试：（重复被试的反应） 被试：像在举杠铃。 主试：我没看到，帮一下我。 被试：它在中间，看耳朵（顶端）和细细瘦瘦的腿，它正在试图举起这些重物，一边一个，它们看起来相当重。 主试：相当重？ 被试：对，它们比兔子大。	
V	215. 一小堆棕色的泥土。	主试：（重复被试的反应） 被试：它就是棕色的泥土，形状就是一个小堆。 主试：我不确定为什么它看上去像棕色的泥土。 被试：就是这样，深浅不同的棕色。	

（续上表）

图卡		反应	询问	编码
VI		216. 像子弹射穿什么东西，也许是一只动物。	主试：（重复被试的反应） 被试：你可以看见子弹确实射穿了那里，其他的是动物的皮，你可以看见满是点的毛皮，但它都变形了，是弹壳使它变形的，你不能说出那是什么。	
VI		217. 一条她眼镜蛇，它看上去像一条眼镜蛇，但它也是一个女人，她有很细的腰。	主试：（重复被试的反应） 被试：蛇的细长的身体，对我来说它就像眼镜蛇。 主试：你说它是她眼镜蛇？ 被试：看那女人的头，细腰，这是她的腿，它是女人蛇，这就是我为什么说它是她眼镜蛇。	
VI	v	218. 我猜想这样看的话，它可能是一面镜子。	主试：（重复被试的反应） 被试：一个手镜，手把的部分和镜面，但它被打碎了。 主试：打碎了？ 被试：这里暗的线条都是裂痕，像是被打碎了。	
VII		219. 那是你之前拿给我看的那两个女人，但现在她们正在争论什么。	主试：（重复被试的反应） 被试：只有她们身体的上半部分，她们的手攥着拳头，这是嘴巴，看起来就像她们在大喊大叫，眉毛在这里，就像人们生气时皱着一样，这很有趣，她们看起来像是有兔子的耳朵，但是不管怎么说，她们正在为某事打架，看那小鼻子和这里的眉毛（用手指）。	
VII	v	220. 看起来像两头大象在跳舞，一只蝴蝶在它们的头顶上。	主试：（重复被试的反应） 被试：这里是大象在跳舞，看象鼻子，腿，上面这里像一只蝴蝶，它在大象们的头上，看，这里是翅膀，我不知道为什么它在上面那里，也许是跳舞的一部分。	
VII		221. 它是咬合板。	主试：（重复被试的反应） 被试：它看起来就像我应该在晚上戴上的咬合板，我的是白色的，就像这个，有相同的形状。 主试：我不知道什么是咬合板。 被试：它可以防止你睡觉时磨牙，是由牙医制作的。	
VIII		222. 两只动物正爬上东方的山脉。	主试：（重复被试的反应） 被试：这里和这里（D1），它们看起来像动物，也许是狮子或老虎，看腿，头，其他的是山。 主试：你说那是东方的山脉？ 被试：当然，它有那种山顶，就像那种顶部，你知道，中国房子就是那样的房顶，像那样的帽子，像那样的山。	

（续上表）

图卡	反应	询问	编码
VIII	223. 就像两个男人站在女人的子宫上。	主试：（重复被试的反应） 被试：这里是两个男人，他们的腿和他们的阴茎。 主试：你说他们站在女人的子宫上？ 被试：是的，这是一件很可怕的事情，往下看，这里是那女人的子宫，它的形状就像子宫，它们也是粉红色的，就像这样。	
VIII	224. 一棵杉树，在树枝的末端有小手。	主试：（重复被试的反应） 被试：顶端是尖的，它是一棵绿色的杉树，它有杉树的形状。 主试：你说在树枝的末端有小手。 被试：是的，对我而言，这些看上去就像小手，等等，我的意思不是说它是手，我的意思是树枝像手，它们像有小指头的手的形状。	
IX	225. 就像爆炸声，声音特别大。	主试：（重复被试的反应） 被试：是的，当我看的时候，它让我想到可怕的声音。 主试：我能理解，但我不确定是什么给了你那种感觉。 被试：我猜是所有这些不同的颜色。伟大的艺术家常常用色彩来代表声音，看看迪斯尼在《幻想曲》所做的，这些颜色以这种方式呈现，弄出巨响，可能像汉德尔、拉赫玛尼拉夫、伯恩斯坦。	
IX	226. 两只蝗虫在茧里，正在相互看着对方。	主试：（重复被试的反应） 被试：它的头在这里，看眼睛（S），它的翅膀还不能张开，它们还在茧里形成中，两只，它们是绿色的，像彼此看着对方，它们确实不能动，只能看。	
IX	227. 中间是脊椎骨。	主试：（重复被试的反应） 被试：对，它看上去就像骨头，正好是直的，所以肯定是脊柱，它们就是这样的。	
X	228. 很多细菌，像通过望远镜看到的，各种不同的颜色。	主试：（重复被试的反应） 被试：一群很小的东西，没有望远镜是不能看见它们的，我以前在电视上看见过它们，各种各样的细菌，各种各样的颜色，像这些，像在你的血液中。	

（续上表）

图卡		反应	询问	编码
X	v	229. 它就像有翅膀的人。	主试：（重复被试的反应） 被试：中间是个人，看他的腿和头，这里应该是翅膀，像在飞，我觉得就是这样，但是我确定从没见过那样的人。	
X		230. 上面这里，看上去就像插在头骨里的一把刀。	主试：（重复被试的反应） 被试：这些都是头骨，除去这个，这个是插在上面的刀。有一个角度，向后倾斜，可能因为刀本身的重量，好像有点倾斜，可能它就是这样刺进去的，挺可怕的吧？	

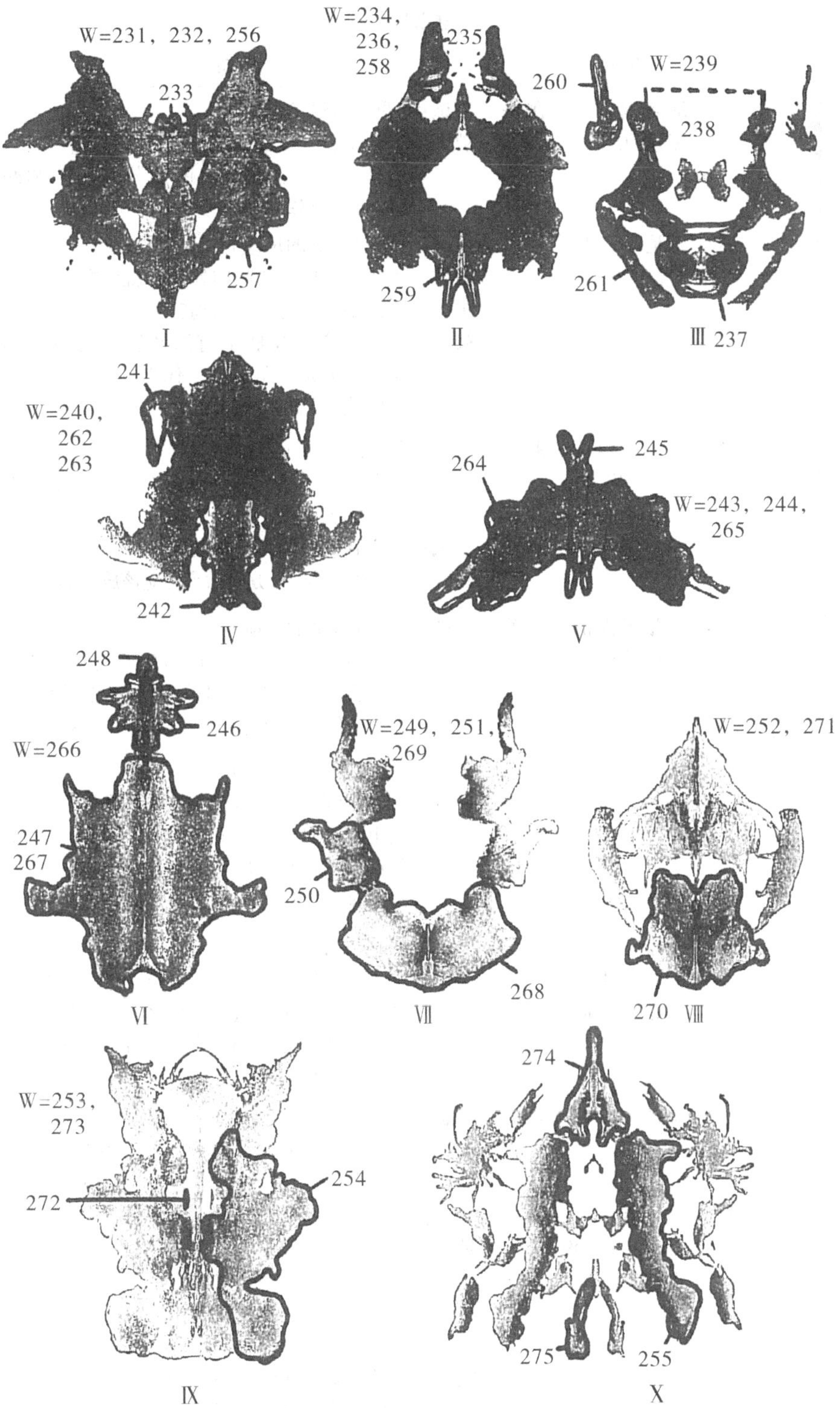
W=231，232，256
233
257
I
W=234，
236，
258
235
259
Ⅱ
W=239
260
238
261
Ⅲ 237
241
W=240，
262
263
242
Ⅳ
245
264
W=243，244，
265
Ⅴ
248
246
W=266
247
267
Ⅵ
W=249，251，
269
250
268
Ⅶ
W=252，271
270 Ⅷ
W=253，
273
272
254
Ⅸ
274
275
255
Ⅹ

第七部分

练习七

图卡		反应	询问	编码
I		231. 那是蝙蝠，正在快速移动。	主试：（重复被试的反应） 被试：这是翅膀，正在翻动，拍打，身体在中间，这里是脸，这些白色的部分是嘴巴和眼睛，它是蝙蝠。	
I		232. 这是一只有魔法的鸟，正在飞。	主试：（重复被试的反应） 被试：翅膀，身体，翅膀向外展开就像在飞。 主试：你说是一只有魔法的鸟？ 被试：是的，它的翅膀上有这些特殊的白色图案，它们是三角形的，代表白色魔法，白色魔法比黑色魔法要好。	
I		233. 这些可能是非洲皇后的乳房。	主试：（重复被试的反应） 被试：它们很大，黑色的，就像在一位性感女人身上的乳房。 主试：你说它们是非洲皇后的乳房？ 被试：它们在顶部，那是皇后乳房应该放置的地方。	
II		234. 一张男人的脸，嘴巴张开着。	主试：（重复被试的反应） 被试：这是他红色的眼睛，这白色的是嘴，黑色的是脸的其他部分，你可以看见他的舌头，就是这红的，就像它从嘴巴里伸出来那样。	
II	<	235. 它就像一块生的肝脏，下面是它的倒影。	主试：（重复被试的反应） 被试：所有这红色的，就像一块生的肝脏，下面这里也是一样，像它的倒影，我从来都不喜欢肝脏，我宁愿看到一块牛排或一块好的猪排，但这什么也不是，只是生的肝脏。	
II		236. 熊，束发带对束发带，它们正在打架，到处都是血。	主试：（重复被试的反应） 被试：这里是它们的脚、头、身子，它们在打架，血从它们的脑袋上流出，像是飞溅出来，下面尾巴的旁边有更多的血，可怕的打斗，我猜它们都伤得很重。	
III		237. 这部分像甘地的脸。	主试：（重复被试的反应） 被试：那大大的黑眼睛，面颊，前额看起来像被砍了，但你仍然可以说它看起来像甘地。	
III	v	238. 一片森林，蝴蝶从树中飞出，像冬天，路上满是雪。	主试：（重复被试的反应） 被试：白色像一条穿过森林的路，红色的蝴蝶沿着中间飞行，两边都有树。 主试：你说像冬天，路上满是雪，帮一帮我，让我也看出来。 被试：是的，就像在冬天有白色的雪一样，当你再向下看，路变宽了。 主试：变宽？ 被试：是的，那里看起来更大了。	

（续上表）

图卡		反应	询问	编码
III		239. 这表示三月十五号。	主试：（重复被试的反应） 被试：凯撒在这天被杀死了，这是关于谋杀的描述。 主试：我不大确定我看到的是否正确。 被试：它是一幅抽象画，它显示两个杀手正在刺某个身体，看他们正弯下身子，他们的刀还插在死人的身体上，红色的部分代表那天流出的血。	
IV		240. 这是一幅不存在的世界地图。	主试：（重复被试的反应） 被试：这是它自己的世界，它有海岸线，白色的是湖，一条路正好沿着中间下去，非常好的高速公路。	
IV	>	241. 在森林中间有一个湖。	主试：（重复被试的反应） 被试：就像我从很高的地方向下看它，那湖是白色的部分，周围有很多树。 主试：很多树？ 被试：在它周围有很多种颜色，使它看起来像树的顶部，它们的高度是不一样的。	
IV		242. 这就像女性的阴道。	主试：（重复被试的反应） 被试：就是这部分，你可以看见它凹进去了就像阴道。 主试：我不确定什么使它看起来像阴道。 被试：中间很暗，看起来那里较深。	
V		243. 兔苍蝇。	主试：（重复被试的反应） 被试：中间是兔子，身体，大耳朵，这些是张开翅膀的苍蝇，中间的是身体，它是黑色的，像苍蝇，这些是触角。	
V	<	244. 侧着看，很可怕，像一个吊着的死人。	主试：（重复被试的反应） 被试：他举起手，超过了他的头顶，就像他们被绑在一起，他的胃膨胀起来了，他的腿悬吊着，是一幅令人讨厌的画，我希望他们不是像看起来的那种意思。	
V		245. 看起来就像有鹿头的鸟。	主试：（重复被试的反应） 被试：就是那部分，不用把末端计算在内，那翅膀伸出来像它正在飞。 主试：你说它有鹿头。 被试：是的，一只确实古怪的鸟，看那头上的鹿角。	

（续上表）

图卡		反应	询问	编码
VI		246. 那看上去像我以前看见过的同一只蝴蝶。	主试：（重复被试的反应） 被试：这些是它的翅膀，它有很短的胡须，现在它看起来像在飞，翅膀那样子，向外展开，像在飞。	
VI		247. 它使我想起动物的皮，在我小时候，我经常打猎。	主试：（重复被试的反应） 被试：就是它的形状，爪子在外面这里，头没有切得很好，草率的工作，边上都破了，看起来不值钱了。	
VI		248. 这是拳头，正准备袭击某物或某人。	主试：（重复被试的反应） 被试：就是那圆的形状，你知道，看起来就像你握着拳头要袭击某东西一样。	
VII		249. 可能是正在升起的烟。	主试：（重复被试的反应） 被试：它使我想起了烟，颜色很浓，它看上去就像是在升起。	
VII		250. 两只动物，脸上挂着笑容，它们的鼻子很奇怪。	主试：（重复被试的反应） 被试：两只公牛或母牛，看，眼睛，奇怪的鼻子，嘴巴，它们面朝相反的方向，但是它们的身体接触在一起，你只能看见一部分，腿没有显示出来。	
VII	v	251. 它看起来就像我女儿大脑的 CT 扫描片。	主试：（重复被试的反应） 被试：它看起来就像她的 CT 扫描片，所有暗的团块是她的血凝块，它没有具体的形状，有的大一些，有的小一些。 主试：我不确定是什么让它看起来像 CT 扫描片。 被试：它看起来就像是她大脑里的血凝块，大块的东西就像是白的和黑的团块，有的大一些，有的小一些。	
VIII	<	252. 一只粉色的豹子，站在冲浪板上冲浪。	主试：（重复被试的反应） 被试：它在这里，看，它是粉色的，两条腿牢牢地站在冲浪板上，像是在冲浪，这些全都倒映在这下面的水里。 主试：你说它是粉色的豹子？ 被试：是啊，一个卡通里的家伙。 主试：我不确定冲浪板和水。 被试：嗯，不大能看清楚冲浪板，我想这个橘红色的区域可能是它的一部分，水都是蓝色的，浪是灰色的部分，好像浪尖正在落下来。	

（续上表）

图卡		反应	询问	编码
Ⅸ		253. 一张猫脸，它带着一个粉红色的项圈。	主试：（重复被试的反应） 被试：它的耳朵是橘红色的，中间是鼻子（D8），白色的点（DdS29）是它的眼睛，它带着粉色的丝巾或是项圈。	
Ⅸ	<	254. 一个骑着摩托车的女人。	主试：（重复被试的反应） 被试：她伏在车把上，看，这是她的头和身体，这里粉色的部分就像是排出的废气或什么东西。 主试：废气或什么东西？ 被试：不是废气，也可能是她后面吹起的一些尘土，也许是她骑得太快了，后边扬起了很多的尘土，就像一朵小云彩一样跟在她后边。	
Ⅹ		255. 这是一些粉红色的大虫子。	主试：（重复被试的反应） 被试：嗯，这里，这里，它们有很多小的腿，看，就这里，在我看来它们就像是虫子。 主试：你说它们是大虫子？ 被试：它们非常大，一定是巨大的虫子。	
Ⅰ		256. 它看起来就像甲壳动物，不是完整的，只是一个死动物的一部分。	主试：（重复被试的反应） 被试：像某种海洋生物，这是部分骨架，身体，它可能是螃蟹，有爪子的，它看起来就像死了。 主试：我不确定是什么让它看起来像死的。 被试：哦，它是黑色的，上面有这些洞。	
Ⅰ	<	257. 这个东西看起来就像是郊狼，对着月亮嚎叫。	主试：（重复被试的反应） 被试：这是它的腿、尾巴、脑袋，它有一只大耳朵，它的头向上扬着，就像是在嚎叫，就像它们晚上做的那样，我在电视上看过一个关于它们的专题节目。	
Ⅱ		258. 这看起来像是两个长着鸡头的胖女人，在击掌。	主试：（重复被试的反应） 被试：她们在互相说话和击掌，看，手在这里，大屁股，又大又胖的女人，细腰。 主试：你说她们有像鸡头一样的头？ 被试：是呀，她们有，看，鸟嘴，真的很奇怪。	
Ⅱ		259. 嗯，这下面的部分是红色的，所以可能是阴道。	主试：（重复被试的反应） 被试：它是红色的，像阴道，它基本上就是那形状，这里浅一点，就像是阴道的开口，你知道它是如何凹进到里面的。	
Ⅲ	v	260. 两边红色的可能是血，好像正在流下来。	主试：（重复被试的反应） 被试：好像每边都有血滴，看起来就像是正在往下流，看，这里线条往下的样子。 主试：我不太确定是什么让它看起来像血。 被试：因为它全是红色的，就像是血。	

（续上表）

图卡		反应	询问	编码
III		261. 它可能是一只狗，两只，两边都一样。	主试：（重复被试的反应） 被试：一只长着尖尖屁子的狗，没有尾巴，但它应该有一条，这里是爪子，可能是一只尾巴被切掉的狮子狗，腿，脑袋变尖了，我以前看到一种像这样的狗，但是我不知道它叫什么。	
IV		262. 一双捕兽者的靴子，挂在一根柱子上。	主试：（重复被试的反应） 被试：嗯，就像过去老猎人穿的那种大毛皮靴。看，它们挂在中间这根柱子上。看，脚的部分，鞋带挂在上面这里。 主试：你说它们是毛皮的？ 被试：是的，它们看起来就像是毛皮的，边缘有点凸凹不平，参差不齐。	
IV		263. 它看起来像是一个被拔掉的坏牙。	主试：（重复被试的反应） 被试：嗯，它有牙的形状，就像是我们口腔里面的牙，但是它全都黑了，像是烂掉了，你能看到洞。 主试：我不太清楚那些洞。 被试：这些暗的地方，就像是已经被吃掉了，这些是斑点和洞。	
V		264. 这边上的部分看上去就像火鸡腿，某人将其放在烤箱里太长时间了。	主试：（重复被试的反应）. 被试：我真的不喜欢火鸡，特别是火鸡腿，就算吃我也只吃鸡胸脯，这个看起来太令人作呕了。 主试：我不确定是什么让它看起来像火鸡腿。 被试：就是形状像。 主试：你说它放在烤箱里太久了？ 被试：是啊，你看它都烤焦了，都黑了，黑乎乎的火鸡腿，哎哟。	
V	v	265. 这么看就像是一只灰色的蝴蝶，翅膀向上伸展着。	主试：（重复被试的反应） 被试：当翅膀向上伸展的时候，它看起来很美，漂浮着，对称的形状，触角，纤细的身体，小小的脚，多样的色彩。 主试：多样的色彩？ 被试：翅膀上有不同深浅的灰色。	
VI		266. 一只死猫，就像是被卡车碾过去一样，我们通常叫它帆板猫。	主试：（重复被试的反应） 被试：全都扁了，这里是胡须和胳膊，上面有油斑，当我还是个孩子的时候，在得克萨斯，我们会等着它们被压平，你知道有很多的卡车从它们身上碾过，我们会把它们从公路上揭下来，然后用它们当帆板，我们常把它叫做帆板猫。 主试：你说它有油斑？ 被试：是啊，你看上面全是暗点。	

（续上表）

图卡		反应	询问	编码
VI	v	267. 它看起来像一块动物的皮，兽皮。	主试：（重复被试的反应） 被试：就像有毛的动物皮，可能是一张大水牛皮或其他什么。 主试：我不太确定是什么使它看起来像那样。 被试：它的形状就像兽皮，这些是腿，好像是挂起来晾干了，有点撑开了。 主试：你说它看起来像毛皮？ 被试：是的，它的边缘有些不齐，就像有毛的兽皮那样。	
VII	v	268. 上面的部分像一块正在裂开的大石头。	主试：（重复被试的反应） 被试：灰色使它看起来像岩石，暗的斑点是正裂开的部分，像裂缝一样，你可以看进去，那里裂开了，就像马上要裂成两半。	
VII		269. 它是一只蝴蝶，翅膀上带着两只玩具兔。	主试：（重复被试的反应） 被试：嗯，这蝴蝶有大大的翅膀，窄窄的身体，它在飞，有两只小兔子在它的翅膀上，这里是小兔子可爱的鼻子，长长的耳朵，这是它的小爪子。 主试：你说它们是玩具兔子？ 被试：对我来说，它们看上去不像真的。	
VIII		270. 下边这可能是一朵花。	主试：（重复被试的反应） 被试：最上边的是花瓣，中间是茎，两边是一些手柄形的花瓣，一朵样子脆弱的花。 主试：样子脆弱？ 被试：它看起来非常脆弱，它的形状让它看上去非常脆弱。	
VIII		271. 噢，一艘漂亮的老帆船，上面洒满了阳光。	主试：（重复被试的反应） 被试：它在远处，像是在驶离我，对着船尾，色彩斑斓，中间是桅杆，粉红色的巨帆向两边伸出来，一个蓝色的主帆，一个灰色的上桅帆，船体看起来是橘红色的，但可能是阳光让所有的颜色看起来显得夸张。	
IX		272. 那是精子，它很小而且是白色的，所以它一定是，有两个精子。	主试：（重复被试的反应） 被试：它是白色的，像精子一样是白色的，我见过精子，精子就是那样子，它们很小。	

（续上表）

图卡		反应	询问	编码
Ⅸ	v	273. 这像是醉酒，就像是所有的感觉都浮现出来了。	主试：（重复被试的反应） 被试：就像我喝什么醉了一样。像极了，它显现了醉了的时候所有浮现的体验，就像中间这里一样，穿过了下意识，直达顶部，直达现实，你知道，所有这些漂亮的颜色就等同于感觉。	
Ⅹ		274. 上面这里，看起来像两只灰色的恐龙，靠在这柱子上。	主试：（重复被试的反应） 被试：它们一定非常累，它们有奇怪的触角，腿，靠在中间这根柱子上。	
Ⅹ	v	275. 两只海马，吵了一架，它们互相转过身去，看起来非常僵硬，像是在生对方的气。	主试：（重复被试的反应） 被试：它是那样的形状，我想它们也是绿色的，但它们看起来僵硬，就像互相在生对方的气，好像它们刚刚吵了一架，不想看对方。	

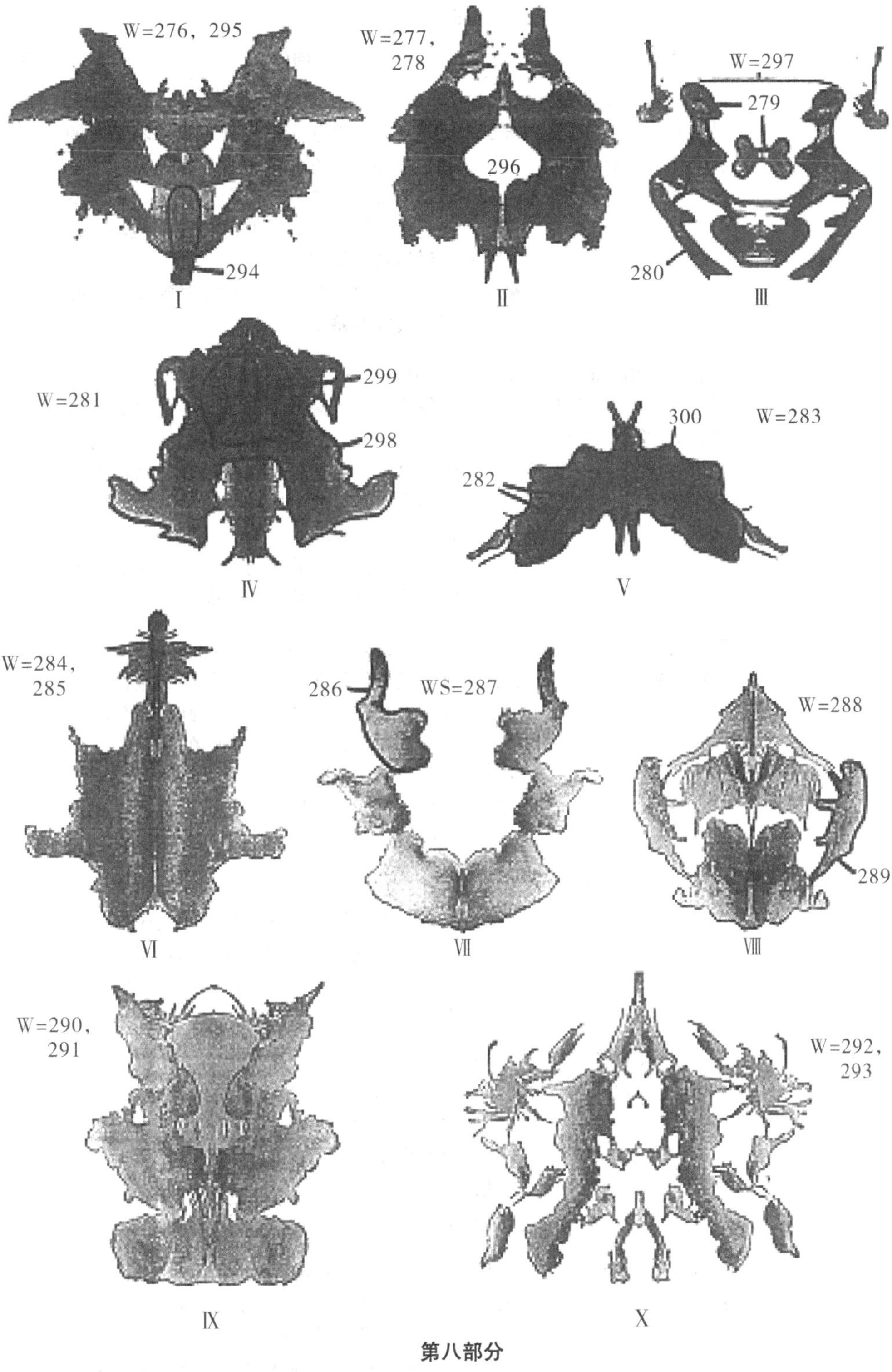
W=276，295
294
Ⅰ
W=277，
278
296
Ⅱ
W=297
279
280
Ⅲ
W=281
299
298
Ⅳ
300
W=283
282
Ⅴ
W=284，
285
Ⅵ
286
WS=287
Ⅶ
W=288
289
Ⅷ
W=290，
291
Ⅸ
W=292，
293
Ⅹ

第八部分

练习八

图卡		反应	询问	编码
I		276. 一个穿着斗篷的人，站在风中，她的手在空中，没有头。	主试：（重复被试的反应） 被试：这是身体，看起来很肥胖，但并不是真的胖，腰很细，胸部比较大，她扎着一个皮带，皮带扣在中间，颜色浅一些，深浅不一。她的腿在这，这里是衣领，但没有头。 主试：你说她站在风中？ 被试：这些都是她的斗篷，在空中飘荡，它破了，边缘参差不齐。	
II		277. 一只可怜的猫，嘴巴被打了，它张着嘴，好像很痛苦，血从嘴里和耳朵里流了出来。	主试：（重复被试的反应） 被试：就像是你伤了某人的头颅，血从嘴和耳朵里流出来一样，这些红的是血，白色的是嘴，嘴张开着，好像很痛，在它前面有更多的血从嘴里喷涌出来。 主试：你说它是一只猫？ 被试：是的，一只猫或狗，可能是一只猫，因为它有着尖尖的耳朵，但也难说。	
II		278. 两个穿着红鞋子的巫婆在施魔法。	主试：（重复被试的反应） 被试：她们戴着红帽子，穿着红鞋子，她们的手放在一起，就像在施魔法，她们黑色的长袍拖在周围，弯着腰把手放在一起。 主试：你说她们在施魔法？ 被试：我只是那么想，但也可能她们只是在相互耳语。	
III		279. 两个人正试图捉住这只蝴蝶。	主试：（重复被试的反应） 被试：这是红色的蝴蝶，它更近些，就像在他们的前面，这是两个人，看他们的头，腿，他们有网，好像他们正在追捕它，但它飞得真快。	
III	v	280. 像一张狗的脸，有一个大的红鼻子，张着嘴。	主试：（重复被试的反应） 被试：不包括外面这个红的，只是其余的，这是它的眼睛，这个红的（D3）是它的大鼻子，它的嘴巴张开着，你可以看到它的牙齿。 主试：看到它的牙齿？ 被试：是的，它们尖尖的，好像很锋利。	
IV		281. 看起来就像我感觉到的，忧伤的情绪。	主试：（重复被试的反应） 被试：它是黑色的，像忧郁，它有斑纹。 主试：我不确定是不是看到了。 被试：它看上去就像一种感觉，一种很糟糕的感觉，就像一切都没希望和令人沮丧。	

（续上表）

图卡	反应	询问	编码
V	282. 这里的这些线条，一个多么奇怪的想法，它们看起来像手术的伤疤。	主试：（重复被试的反应） 被试：这些较深的和较浅的线条，它们看起来像伤疤，我的一个朋友做过手术，他的伤疤就像那样，仅仅是伤疤，我不知道为什么我会想到它，我宁愿看到其他别的什么，我想我这些天的心事太重了。	
V	283. 可能是飞蛾，刚从茧中出来，变成蝴蝶。	主试：（重复被试的反应） 被试：嗯，仍然是不同的黑色的阴影，形状还不完全，翅膀和其他还没长全。 主试：你说它从茧中出来？ 被试：是的，中间这部分是茧，你知道那个壳，看，你正好看到翅膀冲破它，它看上去还是一只蛾子，但很快就会变成一只蝴蝶，呈现出不同的颜色，现在它正挣扎着想出来。	
VI	284. 耶稣站着，还有他的影子，他正以一种奇怪的方式抛出这个影子。	主试：（重复被试的反应） 被试：他的手臂向外展开，他穿着的长袍展开着，他后面的光线在他的前面形成这个巨大影子，它是深灰色的，扩展到他面前广大的平原上，传递着他归来的信息。 主试：信息？ 被试：不是一个明确的思想，只是一个示意，它是如此巨大，象征着没有人可以逃离审判。	
VI	285. 看起来像可怜的昆虫，掉在这花生酱里。	主试：（重复被试的反应） 被试：它是有翅膀的昆虫，小小的头和胡须，它正快速地拍动翅膀，试图从花生酱中逃离出来。 主试：是什么让它看上去像花生酱？ 被试：这墨水让它看起来黏黏的，像花生酱一样黏，它想拿到一些，它被黏住了。	
VII	286. 一个女人在照镜子，看着她的镜像。	主试：（重复被试的反应） 被试：她们几乎完全一样，这个看起来有点模糊，边缘周围更暗些，这里的边缘更细致些，看，这个可能是真人，这个是镜像。	
VII	287. 就像从上看下面的丛林，在一个有湖的岛上，你可以看到不同高度的树。	主试：（重复被试的反应） 被试：你可以看到不同的层次，不同的颜色，就像这个岛倾斜到湖的一侧，外侧高一些，给人一种有些树木比另一些更高的印象。 主试：湖泊？ 被试：这白色的部分，就像一个湖泊。	

（续上表）

图卡		反应	询问	编码
VIII	V	288. 一张丑陋的法西斯主义者的脸，有着邪恶的笑容和大大的耳朵。	主试：（重复被试的反应） 被试：他有着不平的前额，粉色这里是眼睛，白色的是嘴，撅起来微笑着，看起来很邪恶，粉色的头发在两边。 主试：你说前额看起来不平？ 被试：看起来它的上面有些凹痕，看那些颜色的样子看，它使它看起来高低不平。 主试：你说它是法西斯主义者的脸？ 被试：当然，他们有粉色的头发，这就是为什么称他们为右倾分子。	
VIII		289. 它让我想起夏天的一种驼毛。	主试：（重复被试的反应） 被试：那些东西根据不同季节变换着颜色。 主试：我不知道你说的是什么意思。 被试：它们是有点肮脏的动物，当它们到处走动时，它们变换着颜色，按照一年中的季节。看它的腿，它的头，它现在是红色的，所以应该是在夏天。	
IX		290. 看起来像一个喷泉，像是在夜晚突然亮起来了。	主试：（重复被试的反应） 被试：中间的东西可能是水柱，向上喷射，外面的全是落下来的水和飞沫，它全亮起来了，带着不同颜色的光，粉色的部分是喷泉的源头。	
IX		291. 一幅油画，画着两只小鸟躲在一棵树下。	主试：（重复被试的反应） 被试：这里一只，这里一只（D3），它们是橙色的鸟，可能是黄莺，它们在这个大的彩色的树下面，在树的后面。看，大的绿色叶子，这巨大的粉色的顶端，这个艺术家的确十分有想象力，它们在树的下面，在树的后面，有些叶子遮住了它们的一部分。	
X		292. 一个巫师正在念咒语。	主试：（重复被试的反应） 被试：上面灰色的区域是他的脸，粉色的部分是他的法衣，其他的这些东西是他念出的咒语，所以它们在他的前面和两边，它们是不同颜色的，每一个都表示不同的意义。 主试：不同的意义？ 被试：每一个都意味着某些东西，但是我不知道具体意味着什么。	

（续上表）

图卡		反应	询问	编码
X		293. 这是一个滑稽的舞者，戴着一个奇形怪状的头饰，长袍飞舞，她戴着的一个小吊坠垂了下来，蓝色的胸罩，绿色的丁字裤。因为你无法看到她的身体，所以你不知道她是谁。	主试：（重复被试的反应） 被试：上面这（D11）是头饰，粉色的是宽松的长袍，她拿着这些像风扇的蓝色啦啦球，当它们在空中摆动时，黄色和棕色的彩带从里面飞出来。这是她的吊坠，胸罩，绿色的是丁字裤，就像她在跳舞，所有的东西都在动，但是你看不到她的脸或身体，所以她不是一个人。	
I	>	294. 一只短吻鳄，夜晚漂浮在水中，它的倒影在这里。	主试：（重复被试的反应） 被试：你只能看到它的头，长长的口鼻部，末端嘴的旁边有隆起物，这是水中的倒影，上面的相同，阴影让它看起来很模糊，就像在夜晚。	
I		295. 整个东西是一幅抽象的邪恶画像。	主试：（重复被试的反应） 被试：它像一张象征所有人类邪恶的脸的画像，邪恶的嘴巴，空洞的白色眼睛，粗犷的面颊线条，顶端的两边有角，画家希望表现出人类是多么的邪恶和道德败坏，他们相互污染，毁灭他们接触到的所有东西，但是他们是如此愚蠢，绝不会认识到他们是怎样破坏地球的。	
II		296. 一束来自一个白色吊灯的红光。	主试：（重复被试的反应） 被试：吊灯在中间，红光在它下面，可能有红色的灯泡，但光是从吊灯前面发出来的，像是灯刚被打开。	
III		297. 两个装扮成什么东西的小丑。	主试：（重复被试的反应） 被试：我说是小丑是因为他的脸，看起来他们可能戴着面具，他们有着白色的衣领，背景中有红色的装饰。 主试：你说他们装扮成什么？ 被试：面具看起来像鸡，看起来他们在装扮成鸡。	

（续上表）

图卡	反应	询问	编码
IV	298. 一只巨大年老的大猩猩平躺着，他的脚伸向你。	主试：（重复被试的反应） 被试：它的确看起来像大猩猩，都是毛。看，脚伸向你，它的胳膊在这里，它的头在远处。 主试：你说都是毛，什么让它看起来像有毛的？ 被试：我想是阴影，它看起来像有毛的。 主试：你说平躺着？ 被试：它的这些大脚这样过来，头在远处，所以他一定是躺下的。	
IV	299. 中间部分看起来像是在泥泞的田地中间的一条深沟。	主试：（重复被试的反应） 被试：在这块田或什么东西中间有一条沟，它看起来真的很暗，很深，周围的田地看起来很泥泞，湿漉漉的，看，那里暗一些，如果你走进去就会陷到烂泥中。	
V	300. 那是德拉库拉，穿着他的黑色披风站在那里，准备要飞。	主试：（重复被试的反应） 被试：他的胳膊展开着，但不包括末端和顶端的东西，你看不到他的脸，他全是黑的，伸开手臂准备飞，为他的受虐寻找另一个受害者。	

第四部分

附录

练习题答案

练习题第一部分 1～35 的答案

1. Ddo34 Fo Bt
2. Do4 M^{a}o H GHR
3. WSo F- Hd 4.5 PHR
4. Dd+24 m^{p}u Hh 3.0
5. Do3 FM^{a}o A
6. D+1 M^{a}o 2 H,Id P 3.0 COP,GHR
7. Wo m^{p}o Bt 2.0
8. Ddo21 Fu Cg
9. Wo FM^{p}o A P 1.0
10. Wo F- An 1.0
11. Do4 Fo Sc
12. Wo FM^{a}u A 2.5
13. D+1 M^{p}o 2 (Hd) P 3.0 GHR
14. Ddo21 FM^a- 2 A
15. Do4 M^p- Hd PHR
16. W+FM^{a}o 2 A,Ls P 4.5
17. DdSo23 Fu Na
18. Wv/+ m^p. FD- Cl,Ls 5.5
19. D+15 M^a-H,Id 4.0 PHR
20. Wv m^a. CFo Ex
21. Do2 FC- An,Bl
22. Dv3 C Bl
23. W+FCo 2 H,Cg 4.5 GHR
24. Dv2 C 2 Fd
25. Ddo29 Fu Art PER
26. W+ M^a. Co 2 H,Art P 5.5 COP,GHR
27. Do1 FC- Hd,Sx PHR
28. Ddo99 CFu Bt
29. Wo FCu Hh,Ay 4.5
30. Wv Cn Art
31. Ddo26 Fu 2 Sc
32. Wv CF- An MOR
33. Do6 FCu Cg ALOG
34. Wv C Art,AB
35. Do1 Fo 2 A P DR

练习题第二部分 36～75 的答案

36. WSo FC'o (Hd) 3.5 GHR
37. Dv2 YFu 2 Cl
38. Ddv23 C'Fu Ls
39. D+1 FM^{p}o 2 A P 3.0
40. DSv5 FC'u Na DV
41. Dv7 C'Fu Xy
42. Ddo27 FC'- Fd DR
43. Wv Y Art
44. Wv C'Fu Cl PER
45. Do1 FY- A
46. Wo FC'o A P 1.0
47. Wv m^p. YFu Fi
48. Ddo99 FC'- Xy
49. D+3 FYo Ay, Ls 2.5 PER
50. Do1 FC'. FYo Hh PER
51. Wo YF- An 2.5 MOR, PER
52. DdSv99 C'Fu Na,Art
53. Do9 F+2 Hd P GHR
54. Do4 FY- 2 Cg
55. Dv2 m^a. CFu Fi

56. WSo FC'. CF- Ad, An 4.5 MOR, INC
57. DSo8 FC'o Hh DR
58. Do4 FCo Fd, Bt
59. Dv8 C'Fu 2 Ls
60. Do4 FYu Sc
61. Wo FM^{a}. FC'o A P 1.0
62. Ddo99 FV - Hd, Sx PHR
63. D+1 m^{p}. FTo 2（A）P 3.0
64. Do2 Fu 2 Art AB
65. Wv T Cg
66. Do3 FTo Bt
67. W+TFu Fd 4.0 DR
68. Ddo31 FTu Ad
69. Ddo25 FTu Ad
70. Dv1 TFo Ad, Hh P
71. W+M^{p}+2 H, Art, Ls P 2.5 COP, GHR
72. Dv4 T Na
73. D+5 m^{p}. FTo 2 Art 3.0
74. Do6 TFo 2 Hh
75. WSv/+ Fu Na 6.0

练习题第三部分 76～100 的答案

76. Wo Fu A 1.0 INC
77. D+4 FVo H, Cg 4.0 GHR
78. DSo6 FDo An 4.5 DV
79. DdSv/+99 VFo Na 4.5
80. Do2 FV- 2 Cg
81. D+9 Fro H P 4.0 GHR
82. DdS+99 FC. FDu A, Ls 4.5 ALOG
83. Do7 FV- Hd PHR
84. Wv VFo Bt DV, MOR
85. Wo M^{p}. FDo（H）P 2.0 GHR
86. Do7 FVu A INC
87. Do10 FM^{a}o 2 Ad AG, PHR
88. W+FVu H, Sc 2.5 GHR
89. Wv V Ls
90. Wv/+ rFo Ls 2.5
91. Dv/+12 FVo Ls 2.5
92. Do1 FC'o Hd P GHR
93. Do3 Fo 2 Ad
94. Wv VF- Fd
95. W+Fr. FM^{p}. CFo A, Na P 4.5
96. Ddo23 FC. FVu Hd, Sx PHR
97. Ddv24 Fu 2 Bt
98. D+3 M^{a}. FC+2（H）, Cg P 4.5 COP, GHR
99. W+CFo Bt 5.5
100. Ddo99 CF. YF- An ALOG, PER

练习题第四部分 101～140 答案

101. WSo FM^{a}u Ad 3.5 AG, INC2, PHR
102. W+M^{p}. FM^{a}o 2（H）,（A）, Ay 4.0 COP, GHR
103. Do2 FM^{a}u 2 A
104. W+M^{p}. CF. mao 2 H, Fi, Cg 4.5 GHR
105. D+1 M^{p}. m^{a}u 2 H, Sc 3.0 GHR
106. Ddv99 C 2 Bl ALOG
107. Wv M^{a} Hx AB PHR
108. W+M^{a}o H, Sc P 4.0 GHR
109. Ddo99 M^{p}. FC'u H GHR
110. Ddo22 FM^{a}o A
111. Wo m^{a}u Sc 2.5 DV2
112. Dd+22 FM^{a}. m^{a}u A, Na 2.5
113. Do4 FM^{p}o A
114. D+2 M^{a}o 2 H P 3.0 COP, GHR
115. W+FM^{p}. M^{p}o 2 Art, A, Hd, Ls P 4.5 AB, PHR
116. Do2 M^{p}. FC-（Hd）PHR
117. Dd+99 M^{a}. m^{a}o 2（Hd）, Na, Sc 4.5 GHR
118. Dv6 m^{p}. FDo Cl
119. W+FM^{a}. CFu 2 A, Ad P 5.5 MOR

120. D+11 m^p- 2 Cg,Hh 4. 0
121. Do3 FC. M^p- Hd,Hx PHR
122. DS+5 m^a. CFo Sc,Fi 4. 5
123. W+FM^a. CFo 2 A,Id P 4. 5 COP,GHR
124. Dv2 m^p. FCu 2 Bt
125. Do2 m^p. CFo 2 Fd
126. W+M^a. C. FDo 2 H,Art,Cg,Hh P 5. 5 COP,GHR
127. Do3 FC. FM^ao A
128. WSo M^p. FC. FC'-（Hd）5. 5 PHR
129. W+FM^a. CFo 2 A,Ls P 4. 5
130. Ddo99 FD. m^a. CFu Fi PER
131. Do1 FCo A P INC
132. Do5 FM^a. FCo（A）
133. D+12 M^a. CFo H,Sc,Ls 2. 5 GHR
134. Dd+33 FM^p. FDo 2 A,Ls 2. 5
135. Wv M^p. C Hx AB,PHR
136. Wv/+ rF. CFo Na 5. 5
137. W+M^a. FCo 2 A,Bt P 5. 5 FAB,COP, GHR
138. Wv m^a. CFo Ex,Art
139. WS + M^a. m^p. FC - Hd, Art 5. 5, ALOG,PHR
140. Do15 M^p. FCo A,Hx,INC,MOR,PHR

练习题第五部分 141～180 的答案

141. WSo FM^a. FC'o A P 3. 5 INC
142. W+m^p. FVu Art 4. 0
143. D+1 M^a. FTo 2 Ad,Hx P 3. 0 FAB, COP,GHR
144. DdS+99 M^a. FC'u H,Cg 4. 5 GHR
145. Dv2 TF. m^p- Hd PHR
146. D + 1M^a. C'F + 2 H, Ls P 3. 0 COP,GHR
147. Wo m^p. FYo Ad 2. 0 DV
148. Wv FM^p. FVu A
149. Wv M^a. C' Hx AB,PHR
150. Ddo99 FC'. FM^ao A
151. D+3 m^a. YFo Fi 2. 5 CP
152. Ddv99 M^p. TF- An PHR
153. W+M^p. C'Fo 2（H）,Cl P 2. 5 GHR
154. Do3 Fo 2 Ad DV2,INC
155. Do4 FT. FV- Ad
156. Wo m^a. FC. FDo Sc 4. 5
157. Wv/+m^a. CF. FVo Ex,Fi 5. 5 MOR,AG
158. DdS+22M^p. FV. FC-Hd,Sc 5. 0 PHR
159. Do4 FM^a. FCo 2 A
160. D+12 M^a. CF- H,Na 4. 0 FAB2,PHR
161. DS+5 m^a. CF. C'Fo Sc,Fi,Na 4. 5
162. Wv/+ CF. TF- Ad,An 4. 5 MOR
163. W + M^a. FCo 2 H, Hx, Cg 4. 5 COP,GHR
164. WSo M^p. FC. FV- Hd 4. 5 PHR
165. DdSo99 FC'. FCu（Hd）,An 4. 5 PHR
166. Do3 FCo A
167. Dv7 C. Y. m^a Fi
168. Dv2 CF. YFo Fd
169. Wo FC. FYu Bt 4. 5 MOR
170. Dv1 C Art PER
171. Dv5 C. T Id
172. W+m^p. FD. CFo Na 5. 5
173. Do4 FC. FVo Hd PHR
174. WSv C. C' Art
175. Wv M^a. Y Hx DR,MOR PHR
176. WSo FC. FC'u Hh,Art 5. 5
177. Dv9 C. Y Bl
178. Do4 FCo 2 A
179. DdS+22FC'. FC-Hd,Sc,Cg 4. 0 PHR
180. Wv CF. YFu Art

练习题第六部分 181～230 的答案

181. D+2 M^p. Fro H,Cg 6.0 GHR
182. Do2 FM^po A ALOG
183. W+FM^a. FCo 2 A,Cg,Id 4.5 COP,GHR
184. D+2 M^a. m^pu 2 Ad, Hx 5.5 AG, FAB,PHR
185. Do3 M^p. FD- Hd,Sx DV2,PHR
186. D+9 M^a. FC'. Fro H,Cg P 4.0 GHR
187. Ddo99 FT- Ad
188. Wv C'. T Id
189. Ddo31 M^au Hd,Sx PHR
190. Wo FM^a. FDo A P 1.0
191. W+m^a. FVo Sc,Na 2.5
192. Dv/+3 rF. m^au Fi 2.5
193. W+M^ao 2 H 2.5 COP,GHR
194. D+9 M^p. Fro Hd P 3.0 GHR
195. WSo FD. FC. FC'- Art 4.5
196. W+FM^p. Fro A Ls P 4.5
197. Wv CFo Bt
198. DdS+99 m^a. FD. CFu Sc,Fi 5.0
199. D+1 FM^a. FCu A 4.0 AG, INC, FAB,PHR
200. Wo FCo Art,Bt 5.5
201. Ddo99 Fo A PER,INC
202. Do4 FC'- A INC
203. WSo FYu (Hd) 3.5 MOR,PHR
204. D+1 M^a. FTo 2 Ad P 3.0 FAB, COP,GHR
205. DSv5 Fu Sc PER
206. Wo FM^po A 4.5 DV2
207. Dv2 C Bl DR
208. Dol FC'- A DV
209. Do3 FC. FYo An ALOG
210. W+FM^p. FT. FDo A,Bt 4.0
211. Do2 FYo Hd,Ls DV2,PHR
212. Wo TF- A 2.0 INC
213. Wo FM^a. FC'u A 1.0 AG,PHR
214. W+M^ao 2 A,Sc 2.5 FAB,PHR
215. Ddv33 YFu Ls CP
216. W+m^a. TFo Sc,Ad P 2.5 AG, MOR
217. Do2 Fu (A) CONTAM
218. Wo FYu Hh 2.5 MOR
219. D+2 M^a+2 Hd P 3.0 PSV, AG, INC,GHR
220. W+M^ao 2 A 2.5 FAB2,COP,PHR
221. DSo10 FC'u Sc PER
222. W+FM^ao 2 A Ls P 4.5 ALOG
223. D+1 M^p. FC- 2 H,Sx,An 3.0 FAB2,PHR
224. Do4 FCu Bt INC
225. Wv M^a. C Hx AB,DR,PHR
226. DS+1 FM^p. FC- 2 (A) 5.0 FAB2
227. Do5 Fo An ALOG
228. Wv CFu A DV,PER
229. Do10 M^ao (H) INC,PHR
230. D+11 m^p. FD- An,Hh 4.0 MOR

练习题第七部分 231～275 的答案

231. WSo FM^ao A P 3.5 CONTAM
232. WSo FM^a FC'o (A) 3.5 ALOG
233. Ddo22 FC'u Hd,Sx ALOG,PHR
234. WSo M^p. FC. FD- Hd 4.5 INC,PHR
235. Dv/+2 C. rF Fd 5.5 DR2
236. W+FM^a. m^a. CFo 2 A,Bl 4.5 DV, AG, MOR,PHR
237. Do7 FC'- Hd MOR,PHR
238. DdS+99 FM^a. FC. FC'. FDu A, Na 4.5 FAB
239. W+M^p. Co 2 Art, H, Bl, Sc P 5.5 MOR,AG,AB,PHR
240. WSo Fu Ge 5.0 DR2
241. DSv/+4 VFu Na 5.0
242. Dol FV- Hd,Sx DV2,PHR
243. Wo FM^p. FC'u (A) 1.0 CONTAM

244. Wo m^p- H 1.0 DR2,MOR,PHR
245. Ddo99 FM^ao A INC
246. Do3 FM^au A INC,PSV
247. Do1 Fo Ad P PER,MOR
248. Ddo23 M^au Hd AG,PHR
249. Wv m^p. YFu Fi
250. Dd+99 M^pu 2 Ad 2.5 INC,PHR
251. WSo YF. C'F- Xy 4.0 PER,MOR
252. W + M^a. Fr. CF. m^po （A）, Na, Id P 4.5 GHR
253. WS+FC- Ad,Id 5.5
254. D+1 M^a. m^po H,Sc,Ls 2.5 GHR
255. Do9 FCo 2 A INC,ALOG
256. WSo FC'o Ad 3.5 MOR
257. Do2 FM^ao A PER
258. W+M^a+2 H,Sx 4.5 INC2,PHR
259. Do3 FC. FVo Hd,Sx PHR
260. Dv2 CF. m^po 2 Bl
261. Do9 Fo 2 A DV,PER,MOR
262. W+m^po（2）Cg,Id 4.0
263. Wo FC'. FV- Hd 2.0 MOR,PHR
264. Do4 FC'u Fd DR,MOR
265. Wo FC'. FM^p. FYo A P 1.0
266. Wo FYo A 2.5 MOR,INC,PER
267. Do1 m^po Ad P
268. Dv4 m^p. C'F. VFo Ls MOR
269. W+FM^ao 2 A,（A）2.5 FAB2
270. Do2 Fo Bt
271. Wo FC. FD. m^a. FC'o Sc 4.5
272. DdSo23 FC'- 2 Sx ALOG,PER
272. Wv M^p. C Hx DR2,PER,AB,PHR
274. D+11 FC'. FM^pu 2 A,Id 4.0 FAB
275. D+4 M^a. FCo 2 A 4.5 AG,FAB,PHR

练习题第八部分 276～300 的答案

276. W + M^p. FY. m^p + Hd, Cg 4.0 INC, MOR,PHR
277. WS+FM^p. m^a. CF. FD- Ad,Bl 4.5MOR
278. W + FC. M^a. FC' + 2 （H）, Cg 4.5 COP,GHR
279. D + 1M^a. FC. FD. FM^ao 2 H, A, Id P 4.0 AG,COP,GHR
280. DdSo99 FC. FM^p- Ad
281. Wv M^p. C'. Y Hx AB,MOR,PHR
282. Ddv99 YF- Hd DR2,PER,MOR,PHR
283. W+FM^a. FYo A,Ad 2.5 INC
284. W + M^p. C'F. FDu H, Cg, Ls 2.5 AB,GHR
285. W+ FM^a. TFu A,Fd 2.5 INC
286. D+1 M^p. Fr. FYo Hd P 3.0 GHR
287. WSv/+ VFo Na 4.0
288. WSo M^p. FV. FC - Hd 4.5 INC, ALOG,PHR
289. Do1 FCu A DV2,ALOG
290. W+m^a. CFo Art,Na 5.5
291. W+FM^p. FV. CFo 2 Art,A,Bt 5.5
292. W+ M^a. FD. CF- （H）, Id, Cg 5.5 AB, DR,PHR
293. WS + M^a. m^p. CF- H, Cg, Art 6.0 ALOG,PHR
294. D+3 FM^p. Fr. FYu Ad 4.0
295. WSo FC'o Art, （Hd） 3.5 AB, DR2,PHR
296. DS+5 m^a. CF. FC'o Art 4.5 DV
297. WS+M^a. FC'. C. FDo 2（H）,Art,Cg P 5.5 GHR
298. Do7 FM^p. FD. FTo A
299. Ddv 99 VF. TF- Ls
300. Ddo99 M^a. FC'u（H）,Cg DV,GHR